Jung / Lieb / Reusch / Scheele / Schoppengerd (Hrsg.)
In Arbeit: Emanzipation

Tina Jung, M.A., Promovendin im interdisziplinären Graduiertenkolleg „Geschlechterverhältnisse im Spannungsfeld von Arbeit, Organisation und Demokratie" an der Philipps-Universität Marburg (PUM).

Anja Lieb, Dr. phil., wiss. Mitarbeiterin im Projektträger des Deutschen Zentrums für Luft- und Raumfahrt.

Marie Reusch, Mag.Art., Promovendin und wissenschaftliche Mitarbeiterin am Institut für Politikwissenschaft der Philipps-Universität Marburg.

Alexandra Scheele, Dr. phil., akademische Mitarbeiterin am Lehrstuhl Wirtschafts- und Industriesoziologie der Brandenburgischen TU Cottbus-Senftenberg.

Stefan Schoppengerd, Dr. des., Lehrbeauftragter an der Philipps-Universität Marburg. Redakteur von express – Zeitung für sozialistische Betriebs- und Gewerkschaftsarbeit.

Tina Jung / Anja Lieb / Marie Reusch / Alexandra Scheele /
Stefan Schoppengerd (Hrsg.)

In Arbeit: Emanzipation

Feministischer Eigensinn in Wissenschaft und Politik

Festschrift für Ingrid Kurz-Scherf

WESTFÄLISCHES DAMPFBOOT

Gefördert durch die Hans-Böckler-Stiftung

Bibliografische Information der Deutschen Nationalbibliothek
Die Deutsche Nationalbibliothek verzeichnet diese Publikation in der Deutschen Nationalbibliografie; detaillierte bibliografische Daten sind im Internet über http://dnb.d-nb.de abrufbar.

1. Auflage Münster 2014
© 2014 Verlag Westfälisches Dampfboot
Alle Rechte vorbehalten
Umschlag: Lütke Fahle Seifert AGD, Münster
Druck: Rosch-Buch Druckerei GmbH, Scheßlitz
Gedruckt auf säurefreiem, alterungsbeständigem Papier
ISBN 978-3-89691-973-1

Inhalt

*Tina Jung / Anja Lieb / Marie Reusch / Alexandra Scheele /
Stefan Schoppengerd*
In Arbeit: Emanzipation. Feministischer Eigensinn in Wissenschaft
und Politik. Einleitung   7

Teil I: Kritische Produktivität und Widerstreit –
        Perspektiven feministischer Theorie

Hildegard Maria Nickel
Geschlechterforschung, Gesellschaftskritik und ein feministischer
Blick auf Arbeit   26

Oskar Negt
Zur Geschichte der Arbeit – Betrachtungen über unabgegoltene Fragen
des Zusammenhangs von Arbeit, Emanzipation und Utopie   38

Tina Jung
Zwischen Herrschaft und Emanzipation
Kritische Theorie, Feminismus und die Kritik der Moderne   53

Frigga Haug
Zum Verhältnis von Feminismus und Kapitalismuskritik –
ein Lernprozess   69

Teil II: Arbeit, Demokratie und Geschlecht

Birgit Sauer
Arbeit und Geschlechterdemokratie
Leerstellen und Lehrstellen der Politikwissenschaft   84

Julia Lepperhoff / Alexandra Scheele
Autonomie, Angewiesenheit, Emanzipation –
Soziable Arbeit als Leitbild zukunftsfähiger Arbeitsforschung   99

Diana Auth
Noch immer auf Kosten der Frauen? Sorgearbeit im Wohlfahrtsstaat   116

Sarah Lillemeier / Claus Schäfer
Die Verteilung von (Frauen)Zeit und (Frauen)Geld auf dem
„Arbeits"-Markt. Bewegt sich die Gleichstellungs-Schnecke überhaupt?   132

Julia Graf / Clarissa Rudolph
Emanzipation durch (Erwerbs-)Arbeit?!
Die Bedeutung von Arbeit unter prekären Bedingungen   150

Brigitte Stolz-Willig
Prekarisierung der Arbeit, Gesundheit und Geschlecht   165

Maria Funder
In Zeiten der Ungewissheit – Geschlechterverhältnisse in Bewegung?
Zum Spannungsverhältnis von Wirtschaft und Geschlecht
am Beispiel des Finanzsektors   181

Teil III: Bewegte Arbeit
Oder: Nur noch Utopien sind realistisch

Ingrid Kurz-Scherf
Der 6-Stunden-Tag – Skizze eines phantastischen Tarifvertragsentwurfs   200

Margareta Steinrücke
Der Kampf um den 6-Stundentag *revisited* – Bilanz und Perspektiven
aus der Praxis   209

Joachim Beerhorst
Gewerkschaften als Akteure emanzipatorischer Arbeitspolitik?   224

Stefan Schoppengerd
Kein Ding. Klassen und ihre Kämpfe vor dem Hintergrund
feministischer Kritik   241

Halina Bendkowski
Feminismus auf der Parkbank   257

Autorinnen und Autoren   266

Tina Jung / Anja Lieb / Marie Reusch / Alexandra Scheele / Stefan Schoppengerd

In Arbeit: Emanzipation
Feministischer Eigensinn in Wissenschaft und Politik
Einleitung

1 Feminismus und Gesellschaftskritik – Perspektiven feministischen Eigensinns

Feministische Theorie und Praxis verstehen sich als Gesellschaftskritik in emanzipatorischer Absicht (vgl. Kurz-Scherf/Lepperhoff/Scheele 2009). Dabei gibt es jedoch eine große Spannbreite unterschiedlicher Verortungen von Feminismus. Dies zeigt sich gegenwärtig z.B. darin, dass in unterschiedlichen Strömungen kritischen Denkens und Handelns auch unterschiedliche Vorstellungen davon vorhanden sind, was die Aufgaben, Gegenstände und Intentionen von Kritik sind. Während etwa materialistische Ansätze nach der Realisierung von Freiheit, Gleichheit und Solidarität streben und die Aufhebung von Herrschaftsverhältnissen einklagen, orientieren sich eher poststrukturalistische Ansätze an der Kritik von Normierungen – und zwar auch solchen, wie sie in den Ideen von Freiheit, Gleichheit und Solidarität enthalten sind. Nicht immer werden diese unterschiedlichen Verständnisse von Kritik polarisierend gegeneinandergestellt; so gibt es eine Vielzahl feministischer Arbeiten, die gerade an den produktiven Anschlüssen unterschiedlicher Kritikverständnisse ansetzt (vgl. u.a. Sauer 2011a; Maihofer 2013). Gleichwohl kann dies nicht darüber hinwegtäuschen, dass verschiedene Kritikansätze auch im feministischen Diskurs nicht immer gleich 'populär' sind, sondern sich auch hier wechselnde Hegemonien verzeichnen lassen. Seit den 1990er Jahren war ein Aufschwung und auch eine Dominanz poststrukturalistischer Ansätze zu verzeichnen (vgl. kritisch dazu van Dyk 2012a), die zweifellos produktiv und instruktiv für die Entwicklung feministischer Grundlagenkritik im weiteren Sinne war. Allerdings wurde – mit Blick auf die Entwicklung der feministischen Diskussion insgesamt – in der Hinwendung zu diskursiven, kulturellen und identitären Fragen zuweilen die materielle Basis gesellschaftlicher Strukturierung vernachlässigt. In jüngerer Zeit haben zahlreiche AutorInnen diese Entwicklung kritisiert (vgl. u.a. Fraser 2009). Feministische Gesellschaftskritik, so eine verbreitete Diagnose, sei einer Vereinseitigung auf kulturalistische Perspektiven erlegen und habe so ihr kritisches Potential eingebüßt (vgl. Umrath 2012; Schoppengerd 2014).

Spätestens mit der „VielfachKrise" (Demirović et al. 2011) stehen jedoch im feministischen Diskurs die Zeichen auf einen *social* bzw. *material re-turn*. Dies hat zu einer bemerkenswerten Vitalisierung feministischer Gesellschaftskritik geführt (vgl. dazu stellvertretend die Sammelbände von Kurz-Scherf/Scheele 2012; Appelt/Aulenbacher/Wetterer 2013; Nickel/Heilmann 2013 sowie die Schwerpunkthefte der Zeitschriften Argument 3/2011; Femina Politica 1/2013; Gender 2/2013; Prokla 174/2014).

Allerdings hat sich u.E. auch hinsichtlich des „Kritikhypes" (van Dyk 2012b) im Gefolge der Finanzkrise bestätigt, dass „die Frage nach dem gegenwärtigen Einfluss kritischen Denkens einerseits als extrem stark (in Hinblick auf die Analysemöglichkeiten), andererseits als schrecklich schwach (in Hinblick auf die politischen Wirkungen) bezeichnet" (Bittlingmayer/Bauer 2006, 660) werden kann (vgl. van Dyk 2012b). Die Durchsetzungsfähigkeit feministischer Kritik ist dabei auch mit Problemen konfrontiert, die mit Prozessen der Marginalisierung u.a. durch Rezeptionsbarrieren in der Malestream-Wissenschaft (vgl. Appelt/ Aulenbacher/Wetterer 2013), aber auch mit Konkurrenzen um Deutungshoheiten und der strukturellen „Prekarität feministischer Kritik" (Maihofer 2013a) zusammenhängen (vgl. Jung 2014). Feministisches Denken und Handeln, darauf hat Ingrid Kurz-Scherf (2012) hingewiesen, muss den von Nancy Fraser (2009) formulierten Aufruf an FeministInnen *to think big* vor diesem Hintergrund in doppelter Hinsicht lesen: nämlich sowohl als Forderung nach einer gesellschaftstheoretischen Re-Konturierung feministischer Wissenschaft als auch nach einer Stärkung feministischen Eigensinns im gegenwärtigen Kritik- und Krisendiskurs.

Der titelgebende 'Eigensinn' markiert aus dieser Sicht zentrale Herausforderungen an die Weiterentwicklung feministischer Kritik, in deren Kern die Verknüpfung der „Zentralkategorie feministischer Wissenschaft – also 'Geschlecht' – mit der Zentralkategorie Politischer Wissenschaft in kritischer Perspektive – also 'Herrschaft' – mit dem zentralen Anliegen feministischer Politik – also 'Emanzipation'" (Kurz-Scherf 2001, 71) steht. Diese besondere Perspektive verbindet sich mit der in diesem Band vertretenen Grundthese, dass (feministische) Gesellschaftskritik zentral auf die gesellschaftliche Organisation, Bewertung und Verteilung von Arbeit und deren Wandel gerichtet sein muss – und hier nach den damit verbundenen Herrschaftslogiken ebenso fragt wie nach den darin verborgenen Perspektiven und Ansätzen von Emanzipation. Wir nehmen

Einleitung

die Frage nach feministischem Eigensinn als Perspektive und 'Emanzipation in Arbeit' als Gegenstand unseres Erkenntnis- und Praxisinteresse auf drei Ebenen auf: auf der Ebene kritischer Theoriebildung (Abschnitt 2), auf der Ebene der Arbeits- und Geschlechterforschung (Abschnitt 3) und auf der Ebene der politischen Praxis (Abschnitt 4). Das ist der Versuch, nicht nur nach Ansätzen zur theoretischen Beschreibung und empirischen Erforschung (geschlechtsspezifischer) Herrschafts- und Ungleichheitsverhältnisse – insbesondere im Feld Arbeit – zu fragen. Uns geht es auch darum, wie diese Verhältnisse politisch und praktisch verändert werden können, welche Ansatzpunkte es hier für widerständiges, emanzipatorisches Handeln gibt, wer die Subjekte einer solchen Veränderung sind und mit welchen Problemen sie zu kämpfen haben.

Was aber sind nun die Konturen 'feministischen Eigensinns in Wissenschaft und Politik'?

Auf der Ebene der Theoriebildung (Abschnitt 2) steht feministische Kritik in einem kritischen Dialog mit anderen sozialemanzipatorischen Denkströmungen wie der Kritischen und der marxistischen Theorie. Feministisches Denken ist so in einen (selbst-)kritischen Lern- und Reflexionsprozess eingebunden, der einerseits die geschlechtsblinden Flecken sozialemanzipatorischen Denkens einer feministischen Revision unterzieht; der andererseits aber feministisches Denken selbst dazu herausfordert, sich nicht nur auf die genuin geschlechtsspezifischen Aspekte des sozialen Wandels zu beschränken, sondern die Verschränkung und konstitutive Verwobenheit verschiedener Herrschaftslogiken entlang *race, class, gender* in den Blick zu nehmen (vgl. dazu auch Maihofer 2013b). Die Herausforderung besteht hier also u.a. darin, unter Einschluss einer geschlechter- *und* herrschaftskritischen Perspektive das 'Ganze' der Konstruktion und Konstitution von Arbeit zu fokussieren, um so nach den darin liegenden widerständigen und utopischen Perspektiven von Emanzipation und Transformation zu fragen.

Mit der Konstruktion und Konstitution von Arbeit ist bereits ein Gegenstand benannt, der aus unserer Sicht nach wie vor zentral für die (Weiter-)Entwicklung feministischer Gesellschaftskritik ist (Abschnitt 2). Der 'Eigensinn' feministischer Wissenschaft besteht hier nicht zuletzt darin, Arbeit *im Zusammenhang* mit dem 'Rest des Lebens', aber auch im gesamtgesellschaftlichen Kontext in den Blick zu nehmen. So können nicht nur Arbeits- und Geschlechterforschung verknüpft, sondern kann auch eine Politisierung von Arbeit – gemäß einem weiten Verständnis mit Blick auf gesellschaftliche Reproduktion – im Interesse einer umfassenden Demokratisierung vorgenommen werden.

Arbeit war und ist Gegenstand politischer Kämpfe. Aus der Perspektive 'feministischen Eigensinns' fragen wir nach den Möglichkeiten widerständigen und emanzipatorischen Handelns bzw. den Vermittlungen von Theorie und Praxis, aber auch nach dem Scheitern feministischer Anliegen im Sinne des 'Nicht-Wirkens' feministischer Kritik. Die Eigensinnigkeit bemisst sich hier nicht zuletzt im Beharren darauf, nach den utopischen und emanzipatorischen Momenten zu suchen, die bereits in der Gegenwart angelegt sind, die aber erneuert und kritisch wieder angeeignet werden müssen – wie etwa der vor dem Hintergrund wachsender Produktivität immer sinnvollere, allerdings auch gegen die Zeichen der Zeit stehende Kampf um radikale Arbeitsverkürzung als Element einer grundlegenden Transformation der Gesellschaft.

Wie so oft übersteigt das skizzierte Anliegen die Möglichkeiten eines Sammelbandes. *Trotzdem* scheint es uns notwendig und legitim, weitreichende Anliegen zu formulieren: „Dass in der Wissenschaft die Fragen immer wieder größer werden *dürfen* als die Antworten, ist ein Moment von Freiheit und ein schützenswertes Gut" (Knapp 2012, 500, Herv. i.O.). Auch in politischer Hinsicht begreifen wir den Appell an den Eigensinn und die damit verbundenen Herausforderungen an die (Weiter-)Entwicklung feministischer Gesellschaftskritik als *work in progress*, als unabgeschlossenes, heterogenes und durchaus streitbares Projekt, zu dem wir mit diesem Band *einen* Beitrag liefern möchten.

2 Kritische Produktivität und Widerstreit – Perspektiven feministischer Theorie

Obschon feministische Wissenschaft im heutigen Sinne maßgeblich aus der Zweiten Frauenbewegung hervorgegangen ist, richtet sie sich nicht nur an 'die Frauen', sondern zielt auf die Überwindung des Patriarchats als Herrschaftssystem, das zwar vorrangig Frauen bzw. weibliche Lebensrealitäten unterdrückt, letztlich aber alle Menschen beeinträchtigt (vgl. List 1989). Weibliche Lebenszusammenhänge sind gesellschaftlich nicht nur höchst heterogen, sondern auch höchst widersprüchlich strukturiert (vgl. Hark 2001; Becker-Schmidt 2007). Geschlechtsspezifische Herrschafts-, Unterdrückungs- und Unterordnungserfahrungen werden damit nicht *einheitlich* wirksam. Die Thematisierung von Differenzen unter Frauen führt zu der Erkenntnis, dass sich patriarchale Herrschaftslogiken auf je spezifische, historisch und konkret durchaus wandelbare Weise mit Herrschaftslogiken entlang *race* und *class* verbinden und so mit sich überkreuzenden Achsen der Ungleichheit konfrontiert sind (vgl. Knapp 2012).

Auch wenn diese Erkenntnisse auf eine lange Geschichte innerhalb feministischen Denkens und Handelns zurückgehen, so sind sie nie einfach hergestellter *common sense*, sondern Gegenstand von zum Teil heftig ausgetragenen

Einleitung

inhaltlichen Auseinandersetzungen innerhalb und zwischen Frauenbewegungen, Gleichstellungspolitik und feministischer Wissenschaft. Dementsprechend überrascht es nicht, dass die theoretischen Perspektiven, Politikintentionen und Strategien divergieren – und die unterschiedlichen Ansätze dabei teils einen sich eher ergänzenden Charakter annehmen, teils aber auch widerstreitenden Logiken folgen, die nicht ohne Weiteres ineinander aufgehen.

In den Diskussionen um die (Un-)Möglichkeit eines feministischen 'Wir' als Grundlage feministischer Erkenntnis- und Politikprozesse, bei den Kämpfen um Geschlechter- und Gleichstellungspolitiken und ihre vermeintliche oder tatsächliche 'neoliberale Einbindung', bei den kritischen Diagnosen eines Zerfalls frauenbewegter Öffentlichkeit wie auch bei den Hoffnungen auf das Auflodern neuer Patriarchatskritik – bei all diesen Themen also geht es auch um die Frage nach den inhaltlichen Konturen und der politischen Zukunft des feministischen Projekts als Gesellschaftskritik. Das heißt, auch die notwendige Anerkennung der Heterogenität, der Streitbarkeit des Feminismus und seiner ambivalenten Positionierung entlässt nicht aus der Debatte darum, ob und wie Feminismus sich auch künftig noch als „kritisch, praktisch, emanzipatorisch" (vgl. Kurz-Scherf 2004) begreift.

Zur feministischen Aufklärung der Aufklärung (vgl. Knapp 2012) gehört daher auch ein hohes Maß an selbstkritischer Aufmerksamkeit, um die eigenen Grundlagen und Praktiken auf ihre unintendierten Effekte befragen zu können. In den letzten Jahren haben zahlreiche Arbeiten auf kontra-intentionale Eingemeindungen von Kritik durch 'den' Neoliberalismus hingewiesen (vgl. Fraser 2009, für die feministische Debatte als Überblick Umrath 2012). Bereits seit den Anfängen der Etablierung feministischer Wissenschaft *als akademischer Disziplin* wird diese darüber hinaus von der selbstreflexiven Debatte um die (vermeintliche oder tatsächliche) Entpolitisierung durch Professionalisierung und Institutionalisierung an den Hochschulen bzw. innerhalb der disziplinären Gefüge der „männlichen Wissenschaft" begleitet (Krüll 1990; vgl. auch Hornung/Gümen/Weilandt 2001).

Dass feministische Theorie und Praxis sich in solchen Spannungsverhältnissen bewegen, kann auch eine spezifische Qualität ihrer Produktivität sein – wenn sie als selbstkritische wie streitbare, auf Erneuerung auch der eigenen Grundlagen der Kritik zielende Bewegung (vgl. Knapp 2012) verstanden wird. Dies gilt nach 'innen', wenn es um die innerfeministischen Kontroversen geht, so z.B. um die Differenzen zwischen Frauen, die Verknüpfung von Geschlecht mit anderen Ungleichheitsachsen sowie um eurozentrische Verzerrungen feministischen Denkens. Dies gilt aber auch nach 'außen', in Bezug auf die androzentrische Realpolitik sowie die

Defizite der Verfasstheit von Gesellschaft und Wissenschaftsbetrieb. Und dies gilt nicht zuletzt auch – in theoretischer Hinsicht – für die Auseinandersetzungen, die Feminismus mit anderen Wissenschaftsströmungen und Theorierichtungen sucht, um sich in der Kontroverse weiterzuentwickeln. So teilen feministische Theorie und Praxis mit dem Liberalismus und dem Marxismus das Festhalten an den Zielen von Freiheit, Gleichheit, Solidarität als noch einzulösenden Versprechen der Aufklärung, und mit poststrukturalistischen Ansätzen die Skepsis gegenüber universalistischen, objektivierenden, vereinheitlichenden Intentionen. Während daraus einerseits eine ambivalente Positionierung zwischen Moderne und Postmoderne resultiert (vgl. Klinger 1998), so treten feministische Theorie und Praxis andererseits und gleichzeitig in einen kritischen Dialog mit den genannten Theorievarianten, indem sie deren geschlechtsspezifische blinde Flecken aufdecken und einer geschlechtskritischen Revision unterziehen (vgl. Kreisky/Löffler/Spitaler 2012). In diesem Sinne ist feministische Kritik auch feministische Aufklärung der Gesellschaftskritik.

Die AutorInnen, die im ersten Abschnitt dieses Buches schreiben, liefern vor diesem Hintergrund Denkanstöße zur weiteren Diskussion um feministische Gesellschaftskritik und ihren Eigensinn.

Hildegard Maria Nickel diskutiert in ihrem Beitrag den Zusammenhang von Geschlechterforschung und Gesellschaftskritik. Den *social re-turn* in der Geschlechterforschung liest sie als Re-Politisierung feministischer Theorie, die auf die Realisierung einer 'anderen Moderne' gerichtet sei. Zentral für diese Neuausrichtung sei die Frage nach einem feministischen Blick auf Arbeit als politischem Feld, auf dem sich Herrschaftsordnung, Geschlechterverhältnisse, aber auch potentiell emanzipatorische Transformationsprozesse verdichten. Nickel verweist auf die Notwendigkeit, die Frage nach den Kritik- und Autonomiepotentialen der Subjekte nicht nur in ihrer herrschaftsförmigen Unterwerfung auszubuchstabieren, sondern Subjektivierung auch in der Dimension eigensinniger Praxis zu begreifen.

Auch für *Oskar Negt* steht Arbeit im Mittelpunkt eines Projekts, das auf die Würde des Menschen und eine gerechte Verteilung gesellschaftlichen Reichtums ausgerichtet ist. In seinen Betrachtungen über die „Geschichte der Arbeit" rekonstruiert er den doppelten Gehalt von Arbeit als herrschafts- *und* emanzipationsrelevant und erinnert nachdrücklich daran, dass menschliche Emanzipation nicht realisierbar sei, ohne den spezifischen Utopiegehalt von Arbeit einzulösen. Hinsichtlich einer utopiefähigen und emanzipatorischen Gestaltung von Arbeit aktualisiert Negt Forderungen nach radikaler Arbeitszeitverkürzung und existenzsicherndem Grundeinkommen.

Einleitung

Die Herausforderungen von Herrschaftskritik und Emanzipationsbestrebungen lotet auch *Tina Jung* anhand der Beiträge von Kritischer Theorie und feministischer Theorie zu den Kritiken der Moderne aus. Am Beispiel der Auseinandersetzung mit der „Dialektik der Aufklärung" von Horkheimer und Adorno sowie feministischen Ansätzen zur „Ambivalenz der Moderne" (Cornelia Klinger) untersucht sie die Gemeinsamkeiten und Differenzen dieser Perspektiven. Die sich daraus ergebenden Erkenntnisse hinsichtlich des kritischen Bezugs auf die Widersprüche, Paradoxien und Ambivalenzen der Moderne fasst Jung als Anregungspotential für die Bearbeitung von Problemhorizonten, denen sich Gesellschaftskritik auch aktuell stellen müsse.

Die produktiven wie schwierigen Lernprozesse, denen sich kritisches Denken im Dialog verschiedener Strömungen aussetzen muss, macht auch *Frigga Haug* zum Thema. Haug arbeitet an der eigenen Sozialisation als marxistische Feministin und ihren theoretischen Interventionen in diesem Feld die historischen Entstehungs- und Konfliktkonstellationen heraus, die mit dem „Verhältnis von Feminismus und Marxismus" verbunden sind. Damit ruft sie eine Debatte auf, die vor dem Hintergrund des angesprochenen *material re-turns* erneut an Aktualität gewinnt.

3 Arbeit, Demokratie und Geschlecht

Der Zweiten Frauenbewegung, die in den 1970er Jahren im Zusammenhang mit und teilweise im Widerspruch zu der sog. Neuen Linken entstand, ging es nicht zuletzt um eine Veränderung von persönlichen Einstellungen und Verhaltensweisen: In der Kindererziehung, im alltäglichen Miteinander von Männern und Frauen und im Rollenverständnis der Geschlechter drängte die Bewegung auf Veränderung. Das gesellschaftstheoretische Interesse richtete sich aber darüber hinaus auf die Frage, worin die strukturellen Grundlagen dieser subjektiven Dispositionen bestehen. Auch die hierarchischen Geschlechterverhältnisse und ihre Regeln von Über- und Unterordnung, von Anerkennung und Ausbeutung haben, so eine Antwort, ihr materielles Fundament in der Art und Weise, wie eine Gesellschaft sich arbeitsteilig reproduziert: „Ohne eine grundlegende Reorganisation der Arbeit gibt es keine Aussicht auf ein neues gleichberechtigtes Geschlechterverhältnis, bleiben alle anderen Strategien zur Vereinheitlichung der Arbeits- und Lebenschancen von Männern und Frauen in Korrekturen der gesellschaftlichen Oberfläche hängen" (Kurz-Scherf 1990, 4). Den Fokus feministischen Denkens und Handelns auf Arbeit zu richten, ist so weit mehr als die Vorliebe für ein bestimmtes 'Spezialgebiet': Über die Positionierung in einer arbeitsteiligen Ökonomie konstituiert sich eine fundamentale Erfahrung der Gesellschaftlichkeit und der Abhängigkeit von Kooperation. Solche Kooperation ist in freier Übereinkunft vorstellbar, sie kann aber auch erzwungen sein, sie kann in entfremdeten Formen stattfinden und in Beziehungen von Herrschaft und Ausbeutung. Die Frage, wie eine Gesellschaft ihre ökonomische Reproduktion organisiert, ist somit zugleich die Frage nach dem materiellen Fundament des demokratischen Zusammenlebens.

Dieses materialistische Verständnis von Herrschaftskritik weist bei abstrakter Betrachtung Analogien zur marxistischen Theorie auf, es konnte aber deren Begriffe nicht ohne weiteres übernehmen: Das Verständnis davon, was mit Begriffen wie Arbeit, Ökonomie und Ausbeutung gefasst werden soll, bedurfte patriarchatskritischer Überarbeitung.

Feministisches Denken und Handeln hat hier maßgeblich auf die Logiken der Trennung und Hierarchisierung von gesellschaftlich eigentlich zusammengehörenden Bereichen hingewiesen (vgl. u.a. Becker-Schmidt 2007): nämlich von (entlohnter, marktvermittelter) Erwerbsarbeit, die der männlichen Genus-Gruppe zugeschrieben wird, und (nicht entlohnter, 'privat' und damit gesellschaftlich 'unsichtbar' gemachter) Care-Arbeit, die der weiblichen Genus-Gruppe zugewiesen wird. Feministische Forderungen nach einer gerechten Umverteilung und Anerkennung dieser gesellschaftlich notwendigen Tätigkeiten wollen somit nicht nur Erwerbsarbeit 'auf ihren Platz verweisen' – denn letztere ist nur *ein* Teil des Lebens. Vielmehr soll demgegenüber auch die Gleichwertigkeit anderer Interessen, Verpflichtungen und Bedürfnisse im Sinne eines 'guten Lebens' erstritten werden.

Die damit einhergehenden Forderungen nach Anerkennung und gleichberechtigter Verteilung von Care-Arbeit entspringen einem doppelten Impuls: Zum einen geht es darum, Bedingungen dafür zu schaffen, dass die Gleichberechtigung der Geschlechter keine abstrakte Verfassungsnorm bleibt und sich auch nicht darin erschöpft, 'Frauen an die Spitze' zu holen. Sie muss sich auf einer lebenspraktischen Ebene niederschlagen, Eingang in Biographien finden, vom erwünschten Ideal zur machbaren Realität werden. Bei der Anerkennung von Care-Arbeit geht es auch um die Überwindung dessen, was Regina Becker-Schmidt (2011) als „verwahrloste Fürsorge" und Kerstin Jürgens (2010) als „Reproduktionskrise" beschreiben – nämlich dass kapitalistisches Wirtschaften inklusive der „Überverausgabung von Kräften" (Aulenbacher 2012b, 110) nur auf Basis der Prämisse funktioniert, dass jemand anderes woanders sich um die reproduktiven Bedürfnisse kümmert, gleichzeitig aber diejenigen, die diese Belange erfüllen, gesellschaftlich benachteiligt sind. Dies gilt traditionell für

Einleitung

Frauen; die Geschlechterdimension wird hierbei zudem überlagert durch die Ungleichheitsachsen von Ethnizität und Klassenzugehörigkeit. Zum anderen verweisen diese Diagnosen des „Rückgangs von Versorgung und Zuwendung" (Lenz 2008: 42) auf die Substanz von Demokratie: Solange fürsorgliches, aufeinander bezogenes Miteinander markt- und zweckrationaler Effizienzsteigerung untergeordnet bleibt, solange die Verantwortung für ein gelingendes Leben individualisiert wird, bleibt die Forderung nach Demokratie als Lebens- und Gesellschaftsform uneingelöst.

Arbeit und ihre politische Gestaltung bleiben also zentrale Themen feministischer Wissenschaft. Trotz des gesellschaftlichen Wandels und des 'Eindringens' geschlechterpolitischer Gleichheitsdiskurse in die 'symbolische' Sphäre bleibt die gesellschaftliche Arbeitsteilung zwischen Männern und Frauen strukturell – entlang ihrer Zuweisungs- und Hierarchisierungspraxen – weitgehend unangetastet. Allerdings verschieben sich die Achsen der Ungleichheit, indem z.B. Care-Arbeit verstärkt an gering entlohnte MigrantInnen – wiederum vornehmlich Frauen – delegiert wird. Hierarchisierungen bilden sich damit allerdings nicht nur zwischen Erwerbs- und privater Care-Arbeit oder zwischen bezahlter und unbezahlter Arbeit aus, sondern auch innerhalb der Erwerbsarbeit: dies gilt hinsichtlich der Zeit- und Einkommensverteilung, hinsichtlich der geschlechtstypischen Besetzung von Branchen oder Berufen einschließlich der damit eingehenden Prozesse von Auf- und Abwertung, und dies gilt nicht zuletzt hinsichtlich der Zugangs-, Aufstiegs- und Karrierebedingungen. Frauen sind nach wie vor nicht gleichberechtigt in den Führungspositionen von Wirtschaft, Politik und Wissenschaft vertreten.

Feministische Arbeitsforschung ist vor diesem Hintergrund zunächst daran orientiert, Arbeit unter Einschluss einer kritischen Geschlechterperspektive in den Blick zu nehmen, um die mal mehr, mal weniger versteckten Prozesse der Hierarchisierung von Arbeit überhaupt erst sichtbar zu machen. Dieses Forschungsinteresse verknüpft sich mit dem Interesse an der Überwindung der herrschaftsförmigen Organisation von Arbeit – und stellt Arbeit somit in den Kontext von Emanzipation.

Die Thematisierung von 'Arbeit' und 'Geschlecht' ist also in mehrfacher Hinsicht mit einer Politisierung verbunden, die auf eine umfassende und weitergehende Demokratisierung von Gesellschaft zielt. Ein solchermaßen materialistisch fundiertes Demokratieverständnis wurde in der sozialistischen Tradition der ArbeiterInnenbewegung vorrangig als Demokratisierung des Eigentums an den Produktionsmitteln oder, in der gemäßigt sozialdemokratischen Variante, als Ausbau betrieblicher Mitbestimmung in politische Programmatik übersetzt. In seiner feministischen Fassung gewinnt es einerseits an Komplexität, andererseits an gesellschaftspolitischer Radikalität: Das Demokratisierungsanliegen zielt neben der Überwindung von Ausbeutung und Entfremdung in der Erwerbsarbeit auch auf Herrschaftsfreiheit dort, wo persönliche Autonomie und wechselseitige Abhängigkeit eng beieinander liegen: im 'privaten' Bereich der zwischenmenschlichen Beziehungen und der alltäglich erbrachten Care-Arbeiten. In diesem Sinne wird die Realdemokratie als Androkratie kritisiert (vgl. Sauer 2011b), der die Vorstellung von Demokratie als einer Gesellschafts- und Lebensform entgegengestellt wird (vgl. Lieb 2009; Brand/Dierkes/Jung 2014).

Feministische Arbeitsforschung erlaubt differenzierte Einsichten in die patriarchal-kapitalistischen Organisationsweisen der westlichen Gegenwartsgesellschaften – auch und gerade in deren Wandel: Die alltagsweltlichen Ausprägungen des Verhältnisses der Trennungslinien von öffentlich/privat, bezahlt/unbezahlt, männlich/weiblich sind nicht statisch. Im Gegenteil: War für westdeutsche Frauen der Zugang zur Erwerbsarbeit noch zum Zeitpunkt des Entstehens der Zweiten Frauenbewegung in den 1970er Jahren nicht nur durch die dominanten Wertvorstellungen, sondern auch durch gesetzliche Regelungen erheblich erschwert, ist Frauenerwerbstätigkeit inzwischen weitgehend anerkannte Normalität. In den politischen Diskussionen um die 'Vereinbarkeit von Familie und Beruf' oder den Ausbau der öffentlichen Kinderbetreuung fungiert nicht mehr das *male breadwinner model* als gesellschaftspolitisches Leitbild, sondern das *adult worker model*. Gleichwohl werden diese Prozesse der partiellen Erweiterung von Teilhabemöglichkeiten für Frauen z.B. an der Erwerbsarbeit konterkariert von gegenläufigen Politiken: Die Hartnäckigkeit der geschlechtsspezifischen Arbeitsteilung insbesondere im Privaten, aber auch die geschlechtsspezifische Erwerbsarbeitsmarktsegregation hinsichtlich der vermeintlichen 'Wahl' oder 'Neigung' von Frauen für niedrig bewertete und bezahlte Erwerbstätigkeiten wird noch politisch gestützt – z.B. durch die steuerpolitische Subventionierung der 'Ernährerehe' mittels Ehegattensplitting. Auch die Frauen- und Familienpolitik der letzten Jahre (vor allem unter Ursula von der Leyen) war vorrangig an einem Leitbild selektiver Emanzipation (vgl. Auth/Buchholz/Janczyk 2010) orientiert, die vor allem hochqualifizierte Frauen adressierte – und nur diesen verbesserte Optionen für Teilhabe und private Umverteilung von Arbeit bot. Faktisch kommt aber auch hier eine Umverteilung von Arbeit *zwischen* den Geschlechtern nur mühevoll in Gang, weil die so 'übrig' bleibende private Arbeit von doppelberufstätigen Haushalten häufig an Dritte, nämlich vorwiegend migrantische Frauen, delegiert wird. Insofern bleibt auch das *adult worker model* an „einheimischen Mittelschichten" (Aulenbacher 2012a, 121) orientiert, dessen begrenztes 'Teilhabeversprechen' überdies kaum mit der Lebensrealität am unteren Rand der Gesellschaft korrespondiert.

Der Bedarf an Analysen der feministischen Arbeitsforschung bleibt nicht nur mit Blick auf die unmittelbare Gestaltung von Arbeitsverhältnissen hoch. Die Positionierung in oder zur Erwerbsarbeit sowie in oder zur Betreuungs- und Haushaltsarbeit im Privaten ist auch die entscheidende Variable für die Positionierung im Wohlfahrtsstaat und den Zugang zu Leistungen der Sozialversicherung. Der insbesondere von der rot-grünen Bundesregierung unter Gerhard Schröder betriebene Umbau des bundesdeutschen Wohlfahrtsstaates hat die Ausweitung prekärer Beschäftigung und eines frauendominierten Niedriglohnsektors erheblich beschleunigt; davon zeugen nicht zuletzt die hohe Zahl derer, die ihr Erwerbseinkommen im ALG II-Bezug 'aufstocken' müssen, und die vielfach drohende Altersarmut.

Eine im skizzierten Sinne feministische Bearbeitung dieser Themen kann dabei nicht kritiklos an sozialwissenschaftliche Wissensbestände anschließen: Die Schlüsselbegriffe der Sozial- und insbesondere der Politikwissenschaft – Macht, Herrschaft, Demokratie, Staat – sind in der Regel androzentrisch verzerrt und blenden wesentliche Bezugspunkte weiblicher Lebensrealitäten aus. Ein feministisches, weites Verständnis von Arbeit und Demokratie muss daher immer auch die jeweiligen androzentrischen Ausblendungen einer Bearbeitung zugänglich machen.

Hier setzt der Beitrag von *Birgit Sauer* an, indem er die Blindstellen der Politikwissenschaft hinsichtlich Arbeit und Demokratie zum Ausgangspunkt macht. Sauer zeigt auf, dass es einer Revision auf zwei Ebenen bedürfe: Zum einen gehe es um eine Stärkung der politischen Dimension von Arbeit und zum anderen um eine Öffnung des Verständnisses von Demokratie in Richtung Arbeit – dies bezeichnet Sauer als '(Geschlechter-)Demokratie in Arbeit'. Ihre Überlegungen zu einem feministischen Arbeitsbegriff zielen darauf, die Relevanz von Erwerbsarbeit für Demokratie zu begründen, ohne sie als einziges Kriterium für bürgerschaftliche Teilhabe zu begreifen: Auch unbezahlte Tätigkeiten müssen konzeptionell integriert werden.

Einen ähnlichen Ansatz vertreten *Julia Lepperhoff* und *Alexandra Scheele*, die das Konzept der Soziabilität ins Zentrum ihres Beitrags stellen. Soziabilität ermögliche, bezahlte Erwerbs- und unbezahlte Fürsorgearbeit zusammen in den Blick zu nehmen, ohne zu leugnen, dass Erwerbsarbeit ein enormes gesellschaftliches Integrationspotential hat – etwa hinsichtlich materieller Existenzsicherung und sozialer Absicherung – und einen Beitrag zur „sozialen Kooperation" (Ingrid Kurz-Scherf) leiste. Mit dem Leitbild „soziabler Arbeit", das Lepperhoff und

Scheele entlang der drei Begriffe Autonomie, Angewiesenheit und Emanzipation entwickeln, bieten die Autorinnen eine normative Orientierung für Arbeitsforschung und Arbeitspolitik an.

Diana Auth unternimmt am Beispiel der Rentenpolitik eine geschlechterkritische Analyse des Wohlfahrtsstaates. Sie zeigt, dass Reformen zur rentenrechtlichen Anerkennung von Kindererziehungs- und Pflegearbeit zwar Gleichstellungseffekte zeitigten, die eigenständige Alterssicherung von Frauen aber nach wie vor prekär sei. Gründe hierfür seien nicht nur in der spezifischen Ausgestaltung der Rentenversicherung, sondern auch in den Bedingungen und Verhältnissen des Arbeitsmarkts zu suchen, dessen Ungleichheiten und Diskriminierungen sich in der Rente widerspiegelten. Auf Basis dieser Erkenntnis formuliert Auth politische Forderungen zur weiteren rentenpolitischen Gleichstellung von Frauen.

Sarah Lillemeier und *Claus Schäfer* widmen sich den „gesellschaftlichen Leitwährungen Zeit und Geld" und zeigen, dass ein zentrales Problem der Geschlechtergleichstellung in der Ungleichverteilung dieser Ressourcen liegt. Zwar gebe es viele empirische Belege für diese geschlechtsbezogene Ungleichverteilung, sie seien in der Politik aber kaum handlungsleitend. Die AutorInnen plädieren für eine Strategie, den Stellenwert von Erwerbsarbeit im Bezug auf andere Aspekte des Lebens zu relativieren und gleichzeitig der systematischen Unterbewertung von Frauenarbeit entgegenzuwirken.

Den Zusammenhang von (Erwerbs-)Arbeit und Emanzipation loten *Julia Graf* und *Clarissa Rudolph* in ihrem Beitrag aus. Schon der frühen Frauenbewegung galt finanzielle Unabhängigkeit durch eigenständige Erwerbsarbeit als zentrale Voraussetzung für ein selbstbestimmtes Leben. Graf und Rudolph fragen, inwieweit diese Annahme auch unter Bedingungen aktivierender Arbeitsmarktpolitik gelte, die unter dem Leitmotiv 'Hauptsache Arbeit' stehe und ein entsprechend restriktives Leistungsregime begründe ('Hartz IV'). Sie plädieren für einen Begriff der Teilhabe, der Erwerbsarbeit nicht nur in Bezug auf das damit zu erzielende materielle Auskommen in den Blick nimmt, sondern auch die Fragen nach der Qualität von Arbeit und dem 'guten Leben' stellt.

Brigitte Stolz-Willig setzt sich in ihrem Beitrag mit dem Zusammenhang von Prekarisierung und Gesundheit auseinander. Ausgehend von der Tatsache, dass das Thema Arbeitsgesundheit in der deutschen Debatte um Geschlechtergerechtigkeit in der Arbeitswelt keine Rolle spielt, erarbeitet sie Perspektiven für Forschung und Praxis, wie die Aspekte Arbeitsschutz und Arbeitsgesundheit in das Konzept 'Guter Arbeit' integriert werden können. Hierfür greift sie auf die internationale Auseinandersetzung um diese Thematik zurück.

Einleitung

Maria Funder diskutiert in ihrem Beitrag, inwieweit die Kritik am maskulinistischen Gebaren der Finanzbranche zu Veränderungen in deren Geschlechterordnung geführt habe. Hat der Schock der Krise zu einer Relativierung hegemonialer Konstrukte von Männlichkeit und Weiblichkeit geführt, und haben sich damit die Beteiligungsmöglichkeiten von Frauen erhöht? Funder kommt in dieser Frage zu einem negativen Urteil: Die wesentlichen Strukturen der Branche zeigten kaum Veränderungstendenzen.

4 Bewegte Arbeit
Oder: Nur noch Utopien sind realistisch

Wenn Gesellschaftskritik sich nicht nur auf die Analyse von Herrschaftsverhältnissen beschränkt, sondern gleichfalls nach den Möglichkeitsbedingungen von Emanzipation fragt, kommt sie nicht umhin, sich auch die Frage nach Perspektiven einer entsprechenden politischen Praxis zu stellen – also danach, wie in den kritisierten Verhältnissen widerständiges Handeln möglich ist. Sollen diese Überlegungen nach möglichen Wegen der Emanzipation nicht im luftleeren Raum verbleiben, schließt das unweigerlich die Frage nach widerständigen Akteuren und ihren Strategien ein. In den Blick kommen so soziale Bewegungen wie auch institutionalisierte Akteure und ihre Politikformen, die auf eine Durchsetzung von Freiheit, Gleichheit und Solidarität insistieren. Folgt man der Einschätzung, dass 'Arbeit' ein zentraler Anknüpfungspunkt für emanzipatorische Bestrebungen ist, kommen dabei vor allem Frauenbewegung und ArbeiterInnenbewegung, mithin Gewerkschaften, in den Blick sowie die Frage nach Strategien und Kämpfen in und um Arbeit.

ArbeiterInnen- und Frauenbewegung sowie institutionalisierte politische Akteure haben in ihren emanzipatorischen Bestrebungen allerdings mit erheblichen Strukturproblemen zu kämpfen. Schon bei einem flüchtigen Blick auf die Auseinandersetzungen um Erwerbsarbeit werden große Schwierigkeiten deutlich: Die Höhe der Bezahlung, die Gestaltung von Arbeitszeiten, das Ausmaß und die Qualität sozialer Sicherung hängen nicht nur wesentlich von der Konfliktdynamik zwischen Kapital und Arbeit ab, sondern sind in spezifischer Weise mit patriarchalen Mustern verbunden (vgl. Kurz-Scherf/Scheele 2012). Die Durchsetzung 'guter Arbeit' ist dabei in mehrfacher Weise erschwert. Die gewerkschaftliche Interessenvertretung beispielsweise befindet sich in der Defensive. Strukturell hohe Arbeitslosigkeit und die Inszenierung eines globalen 'Standortwettbewerbs' setzen das System der Flächentarifverträge unter Druck und werden genutzt, abhängig Beschäftigten Verzichtsleistungen abzuringen.

Die politische Deregulierung des Arbeitsmarktes und die Reduzierung von Sozialleistungsansprüchen tun ihr Übriges, um den Trend zur Prekarisierung von Erwerbsarbeit zu verstärken. Diese Entwicklungen treffen längst auch die Gewerkschaftsbastionen in den männerdominierten Großbetrieben, etwa in Gestalt von Leiharbeit und Werkverträgen in der Automobilindustrie. Besonders ausgeprägt sind sie aber in den unteren Segmenten des Dienstleistungssektors, in denen die Belegschaften überwiegend weiblich sind und wirksame Mechanismen der kollektiven Interessenvertretung häufig erst noch gefunden werden müssen. Dabei ist nicht zuletzt ein Androzentrismus gewerkschaftlicher Organisationen hinderlich, der emanzipatorische Arbeiterbewegung als Abbild der Mitbestimmung in der Großindustrie konzipiert und die spezifischen Herausforderungen an widerspenstige Praktiken beispielsweise in der professionellen Kindertagesbetreuung und Pflege verfehlt; auch können die eingeübten Bewegungsformen auf einem Terrain scheitern, das von Teilzeitarbeit, diskontinuierlicher Beschäftigung und Niedriglohn geprägt ist.

Angesichts dieser und anderer Schwierigkeiten der Durchsetzung feministischer Kritik sei an die Losung erinnert, die Oskar Negt geprägt hat und die später von Ingrid Kurz-Scherf aufgenommen wurde – und die auch angesichts der gegenwärtigen Herausforderungen nicht an Aktualität eingebüßt hat: „Nur noch Utopien sind realistisch." Mit dieser Losung geht es nicht zuletzt um die Wiederaufnahme jener Projekte, deren emanzipatorisches und utopisches Potential für die gegenwärtigen Kämpfe zur „Kritik der ökonomischen Vernunft" (Gorz 2010) wieder angeeignet werden muss. Dies gilt zum Beispiel für Forderungen nach radikaler Arbeitszeitverkürzung und den darin angelegten gesellschaftspolitischen Transformationsversprechen, die nach wie vor 'unabgegolten' sind.

Ingrid Kurz-Scherf hat die Forderung nach Arbeitszeitverkürzung aufgegriffen und u.a. in einem „phantastischen Tarifvertragsentwurf" umgesetzt, der 1987 im „Lesebuch zum 6-Stunden-Tag" (Breil/Kurz-Scherf 1987) im VSA-Verlags erschienen und seit vielen Jahren vergriffen ist. Die aktuellen Debatten um Arbeitszeitverkürzung zeigen, dass dieser Tarifvertrag noch immer einen hohen Gebrauchswert für die politische Auseinandersetzung hat. Arbeitszeitverkürzung ist die Basis für die Umverteilung der gesellschaftlich notwendigen Arbeit insbesondere zwischen den Geschlechtern. Der „phantastische Tarifvertragsentwurf" sieht nicht nur den 6-Stunden-Tag und eine Begrenzung der Arbeit auf werktags und tagsüber vor, sondern formuliert zugleich Bedingungen für die Mitbestimmung der ArbeitnehmerInnen. Damit weitet er den Blick auf den Zusammenhang zwischen Erwerbsarbeit und dem sog. Rest des Lebens und thematisiert so auch die Beförderung und „Entfaltung einer emanzipatorischen Alltagskultur".

Einleitung

Die Schwierigkeiten, die damit verbunden sind, zeigt *Margareta Steinrücke* in ihrem Beitrag zum Kampf um Arbeitszeitverkürzung auf. Sie diskutiert das Thema vor dem Hintergrund aktueller arbeitsmarktpolitischer Verhältnisse, unter denen Arbeitskämpfe generell geschwächt seien. Gleichzeitig zeigt sie gesellschaftliche Triebkräfte auf, die Arbeitszeiten wieder zu einem politischen Thema machen und damit neue Bündnisse ermöglichen.

Joachim Beerhorst geht in seinem Beitrag von der Widersprüchlichkeit der Kategorie Arbeit aus, über die sich sowohl Herrschaft als auch Emanzipation vermittle. Gewerkschaftliche Arbeitspolitik, die zwischen „Hebung der Klassenlage" und Systemkritik vermitteln müsse, könne diese Widersprüchlichkeit produktiv machen, wie Beerhorst am Beispiel der betriebspolitischen Strategien der IG Metall zeigt.

Stefan Schoppengerd diskutiert unterschiedliche Verwendungen des Klassenbegriffs am Beispiel des feministischen Intersektionalitätsdiskurses und der Ansätze von Herbert Marcuse und E.P. Thompson. Schoppengerd plädiert für einen subjektorientierten und erfahrungsbasierten Begriff von Klasse, um aktuelle Herausforderungen kollektiver Handlungsfähigkeit ausloten zu können.

Halina Bendkowski, die sich selbst als 'Agentin für Feminismus und Geschlechterdemokratie' versteht, wirft abschließend einen begründet schwermütigen Blick auf Absichten und Resultate von Feminismus und Frauenbewegung. Sie kritisiert den gegenwärtigen Feminismus als ein rein analytisches Unterfangen, dessen Kritikimpulse keine Strahlkraft mehr hätten. Die realpolitische Praxis gleiche hingegen immer mehr einer inhaltslosen Performance und der bloßen Inszenierung von Chancengleichheit. Feministischer Eigensinn stelle sich so als das Anliegen einer kleinen Minderheit dar.

Was feministischer Eigensinn bedeuten kann, nämlich inspirierend, politisch und intellektuell bereichernd, dabei kämpferisch und immer wieder im wahrsten Sinne des Wortes 'herausfordernd' zu sein – das erleben wir in der Zusammenarbeit mit Ingrid Kurz-Scherf. Ihr ist dieses Buch gewidmet. Wir möchten ihr auf diesem Wege für nicht immer einfache, aber immer weiterführende Auseinandersetzungen danken – und dafür, dass sie viele derjenigen, mit denen sie in langjährigen Arbeitszusammenhängen verbunden ist, auch in der akademischen, politischen und feministischen Sozialisation begleitet und unterstützt hat.

Wie so oft bei Festschriften, handelt es sich dabei um eine Überraschung – an deren Gelingen und Mitwirken zahlreiche Personen konspirativ beteiligt waren. Hervorgegangen ist dieses Projekt aus einem Arbeitszusammenhang, an dem neben den HerausgeberInnen auch Mirjam Dierkes, Julia Graf und Clarissa Rudolph mitgewirkt haben. Unterstützt wurde unser Arbeitsprozess zudem durch technische Hilfestellungen von Ortrun Brand und Christoph Scheid. Mona Takow war uns bei der Fertigstellung des Manuskripts behilflich; für wichtige und konstruktive Hinweise zur Einleitung danken wir außerdem Julia Lepperhoff. Ganz besonders herzlich möchten wir Susanne Paul-Menn und Hans-Günter Thien vom Verlag Westfälisches Dampfboot danken, die uns nicht nur mit gutem Rat zur Seite standen, sondern den Band auch unter den Erfordernissen der Geheimhaltung aufgenommen haben. Der Hans-Böckler-Stiftung und hier namentlich Claudia Bogedan gebührt der Dank für die Gewährung des Druckkostenzuschusses. *Last but not least* danken wir allen beteiligten AutorInnen, ohne deren Engagement das Buch nicht zustande gekommen wäre.

Literatur

Appelt, Erna/Aulenbacher, Brigitte/Wetterer, Angelika (Hg.), 2013: Gesellschaft. Feministische Krisendiagnosen. Münster.

Aulenbacher, Brigitte, 2012a: Gegenläufige Blicke auf Kapitalismus und Arbeit – Feministische Kapitalismusanalysen im Verhältnis zur Kapitalismustheorie und Arbeitssoziologie. In: Dörre, Klaus/Sauer, Dieter/Wittke, Volker (Hg.): Kapitalismustheorie und Arbeit. Neue Ansätze soziologischer Kritik. Frankfurt/M., 113-126.

–, 2012b: Ökonomie und Sorgearbeit. Herrschaftslogiken, Arbeitsteilungen und Grenzziehungen im Gegenwartskapitalismus. In: Appelt/Aulenbacher/Wetterer (Hg.): 105-126.

Auth, Diana/Buchholz, Eva/Janczyk, Stefanie (Hg.), 2010: Selektive Emanzipation. Analysen zur Gleichstellungs- und Familienpolitik. Opladen u.a.

Becker-Schmidt, Regina, 2007: Frauenforschung, Geschlechterforschung, Geschlechterverhältnisforschung. In: dies./Knapp, Gudrun-Axeli: Feministische Theorien zur Einführung. 4., vollst. überarb. Auflage. Hamburg, 14-64.

–, 2011: „Verwahrloste Fürsorge" – ein Krisenherd gesellschaftlicher Reproduktion. Zivilisationskritische Anmerkungen zur ökonomischen, sozialstaatlichen und sozialkulturellen Vernachlässigung von Praxen im Feld „care work". In: Gender – Zeitschrift für Geschlecht, Kultur und Gesellschaft. Heft 3, 9-23.

Bittlingmayer, Uwe/Bauer, Ullrich (Hg.), 2006: Die „Wissensgesellschaft". Mythos, Ideologie oder Realität? Wiesbaden.

Brand, Ortrun/Dierkes, Mirjam/Jung, Tina (Hg.), 2014: In Arbeit: Demokratie. Feministische Perspektiven auf Emanzipation und Demokratisierung. Im Auftrag des Marburger Genderkollegs. Münster (im Erscheinen).

Demirović, Alex/Dück, Julia/Becker, Florian/Bader, Pauline (Hg.), 2011: VielfachKrise im finanzmarktdominierten Kapitalismus. Hamburg.

Fraser, Nancy, 2009: Feminism, Capitalism and the Cunning of History. In: New Left Review 56, 97-117.

Einleitung

Gorz, André, 2010: Kritik der ökonomischen Vernunft. Sinnfragen am Ende der Arbeitsgesellschaft. Zürich.

Hark, Sabine, 2001: Dis/Kontinuitäten: Feministische Theorie. Opladen.

Hornung, Ursula/Gümen, Sedef/Weilandt, Sabine (Hg.), 2001: Zwischen Emanzipationsvision und Gesellschaftskritik. (Re)Konstruktionen der Geschlechterordnung. Münster.

Jung, Tina, 2014: Androzentrismus oder: Von Besonderem und Allgemeinem. Potentiale und Strukturprobleme von feministischer Kritik als (Gesellschafts-)Theorie. In: Bargetz, Brigitte/Fleschenberg dos Ramos Pinéu, Andrea/Kerner, Ina/Kreide, Regina/Ludwig, Gundula (Hg.): Kritik und Widerstand. Feministische Praktiken in androzentrischen Zeiten. Opladen (im Erscheinen).

Jürgens, Kerstin, 2010: Deutschland in der Reproduktionskrise. In: Leviathan. 38. Jg. Heft 4, 559-587.

Knapp, Gudrun-Axeli, 2012: Im Widerstreit. Feministische Theorie in Bewegung. Wiesbaden.

Kreisky, Eva/Löffler, Marion/Spitaler, Georg (Hg.), 2012: Theoriearbeit in der Politikwissenschaft. Wien.

Krüll, Marianne (Hg.), 1990: Wege aus der männlichen Wissenschaft. Perspektiven feministischer Erkenntnistheorie. Pfaffenweiler.

Kurz-Scherf, Ingrid, 2012: „The Great Transformation" – Ausstieg aus dem Kapitalismus? Ein Plädoyer für feministischen Eigensinn in den aktuellen Krisen- und Kritikdynamiken. In: Kurz-Scherf, Ingrid/Scheele, Alexandra (Hg.): Macht oder ökonomisches Gesetz? Zum Zusammenhang von Krise und Geschlecht. Münster, 81-105.

–, 2004: Politik und Geschlechterverhältnis – oder: Politische Wissenschaft in feministischer Perspektive. In: Hecker, Wolfgang/Klein, Joachim/Rupp, Hans-Karl (Hg.): Politik und Wissenschaft. 50 Jahre Politikwissenschaft in Marburg. Bd. 2: Perspektiven. Münster, 156-216.

–, 2001: Was heißt und zu welchem Behufe studieren und betreiben wir feministische Politik(wissenschaft)? In: Satilmis, Ayla/Jacobs, Telse (Hg.): Feministischer Eigensinn. Kompaß für Politik und ihre Wissenschaft. Hamburg, 49-73.

–, 1990: Das Patriarchat als Organisationsform der Arbeit. In: Fricke, Werner (Hg.): Jahrbuch Arbeit und Technik. Bonn, 3-12.

Kurz-Scherf, Ingrid/Breil, Gisela (Hg.), 1987: Wem gehört die Zeit. Ein Lesebuch zum 6-Stunden-Tag. Hamburg.

Kurz-Scherf, Ingrid/Lepperhoff, Julia/Scheele, Alexandra (Hg.), 2009: Feminismus: Kritik und Intervention. Münster.

Kurz-Scherf, Ingrid/Scheele, Alexandra (Hg.), 2012: Macht oder ökonomisches Gesetz? Zum Zusammenhang von Krise und Geschlecht. Münster.

Lenz, Ilse (Hg.), 2008: Die Neue Frauenbewegung in Deutschland. Abschied vom kleinen Unterschied. Eine Quellensammlung. Wiesbaden.

Lieb, Anja, 2009: Demokratie: Ein politisches und soziales Projekt? Zum Stellenwert von Arbeit in zeitgenössischen Demokratiekonzepten. Münster.

List, Elisabeth, 1989: Denkverhältnisse. Feminismus als Kritik. In: List, Elisabeth/Studer, Herlinde (Hg.): Denkverhältnisse. Feminismus und Kritik. Frankfurt/M., 7-34.

Maihofer, Andrea, 2013a: Überlegungen zu einem materialistisch-(de)konstruktivistischen Verständnis von Normativität. In: Jaeggi, Rahel/Loick, Daniel (Hg.): Nach Marx. Philosophie, Kritik, Praxis. Frankfurt/M., 164-191.

–, 2013b: Virginia Woolf – Zur Prekarität feministischer Kritik. In: Hünersdorf, Bettina/Hartmann, Jutta (Hg.): Was ist und wozu betreiben wir Kritik in der Sozialen Arbeit? Disziplinäre und interdisziplinäre Diskurse. Wiesbaden, 281-301.

Nickel, Hildegard-Maria/Heilmann, Andreas (Hg.), 2013: Krise, Kritik, Allianzen: Arbeits- und geschlechtersoziologische Perspektiven. Weinheim.

Sauer, Birgit, 2011a: „only paradoxes to offer?" Feministische Demokratie- und Repräsentationstheorie in der „Postdemokratie". In: Österreichische Zeitschrift für Politikwissenschaft. 40. Jg. Heft 2, 125-138.

–, 2011b: Die Allgegenwart der 'Androkratie'. Feministische Anmerkungen zur 'Postdemokratie'. In: Aus Politik und Zeitgeschichte. Heft 1-2. http://www.bpb.de/apuz/33575/die-allgegenwart-der-androkratie-feministische-anmerkungen-zur-postdemokratie?p=all (Download: 02.03.14).

Schoppengerd, Stefan, 2014: Hoffnungslos vereinnahmt? Neuer Geist des Kapitalismus und die Kritik der Geschlechterverhältnisse in Marketing und Popkultur. Münster (i.E.)

Umrath, Barbara, 2012: Jenseits von Vereinnahmung und eindimensionalem Feminismus. Perspektiven feministischer Gesellschaftskritik heute. In: PROKLA Zeitschrift für kritische Sozialwissenschaft 167. 42. Jg. Heft 2, 231-248.

van Dyk, Silke, 2012a: Poststrukturalismus. Gesellschaft. Kritik. Über Potenziale, Probleme und Perspektiven. In: PROKLA Zeitschrift für kritische Sozialwissenschaft 167. 42. Jg. Heft 2, 185-21.

–, 2012b: Kritik in der Krise. Zum Kritikhype im Gefolge der Finanzmarktkrise. In: Kurz-Scherf, Ingrid/Scheele, Alexandra (Hg.): 290-311.

Teil I

Kritische Produktivität und Widerstreit – Perspektiven feministischer Theorie

Hildegard Maria Nickel

Geschlechterforschung, Gesellschaftskritik und ein feministischer Blick auf Arbeit

1 Diskursverlagerung in der Geschlechterforschung

In der (deutschsprachigen) Geschlechterforschung beginnt sich nach dem *cultural turn* ein *social return* (vgl. Klinger 2003) zu behaupten. Neben der sozio-kulturellen *Konstruktion* von Gender stehen zunehmend wieder Fragen nach der sozialstrukturellen *Konstitution* von Ungleichheitsverhältnissen auf der Tagesordnung und damit auch die Ungleichheit produzierenden vertikalen gesellschaftlichen Achsen der kapitalistischen Gesellschaft(en). Dadurch ist der Blick auch wieder stärker auf die soziale Relevanz von Arbeitsteilung gerichtet und auf die Frage, was Arbeit ist beziehungsweise wie sie definiert wird. Mit anderen Worten, im letzten Jahrzehnt hat eine grundlagentheoretische und herrschaftskritische Neuorientierung in der Geschlechterforschung begonnen (vgl. Knapp 2003), die nicht zuletzt auch mit den Debatten um Intersektionalität verbunden ist. Diese Diskursverlagerung hat verschiedene wissenstheoretische und gesellschaftspolitische Ursachen, und sie hat viele geistige 'Mütter'. Befördert und immer wieder eingefordert wurde sie nicht zuletzt in den Schriften von Ingrid Kurz-Scherf.

Der *social return* geht mit einem Plädoyer für die Wiederaufnahme eines 'umkämpften Projektes' des Feminismus einher (z.B. Fraser 2009; Haug 2009; Kurz-Scherf 2009; 2012). So plädieren Ingrid Kurz-Scherf, Julia Lepperhoff und Alexandra Scheele beispielsweise für

> „die Erneuerung der über den Status quo hinausweisenden utopischen und emanzipatorischen Momente feministischer Kritik, die den aktuellen Wandel der Geschlechterverhältnisse [...] nicht nur als Formwandel patriarchaler Herrschaftsverhältnisse, sondern auch als Veränderung der Möglichkeitsbedingungen von Freiheit, Gleichheit und Solidarität analysiert und in diesem Sinne auch forciert" (Kurz-Scherf/Lepperhoff/Scheele 2009, 291).

Diese Entwicklung in der Geschlechterforschung ist auch als Re-Politisierung zu kennzeichnen. Sie ist – folgt man Ingrid Kurz-Scherf – gepaart mit einer spezifischen feministischen Blickrichtung, einem Blick, der in die Zukunft, gleichsam auf eine „andere Moderne" gerichtet ist (Kurz-Scherf 2012; ähnlich Fraser 2009). Er signalisiert „Occupy Future!" (Kurz-Scherf 2012, 98) und erkennt mit „feministischem Eigensinn" (ebd.) handlungsrelevante Utopien in den realen Möglichkeiten der Gegenwart. Er visioniert im Hier und Heute die Agenda jenseits der kapitalistischen Verfasstheit von Gesellschaft. Feminist_innen müssten sich dabei einer doppelten Gefahr widersetzen, nämlich sowohl der „Selbstmarginalisierung" als auch der „Assimilation" ihrer Herrschafts- und Emanzipationskritik (ebd., 83). Darüber hinaus müssten sie zugleich der „Restauration männlicher Dominanz" (ebd.) im postkapitalistischen Zeitalter entgegenwirken, denn patriarchale Herrschaft zeige sich anhaltend in der Verhinderung alternativer gesellschafts- und geschlechterpolitischer Möglichkeiten, in der Verweigerung ernsthafter Verhandlungen über ein neues Geschlechterarrangement und in der Blockade gegen eine grundlegende Re-Organisation von Arbeit und Ökonomie. Sie zeige sich auch in einer generellen – nicht nur das Geschlechterverhältnis betreffenden – Blockade gegen die Entfaltung einer neuen Kultur von Autonomie und Anerkennung (vgl. Kurz-Scherf 2009).

Im Verbund mit anderen Autorinnen versteht Ingrid Kurz-Scherf Feminismus aber auch – weniger polarisierend – als ein Diskurs- und Politikfeld, das sich aus einem spezifischen, aus Unrechtserfahrungen resultierenden Begehren nach Gleichheit, Freiheit und Solidarität speist und das sich – den von Nancy Fraser vorgeschlagenen fünf Prinzipien komplexer Gleichheit folgend – gegen Armut, Ausbeutung, Marginalisierung, Diskriminierung und Androzentrismus wende (Kurz-Scherf/Lepperhoff/Scheele 2009, 291). Das ist – so scheint mir – eine Perspektive, die offen für vielfältige Feminismen ist und damit auch für temporär wechselnde, unterschiedlichen Schwerpunktsetzungen verpflichtete, 'fluide' theoretische wie praktisch-politische Bündnisse. Sie ist zugleich auch geeignet, um auf einer konkreteren Ebene den Zusammenhang von Arbeit und Geschlecht feministisch zu reflektieren.

2 Neubestimmung des Arbeitsbegriffs – Ein unerledigtes Projekt

Was nun wäre unter einem feministischen Blick auf Arbeit zu verstehen? Das von Ingrid Kurz-Scherf initiierte „Memorandum zur zukunftsfähigen Arbeitsforschung. Arbeit und Geschlecht – Plädoyer für einen erweiterten Horizont der Arbeitsforschung und ihrer Förderung" (Memorandum 2005) betont folgende Aspekte: Kritik an männlich konstruierter (Erwerbs-)Arbeit, an einer einseitigen Fokussierung auf Erwerbsarbeit und an einem verengten Arbeitsbegriff. Dies setzt Genderwissen voraus, d.h. das Wissen darum, dass das Geschlechterverhältnis kein nachgelagerter und beiläufiger Aspekt von Arbeit ist, sondern Geschlechterverhältnisse ein integraler Bestandteil der Analyse und Kritik von Arbeit(sverhältnissen) sein müssen. Ein gendersensibler Begriff von Arbeit maßt sich nicht an, 'neutral' und 'objektiv' zu sein, sondern ist normativ und parteiergreifend auf die Überwindung von Geschlechterhierarchien ausgerichtet (Memorandum 2005).

Der Versuch einer feministischen, an Geschlechtergerechtigkeit orientierten Neubestimmung des Arbeitsbegriffes ist so alt wie die Frauenbewegung selbst. Es handelt sich – wie das für fast alle feministischen Themen gilt – um ein unabgeschlossenes, die feministische Debatte immer wieder neu herausforderndes Projekt. Wie muss ein Arbeitsbegriff aussehen, der in seiner Reichweite adäquat und gleichzeitig vor Beliebigkeit geschützt ist? Also „zum einen eine Erweiterung beinhaltet – etwa auf große Teile der in den privaten Haushalten erbrachten Betreuungs-, Erziehungs- und Pflegetätigkeiten –, zum anderen aber nicht die bestehenden Unterschiede etwa zwischen marktvermittelten und nicht marktvermittelten Formen von Arbeit verwischt" (Memorandum 2005, 281). Wie muss ein Arbeitsbegriff aussehen, der sowohl den Prozess der „In-Wertsetzung" von Arbeit wie der „Wert-Abjektion" (Müller 2013) begreift, also den für den Kapitalismus konstituierenden und permanenten Prozess der über Arbeit vermittelten gesellschaftlichen Separierung und Hierarchisierung? Das zitierte Memorandum betont vier Aspekte, die bei der Neubestimmung des Arbeitsbegriffs zu berücksichtigen sind: *Erstens* müssen die Vielfalt unterschiedlicher Arbeits- und Beschäftigungsformen wie auch die geschlechtstypische Organisation, Verteilung und Bewertung von Arbeit in Rechnung gestellt werden. *Zweitens* muss die geschlechtstypische Einbettung von Arbeit in die Gesamtheit der individuellen und gesellschaftlichen Lebenswirklichkeiten reflektiert werden. *Drittens* müssen Veränderungsoptionen der Realität im Blick bleiben und *viertens* schließlich – der m.E. wichtigste Punkt – „muss Arbeit ihrem Inhalt, ihrer Form, ihrer Bedeutung und ihrer konkreten Gestaltung nach als ein *politisches Feld* betrachtet werden, das von widersprüchlichen Interessen, unterschiedlichen Werten und Bedürfnissen sowie diesbezüglichen Auseinandersetzungen und Kontroversen strukturiert wird" (Memorandum 2005, 281, Herv. H.M.N.).

3 Geschlechterverhältnisse und Herrschaftsordnung

Was den Zusammenhang von Geschlechterverhältnissen, Herrschaftsordnung und Arbeit betrifft, konstatiert Brigitte Aulenbacher (2013), dass die herrschaftsvermittelnde Bedeutung bisheriger Geschlechterarrangements „aufgebrochen" ist und mit verschiedenen Effekten hinsichtlich der Gleich- und Ungleichstellung von Menschen neu ausgehandelt wird. Diese Dynamik ändere aber nichts an der Wirkmächtigkeit androzentrischer Herrschaftslogiken, „die sich der modernen Gesellschaft, nicht zuletzt ihren historischen Separierungs- und Hierarchisierungsprozessen und dem Vorrang der Marktökonomie eingeschrieben haben und so die Relationen zwischen Inwertsetzung und Abwertung von Teilen des Lebens grundlegend prägen" (ebd., 24).

Ingrid Kurz-Scherf argumentiert ähnlich, wenn sie feststellt, dass sich einerseits zwar die soziale Konstruktion von Geschlecht als Identitätskategorie, als Verhaltensnorm und als soziographischer Kompass von traditionellen Vorgaben löse (Kurz-Scherf 2009, 44), andererseits aber der „innere Zusammenhang zwischen sozialer Konstruktion von Geschlecht und Verfasstheit moderner Gesellschaften insgesamt und in ihrem Verhältnis zum 'Rest der Welt'" (ebd., 44f.) erhalten bleibe.

„In der Konsequenz reproduziert sich die soziale Konstruktion von Geschlecht oder auch Geschlecht als soziale Institution als ein systemisch verankertes, ideologisch gestütztes und habituell befestigtes Verhältnis von (männlicher) Suprematie und (weiblicher) Subalternität immer stärker als Effekt vermeintlich geschlechtsneutraler Sachzwänge einer nur vermeintlich geschlechtsneutralen Herrschaftsordnung" (ebd., 45).

Wie ist diesem (argumentativen) Zirkel zu entkommen? Wie lassen sich Geschlechterverhältnisse als nicht zuletzt über Arbeit *hergestellte* Strukturverhältnisse begreifen, die aber als hergestellte Verhältnisse zugleich auch immer die Dimension des *Veränderlichen und Veränderbaren* in sich tragen?

Der gegenwärtige Vorrang der Marktökonomie gegenüber allen gesellschaftlichen Verhältnissen, der im Gewande des 'Sachzwanges' erscheint, ist nicht zu leugnen. Er produziert eine (männliche) Suprematie begünstigende Herrschaftsordnung. Aber es ist auch zu fragen, ob die historischen Prozesse der raum-zeitlichen Differenzierung von kapitalistischen Gegenwartsgesellschaften, die „varieties of capitalism" (Soskice 1999), nicht stärker berücksichtigt werden müssen, um heutigen Verhältnissen gerecht werden zu können. Das bedeutet m.E., dass eine männliche Suprematie erzeugende Herrschaftsordnung und deren androzentrische Wirkungslogiken nicht einfach vorausgesetzt werden dürfen (Knapp 2008). Vielmehr ist auch zu prüfen, welche Optionen sich beispielsweise dadurch eröffnen, dass die westlichen Gegenwartsgesellschaften zugleich auch demokratisch verfasste Gesellschaften sind, die nicht vollständig in Verwertungs- und Herrschaftslogiken aufgehen. Gerade bezogen auf das Geschlechterverhältnis, das längst nicht mehr als ein monolithisches Verhältnis zu begreifen ist, scheint es notwendig zu sein, diese widersprüchliche und spannungsreiche Konfiguration von kapitalistisch-patriarchalen und demokratisch-emanzipativen Strukturen, die Basis für ambivalente Handlungskonstellationen und Akteurslogiken ist, deutlicher herauszuarbeiten. Auch das scheint eine analytische Herausforderung für den Feminismus zu sein. Die Geschlechterforschung bietet Instrumentarien, die für eine analytische Differenzierung nützlich sind, zum Beispiel die begriffliche Unterscheidung von Geschlechterverhältnis, Geschlechterbeziehung und Geschlechterregime.

In der Logik von Regina Becker-Schmidt und Gudrun-Axeli Knapp steht der Begriff *Geschlechterverhältnis(se)* zum einen für das gesamte Feld von Regelungen in einem sozialen Gefüge, die die *Geschlechterbeziehungen* betreffen. Es sind Regelungen, die die persönlichen und sachlichen sozialen Beziehungen zwischen Frauen und Männern strukturieren, aber auch solche des Austausches (von Arbeit, Leistungen, Bedürfnisbefriedigungen) und solche des Ausschlusses (aus Räumen, Praxisfeldern, Ressourcen, Ritualen).

> „Diese kulturellen, politischen und ökonomischen Beziehungen unterliegen gesellschaftlichen Regelungen und Machtverhältnissen. Die Form dieser Regelungen variiert je nach Kultur, geschichtlichem Zusammenhang und Gesellschaftssystem. Selbst innerhalb einer Gesellschaft können sie Unterschiede aufweisen – je nach sozialem Bereich, Altersgruppe, ethnischer Zusammensetzung der Bevölkerung" (Becker-Schmidt/Knapp 1995, 18).

Neben der Ebene der unmittelbaren sozialen Beziehungen zwischen den Geschlechtern, die auch mit dem Begriff der *Geschlechterarrangements* gefasst wird, zielt der Begriff *Geschlechterverhältnis(se)* auf die Organisationsprinzipien, durch welche die Genusgruppen gesellschaftlich ins Verhältnis gesetzt sind.

> „Solche Organisationsprinzipien können sein: Trennung und Hierarchisierung oder solche der Egalität und Komplementarität. Zur Bestimmung des Geschlechterverhältnisses gehört die Klärung der Frage, welche Positionen die Genus-Gruppen in den gesellschaftlichen Hierarchien einnehmen und welche Legitimationsmuster es für geschlechtliche Rangordnungen gibt" (ebd.).

Für diese Ebene der Geschlechterverhältnisse hat sich auch der Begriff des *Genderregimes* als tragfähig erwiesen.

In historischer Perspektive sei – so Becker-Schmidt/Knapp (1995) – zu fragen, über welche Mechanismen sich Über- und Unterordnungsverhältnisse reproduzieren und wo es *Bruchstellen* und Verschiebungen gibt, an denen sich *Tendenzen zur Veränderung* abzeichnen (ebd.). Hier setzt meine Frage nach dem Verhältnis von Arbeit, Geschlechterverhältnissen und Herrschaftsordnung an. Meine These lautet: Das Geschlechterverhältnis als Organisationsprinzip des Industrialismus bzw. des staatlich organisierten Kapitalismus ist im Umbruch, und zwar auf der Ebene der Geschlechterarrangements wie auf der Ebene seiner Regulation, d.h. als Genderregime. Es hat noch keine die alte Geschlechterordnung ablösende neue Form gefunden. Bezogen auf das Geschlechterverhältnis tobt gegenwärtig ein Kampf um Deutungshoheit, ein Kulturkampf, in dem es um ein Kräftemessen zwischen patriarchalen, androzentrischen Herrschaftslogiken auf der einen Seite und um emanzipative Bewegungsformen auf der anderen Seite geht.[1]

Mit dem *Genderregime-Konzept* steht ein analytisches Werkzeug bereit, das hilft, Bruchstellen, Verschiebungen und Veränderungen der Geschlechterordnung aufzudecken. Tanja Schmidt (2012) nutzt beispielsweise ein mehrdimensionales Genderregime-Konzept und kann damit empirisch zeigen, dass im Umbruch des deutschen Produktions- und Sozialmodells „ein fragmentiertes Genderregime entstanden ist, dem es an Konsistenz und Kohärenz mangelt" (Schmidt 2012, 89). Schmidt fragt in ihrem komplexen Ansatz, wie Arbeitsmarkt, Familienpolitik und Bürger_innenrechte Erwerbsarbeit, Sorgearbeit und politische Partizipation von Frauen und Männern rahmen und in welchem Maße die Pluralität von Lebensstilen durch Geschlechterpolitik anerkannt wird. Sie belegt Inkonsistenzen in der Regulierung und Inkohärenzen in der sozialen Handlungspraxis von Frauen und Männern auf der Ebene ihrer alltäglichen Geschlechterarrangements (ebd., 110).

In meiner Lesart ist das nicht nur Indikator dafür, dass das fordistische Geschlechterregime im Umbruch ist, sondern macht deutlich, dass in der kapitalistischen Gegenwartsgesellschaft der Ausgang dieser Entwicklung durchaus (noch) offen ist. Ob sich das skandinavische Modell, dessen sozialpolitische Leistungen individualisiert sind – seine Ungleichheitseffekte sind an anderer Stelle diskutiert worden (z.B. Pascall/Lewis 2004) –, oder ein mehr oder weniger stark traditionales, auf Subsidiarität setzendes Ernährer_innen-Modell durchsetzen und sich angesichts der europäischen Austeritätspolitik behaupten kann, sei dahingestellt. Die von Gillian Pascall und Jane Lewis (2004) als für die Beurteilung von Genderregimes relevant gesetzten Analysedimensionen *Work* (Erwerbsarbeit), *Care* (Sorgearbeit) und *Voice* (politische Teilhabe) bilden einen Ankerpunkt für die noch weitgehend ausstehende empirische Beantwortung dieser Frage.

---

1 Die gewaltige Zunahme des Menschenhandels zum Zwecke sexueller Ausbeutung und die Ausdehnung von *Care-Chains* auf Kosten von Migrant_innen beispielsweise sind ebenso Realität wie die wachsende Repräsentanz von Frauen in politischen und wirtschaftlichen Entscheidungspositionen, die Durchsetzung von Antidiskriminierungs- und Gleichstellungsgesetzen oder ein neuer Anspruch von Vätern auf Präsenz in der Familie.

Die beunruhigende Zahl der Jugendarbeitslosigkeit in der EU lässt ahnen, dass das Genderregime darüber hinaus auch eine stark generationenspezifische Ausprägung hat. Für Massen von jungen Europäer_innen ist ungeklärt, wie sich angesichts der Tatsache, dass sie keinen Zugang zu *Work* haben, *Care* gestalten lässt und wie und auf welche Weise sich dabei Geschlechterarrangements einigermaßen verlässlich planen lassen. Ob die Stimme der Betroffenen eine Gegenbewegung mobilisieren kann, die eine Versöhnung von *Work* und *Care* vorantreibt, ist ebenfalls mehr als fraglich.

4 Arbeits- und Geschlechterverhältnisse in der „Großen Transformation"

Der Umbruch fordistischer Erwerbsarbeit[2] ist durch drei Momente gekennzeichnet, die zentral für das Geschlechterverhältnis sind: *Erstens* durch die 'Feminisierung' der Erwerbsarbeit, was nicht nur zunehmende Frauenerwerbsarbeit meint, sondern – das galt für Frauenarbeit immer schon – die Tatsache, dass Arbeit insgesamt 'immaterieller', flexibler, prekärer wird. *Zweitens* ist Erwerbsarbeit durch den Wandel ihrer betrieblichen Organisation gekennzeichnet, d.h. durch ihre zunehmende Unterordnung unter die (Finanz-)Marktökonomie. Dieser auch als Vermarktlichung von Arbeit zu kennzeichnende Prozess (Nickel/Hüning/Frey 2008) wurde durch eine neoliberale Politik der 'Aktivierung' begleitet und mit einem individuelle Unsicherheit erzeugenden Druck auf die persönlichen Lebensverhältnisse verbunden. Verstärkt wird dieser Prozess durch eine Forcierung von Spaltungslinien zwischen betrieblichem oder arbeitsmarktlichem 'Drinnen' und 'Draußen', 'alt' und 'jung', '*high potential*' und 'niedrigqualifiziert', 'Leistungsträger_innen' und 'Aufstocker_innen' etc.

Zugleich setzt dieser Prozess aber – und das ist der *dritte* Aspekt der Transformation von Erwerbsarbeit – auf ambivalente und sozial differenzierte Weise subjektive Potenziale, Subjektivierung (Lohr/Nickel 2005), frei. Inwiefern das einen produktiven Eigensinn der Subjekte und autonome Handlungspraxen begünstigt, wäre erst noch systematischer zu erforschen.

Die 'nachholende' Erwerbsintegration von Frauen war und ist – das ist für die Kritik des Geschlechterverhältnisses bedeutsam – mit einem zentralen System-

---

2 Ich gehe hier nicht auf die geschlechtskonnotierte 'ganze Arbeit' ein, die nicht nur Voraussetzung für Erwerbsarbeit, sondern für die gesamtgesellschaftliche Reproduktion ist. Gerade die geschlechtstypische Teilung der 'ganzen Arbeit' ist konstituierend für Geschlechterverhältnisse. Das wird zwar mitgedacht, hier aber nicht ausgeführt.

versprechen verbunden. Die Verheißung lautet: *Autonomie*.[3] Tatsächlich ist das Recht auf freie und gleiche Selbstbestimmung bisher aber allenfalls halbherzig und mit starken sozialen Schieflagen realisiert. Das gilt auf etwas andere Weise auch für die Erwerbsarbeit von männlichen Beschäftigten, denn Lohnarbeit bleibt ein Unterordnungsverhältnis (Castel 2011, 343). Die „Kultur des Sozialen" (ebd., 46), die in der zweiten Hälfte des 20. Jahrhunderts in den meisten westeuropäischen Gesellschaften geschaffen wurde, hat gleichwohl Handlungsspielräume eröffnet, die es gerechtfertigt erscheinen lassen, im letzten Drittel des vergangenen Jahrhunderts auch bezogen auf Frauen von zunehmender Autonomie des Individuums zu sprechen (Gerhard 2003; Castel 2011). Allerdings führt die mit der Krise des Fordismus zusammenhängende Erosion des Sozialen auch zu nicht zu übersehenden Deformationen individueller Selbstbestimmung. Die Grundvoraussetzungen von Autonomie sind strukturell porös. Autonomie ist ohne Schutz des Individuums durch Sozialeigentum bzw. umfassende soziale Sicherheit und ohne Staat bzw. Regulationsinstanzen undenkbar: „Das Individuum muss über Stützpunkte verfügen, auf deren Basis es für seine soziale Unabhängigkeit sorgen kann" (Castel 2011, 363). Bei Frauen *und* Männern führt die uneingelöste Autonomie zu individuellen und das Geschlechterarrangement in seinem Kern betreffenden Krisen der Reproduktion (Jürgens 2013; 2010), denn die zeitlichen, materiellen und sozialen Souveränitätsspielräume sind – das gilt auf unterschiedliche Weise für beide Geschlechter – den Flexibilitäts- und Mobilitätsanforderungen der Erwerbsarbeit unterworfen. Dass die anhaltende einseitige Zuschreibung der Sorgearbeit an Frauen diesen – in die unmittelbare Handlungspraxis weisenden – Krisenherd anheizt, liegt auf der Hand.

Ein automatischer Zusammenhang zwischen zunehmender Frauenerwerbsarbeit und weiblicher Autonomie ist angesichts der genannten Fakten kaum zu unterstellen. Aber der Rückgriff auf traditionelle Patriarchatskritik und der Verweis auf androzentrische Herrschaftslogiken reicht nicht, um den tatsächlichen „Geschlechterpluralismus" (vgl. Lenz 2007), der längst Wirklichkeit ist, und die Un-/Gleichheit in den sozialen Lagen von Frauen *und* Männern hinreichend differenziert abzubilden. Die gleichzeitige Erodierung wie Intensivierung von Geschlecht als sozialer Marker und Platzanweiser und der gleichzeitige konf-

---

3 Ich stütze mich auf den Autonomiebegriff von Anthony Giddens (1993), der Selbstbestimmung als den zentralen Aspekt von Autonomie begreift und zugleich auf die Bedingungen verweist, die Voraussetzung für Autonomie sind: Gleichheit, Demokratie, Partizipation und Selbstreflexion (ebd., 200ff.).

ligierende Wandel von Erwerbsarbeit und privaten Lebensformen produzieren Widersprüche auf der Handlungsebene, die vielschichtiger sind.

Das ist auf der Ebene der Geschlechterarrangements zunächst mit Inkohärenz, Ungewissheiten und Unsicherheiten verbunden, könnte aber auch sozialen und politischen Veränderungsdruck erzeugen und *Gatekeeper* für neue, herrschaftsfreiere, demokratische Geschlechterverhältnisse sein.

5 Subjektivierung der Erwerbsarbeit – Eigensinn der Subjekte

Die Frage nach den Subjekten und ihrer autonomen Handlungs- und Kritikfähigkeit wird angesichts der 'Durchkapitalisierung der Welt' auch in der Geschlechterforschung sehr unterschiedlich beantwortet (vgl. Kurz-Scherf 2009; 2004). Gehen die einen von der gouvernementalen Unterwerfung des Subjektes (und seiner Gefühle) unter das globalisierte Kapital und von seiner restlosen neoliberalen Vereinnahmung aus, betonen die anderen die emanzipatorische Dimension von Subjektivierung und unterstreichen den latenten Autonomieaspekt, auf den der Begriff ebenfalls verweist.

Subjektivierung nicht nur als diskursiv hergestellte Herrschaftsform, sondern in der Dimension des *Eigensinns* zu begreifen, bedeutet ernst zu nehmen, dass handelnde, mit Erfahrungswissen ausgestattete, reflexive Subjekte in den Prozess der Transformation von Arbeit gestellt sind; Personen, die einen eigenen lebenspraktischen Anspruch auf Kontrolle ihrer Reproduktionsbedingungen und auf die Gestaltung ihrer persönlichen Verhältnisse haben und durchsetzen wollen. Damit kommen nicht nur die lebensweltlichen, nach Geschlecht variierenden Existenzbedingungen, Werte und Reproduktionsverhältnisse der Subjekte als Ausgangspunkt der Subjektivierung systematisch in den Blick, sondern auch das *Geschlechterarrangement* als *eigensinnige Praxis*. Auf dieser Ebene rückt das subjektive Handeln von Akteuren, welches in ausschließlich institutionen- oder strukturtheoretisch argumentierenden Kapitalismusanalysen übersehen wird, in den Fokus. Das kulturelle Repertoire des Marktes formt zwischenmenschliche und emotionale Beziehungen, zugleich rücken aber auch die Subjekte als 'ganze Personen' samt ihrer privaten und das heißt auch emotionalen Beziehungen ins Zentrum des Ökonomischen. In diesem Zuge scheint das männlich konstruierte ökonomische Selbst tendenziell emotionaler, 'femininer' zu werden, während weiblich konnotierte Emotionen und Sozialbeziehungen latent instrumenteller, 'männlicher' werden (vgl. Illouz 2006). Die Grenzen im „Geschlechtscharakter" (vgl. Hausen 1976) werden flüssiger. Die hier angedeuteten Veränderungen sind mit Irritationen und Krisen in der Konstruktion von 'Weiblichkeit' und

'Männlichkeit' (vgl. Heilmann 2013) verbunden. Insgesamt führt diese Transformation zu neuen Formen und Ambivalenzen marktlicher Beherrschung und individueller Selbstbeherrschung der Subjekte, ein Prozess, der noch weitgehend unerforscht ist. Der Blick auf die mit Eigensinn ausgestattete Handlungspraxis rückt jedenfalls jene Fragen stärker in den Mittelpunkt, die Aufschluss über konkrete soziale Erfahrungen unterschiedlich situierter Gesellschaftsmitglieder geben könnten, über Identitätsbrüche im Geschlechterpluralismus und über sozial differenziertes, subjektives Geschlechterhandeln, auf Fragen also, die im Sinne eines Forschungsprogramms erst noch empirisch auszuloten wären.

6 Fazit

Ohne Demokratisierung von unten, die vor allem auch in neuen Partizipationsformen in der Arbeit Fuß fassen müsste, ist auch eine breite politische Revitalisierung des Feminismus nur schwer denkbar. Rückt man die Transformation von Arbeit in den Analysefokus, zeigt sich eine in den (Arbeits-)Subjekten angelegte 'Produktivkraftentwicklung', und es werden emanzipative Potenziale sichtbar, die in diesem Prozess latent enthalten sind. Hans Pongratz (2013) verweist auf den subjektiven Kritikmodus, der diesem Potenzial innewohnt: Problemlösungsfähigkeit, Reflexionsfähigkeit, Engagement für eine Sache. Die Nutzung dieser Kompetenzen im kapitalistischen Verwertungsprozess schließt ihre Entfaltung als (feministische) Kritikkompetenz nicht aus! Pongratz plädiert für eine pragmatische Wende der Gesellschaftskritik, was auch heißt: Rückbindung der Kritik an die Handlungspraxis der gesellschaftlichen Akteure (ebd.). Ein in diesem Sinne pragmatisch-feministischer Blick auf Arbeit und Geschlecht könnte helfen, zivilgesellschaftliche Alternativen im Heutigen zu erkennen und damit Voraussetzungen schaffen, dass konkrete Schritte in Richtung Freiheit, Gleichheit, Solidarität klarer erkannt werden. Neben der grundlagentheoretischen und herrschaftskritischen Orientierung der Geschlechterforschung wäre demnach auch mehr Augenmerk auf den praktischen Eigensinn der Subjekte und deren Partizipationspotenziale zu legen. Die weitere Demokratisierung der Geschlechterverhältnisse muss – bei aller notwendigen Kritik am marktökonomischen Androzentrismus – keine bloße Utopie bleiben.

Literatur

Aulenbacher, Brigitte, 2013: Reproduktionskrise, Geschlechterverhältnis und Herrschaftswandel. In: Nickel, Hildegard Maria/Heilmann, Andreas (Hg.): 14-29.

Becker-Schmidt, Regina/Knapp, Gudrun-Axeli, 1995: Das Geschlechterverhältnis als Gegenstand der Sozialwissenschaften. Frankfurt/M., New York.

Castel, Robert, 2011: Die Krise der Arbeit. Neue Unsicherheiten und die Zukunft des Individuums. Hamburg.

Fraser, Nancy, 2009: Feminismus, Kapitalismus und die List der Geschichte. In: Blätter für deutsche und internationale Politik. Heft 8, 43-57.

Gerhard, Ute, 2003: Mütter zwischen Individualisierung und Institution: Kulturelle Leitbilder in der Wohlfahrtspolitik. In: Gerhard, Ute/Knijn, Trudie/Weckwert, Anja (Hg.): Erwerbstätige Mütter. Ein europäischer Vergleich. München, 53-84.

Giddens, Anthony, 1993: Intimität als Demokratie. In: Ders.: Wandel der Intimität. Sexualität, Liebe und Erotik in modernen Gesellschaften. Frankfurt/M., 199-219.

Haug, Frigga, 2009: Feministische Initiative zurückgewinnen – eine Diskussion mit Nancy Fraser. In: Das Argument 281, Heft 3, 393-408.

Hausen, Karin, 1976: Die Polarisierung der 'Geschlechtscharaktere' – eine Spiegelung der Dissoziation von Erwerbs- und Familienleben. In: Hark, Sabine (Hg.): Dis/Kontinuitäten: Feministische Theorie. Opladen, 162-183.

Heilmann, Andreas, 2013: Die Reproduktionskrise – (auch) eine Krise der Männlichkeit? In: Nickel, Hildegard Maria/Heilmann, Andreas (Hg.): 101-115.

Illouz, Eva, 2006: Gefühle in Zeiten des Kapitalismus: Adorno Vorlesungen 2004. Frankfurt/M.

Jürgens, Kerstin, 2013: Deutschland in der Reproduktionskrise – Nachbetrachtung einer Diagnose. In: Nickel, Hildegard Maria/Heilmann, Andreas (Hg.): 70-85.

–, 2010: Deutschland in der Reproduktionskrise. In: Leviathan, 38. Jg., Heft 4, 55-587.

Klinger, Cornelia, 2003: Ungleichheit in den Verhältnissen von Klasse, Rasse und Geschlecht. In: Knapp, Gudrun-Axeli/Wetterer, Angelika (Hg.): Achsen der Differenz. Münster, 14-48.

Knapp, Gudrun-Axeli, 2008: Verhältnisbestimmungen: Geschlecht, Klasse, Ethnizität in gesellschaftstheoretischer Perspektive. In: Klinger, Cornelia/Knapp, Gudrun-Axeli (Hg.): ÜberKreuzungen: Fremdheit, Ungleichheit, Differenz. Münster, 138-170.

–, 2003: Aporie als Grundlage: Zum Produktionscharakter der feministischen Diskurskonstellation. In: Dies.: Im Widerstreit. Feministische Theorie in Bewegung. Wiesbaden, 240-265.

Kurz-Scherf, Ingrid, 2012: „The Great Transformation" – Ausstieg aus dem Kapitalismus? Ein Plädoyer für feministischen Eigensinn in den aktuellen Krisen- und Kritikdynamiken. In: Kurz-Scherf, Ingrid/Scheele, Alexandra (Hg.): Macht oder ökonomisches Gesetz? Zum Zusammenhang von Krise und Geschlecht. Münster, 81-105.

–, 2009: Weiblichkeitswahn und Männlichkeitskomplex – zur Geschichte und Aktualität feministischer Patriarchatskritik. In: Kurz-Scherf, Ingrid/Lepperhoff, Julia/Scheele, Alexandra: Feminismus: Kritik und Intervention. Münster, 24-47.

–, 2004: „Hauptsache Arbeit"? – Blockierte Perspektiven im Wandel von Arbeit und Geschlecht. In: Baatz, Dagmar/Rudolph, Clarissa/Satilmis, Ayla (Hg.): Hauptsache Arbeit? Feministische Perspektiven auf den Wandel von Arbeit. Münster, 24-46.

Lenz, Ilse, 2007: Machtmenschen, Marginalisierte, Schattenmenschen und Gleichheit: Ungleichheiten, Egalisierung und Geschlecht. In: Widerspruch: Beiträge zu sozialistischer Politik, 27. Jg., Heft 52, 31-44.

Lohr, Karin/Nickel, Hildegard Maria, 2005: Subjektivierung von Arbeit – Riskante Chancen. In: Lohr, Karin/Nickel, Hildegard Maria (Hg.): Subjektivierung von Arbeit. Münster, 207-239.

Memorandum 2005: Memorandum zur zukunftsfähigen Arbeitsforschung. In: Kurz-Scherf, Ingrid/Correll, Lena/Janczyk, Stefanie (Hg.): In Arbeit: Zukunft. Die Zukunft der Arbeit und der Arbeitsforschung liegt in ihrem Wandel. Münster, 278-292.

Müller, Beatrice, 2013: Wert-Abjektion als konstituierende und strukturierende Kraft von Care-Arbeit im patriarchalen Kapitalismus. In: Femina Politica, 22. Jg. Heft 1, 31-43.

Nickel, Hildegard Maria/Heilmann, Andreas (Hg.), 2013: Krise, Kritik, Allianzen. Arbeits- und geschlechtersoziologische Perspektiven. Weinheim/Basel.

Nickel, Hildegard Maria/Hüning, Hasko/Frey, Michael, 2008: Subjektivierung, Verunsicherung, Eigensinn. Berlin.

Pascall, Gillian/Lewis, Jane, 2004: Emerging Gender Regimes and Policies for Gender Equality in a Wider Europe. In: Journal of Social Policy. Vol. 33, No. 3, 373-394.

Pongratz, Hans J., 2013: Gesellschaftliche Kritikfähigkeit und sozialwissenschaftliches Verstehen. In: Nickel, Hildegard Maria/Heilmann, Andreas (Hg.): 135-151.

Schmidt, Tanja, 2012: Gender und Genderregime. In: Forschungsverbund Sozioökonomische Berichterstattung (Hg.): Berichterstattung zur sozioökonomischen Entwicklung in Deutschland. Teilhabe im Umbruch. Zweiter Bericht. Wiesbaden, 89-110.

Soskice, David, 1999: Divergent Production Regimes: Coordinated and Uncoordinated Market Economies in the 1980s and 1990s. In: Kitschelt, Herbert/Lange, Peter/Marks, Gary/Stephens, John (Hg.): Continuity and change in Contemporary Capitalism. Cambridge, 101-134.

Oskar Negt

Zur Geschichte der Arbeit – Betrachtungen über unabgegoltene Fragen des Zusammenhangs von Arbeit, Emanzipation und Utopie[1]

1 Die Krise der Arbeitsgesellschaft

Eine Geschichte der Arbeit schreiben zu wollen, zumal im Umfang eines Aufsatzes, gliche dem maßlosen Anspruch, das Wesen der Hochkulturen seit der neolithischen Revolution, also der Entstehung von Tierzüchtung, Ackerbau und festen Besiedlungsformen, durch Skizzen begreiflich zu machen. Das wäre nichts weiter als das Nebeneinanderstellen von abstrakten Merkmalen und Etiketten, die den Verhältnissen angeheftet werden, wodurch gerade das verloren geht, worauf eine Geschichte der Arbeit das Augenmerk zu richten hätte: das Geschichtliche im Begriff der Arbeit und des Arbeitsverhaltens.

So gehe ich, in Rückwendung zu den großen Dialektikern, in meinen Betrachtungen zur Geschichte der Arbeit den umgekehrten Weg, nämlich ausgehend vom Problembestand der gegenwärtigen Krise der Arbeitsgesellschaft zurück zu ausgewählten Vergangenheitsstufen, welche den Begriff der Arbeit in seiner heutigen Verfassung geschichtlich erläutern, ergänzen oder auch erweitern.

---

1 Der Beitrag ist eine leicht überarbeitete und aktualisierte Fassung des Artikels „Zur Geschichte der Arbeit", der 1997 in dem von Dietmar Kahsnitz, Günter Ropohl und Alfons Schmid im Oldenbourg Verlag herausgegebenen „Handbuch zur Arbeitslehre" erschienen ist (Negt 1997). Ich möchte diese meine Betrachtungen zur Geschichte der Arbeit Ingrid Kurz-Scherf zueignen und widmen. Was uns seit Jahrzehnten verbindet, ist der bestürzend konstante Tatbestand, dass wir beide unbeirrbar an demselben Problem wie an einem Knochen nagen: Was ist die Arbeitsgesellschaft und was könnte Arbeit, in einem sehr weiten Begriffssinne, für eine befreite und gerechte Gesellschaft bedeuten? Wir beide schätzen die Kraft und den Wert der Utopie als einen wichtigen Bezugspunkt im Zusammenhang von Arbeit und Emanzipation. Dies gilt auch und insbesondere in Zeiten, in denen selbst progressive Perspektiven entschlossen und mit aller Kraft auf Realitätsanpassung hinarbeiten (vgl. dazu auch Negt 2012, 38f. sowie Negt 2010; Kurz-Scherf 1992).

Was mag einen dazu bewegen, sich (wieder) mit den Betrachtungen zur Geschichte der Arbeit auseinanderzusetzen, was ist davon zu lernen? Zweifellos haben sich die gesellschaftlichen Krisendynamiken der letzten Jahrzehnte verändert und auch zugespitzt. Die Krise ist aber nicht nur eine ökonomische Krise; die Verengung darauf ist vielmehr ein Element der Krise. Im Horizont der Arbeitsgesellschaft geht es um den Zusammenhang von Arbeit und Menschenwürde, um Demokratie und die Rückkehr des gesellschaftlichen Reichtums in die Gesellschaft.

„Arbeit scheint", sagt Marx, „eine ganz einfache Kategorie zu sein. Auch die Vorstellung derselben in dieser Allgemeinheit als Arbeit überhaupt ist uralt. Dennoch, ökonomisch in dieser Einfachheit gefaßt, ist 'Arbeit' eine ebenso moderne Kategorie wie die Verhältnisse, die diese einfache Abstraktion erzeugen. [...] Die Gleichgültigkeit gegen eine bestimmte Art der Arbeit setzt eine sehr entwickelte Totalität wirklicher Arbeitsarten voraus, von denen keine mehr die alles beherrschende ist. [...] Die Gleichgültigkeit gegen die bestimmte Arbeit entspricht einer Gesellschaftsform, worin die Individuen mit Leichtigkeit aus einer Arbeit in die andere übergehen und die bestimmte Art der Arbeit ihnen zufällig, daher gleichgültig ist. Die Arbeit ist hier nicht nur in der Kategorie, sondern in der Wirklichkeit als Mittel zum Schaffen des Reichtums überhaupt geworden [...]" (Marx 1958, 260ff.).

Wenn Marx hier von der Arbeit als einer Kategorie der Wirklichkeit, einer Daseinsbestimmung der modernen Verhältnisse spricht, dann meint er in erster Linie Lohnarbeit, Verausgabung lebendiger Arbeitskraft. Ob lebendige Arbeitskraft in ihrem durch Lohnarbeit vermittelten Austausch mit 'verstorbener Arbeit', der kapitalfixierten Maschinerie, heute noch als wesentliches Element der Reichtumsproduktion der modernen Gesellschaften zu sehen ist, darin liegt eben das zentrale Problem der gegenwärtigen Arbeitsgesellschaft. Das ganze Ausmaß, in dem die Maschinerie immer stärker ursprünglich der lebendigen Arbeitskraft vorbehaltene Aufgaben im Produktionsprozess übernimmt, hat Marx sich nicht vorstellen können.

Der Gesellschaft geht aber nicht jede Form von Arbeit aus, sondern nur eine ganz bestimmte; nämlich die, in der für den Warenmarkt produziert wird. Diese Arbeit wird fortwährend enger. Dagegen wächst das, was man Gemeinwesenarbeit nennen könnte. Also Arbeitsformen, in denen die Pflege des Gemeinwesens, der Kommunikationsverhältnisse, der Zeit, des Zeitwohlstands nötig wäre, dieser Bedarf wächst im gleichen Maße, wie der Arbeitskraftbedarf für die Warenproduktion schrumpft. Das ist eine epochale Tendenz. Es wird immer mehr mit immer weniger Anwendung lebendiger Arbeit für den Warenmarkt produziert. Aus dieser Klemme führt nichts heraus, was nur die Gesetzmäßigkeiten des Arbeitsmarkts betrifft.

Der moralische Skandal einer Gesellschaft, die an der Reichtumsproduktion zu ersticken droht, besteht darin, dass nach einem Jahrhunderte währenden leidvollen Weg, auf dem die Menschen schließlich so etwas wie Arbeitsmoral verinnerlichten, am Ende für wachsende Millionen von Menschen, die arbeiten wollen und dies für ihre Selbstachtung auch benötigen, Arbeitsplätze nicht mehr oder nicht unter würdigen Bedingungen vorhanden sind. Chronische und ständig wachsende Arbeitslosigkeit, oder sich ausbreitende Niedriglohnbereiche sowie die zunehmende Prekarisierung von Arbeit stehen am Ende einer Arbeitsgesellschaft, für die lebendige Arbeit in der Tat wesentliches Merkmal gewesen ist.

Da die alten Strukturen der Erwerbsarbeit, vor allem durch Kapital- und Marktlogik in ihren Möglichkeiten definiert, offensichtlich an ein geschichtliches Ende gekommen sind, wird Besinnung auf das, was Arbeit auf den verschiedenen Stufen der Vergangenheit war und für die Menschen bedeutete, auch zu einem politischen Faktor möglicher Krisenbewältigung.

Eine bewusste Wiederaneignung der Geschichte der Arbeit und eine öffentliche Auseinandersetzung über die historisch geprägten Arbeitsformen könnte daher auch gegenwärtig nützliche Hinweise geben, dass die gegebene kapitalistisch definierte Erwerbsstruktur ein historisches Produkt ist und deshalb auch grundlegenden Veränderungen zugänglich. Was spezifische Entstehungsbedingungen hat, ist auch zukünftig wandlungsfähig. Es geht also, mit anderen Worten, um Fragen nach dem Zusammenhang von Arbeit und Emanzipation, die auch und gerade in ihrem utopischen Gehalt nach wie vor unabgegolten sind.

2 Der vorbürgerliche Arbeitsbegriff ist durch Mühe und Leid definiert

Eine der anregendsten und gründlichsten Untersuchungen zum kulturgeschichtlichen Wandel des Arbeitsbegriffs ist nach wie vor das Buch von Hannah Arendt, „Vita Activa, oder vom tätigen Leben" (Arendt 1960). Innerhalb des Modells der Vita Activa, der tätigen, eingreifenden und umgestaltenden Beziehungen der Subjekte zu den Dingen und der sozialen Umwelt, unterscheidet sie drei Grundformen: Arbeit, Herstellen und Handeln. Arbeit hat für sie dieselbe verengte Bedeutung eines instrumentellen, vorwiegend sprach- und kommunikationslosen Verhaltens wie in allen jenen seit Beginn der bürgerlichen Epoche auftretenden Definitionsversuchen, die das Wesen des Menschen am Leitfaden eines einzelnen, alle anderen bestimmenden Verhaltensmerkmals festlegen wollen. Im Hintergrund dieser beharrlichen Neigung, den Menschen in seinen wesentlichen Lebensäußerungen aus einem einzigen, konstanten Gattungsmerkmal zu begreifen, steht wohl immer die aus der klassischen Periode des Athenischen Stadtstaates stammende Definition des Aristoteles vom Menschen als dem *zóon politikon*, dem gleichsam naturhaft auf die Angelegenheiten der Polis gerichteten Lebewesen, das von Sklavenarbeit und Handwerk gleichermaßen befreit ist und in Gemeinwesentätigkeit aufgeht.

Als wirkliche, der menschlichen Existenzweise einzig würdige Tätigkeiten bezeichnet Aristoteles nur die, die Lebensformen der Freiheit sind; frei von den ordinären Alltagssorgen. Sklaven, Handwerker und überhaupt das Dasein aller derjenigen, die sich der Anstrengung des Erwerbs unterziehen müssen, fallen aus diesem anspruchsvollen Katalog freier menschlicher Lebensformen heraus. An der Spitze der Aristotelischen Entwertungshierarchie von Arbeit steht aber auch der politische Mensch nicht. Der Alltag eines Athenischen Bürgers war durch zeitraubende und von dauernden Sorgen bestimmte Tätigkeiten ausgefüllt, denn das Gesetz erlaubte ihm in den Volksversammlungen keine Stimmenthaltung bei Fraktionsstreitigkeiten und drohte demjenigen den Entzug der Bürgerschaft an, der sich aus den politischen Streitigkeiten der Polis herauszuhalten versuchte. So entsteht eine Werteordnung von Tätigkeiten, in der die Arbeit ganz unten festgemacht ist und der *bios theoretikos*, das Leben für und in der Erkenntnis, also das des Philosophen, der selbst noch von politischen Entscheidungszwängen befreit ist, ganz oben.

Alle Worte für Arbeit in den europäischen Sprachen – das lateinische und englische 'labor', das griechische 'pónos', das französische 'travail', das deutsche 'Arbeit' – bedeuten ursprünglich Mühsal im Sinne einer Unlust und Schmerz verursachenden Anstrengung und bezeichnen auch die Geburtswehen. 'Labor', verwandt mit 'labare', heißt eigentlich 'das Wanken unter einer Last', 'Arbeit' und 'pónos' haben die gleiche Sprachwurzel wie Armut bzw. 'penia'.

Nehmen wir die Klassifikation von Hannah Arendt, so repräsentiert demgegenüber das Herstellen die Welt des Handwerkers und des Künstlers. Diese Subjekt-Objekt-Einstellung bezeichnet, verglichen mit der Arbeit, eine bereits autonomere Tätigkeit: Ein vorgestelltes Bild, d.h. ein Bild im Kopf der herstellenden Person, wird mit Hilfe von Werkzeugen, Geräten, Instrumenten und auf der Grundlage der Kenntnis des Materials in eine gestaltete Form gebracht, die für sich von Dauer ist.

3 Arbeit steigt in der Rangordnung der Werte immer höher

Es ist nun charakteristisch für die neueren Debatten über den kulturellen Rang von Arbeit (und zwar besteht hier eine merkwürdige Koalition zwischen der eher konservativen und der linken Kulturkritik), dass diese Entwertung der Arbeit zu Mühsal und Unlust sich zwar durchhält, aber durch einen zusätzlichen, erkenntnislogisch wie gattungsgeschichtlich begründeten Akzent ergänzt wird: Arbeit erhält prinzipiell die untergeordnete Tätigkeitsform des bloß instrumentellen Handelns, des sprach- und kommunikationslosen Monologs.

Wo immer Deutungen des Menschen im Bezugsrahmen von Arbeit versucht worden sind, ob es dabei nun um den 'homo faber', das 'animal laborans', das 'toolmaking animal' geht, erscheinen diese Lebewesen auf mehr oder weniger sprachlose Verhaltensmuster reduziert, von Verständigung und gegenseitiger Anerkennung abgeschnittene Lebewesen, die gleichsam innerhalb fensterloser Monaden mit ihren Werkzeugen, Geräten und Instrumenten hantieren, ohne für deren erfolgreiche Anwendung anderer Menschen zu bedürfen. Aus diesem Grunde ist auch für Hannah Arendt Handeln die fundamentale Kategorie des menschlichen Lebens; Sprechen und Handeln bringen am deutlichsten zum Ausdruck, worin sich menschliches Leben von dem anderer Lebewesen unterscheidet. „Es gibt keine menschliche Verrichtung, welche des Wortes in dem gleichen Maße bedarf, wie das Handeln. Für alle anderen Tätigkeiten spielen Worte nur eine untergeordnete Rolle [...]" (Arendt 1960, 168).

Aber die Alternative zu der zweifellos richtigen Kritik, die hierin zum Ausdruck kommt, dass Arbeit keine anthropologische Wesensbestimmung des Menschen ist, d.h. als das Hauptmerkmal der Entwicklung der menschlichen Gattungsvermögen angesehen werden kann, ist nicht die abstrakte Negation all jener Formen gegenständlicher und stoffverändernder Tätigkeit, für die die soziologische Schlüsselkategorie Arbeit bisher kennzeichnend gewesen ist. Will man sich hoch entwickelte, arbeitsteilig differenzierte und von einem komplexen Objektüberhang, von Waren, Apparaten, Dingen und Verhältnissen geprägte Industriegesellschaften ohne fortwährenden Zuschuss *lebendiger Arbeit* vorstellen, so muss dies in dasselbe Gewebe von Fiktionen führen wie die Annahme, man könnte den durch die Geschichte des Kapitals verengten und stumpf gewordenen Arbeitsbegriff retten und überall dort, wo er selbst unter so borniert Bedingungen nicht mehr verwendbar ist, durch andere Tätigkeitsmerkmale ergänzen. Wer sich auf diesen verengten Arbeitsbegriff einmal eingelassen hat, wird sich dem positivistischen Sog der Substanzentleerung von Begriffen nicht mehr entziehen können, weil es unmöglich ist, einem vom toten Kapital definierten Arbeitsbegriff lebendigen Geist einzuhauchen.

Arbeit ist eine historisch-fundamentale Kategorie, keine *anthropologische*. Ich meine damit Folgendes: Arbeit in vorbürgerlichen Gesellschaftsordnungen ist Sklavenarbeit in einem buchstäblichen Sinne. Ihr Jenseits, das die gegenwärtige

Zur Geschichte der Arbeit 43

Mühsal bricht, ist ihre einfache Verneinung, die Aufhebung der Mühsal. Arbeit enthält nicht die geringste Spur eines Versprechens von Glück, einer utopischen Dimension, es sei denn, man versteht darunter den Lohn des Himmels. Selbst Arbeit im Mönchsgewand, mit der Trostformel 'ora et labora' (bete und arbeite), wurde als Sündenabtragung verstanden, und wo Klöster auf andere Weise reich werden konnten, durch Beraubung der Bauern und durch ergaunerte Stiftungen, taten sie es mit Vorliebe.

4 Arbeit wird zu einer Kategorie der Realität

Grob gesprochen zwischen dem dreizehnten und sechzehnten Jahrhundert, eine gesellschaftliche Entwicklungsphase, die Marx als die der ursprünglichen Akkumulation (Manufakturperiode, in der fabrikmäßige Arbeit einsetzt) bezeichnet und in der Max Weber die Entstehung der protestantischen Arbeitsethik verortet, klettert der Arbeitsbegriff in der Hierarchie der kulturellen Werte immer weiter nach oben. Gewinnen die Feudalherren und weitgehend auch die Angehörigen des geistlichen Standes ihre gesellschaftliche Identität und Anerkennung wesentlich aus der Distanz zu den Problemen der Alltagsarbeit, so wird, wie insbesondere Max Weber in „Die protestantische Ethik und der Geist des Kapitalismus" (1904) nachgewiesen hat, Arbeit auch für die Herrschenden am Ende zu einem wesentlichen Merkmal ihrer Sozialisation und ihrer kulturellen Identitätsbildung.

Dies gibt dem Arbeitsbegriff eine bis dahin unbekannte Bedeutung für das, was mit Beginn der bürgerlichen Epoche als die Konstitution des Subjekts in der Philosophie und in der Psychologie bezeichnet werden kann. Zur Schaffung des gesellschaftlichen Reichtums ist, wenn ich hier auf die anfangs zitierten Worte von Marx verweise, Arbeit als Kategorie der Realität in doppelter Hinsicht wichtig: zum einen in den marktvermittelten Produktionszusammenhängen, in denen lebendige Arbeit als Quelle des Wertes und des Mehrwertes erscheint, zum anderen aber, und das ist keineswegs weniger wichtig, als Medium der Subjektbildung, als Prozess der Verinnerlichung von Arbeitsdisziplin, von Zeitökonomie, von Sparsamkeit, insgesamt für die Regulierung von Gefühlen, Affekten, Aggressionen. Jahrhunderte nimmt es in Anspruch, bis aus Arbeit ein Aspekt der Lebensbefriedigung, ja des Glücks werden kann.

In Fausts mit eigenem Blut unterschriebenem Vertrag mit dem Teufel kommt das Prekäre dieses bürgerlichen Arbeitsbegriffes prägnant zum Vorschein. Faust verwettet seine Seele, weil er absolut sicher ist, nie zur Ruhe zu kommen; Max Weber bezeichnet das als den „ruhe- und rastlosen Erwerbstrieb". Faust sagt:

„Werd' ich beruhigt je mich auf ein Faulbett legen, So sei es gleich um mich getan! Kannst du mich schmeichelnd je belügen, Daß ich mir selbst gefallen mag, Kannst du mich mit Genuß betrügen; Das sei für mich der letzte Tag! Die Wette biet' ich!" Darauf geht Mephisto ein. Und Faust, als seien das Versprechen und sein Wettangebot noch nicht überzeugend genug, fügt dem etwas hinzu, was für den bürgerlichen Arbeitsbegriff in der ursprünglichen Gestalt ebenso urwichtig ist, nämlich das Verbot von Muße, Glück und Ruhe. „Werd' ich zum Augenblicke sagen: Verweile doch! du bist so schön! Dann magst du mich in Fesseln schlagen, Dann will ich gern zugrundegehn! Dann mag die Totenglocke schallen, Dann bist du deines Dienstes frei, Die Uhr mag stehn, der Zeiger fallen, Es sei die Zeit für mich vorbei!"

Ich muss immer wieder auf Max Weber verweisen, weil er zu den großen Soziologen gehört, die diese Epochenschwelle in der Veränderung des Arbeitsbegriffs am präzisesten und weitreichendsten bestimmt haben. Die moderne Umwertung aller Werte, die im Bezugsrahmen der Arbeit stehen, ist in der Umbruchszeit von der feudalmittelalterlichen zur bürgerlich-kapitalistischen Zeit nur im Medium religiöser Glaubenssicherheiten möglich. Max Weber hält fest:

> „[D]ie religiöse Wertung der rastlosen, stetigen, systematischen, weltlichen Berufsarbeit als schlechthin höchsten asketischen Mittels und zugleich sicherster und sichtbarster Bewährung des wiedergeborenen Menschen und seiner Glaubensechtheit musste ja der mächtigste Hebel der Expansion jener Lebensauffassung sein, die wir hier als 'Geist des Kapitalismus' bezeichnet haben. Und wir halten nun noch jene Einschnürung der Konsumtion mit dieser Entfesselung des Erwerbsstrebens zusammen, so ist das äußere Ergebnis naheliegend Kapitalbildung durch asketischen Sparzwang" (Weber 1963, 192).

Aus dem allseitig gebildeten und vielfältig tätigen Individuum, worin das ideale Selbstbild des Menschen in der Zeit der Renaissance, dieser geschichtlich äußerst produktiven Umbruchsperiode zur modernen Welt, besteht, entwickelt sich allmählich der spezialisierte Fachmensch, mit einer eigentümlichen Berufsethik. Aber alles, was Max Weber an Merkmalen für diese epochale Umbruchszeit zur modernen Arbeitsgesellschaft bezeichnet, steht unter existentiellen Bedingungen einer Mangelwirtschaft. Das Reich Gottes, das Reich der Freiheit, mit den Gütern und Genüssen, die durch Verzichte nicht mehr erarbeitet werden müssen, das alles gibt es erst im Jenseits der diesseitigen Welt. Die „innerweltliche Askese" kann das Tor nach drüben einen Spalt weit öffnen. Es ist kaum zufällig auch die Zeit der großen Utopien, von Campanellas Sonnenstaat, der großen Utopie des Thomas Morus, der Technik- und der Gesellschaftsutopien. Aufklärung und wachsende Naturbeherrschung erzeugen neue Schicksalsmächte, denen die

Menschen nicht weniger gnadenlos ausgeliefert sind als den alten. Darin besteht der kritische Sinngehalt dieser Utopien.

Indem Arbeit ins Zentrum des Lebenszusammenhangs der Menschen rückt, wird aus der christlichen Askese mit ihrem Prinzip der Zweckrationalität eine rationale Lebensführung auf der Grundlage der Berufsidee, welche die rastlose Tätigkeit zum bestimmenden Zweck hat. Die verdinglichte Selbständigkeit der institutionellen Welt gegenüber lebendiger Arbeit ist charakteristisch für jene Gewalt, die von den Menschen selbst geschaffen wird und die ihre ursprünglichen Zwecksetzungen, in der die Arbeit als bloßes Mittel erscheint, zunichte macht.

„Der Puritaner *wollte* Berufsmensch sein, – wir müssen es sein. Denn indem die Askese aus den Mönchszellen heraus in das Berufsleben übertragen wurde und die innerweltliche Sittlichkeit zu beherrschen begann, half sie an ihrem Teile mit daran, jenen mächtigen Kosmos der Moderne, an die technischen und ökonomischen Voraussetzungen mechanisch-maschineller Produktion gebundenen, Wirtschaftsordnung erbauen, der heute den Lebensstil aller Einzelnen, die in dies Triebwerk hinein geboren werden – *nicht* nur der direkt ökonomisch Erwerbstätigen –, mit überwältigendem Zwange bestimmt und vielleicht bestimmen wird, bis der letzte Zentner fossilen Brennstoffs verglüht ist. Nur wie ʼein dünner Mantel, den man jeder Zeit abwerfen könnteʼ, sollte nach Baxters Ansicht die Sorge um die äußeren Güter um die Schulter seiner Heiligen liegen. Aber aus dem Mantel ließ das Verhängnis ein stahlhartes Gehäuse werden. Indem die Askese die Welt umzubauen und in der Welt sich auszuwirken unternahm, gewannen die äußeren Güter dieser Welt zunehmende und schließlich unentrinnbare Macht über den Menschen, wie niemals zuvor in der Geschichte. Heute ist ihr Geist – ob endgültig, wer weiß es? – aus diesem Gehäuse entwichen. Der siegreiche Kapitalismus jedenfalls bedarf, seit er auf mechanischer Grundlage ruht, dieser Stütze nicht mehr" (Weber 1963, 203f.).

5 Tendenzen der Substanzauszehrung konkreter Arbeit

Mit dem stahlharten Gehäuse, dessen Hauptteil Bürokratie als modernes Verhängnis ist, bezeichnet Max Weber bereits Anfang des zwanzigsten Jahrhunderts einen Zustand des Kapitalismus, in dem die mit der protestantischen Arbeitsethik verknüpfte Verantwortung für das Wohl und Wehe des Gemeinwesens immer stärker verloren geht und die lebendigen Menschen und ihre lebendige Arbeitskraft zunehmend stärker als bloßes Anhängsel der Maschinerie mitgeschleift werden. Marx hatte noch vom Doppelcharakter der Ware Arbeitskraft gesprochen: Ihr Gebrauchswert geht in die unmittelbare Produktion von Gütern und Dienstleistungen ein; ihr Tauschwert bezeichnet die Reproduktionskosten dieser Arbeitskraft, einschließlich der Ausgaben für die Familien, für Erziehung, usw. Seine Hoffnungen auf die Befreiung aus diesen stahlharten Gehäusen der Hörigkeit beruhten darauf, dass eines Tages die lebendige Arbeitskraft in ihren Formen der Kooperation und der Assoziation die verdinglichte Realität der Maschinerie aufbricht und die Menschen in einer Republik der Arbeit ihre eigene Macht in den Produktionsprozessen benutzen, um auch die politischen Angelegenheiten ihres Gemeinwesens selbsttätig zu regulieren.

Dass allerdings bei der fortwährenden Produktivitätssteigerung der Arbeit eines Tages lebendige Arbeit zum mehr oder weniger überflüssigen Bestandteil der Reichtumsproduktion werden könnte, war bereits für Marx eine objektive Möglichkeit, obwohl das subjektiv gewiss sein Vorstellungsvermögen überschritten hätte, wären ihm die heutigen Perspektiven vor Augen gehalten worden.

Im Rohentwurf zum „Kapital", wo er das epochale Auseinandertreten von lebendiger Arbeit und Schaffen des gesellschaftlichen Reichtums zu verdeutlichen versucht, ist jedoch erkennbar, wie intensiv er die Kapitallogik in ihren Konsequenzen durchdenkt und Verhältnisse antizipiert, die heute selbstverständlicher Bestandteil der Produktionssysteme sind. Er sagt:

> „In der großen Industrie wird die Schöpfung des gesellschaftlichen Reichtums abhängig weniger von der Arbeitszeit und dem Quantum angewandter Arbeit als von der Macht der Agentien, die während der Arbeitszeit in Bewegung gesetzt werden [...]. Der wirkliche Reichtum manifestiert sich vielmehr – und dies enthüllt die große Industrie – im ungeheuren Mißverhältnis zwischen der angewandten Arbeitszeit und ihrem Produkt. [...] Die Arbeit erscheint nicht mehr so sehr als in den Produktionsprozeß eingeschlossen [als stoffverändernde Tätigkeit, O.N.] als sich der Mensch vielmehr als Wächter und Regulator zum Produktionsprozeß selbst verhält. [...] Er tritt neben den Produktionsprozeß, statt ein Hauptagent zu sein" (Marx 1953, 505).

Das Problem der chronischen Entwertung lebendiger Arbeit besteht aber nicht darin, dass die Reichtumsproduktion immer weniger von stoffverändernder Tätigkeit, also auch von körperlicher Arbeit entlastet ist, sondern dass diese von Marx bezeichnete Zunahme der Wächter- und Regulatortätigkeit von immer weniger Menschen ausgeübt werden kann. Der Konzentration und Zentralisation des Kapitals entspricht also eine beschleunigte Ausgliederung lebendiger Arbeitskraft aus den Produktionsprozessen, die sich durch Automatisierung, mikroelektronische Kommunikationsapparate und Computersysteme, Steuerungs- und Kontrolltätigkeiten ebenso konzentrieren und zentralisieren. Arbeitslosigkeit scheint daher das Schicksal dieser modernen Gesellschaft zu sein, wenn die auf Markt- und Kapitallogik gegründeten Prinzipien des bestehenden Erwerbssystems festgeschrieben werden.

Die Universalisierung der Arbeit zu einem bis in die ethischen Normen hineingehenden Prinzip der Reichtumsproduktion und des Zusammenhalts der modernen Gesellschaft führt zu einer gewaltigen Entwicklung der Produktivkräfte, für die am Ende gerade lebendige Arbeit zum Ballast und zu einem schier unlösbaren Widerspruch des gesellschaftlichen Ganzen wird. Dass Arbeitslosigkeit keine Frage mehr der Wellenbewegungen von Konjunktur und Rezession ist, dringt immer deutlicher ins öffentliche Bewusstsein; das hierarchische Anerkennungssystem der Arbeitsformen, wie es sich unter profitwirtschaftlichen Gesichtspunkten als eine Art zweiter gesellschaftlicher Natur herausgebildet hat, ist in eine tiefe Krise geraten. In der Wertehierarchie der Anerkennung und der Bezahlung steht immer noch eine Güterproduktion an der Spitze, die es mit angeblich harten Gebrauchswerten zu tun hat; die Produktion eines Autos, einer Chemikalie, Dienstleistungen im Sektor der Bekleidung und der Reisen – das steht immer noch in deutlicher Distanz zu Arbeitsformen, die es mit der Pflege von Menschen, der Erziehung und Bildung, der psychischen und körperlichen Gesundheit zu tun haben. Das ist umso merkwürdiger, als wir es heute in den Kernbereichen kapitalistischer Produktion nicht mehr mit Mangelwirtschaften, sondern mit Überflussgesellschaften zu tun haben.

6 Die epochale Bedeutung der Arbeit schrumpft – weil sie immer produktiver wird

Erst die Beschreibung dieses Zustands eröffnet einen unbefangenen Blick auf die Geschichte der Arbeit. Arbeit, allgemein gefasst, ist zwecksetzende Tätigkeit der Menschen zur Erzeugung des Lebensnotwendigen und in dieser Hinsicht Grundbedingung allen menschlichen Lebens. Die allgemeinen Bedingungen von Arbeitsprozessen bestehen darin, dass es ein Produktionsfeld gibt, dass zwecksetzende Tätigkeit stattfindet, dass Naturprodukte mit eigens geschaffenen Werkzeugen umgeformt werden. Arbeitsprozesse sind in dieser Hinsicht stets Subjekt-Objekt-Verhältnisse. Sie haben ein Drittes zur Voraussetzung, nämlich Werkzeuge, Produktionsmittel, und sie haben ein Drittes zum Resultat, einen Gebrauchswert. Dieser wird entweder im naturalwirtschaftlichen Tausch vermittelt, kommt also nur dann in den Tauschverkehr, wenn die Produzenten einen Überschuss vorzuweisen haben, oder es wird bewusst für den Warenverkehr produziert, so dass die Produzenten den Tauschwert ihrer Produkte realisieren (in der Regel in Geldeinheiten) und den Gebrauchswert ihrer Produkte an andere veräußern.

Die Betrachtung der Geschichte der Arbeit bliebe abstrakt, würde man sie aus den Zusammenhängen spezifischer Herrschaftssysteme herauslösen; die Arbeitsformen, ob Sklavenarbeit oder die des Handwerkers, des politischen Menschen und des Künstlers, sind in den vorbürgerlichen Gesellschaftsordnungen insgesamt bestimmten Ständen, Schichten, Klassen zugeordnet. Es gibt keinen spezifischen Begriff von Arbeit, der Arbeit allgemein definiert. Sie wird, wie in der Philosophie des Aristoteles, als eine Lebensform der Unfreiheit, als Abhängigkeit von den materiellen Dingen definiert. Arbeit als ein Befreiungsmittel der Menschen ist den vorbürgerlichen Gesellschaftsordnungen völlig unbekannt. Niemand nimmt Arbeit freiwillig auf sich, und noch im Mittelalter wird aus der biblischen Forderung, im Schweiße deines Angesichts Brot zu verdienen, keine Ideologie des Arbeitsglücks gemacht, sondern viele Auswege gesucht, der Mühsal der Arbeit zu entfliehen. Die Deutung der Arbeit im gesellschaftlichen Lebenszusammenhang der Menschen bleibt über Jahrtausende konstant: Der Fronbauer des Mittelalters, jene Bauernmassen, welche in der römischen Republik zu den Agrargesetzen der Grachen und zu den Aufständen jener Zeit veranlassen, unterscheiden sich im Arbeitsverhalten so wenig von den spätmittelalterlichen Bauern, die in den Aufständen von 1525 ihren Boden gegen die Enteignungsabsichten der Grundherren und der Kirche verteidigten. Ich bin mir bewusst, dass das in der Geschichte der Arbeit eine unzulässige Verallgemeinerung ist. Sie soll aber darauf hinweisen, dass sich drei große geschichtliche Epochen der Arbeit und der gesellschaftlichen Produktivitätsbedingungen unterscheiden lassen, für die ein unverwechselbarer Begriff von Arbeit und Produktion charakteristisch ist.

Der bürgerliche Arbeitsbegriff, wie ich ihn anhand von Max Weber und Marx charakterisiert habe, steht in der Mitte. Die bürgerliche Gesellschaft entwickelt einen Begriff von Arbeit, der von Anbeginn zwiespältig ist. Das kann man von den vorbürgerlichen Formen der Arbeit nicht behaupten. Die Zwiespältigkeit besteht darin, dass er einerseits Ausbeutung, Unterdrückung, Entwürdigung benennt, gleichzeitig aber andererseits auch das Gegenteil: ein Medium der Selbstbefreiung. Die bürgerliche Gesellschaft hat auch objektive Voraussetzungen dafür geschaffen, dass Hunger, Krankheit und Angst aufhebbar sind. Dass Arbeit als das die Objektwelt schlechthin Konstituierende begriffen wird, dass sie zur einzigen Quelle des gesellschaftlichen Reichtums, zum Allheilmittel der gesellschaftlichen Leiden wie den Leiden *an* der Gesellschaft verabsolutiert, der bürgerlichen Ideologie unschätzbare Dienste geleistet hat, erschöpft nicht den kulturellen Wahrheitsgehalt der lebendigen Arbeitskraft in allen ihren über die Produktion von industriellen Gebrauchsgegenständen hinausgehenden Ausdrucksformen.

Nicht berufliche Erwerbsarbeit ist, wie Max Weber meinte, das Schicksal der modernen Welt, vielleicht aber lebendige Arbeit – Arbeit in dem umfassenden Sinne eines unaufhebbaren, weil sinnlich gegenständlichen Stoffwechsels zwischen Mensch und Natur, in dem keine der beiden Seiten ohne die andere existieren kann. So gesehen ist Arbeit die einzige Vermittlungstätigkeit, die dem Grundpostulat der Emanzipation gerecht zu werden vermag: nämlich der *Naturalisierung* des Menschen und der *Humanisierung* der Natur, wie der junge Marx es formuliert hat. Manche reden davon, dass die arbeitsgesellschaftlichen Utopien ausgeschöpft sind. Sie meinen damit, dass an die Stelle der Arbeitsgesellschaft Beziehungsformen treten, die durch Arbeit im herkömmlichen Sinne nicht mehr vermittelt sind. Die Entwicklung der Informationstechnologien, die Computerisierung der Lebenswelt, das Internet und was es sonst an vereinfachten Kommunikationsnetzen noch geben mag, zementieren offenbar eine Realität, der gegenüber lebendige Arbeitskraft zum bloßen Ergänzungsmittel degradiert wird. Es sind jedoch Zweifel angebracht, ob menschliche Identitätsbildung ohne ein Stück gegenständlicher Tätigkeit überhaupt möglich ist. Zwar ist die epochale Bedeutung der Arbeit für die gesamtgesellschaftlichen Lebenszusammenhänge in den letzten zwei Jahrzehnten erheblich geschrumpft; aber weder im Weltmaßstab noch in den fortgeschrittenen Industrieländern kann die Rede davon sein, dass Arbeit für gesellschaftliche Anerkennung, für Formen der Selbstverwirklichung und der Selbstachtung an Bedeutung verloren hätte.

7 Befreiung von der Arbeit oder Befreiung der Arbeit?

Ob es nun um Befreiung von der Arbeit, um ein pures erträumtes Jenseits der Arbeitsgesellschaft geht oder um Befreiung *der* Arbeit, das ist unter diesen Gesichtspunkten ziemlich gleichgültig: Solange der Mensch ein gegenständlich-sinnliches Wesen ist, wird sich an dem Grundbestand nichts ändern, dass er aus der Dialektik von Subjekt und Objekt, die ja ein gegenseitiges Konstitutionsverhältnis darstellt und keine bloße Kausalbeziehung, nicht einfach herausspringen kann. *Die Alternative zum System bürgerlicher Erwerbsarbeit, das uns dumm und einseitig gemacht hat, ist nicht der illusionäre Idealismus der Aufhebung von Arbeit, sondern der Kampf um die Vervielfältigung und Erweiterung gesellschaftlich anerkannter Formen der Arbeit, die der Eigenproduktion und der Selbstverwirklichung dienen.*

Wenn ich von der historisch-fundamentalen Kategorie der Arbeit spreche, dann genau in diesem Sinne, dass die Emanzipation des Menschen ohne gleichzeitige Befreiung der Dinge und Verhältnisse aus ihrer toten, selbst gesetzten Zwecke der Menschen durchkreuzenden und sie bedrohenden Gegenständlichkeit schlechterdings nicht möglich ist. Unter diesen Bedingungen eines unaufhebbaren Stoffwechselprozesses zwischen Mensch und Natur (einschließlich der riesig angewachsenen zweiten gesellschaftlichen Natur) halte ich es für notwendig, den Utopiegehalt von Arbeit einzuklagen, wie die Arbeiterbewegung in ihrer Ursprungsgeschichte mit Recht daran ging, die Forderung der Brüderlichkeit aus der Menschenrechtsdeklaration der Französischen Revolution nicht einfach als Hohn auf das wirkliche Elend zu verwerfen, sondern in Solidarität umzuwandeln. Epochale Kategorien wie die der Arbeit und der Freiheit wird man in ihren entfremdeten Gestalten ohnehin nicht dadurch los, dass man sie verabschiedet und ihnen den Rücken zukehrt, sondern sie sollten in ihren Emanzipationsgehalten Ernst genommen, das heißt mit gegenwärtigem Leben erfüllt und realisiert werden.

Eine radikale Arbeitszeitverkürzung, die nicht nur eine qualitative Umgewichtung von Arbeitszeit und freier Zeit bewirkt, sondern auch eine bewusste Entfaltung des ganzen Spektrums differenzierter Wunschzeiten und Zeiterfahrungen in neuen Arbeitsformen einleitet, ist eine geschichtlich längst überfällige Forderung, und sie steht auf der Tagesordnung. Eines der radikalsten Argumente einer solchen auf Arbeitszeitverkürzung beruhenden Umorganisation der Arbeitsgesellschaft hat André Gorz formuliert. Er sagt: „Die abgeschaffte Arbeit wird ebenso vergütet, wie die geleistete Arbeit, der Nichtarbeiter ebenso wie der Arbeiter. Vergütung und Leistung von Arbeit sind voneinander abgekoppelt" (Gorz 1983, 74). Wird demgegenüber der gesellschaftliche Schein aufrechterhalten, als könnte momentan aus dem Produktionsprozess ausgegliederte Arbeitskraft im Status bezahlter Arbeitslosigkeit für einen gewissen Zeitraum gehalten werden, um schließlich in das alte Erwerbssystem wieder eingegliedert zu werden, dann sind diese äußerst dringlichen Reformen der Arbeitsgesellschaft unmöglich. Nichts ist teurer, als an überholten Verhältnissen festzuhalten, nichts kostspieliger als die Nicht-Reform.

> „Aus allen diesen Gründen wird die radikale Verkürzung der Arbeitszeit mit garantiertem Sozialeinkommen auf Lebenszeit die Ausdehnung der Autonomiesphäre im Rahmen einer pluralistischen Wirtschaft fördern, in der die Pflichtarbeit (etwa 20.000 Stunden pro Leben) lediglich zur Produktion des Notwendigen dient, während alles Nicht-Notwendige von Tätigkeiten abhängt, die sowohl autonom wie selbstbestimmt und fakultativ sind" (ebd., 92).

Wie immer man über diese Idee des garantierten Sozialeinkommens denken mag, plausibel an ihr scheint mir auch heute noch zu sein, dass sie sowohl dem Gebot der Gerechtigkeit entspricht als auch realistisch ist. Sie klagt etwas ein, was in der bürgerlichen Gesellschaft angelegt ist. Tatsächlich würde in einem solchen Falle die Gesellschaft die Grundsicherung einer angstfreien Existenzweise der Einzelnen übernehmen – was sie bei wachsendem gesellschaftlichem Reichtum ja auch ohne weiteres könnte. Es wäre darüber hinaus ein Schritt von der Zwangsarbeit als bloßem Mittel, Lebensmittel, zur Arbeit als bestimmendem Lebensbedürfnis. Im Übrigen entspräche das sogar der Uridee des auf eigene Arbeit gegründeten bürgerlichen Eigentums, einer freien Gemeinschaft von Privateigentümern, die keine unmittelbare Existenznot mehr haben. Seiner politischen Funktion nach sollte Eigentum, wie es im rationalen Naturrecht und darin in den Menschenrechtsdeklarationen geschichtlich normiert wurde, dem Bürger die Möglichkeiten geben, sich unabhängig von allen materiellen Sorgen als *politischer Bürger*, als Citoyen, zu begreifen, der den Blick frei hat für die gemeinsamen Angelegenheiten der ganzen Gesellschaft.

Von einer solchen Gesellschaft sind wir gewiss weit entfernt. Aber die nachbürgerliche Arbeitsgesellschaft bewahrt nicht nur die Errungenschaften des Bürgertums auf, sondern bezieht auch Arbeitsformen vorbürgerlicher Ordnungen mit ein (wie zum Beispiel die Achtung vor der Erfahrung des Alters und nicht nur die materielle Pflege gegenüber den alternden Menschen, öffentliche Tugenden, die sich auf das Wohl und Wehe des Gemeinwesens beziehen, Generationenverträge ganz eigentümlicher Art, usw.). Ein neuer Generationenvertrag wäre nötig; er müsste nicht nur auf die Konzeption einer ökologischen Gesellschaft Bezug nehmen, sondern auch darauf, dass aus *vorgetaner* Arbeit sehr wohl Rechte und Verpflichtungen begründbar sind, die nachfolgenden Generationen zugute kommen.

„Vom Standpunkt einer höheren ökonomischen Gesellschaftsformation [man muss wohl ergänzen: einer Gesellschaftsformation, mit der wir es heute zu tun haben, O.N.] wird das Privateigentum einzelner Individuen am Erdball ganz so abgeschmackt erscheinen, wie das Privateigentum eines Menschen an einem anderen Menschen. Selbst eine ganze Gesellschaft, eine Nation, ja alle gleichzeitigen Gesellschaften zusammengenommen, sind nicht Eigentümer der Erde, sie sind nur ihre Besitzer, ihre Nutznießer und haben sie als boni patres familias (gute Familienväter) den nachfolgenden Generationen verbessert zu hinterlassen" (Marx 1961, 484).

Sind Pflichten in diesem Generationsvertrag enthalten, dann auch Rechte. Würde man unsere Eltern- und Urgroßelterngenerationen befragen können, was sie, da sie selber in den Genuss ihrer Arbeit nicht mehr gekommen sind, mit den unendlichen Mühen und Anstrengungen, die ihnen die Arbeit bereitet hat, eigentlich bezwecken wollten, so hätten sie ganz zweifellos geantwortet: damit es *uns* besser gehe. Von der erdrückenden Masse der Menschen sind Vorleistungen erbracht worden an materiellem Reichtum, der sich angehäuft hat in Wissenschaft und Technologie. Von ihnen könnten wir heute kollektiv profitieren, wenn wir sie sinnvoller Verfügung überlassen würden. Es wäre gewiss im Sinne der Arbeitsgenerationen vor uns, dass wir uns diese Reichtümer aneignen, dass wir ihre Erbschaft antreten und die Gewalt brechen, die sie mittlerweile über uns erlangt hat, sie der bewussten Kontrolle unserer autonomen Zwecke zu unterwerfen.

Die verstorbene Arbeit ist einmal lebendige Arbeitskraft gewesen, und Träger dieser lebendigen Arbeitskraft waren lebendige Menschen, in deren Generationenfolge wir stehen. So liegt es nahe, neue Kriterien für Recht und Moral zu entwickeln. Das würde bedeuten, eine neue Seite im Buch zur Geschichte der Arbeit aufzuschlagen.

Literatur

Arendt, Hannah, 1960: Vita Activa, oder vom tätigen Leben. Stuttgart.

Gorz, André, 1983: Wege ins Paradies. Berlin.

Kurz-Scherf, Ingrid, 1992: Nur noch Utopien sind realistisch. Feministische Perspektiven in Deutschland. Bonn.

Marx, Karl, 1961: Das Kapital. Band 3. Marx-Engels-Werke (MEW) Bd. 25. Berlin.

–, 1958: Zur Kritik der politischen Ökonomie (Manuskript 1861-1863). Berlin.

–, 1953: Grundrisse der Kritik der politischen Ökonomie (Rohentwurf 1857-1858). Berlin.

Negt, Oskar, 2012: Nur noch Utopien sind realistisch. Politische Interventionen. Göttingen.

–, 2010: Der politische Mensch. Demokratie als Lebensform. Göttingen.

–, 1997: Zur Geschichte der Arbeit. In: Kahsnitz, Dietmar/Ropohl, Günter/Schmid, Alfons (Hg.): Handbuch zur Arbeitslehre. München/Wien, 27-38.

Weber, Max, 1963 (1904): Die protestantische Ethik und der Geist des Kapitalismus. In: Gesammelte Aufsätze zur Religionssoziologie I. Tübingen.

Tina Jung
Zwischen Herrschaft und Emanzipation
Kritische Theorie, Feminismus und die Kritik der Moderne

1 Einleitung[1]

Mit der Aufklärung verbinden sich gemeinhin jene Emanzipationsvisionen, die mit dem normativen Dreigestirn Freiheit, Gleichheit, Solidarität umrissen werden. Nicht selten ist der Verweis auf die Entwicklung der Moderne dabei in eine Fortschrittserzählung eingebunden, in der der gesellschaftliche Wandel als quasi linear voranschreitende Entfaltung und Verwirklichung einer vernünftigen Organisation von Gesellschaft gilt. Aus der Sicht verschiedener Ansätze der Gesellschaftskritik, zu denen auch feministische zählen, gilt diese Selbsterzählung der Moderne jedoch als höchst fragwürdig. Die Tatsache, dass moderne Gesellschaften keineswegs herrschaftsfrei strukturiert sind, sondern auf einem patriarchalen Geschlechter-, einem „kapitalistischen Klassen-, technokratischen Natur- und kolonialen Weltverhältnis" (Kurz-Scherf/Lepperhoff/Scheele 2009, 292) beruhen, wird dabei keineswegs als Restbestand früherer Ordnungen aufgefasst, der sich im Laufe der Zeit von selbst erledigen wird. Vielmehr hat feministische Wissenschaft eindrücklich nachgewiesen, dass die westliche Moderne konstitutiv auf geschlechtlich konnotierten Dichotomien aufbaut, die tief in gesellschaftliche Strukturierungsmuster eingelassen sind. Dazu zählt z.B., dass parlamentarisch-bürgerliche Demokratien sowie die Konstruktionen des modernen Staates und seiner StaatsbürgerInnen auf der Trennung und dem wechselseitigen Ausschluss des Öffentlichen und des Privaten wie auch auf einer männlich geprägten Subjektvorstellung beruhen; dass moderne Ökonomien auf der Trennung von entlohnter Erwerbsarbeit und (nicht entlohnter) Care-Arbeit basieren, die mit einer Zuweisung der Genus-Gruppen Männer und Frauen zu jeweils einer der beiden Kategorien einhergeht; und dass die Entstehung und Entwicklung von zentralen Institutionen der Moderne, wie

---

1 Für viele kluge wie konstruktive Hinweise danke ich Christian Brühl, Dominik Labitzke, Anja Lieb und Stefan Schoppengerd.

z.B. Recht und Wissenschaft, auf dem systematischen Ausschluss von Frauen und ihren Lebenswelten fußen.

Allerdings, auch daran besteht kein Zweifel, hat (nicht zuletzt dank der Kämpfe von Frauenbewegungen und anderen sozialen Akteuren) ein Wandel nicht nur der Geschlechterverhältnisse, sondern mit ihnen auch der gesellschaftlichen Verhältnisse insgesamt, also der sozialen, politischen und ökonomischen Regulierungs- und Strukturierungsinstanzen der westlichen Moderne stattgefunden. Die Einschätzung und die Bewertung der Reichweite, Effekte und zentralen Antriebskräfte dieses Wandels sind aber durchaus umstritten. Gerade aus feministischer Sicht erweist sich der Wandel von Gesellschafts- und Geschlechterverhältnissen als zwiespältig und als geprägt von einem ungleichzeitigen Nebeneinander von Emanzipationsgewinnen einerseits und dem Fortbestehen der sich wandelnden Ungleichheitsachsen *race, class, gender* andererseits.[2] Anders formuliert: In der von der Aufklärung angestoßenen Entwicklung der Moderne sind sowohl Befreiungsdiskurse und -praktiken als auch herrschaftsförmige, das heißt, auf Unterwerfung und Unterordnung zielende, disziplinierende und diskriminierende Diskurse und Praktiken zu verzeichnen.

Jenseits linearer Fortschrittserzählungen erscheinen Modernisierungsprozesse vor diesem Hintergrund auch innerhalb sozialwissenschaftlicher bzw. philosophischer Theoriebildung häufig „als widersprüchlich, ambivalent, dialektisch, antinom, tragisch oder paradox" (Hartmann 2002, 221f.) bzw. als ein „in sich gebrochenes Phänomen" mit einer Geschichte von „Rückschlägen, Einseitigkeiten, Uneindeutigkeiten und Verkürzungen" (ebd.). Allerdings sind jeweils beträchtliche Differenzen in der Art und Weise auszumachen, wie Theorien sich auf diese widersprüchlich bzw. mehrdeutig wahrgenommene Moderne beziehen und mit welchen zeitdiagnostischen Leitbegriffen sie dies tun (vgl. Knapp 2012; Hartmann 2002).

Kritische Theorietraditionen eint, dass sie sich dieser gesellschaftlichen Realität eben nicht unter der Maßgabe einer ordnungstheoretischen Perspektive zuwen-

---

2 So konstatiert z.B. Birgit Sauer (2013) für die Entwicklung der bundesdeutschen parlamentarischen Demokratie einen paradoxen Einschluss von Frauen: Trotz formal gleicher Rechte sind Frauen nach wie vor qualitativ und quantitativ unterrepräsentiert. Bereits erreichte geschlechterpolitische Erfolge (wie eine – wiewohl begrenzte – Erhöhung des Frauenanteils in der institutionalisierten Politik) werden dabei durch eine *soziale* Entmächtigung von Frauen, durch einen generellen Bedeutungsverlust demokratisch legitimierter politischer Institutionen zu Gunsten informalisierter Entscheidungsstrukturen und eine neoliberale Re-Strukturierung von *Citizenship* konterkariert.

den, indem sie etwa nach den Bedingungen und Möglichkeiten einer „guten Herrschaft" oder „guten Regierung" fragen (vgl. Steinert 2007). Vielmehr ist kritisches Nachdenken über die Gesellschaft von der Absicht geprägt, deren Herrschaftsförmigkeit aufzudecken, kritisch zu reflektieren und Möglichkeiten von Emanzipation präsent zu halten – um Herrschaft zu überwinden statt zu 'verbessern'. Das 'kritische' Moment kritischer Theorien ergibt sich so also nicht einfach (nur) aus der Beschäftigung mit bestimmten Gegenständen, sondern auch aus der Art und Weise, wie sich diese Theorien zur Gesellschaft (von der sie ein Teil sind) ins Verhältnis setzen. Damit ist eng das jeweilige Verständnis von Kritik verknüpft, also etwa Fragen danach, was als Aufgaben und Funktionsweisen von Kritik aufgefasst wird, mit welchen Begriffen und Kategorien gearbeitet wird, welche genauen Vorstellungen von Herrschaft und Emanzipation jeweils zu Grunde liegen und welche gesellschaftstheoretischen Grundannahmen im Vordergrund stehen.

Differenzen in der Bezugnahme auf die widersprüchliche bzw. ambivalente Verfasstheit moderner westlicher Gesellschaften lassen sich dabei allerdings nicht nur zwischen kritischen und 'traditionellen' Theorieströmungen ausmachen, sondern auch innerhalb kritischer Theorievarianten – und hier liegt im Folgenden, beispielhaft diskutiert an ausgewählten Beiträgen der älteren Kritischen Theorie und der gegenwärtigen feministischen Theorie, mein Interesse: Ich frage dabei nach den jeweiligen Sichtweisen auf die „Dialektik der Aufklärung" (Horkheimer/Adorno 1997) bzw. auf die „Ambivalenz der Moderne" (Klinger 2000) mit dem Ziel, Gemeinsamkeiten und Differenzen im Verständnis von Kritik auszuloten – und zwar hinsichtlich der theoretischen Perspektive auf Herrschaft und Emanzipation.

Damit begebe ich mich in ein gleichermaßen ertragreiches wie spannungsreiches Verhältnis zwischen Kritischer und feministischer Theorie, das immer auch Fragen nach der (feministischen) Tradierbarkeit der Kritischen Theorie aufwirft (vgl. u.a. Knapp 2012). Die feministische Theorieentwicklung muss dabei vor dem Hintergrund einer *anderen historischen Erfahrung* und einer anderen Situierung ihrer Subjekte gesehen werden (und daraus resultiert auch ein anderer Blick auf Gesellschaft), als dies für die ältere Kritische Theorie gilt: Horkheimer und Adorno schrieben angesichts des Faschismus und des Holocaust, aber auch angesichts der Weltkriege und des Stalinismus sowie des Konformismus und Autoritarismus in den westlichen Demokratien. Die von feministischer Theorie artikulierte radikale Gesellschafts- und Wissenschaftskritik formierte sich vor dem Hintergrund kollektiver Unterordnung, Fremdbestimmung und patriarchaler Ideologien, aber eben auch „angesichts der emanzipatorischen Aufbruchstimmung und der vielfältigen Aktivitäten der Frauenbewegung" (ebd., 138). Trägt man der historischen Gebundenheit und den unterschiedlichen gesellschaftlichen Erfahrungen von kritischer Theorieproduktion Rechnung, so lässt sich die Erfahrungsgebundenheit von feministischer und Kritischer Theorie als „Quelle der Anregung und Erweiterung von Problemhorizonten" (ebd., 130) begreifen. Zu diesen Problemhorizonten gehört die jeweilige theoretische, kritische Perspektive auf Herrschaft und Emanzipation.

Zunächst werden die zentralen Thesen der Dialektik der Aufklärung von Horkheimer/Adorno sowie deren Implikationen für das Verständnis von Kritik rekapituliert (Abschnitt 2). Sodann werden ausgewählte feministische Beiträge zur „Ambivalenz der Moderne" (Klinger 2000; Becker-Schmidt 2007; 1993) und die damit verbundenen Kritikstrategien zwischen Herrschaft und Emanzipation vorgestellt (Abschnitt 3). In Abschnitt 4 werden die bis dato erhobenen Befunde auf Gemeinsamkeiten, Differenzen und Anregungspotentiale hin diskutiert. Die Ergebnisse werden abschließend in den Kontext aktueller Herausforderungen für kritische feministische Gesellschaftstheorie überführt (Abschnitt 5).

2 Die Dialektik der Aufklärung – Moderne und die (Re-)Formierung von Herrschaft

Das bis heute wohl einflussreichste Werk, in dem die Fortschrittserzählung der Moderne gebrochen wird, haben Max Horkheimer und Theodor W. Adorno mit der *Dialektik der Aufklärung* vorgelegt. Darin wenden sie sich gegen die Vorstellung, dass die Moderne als Fortschritt zu begreifen ist, der sich über eine zunehmende Rationalisierung als die Verwirklichung einer vernünftigen Organisation von Gesellschaft ausweise. Angesichts der Katastrophen von Weltkriegen und Massenvernichtung geht es Horkheimer und Adorno um „nicht weniger als die Erkenntnis, warum die Menschheit, anstatt in einen wahrhaft menschlichen Zustand einzutreten, in eine neue Art von Barbarei versinkt" (Horkheimer/Adorno 1997, 1).

Dem Selbstverständnis nach zielt Aufklärung auf den „Ausgang aus der selbstverschuldeten Unmündigkeit" (Kant), auf Freiheit und Emanzipation und somit auf die Überwindung des 'Mythos', verstanden als Abhängigkeit des Menschen von dunklen, schicksalhaften Mächten. Horkheimer und Adorno sehen demgegenüber aber eine „Selbstzerstörung" von Aufklärung am Werk, die Aufklärung nicht mit der Überwindung, sondern mit der Re-Formierung von Herrschaft in Verbindung bringt:

In der Aufklärung sehen sie nicht die *Ablösung* des Mythos (etwa in Form der Befreiung der Menschen aus dem Schicksal der alten Ordnung), sondern

Zwischen Herrschaft und Emanzipation　　57

die *Hervorbringung* eines neuen: nämlich des Mythos der Vernunft, bzw. den Umschlag von Aufklärung in Positivismus als „Mythos dessen, was der Fall ist" (ebd., X); aufklärerische Vernunft sei in ihrer instrumentell verkürzten Form totalitär geworden und äußere sich als Natur- und Selbstbeherrschung: „Was die Menschen von der Natur lernen wollen, ist, sie anzuwenden, um sie und die Menschen vollends zu beherrschen" (ebd., 10). Horkheimer und Adorno zeichnen dabei einen konstitutiven Zusammenhang zwischen der Befreiung von der Natur und der Errichtung von – dezidiert als strukturell männlich und bürgerlich ausgewiesenen – Herrschaftsverhältnissen über sich selbst und andere nach: „Furchtbares hat die Menschheit sich antun müssen, bis das Selbst, der identische, zweckgerichtete, männliche Charakter des Menschen geschaffen war" (ebd., 40).

Das Umschlagen von aufklärerischer Vernunft in Positivismus vollzieht sich dabei durch ihre Verkürzung auf ein Zweck-Mittel-Denken, durch „die Beschränkung des Denkens auf Organisation und Verwaltung" (ebd., 42), durch die Abspaltung des Geistes von Erfahrung und durch Abstraktion, die auf Einstimmigkeit und Einheitlichkeit abzielt. Abstraktion dient aus Sicht von Horkheimer und Adorno dazu, die Welt dem Zwecke der Nützlichkeit und der Berechenbarkeit zu unterwerfen. Abstraktion und Identitätslogik basierten dabei auf der herrschaftsförmigen Trennung von Subjekt und Objekt und richteten sich als repressive Egalität darauf, das Nicht-Identische, das jeweils Andere zu nivellieren. Was sich der Logik der instrumentellen Vernunft entziehe, mache sich verdächtig: „Aufklärung ist die radikal gewordene, mythische Angst. Die reine Immanenz des Positivismus, ihr letztes Produkt, ist nichts anderes als ein gleichsam universales Tabu. Es darf überhaupt nichts mehr draußen sein, weil die bloße Vorstellung des Draußen die eigentliche Quelle der Angst ist" (ebd., 22).

Horkheimer und Adorno sehen sich also einerseits der umfassenden „Selbstzerstörung der Aufklärung" (ebd., 3) gegenüber; gleichzeitig proklamieren sie aber, dass „die Freiheit in der Gesellschaft vom aufklärenden Denken unabtrennbar ist" (ebd.). Die Autoren schreiben aus der Perspektive einer bereits durchgesetzten Herrschaft (vgl. Steinert 2007); zugleich aber stellt gerade die Reflexion auf die *Ursachen* des Rückfalls von Befreiung in Herrschaft den Versuch dar, die Aufklärung zu retten und einen „positiven Begriff von ihr vorzubereiten, der sie aus ihrer Verstrickung in blinder Herrschaft löst" (ebd., 5f.). Denn das Ziel ihrer Kritik ist, so geben Horkheimer und Adorno in der Vorrede des Bandes programmatisch an, „nicht [...] die Konservierung der Vergangenheit, sondern [...] die Einlösung der vergangenen Hoffnung" (ebd., 5). So überwältigend düster also die Analyse der herrschaftlichen Verformung von Aufklärung ist, so ist doch die Motivation der Kritik – wenngleich theoriesystematisch von 'außen angelegt' – getragen von der Hoffnung auf mögliche Befreiung. Rettung erkennen die Autoren nur darin, dass die Aufklärung „die Reflexion auf dieses rückläufige Moment [...] in sich auf [nimmt]" (ebd., 3).

Die in der Dialektik der Aufklärung entfaltete Kritikstrategie stellt in Form kritischer Reflexivität insofern auf die bereits im aufklärerischen Denken bzw. der bürgerlich-westlichen Moderne enthaltenen Elemente von Herrschaft ab. Dieser Umbau des „Boots auf hoher See" (Steinert 2007, 37) erfolgt dabei ohne Rückgriff auf eine andere, bessere Moral, ohne einen Standpunkt auf festem normativem Boden und ohne die Explikation einer wie auch immer gearteten Utopie – im Gegenteil: Gerade aus der Einsicht in die Verfügungs- und Überwältigungstendenzen der instrumentell verkürzten Vernunft gegenüber ihren Gegenständen resultiert für Adorno eine negative Dialektik. Diese verweigert sich einer möglichst vollständigen Aneignung der Wirklichkeit und entsagt dabei auch der positiven Vorwegnahme eines konkreten Bildes von Befreiung. Einen kritischen Ansatzpunkt sieht Adorno daher nur in der Kluft zwischen Begriff und Gegenstand, im Bewusstsein für Nicht-Identität als Bewahrung des 'Anderen', 'Abgespaltenen' – und will so auch Dialektik verstanden wissen: als Denken „gegen sich selbst [...], ohne sich preiszugeben" (Adorno 1970, 142) sowie als Methode, das Bewusstsein für inhärente Widersprüche wach zu halten.

3 Geschlechterverhältnisse und die Ambivalenz der Moderne

Historisch gesehen vollzieht sich die Entfaltung der Idee von freien, gleichen, brüderlichen Menschen nicht nur beiläufig unter Ausschluss von Frauen, sondern die Geschlechterdifferenz – die als legitimatorische Basis von Ausschluss und Abwertung dient – wird in ihrem *modernen Sinne* überhaupt erst *konstituiert*. Die Ordnung der Geschlechter war zwar auch in der Vormoderne patriarchal geprägt. Dennoch entsteht mit dem Aufbruch in die Moderne eine spezifische Neuordnung des Verständnisses von Geschlechterdifferenzen und der gesellschaftlichen Strukturierung von Geschlechterverhältnissen. An deren Akzentuierung beteiligt sind insbesondere jene gesellschaftlichen Institutionen, die der Verwirklichung aufklärerischer Vernunft dienen sollen: Wissenschaft und die mit wissenschaftlicher Autorität eingesetzte neue Anthropologie des Naturrechts, die „Gott" als legitimatorischen Bezugspunkt gesellschaftlicher Praxis ablösen (vgl. Klinger 2000; Becker-Schmidt 2007). Mit der Aufklärung entfaltet sich dabei die Paradoxie, dass sich Menschen- und Bürgerrechte einerseits auf das Naturrecht berufen, um die Befreiung von ständisch-feudaler Herrschaft zu begründen; andererseits legitimieren gerade diese naturrechtlichen Dispositive „neue substantialistische Festschreibungen der Geschlechter" (Hassauer 1988, 265, zit.n. Becker-Schmidt 2007, 20). Anders formuliert: Die gesellschaftliche Moderne bzw. die mit ihr verbundene Ordnung der Geschlechter realisiert sich als scharfer Widerspruch zwischen den Ideen der Aufklärung als Befreiungsvision und den sich restrukturierenden Geschlechterverhältnissen als wiederum herrschaftsförmige: „Ausgerechnet zu einem Zeitpunkt, an dem die Menschenrechte erstmals ausdrücklich formuliert werden, vertieft und verschärft sich der Gedanke einer biologischen Differenz zwischen den Geschlechtern so grundlegend, dass den Frauen der Status des Menschseins beinahe abgesprochen wird" (Klinger 2000, 42).

Diese Modernisierung bzw. Neubegründung von patriarchalen Herrschaftsverhältnissen wird zwar auf gesellschaftlicher Ebene macht- und gewaltförmig abgesichert (vgl. Becker-Schmidt 2007); dennoch eröffnet der Widerspruch zwischen proklamierter Universalität und faktischer Partikularität des (androzentrisch verzerrten) Versprechens der Moderne die Bruchstelle, an der Olympe de Gouges und die französische Frauenrechtsbewegung ansetzen, um die Ungleichheit der Geschlechter als *gesellschaftlichen Konflikt* thematisieren zu können (vgl. ebd.). Für feministische Theorie und Praxis erwächst daraus – bis heute – eine ihrerseits ambivalente Positionierung: Einerseits gibt es eine lange Tradition scharfer feministischer Kritik an den androzentrischen Verzerrungen und Verkürzungen der als universell verstandenen Bürgerrechte, der darin verankerten Vorstellung des autonomen (männlich, weißen, westlichen, bürgerlichen) Subjekts etc. – gleichzeitig und andererseits war gerade der Bezug auf das 'Versprechen der Moderne' ein entscheidender Hebel, um Freiheit, Gleichheit, Solidarität eben auch für Frauen und andere bis dato ausgeschlossene Personengruppen einzuklagen. So sieht etwa Cornelia Klinger einen

„tiefen Widerspruch in der historischen und kulturellen Situierung des Feminismus [...]. Auf der einen Seite steht feministische Theorie in der Tradition von Aufklärungs- und Befreiungsbewegungen, indem sie nach wie vor ideologiekritische und emanzipatorische Ziele verfolgt, auf die Subjektwerdung auch der Frauen insistiert und dabei Konzepte wie Gerechtigkeit und Fortschritt zugrunde legt, die einen universalen Geltungsanspruch implizieren. Auf der anderen Seite hat feministische Theorie zugleich erheblich zur Desillusionierung der Konzepte von Aufklärung, Befreiung, Fortschritt usw. beigetragen und befindet sich daher auf einer postideologiekritischen Reflexions- und Argumentationsebene. Feministische Theorie steht somit im Spannungsfeld von Moderne und Postmoderne; sie ist ebenso Produkt der 'großen Erzählungen' wie zugleich das Symptom ihres Versagens und die Kritik daran" (Klinger 1998, 244).

Feministische Wissenschaft hat nachgewiesen, dass insbesondere Frauen durch ihre 'doppelte Vergesellschaftung' sowie durch die paradoxe Strukturierung von

Geschlechterverhältnissen mit höchst widersprüchlichen, mitunter gegenläufigen Arbeits- und Lebenszusammenhängen konfrontiert sind (vgl. u.a. Becker-Schmidt 2007). Im Kontext der feministischen Biographieforschung hat Regina Becker-Schmidt darauf hingewiesen, dass die Möglichkeitsbedingungen von Widerstand und Emanzipation auf einem Spannungsverhältnis beruhen, in dessen Kern der Umgang mit Ambivalenz steht. Widerstand kann demnach da entstehen, wo gesellschaftliche Widersprüche weder zur Seite einer Verleugnung von Herrschaft hin aufgelöst werden noch auf die Seite einer Harmonisierung von daraus erwachsenden Konflikten. Ambivalenztoleranz umschreibt aus dieser Perspektive eine Haltung, die sich gleichermaßen aus einer Nicht-Verleugnung von Herrschaft speist als auch aus einer aktiven Zuwendung zu dieser 'falschen' Welt. Erst auf dieser Grundlage entstehe das Potential zu widerständigem Handeln, ja ist „das Auftreten von Ambivalenz (...) die Befähigung zum aktiven Widerstand überhaupt" (Ferenczi 1972, 204, zit.n. Becker-Schmidt 1993, 85).

4 Zwischen Herrschaft und Emanzipation
Kritik und der Umgang mit Widerspruch und Ambivalenz

Horkheimer und Adorno liefern mit dem Verweis auf die bürgerlich-männliche Struktur des modernen Subjekts einen zentralen Beitrag zur Einsicht, dass „ein wirklich ernst gemeinter Versuch der Überwindung bürgerlicher Herrschaft, Ausbeutung und Unterdrückung [...] nicht nur mit der Veränderung ökonomischer Verhältnisse, sondern zugleich mit der Überwindung des gegenwärtigen patriarchal-hegemonialen Geschlechterdiskurses und seines Typs des Subjekts beginnen" muss (Maihofer 1995, 136). In der Dialektik der Aufklärung ist somit ein systematischer Zusammenhang zwischen Herrschaft, instrumenteller Vernunft, männlich-bürgerlichen Subjektbildungsprozessen, Triebunterdrückung, Identitätslogik und der (gewaltförmigen) Abspaltung und Nivellierung des 'Anderen' benannt, der bestimmte „Facetten der Modernisierungsgeschichte der Gesellschaft offenlegt [...], die üblicherweise ausgeblendet werden" (Knapp 2012, 133). Diese theoretischen Ansätze der älteren Kritischen Theorie wurden von feministischen Theoretikerinnen z.T. in direktem Bezug auf Adorno und Horkheimer aufgenommen, vertieft und neu akzentuiert, die androzentrischen Anteile bzw. geschlechtsspezifischen 'blinden Flecke' der Kritischen Theorie aber auch scharf kritisiert (vgl. dazu u.a. Maihofer 1995; Klinger 2005; Becker-Schmidt 2007; 1998; Umrath 2012; Knapp 2012).

Anschlussstellen und Bezugnahmen zwischen Kritischer und feministischer Theorie liegen auch in den Implikationen für eine 'kritische' Theoriebildung. In der Dialektik der Aufklärung ist eine Kritik-Konstellation angelegt, die Vernunft-, Gesellschafts- und Subjektkritik gleichermaßen umfasst und einen „Zusammenhang von Zeitdiagnose, politischem Veränderungsinteresse und selbstreflexiver Verortung" (Knapp 2012, 166) herstellt, wie er auch für feministische Theorie und Praxis zentral ist. Kritische und feministische Theorien zielen darauf, komplexe und widersprüchliche gesellschaftliche Erfahrungszusammenhänge auszuleuchten, und setzen hierzu am Spannungsfeld von Wirklichem und Möglichem an: „Die Erfahrung vom widerspruchsvollen Charakter der gesellschaftlichen Realität ist kein beliebiger Ausgangspunkt, sondern das Motiv, das die Möglichkeit von Soziologie überhaupt erst konstituiert. Nur dem, der Gesellschaft als eine andere denken kann denn die existierende, wird sie [...] zum Problem" (Adorno 1990, 564, zit.n. ebd.).

Dieser widerspruchsvolle bzw. mehrdeutige Charakter der gesellschaftlichen Realität ist dabei auch der entscheidende Ausgangspunkt in den hier vorgestellten Kritiken der Moderne; die jeweils von Horkheimer und Adorno auf der einen Seite und feministischen Theoretikerinnen auf der anderen Seite vorgenommenen Analysen und die dabei verwendeten Leitbegriffe unterscheiden sich jedoch in mehreren Hinsichten.

Die Argumentation von Horkheimer und Adorno bewegt sich in einem Denken im Widerspruch. Die Selbstzerstörung der Aufklärung realisiert sich als Umschlag von Aufklärung in Positivismus und wird in der Form der Herrschaft instrumenteller Vernunft totalitär, Aufklärung fällt so in Mythologie zurück, die sie eigentlich überwinden wollte. Dies ist möglich, weil das Denken und seine historischen Formen sowie die Institutionen der Gesellschaft bereits den Keim zu jenem Rückschritt enthalten, der „heute überall sich ereignet" (Horkheimer/Adorno 1997, 3). Horkheimer und Adorno sehen einen universellen Verblendungszusammenhang am Werk, in dem Aufklärung als Massenbetrug erscheint und aus der total verwalteten Welt kaum ein Ausweg bleibt. Das hat auch für das zugrunde liegende Verständnis von Kritik Konsequenzen: Zum einen muss Aufklärung „die Reflexion auf dieses rückläufige Moment" in sich aufnehmen, sonst besiegelt sie ihren Untergang (Reflexion); zum anderen scheint eine positive Bezugnahme auf Gesellschaft verunmöglicht (radikale Negation).

Ohne Zweifel ist die 'Schwärze' der Dialektik der Aufklärung von der historischen Erfahrung des Faschismus geprägt; dennoch ist die darin angelegte Logik der Kritik mehr als nur das Produkt eines „Verstimmungsbildes" (Steinert 2007; vgl. ähnlich Benhabib 1992). Der zeitdiagnostische Pessimismus speist sich vielmehr auch aus dem Ansinnen, jegliche Affirmation oder Harmonisierung der gesellschaftlichen Verhältnisse zu verweigern und schonungslos auf die Ursachen des Umschlags von Befreiung in Herrschaft zu reflektieren. Da Horkheimer und Adorno aber durch die totalitär gewordene Herrschaft der instrumentellen Vernunft auch die subjektiven Voraussetzungen von Widerstand zerstört sehen, bleibt die historisch-gesellschaftliche Verortung von emanzipatorischen Handlungspotentialen aus; der Zusammenhang zwischen Subjektbildung, Triebunterdrückung, Herrschaftsförmigkeit und struktureller (bürgerlicher) Männlichkeit erscheint hier gewissermaßen alternativlos (insofern sich auch Frauen potentiell das strukturell männliche Herrschafts- und Selbstverhältnis aneignen können). Zwar hält Adorno daran fest, dass „ohne Hoffnung [...] die Idee der Wahrheit kaum nur zu denken" ist (Adorno 1969, 123). Seyla Benhabib kritisiert allerdings, dass „das subversive Potential der von der Theorie wachgerufenen Erinnerung [...] außerhalb des geschichtlichen Zusammenhangs" (Benhabib 1982, 146) bleibe; mehr noch: „Die Kritik der Aufklärung wird ebenso totalisierend wie die falsche Totalität, gegen die sie ihre Kritik richtet" (Benhabib 1992, 95). Das heißt, durch die Negation schließt sich die Kritische Theorie zu einem bestimmten Grad auch ab und bezieht sich auf den Standpunkt eines unbeteiligten Beobachters bzw. eines „Dandy mit [...] hoher Distanz" (Steinert 2007, 34); denn wer in 'totaler Herrschaft' lebt, kann nicht gleichzeitig Subjekt kritischer Theorie sein. Allerdings gilt es hier zu differenzieren: Diese Negation ist Ausdruck einer bewusst gehaltenen „Distanz zu der dem Denken und Handeln innewohnenden Tendenz zur Überwältigung ihrer Gegenstände" (Seel 2006, 56) – und entsagt damit auch *bewusst* einer positiven Vorwegnahme von Befreiung. Das verunmöglicht aber keineswegs das, was Alex Demirović in Anschluss an Foucault „wahrheitspolitische Initiativen" (Demirović 2004, 488) nennt: „Horkheimer und Adorno [waren] also nicht resignativ, sondern entwickelten eine besondere Form der Praxis" (ebd.), die sich z.B. in ihren *praktischen* Bemühungen im wissenschafts- und institutionenpolitischen Feld niederschlug.

Feministische Theorie teilt zwar den herrschaftskritischen und genuin politisch-praktischen Impetus; die Perspektiven der Kritik werden aber anders ausbuchstabiert. Der feministische Blick speist sich hier – und das sind wichtige Weichenstellungen – aus der in der feministischen Theorie verarbeiteten Erfahrung von Frauenbewegungen und Kämpfen um Emanzipation ebenso wie aus der konsequenten kategorialen Berücksichtigung von Geschlechterverhältnissen. Aus dieser Perspektive erschließt sich die „Ambivalenz der Moderne" (Klinger 2000) hinsichtlich ihrer Dialektik von Herrschaftsabsage und Herrschafts(neu)begründung anders: Der diagnostizierte Widerspruch liegt aus feministischer Perspektive weniger in einem Rückfall von Befreiung in totalitäre Herrschaft, sondern nimmt stärker die paradoxe Gleichzeitigkeit von Herrschafts- und Befreiungsdiskursen und -praktiken im Prozess der Aufklärung auf. Dies führt zu einer spezifischen Akzentuierung der Frage „nach Zusammenhang und Veränderung, Kontinuität und Wandel" der herrschaftlichen Strukturierung moderner Gesellschaften: „Weder die naive Annahme einer linear fortschreitenden Verbesserung der Geschlechterordnung noch die entgegengesetzte These einer Verschärfung [...] der Geschlechterhierarchie in der Moderne bietet einen Anreiz zu einer genaueren Untersuchung ihres historischen Wandels" (Klinger 2000, 6). Feministische Analysen verweisen hier auf Widerspruchskonstellationen (etwa zwischen moderner Geschlechterordnung und modernen Emanzipationsvisionen), aus denen konkret die Risse entstehen, an die Frauenbewegungen anknüpfen können. Der feministischen Sichtweise auf die Moderne kommt somit nicht nur deren Herrschaftsförmigkeit in den Blick, sondern auch die Möglichkeit von Emanzipation und Widerstand, wie sich sie u.a. *konkret* in den Praktiken der Frauenbewegungen spiegeln (vgl. Becker-Schmidt 2007). Der Begriff Ambivalenz[3] fängt insofern jenes doppelgesichtige Ineinandergreifen von Herrschaftsausübung und Emanzipationsbestrebungen ein, das sich in der – vor allem im Wandel der Geschlechterverhältnisse wirksam werdenden – (Un-)Gleichzeitigkeit und paradoxen Bezogenheit verschiedener Sozial- und Politikbereiche in der Strukturierung von Gesellschaft niederschlägt (vgl. Becker-Schmidt 2007). Mit Blick auf die langen Traditionen von Frauenbewegungen seit der Französischen Revolution ist auch keineswegs ausgemacht, dass jegliche subjektiven Voraussetzungen zu Widerstand zerstört sind. Feministischer Theorie – die selbst ja auch aus der Neuen Frauenbewegung hervorgegangen ist – kommen insofern durchaus Akteure des Widerstands in den Blick, und sie kann diese auch theoriesystematisch wie historisch verorten.

5 Herrschaft und/oder Emanzipation? Herausforderungen für kritische Gesellschaftstheorie

In der jüngeren Zeit haben etliche Arbeiten die Rolle untersucht, die der von sozialen Bewegungen vorgebrachten Gesellschaftskritik bei der Modernisierung

---

3 Der aus der Psychoanalyse und -therapie stammende Begriff der Ambivalenz ist bislang nur in Ansätzen sozialwissenschaftlich ausgearbeitet. Dennoch verdient der Begriff Ambivalenz insofern Aufmerksamkeit, als etwa Axel Honneth schon 2002 eine Tendenz innerhalb der Sozialwissenschaften konstatiert, „verstärkt auf Begriffe wie Ambivalenz, Gegenläufigkeit oder eben Paradoxie zurückzugreifen, um die neuere Entwicklung der kapitalistischen Gesellschaften zu deuten" (Honneth 2002, 9).

und Verfestigung eben jener Herrschaftssysteme zukommt, gegen die sich die Kritik eigentlich wendet. Nancy Fraser hat hier auf die „verstörende Möglichkeit" hingewiesen, dass die von der Neuen Frauenbewegung angestoßenen kulturellen Veränderungen „zugleich der Legitimation eines strukturellen Umbaus der kapitalistischen Gesellschaft [dienten], welcher feministischen Visionen einer gerechten Gesellschaft diametral zuwiderläuft" (Fraser 2009, 44). Anders formuliert: Feministische und kapitalismuskritische Ansätze geraten aus dieser Sicht zu einer Systemressource des Kapitalismus, die der Vervollkommnung und Perfektionierung von Herrschaft dient, nicht jedoch dessen Abbau oder Umsturz befördert (vgl. Schoppengerd 2014).

Die in der Rede von der Vereinnahmung der Kritik verarbeitete gesellschaftliche Erfahrung der Desartikulation und herrschaftlichen Integration von Kritik und Widerstand bewegt sich in mancher Hinsicht in der Nähe zur älteren Kritischen Theorie; nämlich da, wo versucht wird, die Ursachen und Effekte dessen zu benennen, was als 'verbogene Emanzipation' wahrgenommen wird (vgl. Umrath 2014). Nicht zufällig spielt z.B. Nina Power (2011) in ihrer scharfen Attacke auf den 'Wohlfühlfeminismus' und die verzerrte Reformulierung von Emanzipation als Konsumversprechen mit ihrem Essay-Titel „Die eindimensionale Frau" auf ein weiteres Schlüsselwerk der älteren Kritischen Theorie an. Die kontinuierliche selbstkritische Reflexion der machtvollen Verstrickungen der Kritik bzw. der Blockaden ihrer Möglichkeitsbedingungen kann hier also auch als eine aktualisierte Variante einer Dialektik der (feministischen) Aufklärung gelesen werden (vgl. Knapp 2012).

Bei den Erklärungsmustern dafür, wie und warum (feministische) Kritik neoliberal vereinnahmt wird, wird häufig ins Feld geführt, dass Gesellschaftskritik einseitig und auf Kosten der Sozialkritik als Kultur- bzw. Künstlerkritik artikuliert wurde und die auf das gesellschaftliche Ganze zielende Transformationsperspektive verloren hat (vgl. Schoppengerd 2014; Umrath 2012). Bereits 1989 hat Helmut Dubiel allerdings noch einen anderen Aspekt kritisch reflektiert, der von seinem Problemgehalt her durchaus Aktualität besitzt: das Auseinandertreten von zwei Momenten, die „in Horkheimers Rekonstruktion von Marx' Verfahren […] in eins gedacht" waren, nämlich „die objektivistische Phänomenologie des Herrschaftszusammenhangs *und* die theoretische Vorbereitung der Chance, diesen Zusammenhang handlungspraktisch aufzuheben" (Dubiel 1989, 510). Zur Überwindung dieses Defizits fordert er „theoretisch angeleitete Zeitdiagnosen […], die sich ohne Schmälerung ihres Erklärungsanspruchs den Ambivalenzen, den vielfältigen Hell- und Dunkeltönen, den antagonistischen Entwicklungen gegenwärtiger Gesellschaften gewachsen zeigen" (ebd., 518).

Dubiel verweist also – und hier liegt eine entscheidende Einsicht – auf die Notwendigkeit für kritische Theoriebildung, *sowohl* herrschafts- *als auch* emanzipationstheoretische Intentionen zu verfolgen, und bringt dies in Zusammenhang mit einem kritischen Umgang mit Ambivalenz in der Theorieentwicklung – und zwar als Voraussetzung für die Geltung, Vitalität und Kritikfähigkeit kritischer Theoriebildung. Diese Einsicht wurde in jüngerer Zeit vor allem innerhalb feministischer Diskurse und unter Einschluss einer kritischen Geschlechterperspektive reformuliert und weiterentwickelt (vgl. Kurz-Scherf 2012). Hier sind entschiedene Plädoyers für eine theoretische Perspektive anzutreffen, die sowohl auf die „Form und Gestalt von Macht und Herrschaft in modernen Gesellschaften" als auch auf die „Veränderung von Möglichkeitsbedingungen von Freiheit, Gleichheit und Solidarität" (Kurz-Scherf 2009, 43) zielen und dabei explizit für eine Stärkung der utopischen Momente von (feministischer) Gesellschaftskritik eintreten. Dabei ermöglicht die kritische Geschlechterperspektive einen anderen Blick auf Gesellschaft und kann so einiges dazu beitragen, die „fortdauernde Ambivalenz des Fortschritts in der Entwicklung der Moderne" (Knapp 2012, 132) zu begreifen.

Die umrissene Anforderung für kritische feministische Gesellschaftstheorie bleibt dabei auch und gerade angesichts des in den gegenwärtigen Krisendynamiken spürbaren Herrschaftswandels aktuell. Hier gilt es, weder vorhandene Freiheitsgewinne als immer nur perfidere und perfektere Form der Eingemeindung von Kritik (etwa im Sinne einer bloßen Systemressource des Kapitalismus) zu *unterschätzen* oder gesellschaftliche Umbrüche allein aus der Perspektive einer weiteren Straffung der Fesseln zu betrachten – und damit ggf. blind zu werden gegenüber entstehenden Widerstands- und Emanzipationspotentialen. Umgekehrt gilt es aber auch, Zugewinne an Gleichberechtigung und Partizipationsmöglichkeiten nicht schon gleich als Realisierung menschlicher Emanzipation zu *überschätzen* bzw. zu meinen, Befreiung sei erreicht, wenn – wie Nina Power es formuliert – Frau „im Besitz teurer Handtaschen, eines Vibrators, eines Jobs, eines Appartements und eines Mannes" ist (Power 2011, 7) – und damit affirmativ gegenüber den patriarchalen, kapitalistischen und kolonialen Herrschaftsmustern der Gegenwart zu werden.

Zygmunt Bauman (1992) hat – im dezidierten Anschluss an die „Dialektik der Aufklärung" – auf den Umstand aufmerksam gemacht, dass die Verdrängung von Ambivalenz (im Sinne von Klassifizierungs- und Abspaltungspraktiken) eine spezifische moderne Herrschaftsleistung ist. Von dieser Herrschaftspraxis bleibt auch kritische feministische Theoriebildung nicht unberührt. Gudrun-Axeli Knapp hat darauf hingewiesen, dass die „Schwierigkeiten, ambivalente

Realitäten auszuhalten", auch damit zusammenhängen, dass die wissenschaftlichen „Prinzipien bestimmter Erkenntnisformen und Methoden [...] ihrerseits auf Widerspruchsfreiheit geeicht sind" (Knapp 2012, 120). Dies übersetze sich unter anderem auch in einen politischen Vereindeutigungsdruck, mit dem ein bestimmtes Verständnis von Radikalität verbunden sei – eines nämlich, das mit der Entweder-Oder-Logik und dem politischen Mittel der Polarisierung funktioniert (vgl. ebd.). Diese Herrschaftsleistung nicht auf der Ebene der Theoriebildung zu wiederholen, sondern den kritischen Umgang mit Ambivalenzen und Widersprüchen jenseits von Affirmation oder Resignation immer wieder neu einzuüben, ist sicher höchst anspruchsvoll und nicht ohne kritisch-solidarische Debatten zu denken. Dem wird sich feministische kritische Theorie jedoch auch weiter stellen müssen, will sie die realen gesellschaftlichen Widersprüche zum Ausgangspunkt für die „Einlösung der vergangenen Hoffnung" (Horkheimer/Adorno 1997, 5) machen. Damit ist allerdings noch kein inhaltliches emanzipatorisches Programm benannt, sondern lediglich eine Voraussetzung kritischen Denkens und Handelns bzw. eine kritische Haltung. Diese entlässt eineN nicht aus der schwierigen Debatte, wie die „feministischen Impulse für die Wiederaufnahme [des] umkämpften Projekts Gleichheit, Freiheit, Solidarität" (Kurz-Scherf/Lepperhoff/Scheele 2009) auszugestalten sind.

Literatur

Adorno, Theodor W., 1970 [1966]: Negative Dialektik. Frankfurt/M.
–, 1969 [1951]: Minima Moralia. Reflexionen aus dem beschädigten Leben. Frankfurt/M.
Bauman, Zygmunt, 1992: Moderne und Ambivalenz. Das Ende der Eindeutigkeit. Hamburg.
Becker-Schmidt, Regina, 2007: Frauenforschung, Geschlechterforschung, Geschlechterverhältnisforschung. In: Becker-Schmidt, Regina/Knapp, Gudrun-Axeli: Feministische Theorien zur Einführung. Hamburg, 14-64.
–, 1998: Trennung, Verknüpfung, Vermittlung: zum feministischen Umgang mit Dichotomien. In: Knapp, Gudrun-Axeli (Hg.): Kurskorrekturen. Feminismus zwischen Kritischer Theorie und Postmoderne. Frankfurt/M., 84-125.
–, 1993: Ambivalenz und Nachträglichkeit: Perspektiven einer feministischen Biographieforschung. In: Krüger, Marlis (Hg.): Was heißt hier eigentlich feministisch? Zur theoretischen Diskussion in den Geistes- und Sozialwissenschaften. Bremen, 80-92.
Benhabib, Seyla, 1992: Kritik, Norm, Utopie. Die normativen Grundlagen der Kritischen Theorie. Frankfurt/M.
–, 1982: Die Moderne und die Aporien der Kritischen Theorie. In: Bonß, Wolfgang/Honneth, Axel (Hg.): Sozialforschung als Kritik. Zum sozialwissenschaftlichen Potential der Kritischen Theorie. Frankfurt/M., 127-178.

Demirović, Alex, 2004: Der Zeitkern der Wahrheit. Zur Forschungslogik kritischer Gesellschaftstheorie. In: Demirović, Alex/Beerhorst, Joachim/Guggemos, Michael (Hg.): Kritische Theorie im gesellschaftlichen Strukturwandel. Frankfurt/M., 475-499.

Dubiel, Helmut, 1989: Herrschaft oder Emanzipation? Der Streit um die Erbschaft der Kritischen Theorie. In: Honneth, Axel/McCarthy, Thomas/Offe, Claus/Wellmer, Allbrecht (Hg.): Zwischenbetrachtungen im Prozeß der Aufklärung. Jürgen Habermas zum 60. Geburtstag. Frankfurt/M., 504-518.

Fraser, Nancy, 2009: Feminismus, Kapitalismus und die List der Geschichte. In: Blätter für deutsche und internationale Politik. Nr. 8/2009, 43-57.

Hartmann, Martin, 2002: Widersprüche, Ambivalenzen, Paradoxien – Begriffliche Wandlungen in der neueren Gesellschaftstheorie. In: Honneth, Axel (Hg.): 221-252.

Honneth, Axel (Hg.), 2002: Befreiung aus der Mündigkeit. Paradoxien des Kapitalismus. Frankfurt/M.

–, 2002: Einleitung. In: Honneth, Axel (Hg.): 7-11.

Horkheimer, Max/Adorno, Theodor W., 1997 [1944]: Dialektik der Aufklärung. Philosophische Fragmente. Frankfurt/M.

Klinger, Cornelia, 2005: Feministische Theorie zwischen Lektüre und Kritik des philosophischen Kanons. In: Bußmann, Hadumod/Hof, Renate (Hg.): Genus. Geschlechterforschung/Gender Studies in den Kultur- und Sozialwissenschaften. Ein Handbuch. Stuttgart, 328-364.

–, 2000: Die Ordnung der Geschlechter und die Ambivalenz der Moderne. In: Becker, Sybille/Kleinschmidt, Gesine/Nord, Ilona/Schneider-Ludorff, Gury (Hg.): Das Geschlecht der Zukunft. Zwischen Frauenemanzipation und Geschlechtervielfalt. Stuttgart, 29-63.

–, 1998: Feministische Philosophie als Dekonstruktion und Kritische Theorie. Einige abstrakte und spekulative Überlegungen. In: Knapp, Gudrun-Axeli (Hg.): Kurskorrekturen. Feminismus zwischen Kritischer Theorie und Postmoderne. Frankfurt/M., New York, 242-256.

Knapp, Gudrun-Axeli, 2012: Im Widerstreit. Feministische Theorie in Bewegung. Wiesbaden.

Kurz-Scherf, Ingrid, 2012: „The Great Transformation" – Ausstieg aus dem Kapitalismus? Ein Plädoyer für feministischen Eigensinn in den aktuellen Krisen- und Kritikdynamiken. In: Kurz-Scherf, Ingrid/Scheele, Alexandra (Hg.): Macht oder ökonomisches Gesetz? Zum Zusammenhang von Krise und Geschlecht. Münster, 81-105.

–, 2009: Weiblichkeitswahn und Männlichkeitskomplex – zur Geschichte und Aktualität feministischer Patriarchatskritik. In: Kurz-Scherf, Ingrid/Lepperhoff, Julia/Scheele, Alexandra (Hg.): 24-47.

Kurz-Scherf, Ingrid/Lepperhoff, Julia/Scheele, Alexandra, 2009: Gleichheit, Freiheit, Solidarität: Feministische Impulse für die Wiederaufnahme eines umkämpften Projekts. In: Kurz-Scherf, Ingrid/Lepperhoff, Julia/Scheele, Alexandra (Hg.): 278-296.

Kurz-Scherf, Ingrid/Lepperhoff, Julia/Scheele, Alexandra (Hg.), 2009: Feminismus: Kritik und Intervention. Münster.

Maihofer, Andrea, 1995: Geschlecht als Existenzweise. Macht, Moral, Recht und Geschlechterdifferenz. Königstein im Taunus.

Power, Nina, 2011: Die eindimensionale Frau. Berlin.

Sauer, Birgit, 2013: Komplexe soziale Ungleichheit, Citizenship und die Krise der Demokratie. In: Appelt, Erna/Aulenbacher, Brigitte/Wetterer, Angelika (Hg.): Gesellschaft. Feministische Krisendiagnosen. Münster: 167-185.

Schoppengerd, Stefan, 2014: Die Vereinnahmung von Gesellschaftskritik und der „neue Geist des Kapitalismus" in feministischer Perspektive. Unveröff. Dissertation, Marburg.

Seel, Martin, 2006: Negative Dialektik. In: Honneth, Axel (Hg.): Schlüsseltexte der Kritischen Theorie. Wiesbaden, 56-60.

Steinert, Heinz, 2007: Das Verhängnis der Gesellschaft und das Glück der Erkenntnis. Dialektik der Aufklärung als Forschungsprogramm. Münster.

Umrath, Barbara, 2014: Emanzipation und Geschlechterverhältnis – Feministische Kritik an und mit Max Horkheimer. In: Jacobsen, Marc/Lehmann, Dirk/Röhrbein, Florian (Hg.): Kritische Theorie und Emanzipation. Würzburg (im Erscheinen).

–, 2012: Jenseits von Vereinnahmung und eindimensionalem Feminismus. Perspektiven feministischer Gesellschaftskritik heute. In: Prokla. Zeitschrift für kritische Sozialwissenschaft. Nr. 167, 231-248.

Frigga Haug

Zum Verhältnis von Feminismus und Kapitalismuskritik – ein Lernprozess

für Ingrid Kurz-Scherf, zuweilen antagonistische Mitstreiterin

Die von den HerausgeberInnen an mich gestellten Fragen zum Verhältnis von Feminismus und Kapitalismuskritik erwischten mich unterwegs. Ich hatte grade begonnen, meine eigene Geschichte in diesem Feld aufzuarbeiten, und kämpfte mit dem Verlangen, meine öffentliche Distanzierung vom aufkommenden Feminismus Anfang der 1970er Jahre zu verstecken und zu vergessen. Wer würde sich schon zweier kleiner Schriften von mir erinnern, da doch mein engagiertes Eintreten für einen feministischen Marxismus solche Anfänge überstrahlen konnte? Aber genau bei diesem Widerspruch hakten die HerausgeberInnen ein.

Kann man, was man einst für richtig, ja notwendig hielt, einfach wegmüllen, als sei nichts gewesen? Lenin mischt sich drohend ein: „Wer sich zu seiner eigenen Geschichte verhält wie einer, der sich an nichts erinnert, kann kein guter Genosse sein." Solche Worte gelten sicher nicht für mich. Sie sind zu groß geraten, ich arbeite mit anderen Maßstäben, wo Vergessen vielleicht eine lässliche Sünde ist. Aber lässt sich aus Fehlern und Irrtümern, als die ich jetzt meine ersten beiden Eingriffe in die Frauenbewegung flüchtig bezeichnen möchte, nichts lernen? Auch diese, meine eigene Frage erwischt mich kalt. Ich kann nicht auf der einen Seite kämpferische Texte verfassen zur Notwendigkeit, aus Fehlern zu lernen, mich dabei auf Rosa Luxemburg berufen und selbst mich vor zwei läppischen kleinen Aufsätzen wegducken.

Also beginne ich zagend und hoffend, es möge so schlimm nicht sein, mit der Lektüre meiner Vergangenheit.

1971 veröffentlichte ich meinen ersten Eingriff: *Die missverstandene Emanzipation,* 1973 den zweiten: *Verteidigung der Frauenbewegung gegen den Feminismus* in dieses bis heute aufgeladene Feld von Gewissheiten, Gewohnheiten und auch Dummheit, in dem sich marxistischer Feminismus entwickeln musste (Haug 1973; Haug 1971).[1] Ich will jetzt an ihnen studieren, gegen welche Bar-

---

1 Beide Aufsätze werden auch in meinem neuen Buch zu Marxismus – Feminismus als Dokumente, also unbearbeitet, aufgenommen und nachlesbar sein (vgl. Haug 2014).

rikaden und sicheren Festungen sich die kleine feministische Pflanze auch in den Personen, die Marxismus vertraten, herausarbeiten musste. Nicht nur die Aufsätze, die am besten durchgearbeitet, am vollkommensten die Stärke eines feministischen Marxismus bezeugen können, sollen erinnert werden. Feministischer Marxismus, so erkenne ich endlich, ist nichts, das wir irgendwann fertig in Händen halten und in seinen Facetten bestimmen können. Er ist selbst ein kontinuierlicher Lernprozess. Daher führe ich diesen vor, um in allen Zweifeln so voranzukommen, dass noch einmal die Denkgewohnheiten und die Begriffe, die zur Hand waren, in ihrem historischen und theoretischen Kontext gezeigt werden und ihre allmähliche Durchdringung erkennbar wird.

Ich beginne also mit meiner problematischen Sicherheit; davon zeugen schon die beiden Titelstichwörter „missverstanden" und „Verteidigung", die beide eine Autorin im Besitz des Richtigen voraussetzen.

1 Der historische Kontext

1968 hatte sich der *Aktionsrat zur Befreiung der Frau* in Berlin gegründet, dem ich mich nach wenigen Monaten anschloss; noch suchend, wie ich dort sinnvoll tätig sein könnte. Schon bald übte ich Kritik am aktionistischen Charakter des Rates, weil ich nicht ausmachen konnte, wie auf diesem Weg Frauenbefreiung, die ich für dringlich hielt, erreicht werden könnte. Vor allem war es mir ein Problem, dass ich tatsächlich nicht wusste (und niemand dort sonst), woher eigentlich Frauenunterdrückung und ihre Stetigkeit durch die Jahrhunderte kamen. Dies zu erkunden, so schien mir, musste erstes Ziel eines Frauenrates sein. Ich begann, den Aktionsrat in eine große Zahl von Schulungsgruppen zu verwandeln, wie dies damals in der Studentenbewegung und in der Zeitschrift *Das Argument,* zu der ich gehörte, üblich war. Für Herrschaftsanalyse war das Studium der Klassiker des Marxismus angesagt. In der Folge spaltete sich der *Aktionsrat* – die Mehrzahl blieb in den Schulungsgruppen und benannte sich 1970 um in *Sozialistischer Frauenbund Westberlin*. Der Name war Programm – sozialistisch sollte es sein, nicht demokratisch, wie die Frauengruppen in der damaligen kleinen kommunistischen Partei hießen, die in einer Art Arbeitsteilung wesentlich für Frieden zuständig waren. Im Namen sozialistisch war der Hochmut eingeschlossen, die wahren Sozialistinnen zu sein, die 'alles wissen' mussten. Dies war nicht die einzige Unterscheidung, die gewonnen werden wollte. Die etwa hundert Frauen starke Gruppe war zugleich auch durchwoben von den vielen anderen Strömungen in der damaligen Studentenbewegung, weil die einzelnen Frauen zumeist einen Partner hatten, der anderswo organisiert war.

Entsprechend wurde von allen Seiten versucht, das Frauengewicht auf die eigene Seite zu ziehen. Gegen diese vielfältigen Verschmelzungsansinnen musste sich der Frauenbund erst noch selbst finden und sich so zusammenschließen, dass sein Bestand nicht mehr gefährdet war. Neben der gemeinsamen Lektüre der Klassiker hielt ich dafür auf den wöchentlichen Plenumstreffen Vorträge, die die weibliche sozialistische Identität und also Sinn und Zweck des Frauenbundes herausarbeiten und somit fördern sollten.

2 Erster Eingriff – Fehlerdiskussion

1971 also spreche ich zu den versammelten Frauen des *Sozialistischen Frauenbundes* unter dem Titel *Die missverstandene Emanzipation* kritisch über einen Aufsatz von Karin Schrader-Klebert. Ihr Aufsatz warf ein doppeltes Problem auf. Er war nicht nur an sehr prominenter Stelle (im *Kursbuch*) veröffentlicht und genoss daher eine Art Wahrheitsbonus. Er arbeitete vor allem mit marxistischer Begrifflichkeit, die er schon direkt mit den Frauen verband. Was die Lektüre der Klassiker spröde und schwierig machte, war hier schon überwunden – mündend in die allgemeine Unterstellung einer gewaltvollen Verschwörung der Männer gegen Frauen (vgl. Schrader-Klebert 1969). Ich erinnere bis heute, dass dieser erste Vortragsabend missglückt war. Das bedeutungsvolle Herumwerfen mit Marx'schen Begriffen, das ich der Autorin vorwarf, konnte von den anwesenden Frauen nicht als Beraubung ihrer eigenen Grundlagen verstanden werden. Sie diskutierten dieses gesamte Theoriegebäude zwar in ihren Gruppen, hatten jedoch selbst noch keineswegs begonnen, Frauenunterdrückung in dieser Gesellschaftsanalyse zu verorten oder deren fehlende Verortung darin zu bemängeln. Ich beging also selbst genau den Fehler, den ich Schrader-Klebert zum Vorwurf machte.

In meinem Beitrag sieht man selbstbewusste Sicherheit, wo der Weg noch nicht gefunden ist. Ich scheine zu wissen, wo Frauenunterdrückung herkommt, obwohl ich gerade erst beginne, genau dies herauszufinden. Man spürt den Zorn auch auf eigenes Ungenügen. So knüppele ich drauf los, wenn die Klassenfrage nicht beachtet ist, argwöhne Oberklassenstandpunkte und bescheide mich häufig mit der Benennung von etwas als falsch, statt es als solches herauszuarbeiten. Ich ringe vor allem mit dem Widerspruch, die Frauenfrage zugleich als wesentlich und als nicht wirklich grundlegend zu verteidigen. Begrifflich bin ich dafür schlecht ausgerüstet. Insofern ist der Aufsatz auch Zeugnis, wie man es nicht machen sollte: Er hört nicht zu. Er sucht nicht. Er zweifelt nicht. Aber es wird Beunruhigung sichtbar, die nach weiterer Analyse verlangt. Sie äußert sich zum einen als Warnung vor falschen Verallgemeinerungen, vor dem analogisierenden oder metaphorischen Gebrauch Marx'scher Begriffe und vor der bloßen Verurteilung von Formen – wie etwa der Familie –, ohne den Inhalt, ohne die Kräfte zu prüfen, die darin wirken. In meiner Kritik gibt es erste Versuche, der abstrakten Verurteilung von Hausfrauenarbeit als 'immanent' und 'repetitiv' mit beharrlicher Rückbindung an Erfahrung und an wirkliche Menschen zu begegnen und private in politische Kämpfe zu überführen.

Der zweite Versuch, die Frauenbewegung zu stärken, greift anders ein. Die Rede zur *Verteidigung der Frauenbewegung gegen den Feminismus* (Haug 1973) ist getragen von einer doppelten Furcht: dass die neu aufkeimende Frauenbewegung schon in ihren Anfängen entpolitisiert wird und dass dies mit machtvoller Unterstützung der Medien geschieht. Diese könnten mit den Sehnsüchten von Frauen rechnen, die sie vom Kampf gegen die allgemeine Unterdrückung der Frauen ablenken. Wesentliches Medium sei der Importfeminismus aus den USA.

So sehr mich dieses Motiv als Kämpferin für Frauenrechte ausweisen mag, zeigen doch die Sprache, in der ich das Argument entfalte, und die Urteile, die ich fälle, dass die Gefahr der Entpolitisierung anscheinend nur den anderen droht, während ich selbst die Zusammenhänge erkenne und weiß, wo Freunde, wo Feinde sind. Meine damalige Schlussfolgerung lautet: Bildung und Schulung der Frauen, damit sie die Zusammenhänge begreifen lernen. Das Denkmuster, dem ich folgte – Avantgarde, zu der man gehört, ein klares Freund-Feind-Denken und der Klassenkampf als zentrales gesellschaftliches Problem –, kommt aus der sozialistischen Studentenbewegung mit beginnendem Marxstudium und *weiß*, dass der Kapitalismus das gesellschaftliche Grundübel ist und vom Klassenkampf der Arbeiter beseitigt werden muss. Alle anderen Kämpfe müssen zurückstehen, um die gemeinsame Kraft nicht zu schwächen. Da die Studierenden keine Arbeiter sind, wird die Eingliederung in den Klassenkampf als Politik abstrakt und muss auch in der Frauenfrage nicht konkret werden.

In der selbstbewussten und dürr-abstrakten Klarheit meines damaligen Beitrags finden sich gleichwohl bemerkenswerte Anstöße, um derentwillen es sich lohnt, diese Anfänge – neben der notwendigen Selbstkritik – zu bewahren: Sie werden mich nicht loslassen, bis ich erst mehrere Jahrzehnte später zu haltbareren Lösungen komme. So etwa meine Absage an die Verlockung, den Kampf um Frauenbefreiung als Kampf von Frauen gegen Männer zu führen. Diese Linie durchzieht den Text. Sie ist jedoch von allen Seiten mit Fallstricken umgarnt, so dass die einzelnen Sätze zugleich richtig und falsch sind. Etwa wenn ich postuliere, dass es um eine menschlichere Gesellschaft gehe, die nur gemeinsam mit den Männern erkämpft werden könne, und darüber aber den Weg, d.h. die Frage, wie gegen Frauenunterdrückung gemeinsam zu kämpfen wäre, als Gegenstand der Suche aufgebe. Oder wenn ich behaupte, Frauen seien ausgeschlossen, und ihren Einschluss in die vorhandene Gesellschaft fordere, dabei am Weg des Widerspruchs, in einer Gesellschaft Platz nehmen zu wollen, in der kein Platz vorgesehen ist, nicht einmal Maß nehme. Die Unruhe, die ich spüre, nutze ich nicht zur weiteren Forschung, sondern stelle sie in diesem Moment einfach ab. Überhaupt erfährt man mich eifrig beschäftigt, die eigenen Sinne zu verschließen gegen einen Zweifel, der mich selbst als Person hätte in Frage stellen können. Dezidiert lehne ich es als Zumutung ab, mich mit Sprache und Grammatik befassen zu sollen, und überlasse die Kategorien 'Sexismus' und 'Patriarchat' als US-Importe dem allgemeinen Unverständnis.

Mein Text strahlt Sicherheit aus in Bezug auf Weg und Ziel, aber vor allem doch auch Aufregung. Ich frage mich erneut, in welcher Situation ich ihn eigentlich schrieb und warum. Dass ich keine weitertreibende Lösung finde, liegt wohl auch in dieser zu Studentenbewegungszeiten üblichen 'linken' Denkweise, die den Feind *kennt* und außerhalb der eigenen Reihen ortet und so keine Vorstellung vom Herrschaftswirken im Inneren der Gesellschaft und der Individuen erarbeiten konnte.

Die allgemeine Lehre kann gezogen werden, dass der ärgste Feind forschenden Erkennens das vermeintliche Wissen ist. Gestritten wurde um Weg und Ziel – dabei setzte ich aber umstandslos voraus, dass das Ziel bekannt sei, mindestens für mich: Es ist der Sozialismus. Dieser aber blieb abstrakt – er sei, so sehen wir mich ringen, in allererster Linie Wissen um Zusammenhänge, die wiederum aber die Fragen von Frauen noch nicht berührten. Hier herrschte Mangel und weiterhin die Suche nach dem Zusammenhang von Frauenunterdrückung und Kapitalismus oder Klassenkampf, der seiner Bearbeitung noch harrte.

3 Eingriff ins Universitäre

Meine Unruhe schob ich beiseite durch Konzentration auf ein anderes Forschungsfeld: die Arbeit. Mir als Marxistin war wiederum 'ganz klar', dass eine gesteigerte gesellschaftliche Nachfrage nach Bildung, wie sie sich im Bildungsboom der 1970er Jahre manifestierte, im Zusammenhang mit der Entwicklung der Produktivkräfte stehen musste. Ich gründete das Projekt *Automation und Qualifikation* und begann mit der Arbeitsforschung. Dieser Bereich stellte sich, was die alltägliche Geschichte angeht, überraschend als fast ebenso unerforscht heraus wie die Frauenfrage. Das Gelände wurde immer unsicherer, denn jetzt ging es nicht nur um den kritisch erfassten Umbau von Gesellschaft – das allein war schon ein Jahrhundertunterfangen –, es ging auch um den Umbau von

Zukunft, damit ein Fernziel die Schritte in den Nahkämpfen orientieren kann. Das Wissen um Freund und Feind, um das, was es zu erstreben und das, was es zu verdammen gilt, trat dabei selbst metaphysisch auf, als etwas, das man hat oder eben nicht, nicht aber als Prozess, als Entwicklung, als Werdendes, obwohl ich mich in Aneignungskämpfen um Wissen finde. Ich 'wusste' also zunächst, dass der Feminismus als Feind auftrat, nachdem ich ihm ein bestimmtes Wesen akkreditiert hatte: Feminismus, so bündelte ich, ist die Lehre vom Männerhass.

Meine eigenen Fehler und vorzeitigen Gewissheiten stürzten mich in Widersprüche, denen nur durch Bruch und Neuanfang zu entkommen war. In meiner jahrzehntelangen Suche nach den Ursprüngen und der hartnäckigen Fortdauer von Frauenunterdrückung, die von Krisen im Denken und Handeln begleitet war, begriff ich mich als Marxistin. Darunter verstand ich, alle Formen von Herrschaft aufzudecken und gegen sie zu streiten. Mein Maßstab war die Frage, ob etwas seine Verallgemeinerung verträgt, also allgemein gültig sein kann. Dies war mir zugleich der Inbegriff von Wissenschaft. Mein marxistisches Suchen galt mir also ebenso als Wissenschaft wie mein feministisches – darunter verstand ich

> „die Einnahme eines komplizierten besonderen Standpunktes mit gleichwohl menschheitlich allgemeiner Perspektive. [...] Sie [die beide Geschlechter einschließende Perspektive] kann nur vom Besonderen her formuliert werden, eben weil das falsche Allgemeine zurückgewiesen und durch wirklich Allgemeines, welches sich erst noch herausbildet, ersetzt werden muss" (Haug 1992, 296f.).

Die Frauen, so erkannte ich, sind also zugleich in die Gesellschaft ein- wie ausgeschlossen, ja, ihr Ausschluss hält das Ganze zusammen, ihnen wächst gewissermaßen von der Peripherie her eine Schlüsselrolle zu. Mit dieser Erkenntnis war eine neue Stufe erklommen, die alte Fragestellung hatte sich verschoben.

Vier eingreifende Schriften sind als Zusammenfassungen der weiteren Lernschritte zu erinnern. Der Opfer-Täter-Aufsatz (Haug 1980a), die Erinnerungsarbeit (Haug 2002; 1991; 1983; 1980b), die Geschlechterverhältnisse als Produktionsverhältnisse zu begreifen (Haug 2001a; 1993) und schließlich die Vier-in-einem-Perspektive (2011), die am Herrschaftsknoten ansetzt.[2] Sie zeigen Selbstveränderung und Veränderung des Politischen. Alle greifen ein in die Methoden der Erkenntnisgewinnung und zugleich in die des Politikmachens.

---

2 In allen Schritten arbeitete ich in Kollektiven, in denen ich als „organische Intellektuelle" wirkte, wie Gramsci das nennt. Das heißt, ich forschte, erinnerte, beobachtete, las auf gleicher Ebene wie alle anderen. Lediglich beim Schreiben gelang es kaum, das Kollektiv einzubeziehen. So wechselten pro Arbeitsschritt die Mitglieder der Kollektive, während ich kaum berichten könnte, wäre ich nicht bleibendes Mitglied.

Alle führten zur Entwicklung eines feministischen Marxismus als Prozess, der unabschließbar ist. Da alle Texte verfügbar sind, skizziere ich nur die Verschiebungen, die sie initiierten.

4 Von der Opfer-Täter-Debatte zur Erinnerungsarbeit

Aus der Arbeitsforschung kam eine Störungsmeldung: Wir hatten erhoben, dass die Einführung des Computers Arbeit positiv verändern könne. Diese Annahme wurde uns auch von den Arbeitenden bestätigt; gleichwohl haben sie die Veränderung dann aber negativ als Krise wahrgenommen. Wir mussten also unserer Forschung eine Wendung geben, um die Subjekte im Feld als solche, nicht bloß als Objekte, einzubeziehen.

Auch in der Frauenbewegung führten die zahllosen Klagen über die schlechte und benachteiligte Lage der Frauen in eine Sackgasse, weil sie die handelnden Frauen nicht als Subjekte ihrerseits einbezogen, sondern ebenso als Objekte fassten, für die etwas getan werden musste. Für beide galt es, die an Gramsci geschulte Einsicht, dass jede gesellschaftliche Gruppe, so sie nicht mit militärischem Zwang arbeitet, die Zustimmung der Regierten braucht, ins Praktische zu übersetzen.[3] Für die Arbeitsfrage hieß das, das Arbeiten mit Widersprüchen auch methodisch auszubauen: Wir entwickelten das widerspruchsgeleitete Gruppeninterview. Für die Frauenfrage galt es, eine Untersuchung über die Beteiligung von Frauen an eigener Unterdrückung als Element ihrer Handlungsfähigkeit durchzuführen.[4]

Ich hielt einen kleinen, recht populär verfassten Vortrag als Eröffnung des „Frauenstrangs" in der ersten Berliner Volksuniversität unter dem Titel *Frauen – Opfer oder Täter?*, der mehr als zehn Jahre nachhaltig die Gemüter bewegte, in mehrere Sprachen übersetzt wurde und mir eine Unmenge von Freundinnen und viele Feinde auf der Funktionärsebene in der organisierten Linken in Parteien und Gewerkschaften brachte. Dieser Opfer-Täter-Beitrag, der zugleich den Anspruch begründete, Politik von unten zu machen, dass also Befreiungspolitik von den Unterdrückten gemacht werden muss oder folgenlos für sie bleibt (Peter Weiß folgend), war zugleich der Startschuss für die Erinnerungsarbeit.

---

3 Zur gleichen Zeit und zumeist im gleichen Haus arbeitete das Projekt Ideologietheorie, dem ich viel Orientierung verdanke, diese Fragen des „inneren Staates" in vielfältigen Materialstudien aus.

4 Liest man die Texte heute, ist ganz offensichtlich, wie sehr sie von den *Thesen gegen Feuerbach* von Marx bestimmt sind und zugleich sich Lernschritten in der *Kritischen Psychologie* verdanken, zu der sie alsbald in Auseinandersetzung gerieten.

Wenngleich ich das damals nicht so wahrnahm, so ist die Entwicklung der Erinnerungsarbeit als Methode die radikale Vergeltung für meinen ersten Angriff gegen feministische Beschäftigung mit Sprache. Sie kam als Notwendigkeit im Wortsinn, praktische Schranken zu erkennen und auf Lösung zu dringen. In der Schulungsgruppe zu Bildung beschlossen wir, ein Buch über unseren entscheidenden Lernprozess zu schreiben, der Methode, Theorie und Politik radikal änderte. So wollten wir auch in der gesamten Bewegung die Begeisterung fürs Lernen stützen. Das Buch, das wir schrieben, zeigt schon im Titel die Wendung zum Alltag, zu den Subjekten und damit die Änderung der Forschungsrichtung: *Frauenformen. Alltagsgeschichten und Entwurf einer Theorie weiblicher Sozialisation* (Haug 1980b). Wir suchten darin die eigene Beteiligung an Herrschaftsstrukturen, ohne die Formierung in der Selbstformung auszulassen. Das Verfahren zwang uns zu neuem Studium von Sprache als etwas, das wir vorfinden, das mit uns Politik macht, die nicht einfach Werkzeug ist, sondern deren Verwendung zugleich schon Bedienen herrschender Kultur und damit auch weiblicher Unterdrückung ist. Diese Wendung bedeutete politisch die Abkehr vom Avantgardedenken, theoretisch die Initiierung von intensiver Forschung mit den beteiligten Subjekten und methodisch die Entwicklung einer unorthodoxen Methode. Diese Methode hält die Einzelnen im Kollektiv an, sich der eigenen Geschichte, also des eigenen Gewordenseins mit allen Widersprüchen zu vergewissern, um Handlungsfähigkeit zu erhöhen. Sie wird, obwohl nur holzschnittartig entwickelt, bis heute in vielen Orten der Welt angewandt.[5] Durchsetzen konnte sie sich nur, weil sie sogleich international bekannt wurde: Der zweite Band *Sexualisierung der Körper* (Haug 1991/1983) kam im Folgejahr ins Englische (1987) und damit in die Welt.

Das Engagement für die Methode der Erinnerungsarbeit, das viele sich neu konstituierende Gruppen in der Bundesrepublik und auch im Ausland aufwiesen, kam wohl daher, dass die Methode bei den persönlichen Gefühlen ansetzt, diese aber nicht einfach bloß stehen lässt, sondern in kollektiver Diskussion zu begreifendem Erkennen fortschreitet. Die Methode ermöglicht es, die je individuelle Gefühlswelt ernst zu nehmen und gleichzeitig zu erkennen, dass nicht diese persönlichen Gefühle 'falsch' sind, sondern dass sie in Verknüpfung mit Praxen gefangen sind, die zu eigener Unterwerfung führen. Somit kann der Herrschaftskontext, in dem die Gefühle stehen, erkannt und selbstbewusst mit gesellschaftlichen Veränderungsschritten begonnen werden.

---

5 Erst heute, Ende August 2013, da ich dies schreibe, erhielt ich eine dringliche Aufforderung aus Dänemark, eine Gastprofessur für Erinnerungsarbeit anzunehmen, was ich zu eigenem Bedauern, ich werde bald achtzig Jahre alt, ablehnen muss.

Für einen feministischen Marxismus wurde hier Entscheidendes gelernt: Es geht nunmehr keinesfalls um eine richtige Lehre, sondern darum, das Verständnis von Forschen, Erkennen und Politik auszuweiten. Ebenso, wie die Herrschaft über Frauen vielfältig in der Gesellschaft verankert ist und mit ihrer eigenen Hilfe fortdauert, müssen Forschen und Erkennen und Politik zugleich in allen gesellschaftlichen Bereichen ansetzen, alle Disziplinen ergreifen, vielfältige Methoden ausprobieren, kurz zugleich Sprachkritik, Theoriekritik, Methodenkritik, Gesellschaftskritik sein. Der Anspruch wird immer größer und radikaler, ebenso die Entdeckung von Leerstellen und die Freude an Entdeckung. Obgleich immer weiter verbesserungsbedürftig, hat Erinnerungsarbeit die erhoffte Wirkung: dass die Einzelnen in den Gruppen im kollektiven Arbeitsprozess zugleich mehr über sich und ihr Eingebundensein in die Gesellschaft lernen, und dass sie die Zumutung annehmen können, sich und ihre Lebensweise zu ändern.

5 Geschlechterverhältnisse sind Produktionsverhältnisse

Trotz der weiten Aufnahme von Erinnerungsarbeit – auch in Universitäten, aber keineswegs auf sie beschränkt – war bis zur Jahrhundertwende die Frage des Zusammenhangs von Frauenunterdrückung und Kapitalismus für mich immer noch nicht zufriedenstellend beantwortet. Immer weiter stoße ich bei mir selbst darauf, dass Fragen ums Patriarchat mit denen des Kapitalismus unverbunden scheinen – wie eben auch im wirklichen Leben der 8. März als internationaler Frauentag und der 1. Mai als Kampftag der Arbeiterklasse begangen werden. 1993 formuliere ich erstmals ganz trotzig, Geschlechterverhältnisse seien selbst Produktionsverhältnisse (vgl. Haug 1993). Das ist wie ein Sprung ins tiefe Wasser und noch recht unabgesichert, gesprochen mit mehr Mut als Durchdachtheit. Entsprechend werde ich von allen Seiten zerrissen, werde aus dem Marxismus ebenso entfernt wie aus dem Feminismus. Der Rückzug in verletzten Stolz kann nicht andauern. Ich antworte sorgfältig und arbeite mich durch den Berg an inzwischen veröffentlichter linker feministischer Literatur auf internationaler Ebene, bis ich zu einem nun begründeten Resultat komme und laut und haltbar sprechen kann: Geschlechterverhältnisse sind Produktionsverhältnisse (vgl. Haug 2001a). Hier ist kollektives Wissen eingegangen und vor allem eine nochmalige intensive Lektüre von Marx. Er liefert den Schlüssel, den ich nicht erkannt habe, der aber längst daliegt. Wenn Produktionsverhältnisse das sind, was die Menschen im Laufe ihres Lebens eingehen, indem sie Leben produzieren (eigenes und fremdes, indem sie Kinder in die Welt setzen) und die Mittel für den Unterhalt herstellen, dann sind ja Geschlechterverhältnisse an entscheidender Stelle schon aufgenommen als „natürlich-soziale" Verhältnisse und zugleich ins Verhältnis zur Lebensmittelproduktion gesetzt. Alle Entwicklung, alle Verkehrung, alle Herrschaft und Befreiung ist demnach in Geschlechterverhältnissen kodiert. Es muss, wie ebenfalls schon bei Marx nachzulesen ist, die Entwicklung der Familie (als Form für Reproduktion des Menschen) immer im Zusammenhang mit der Entwicklung der Industrie studiert werden. Ein weit größeres Forschungsfeld als bislang öffnet sich.[6]

6 Die Vier-in-einem-Perspektive

Mit der Einschreibung der Geschlechterverhältnisse als Produktionsverhältnisse habe ich den Arbeitsbegriff nicht so sehr *erweitert* – wie dies in der allgemeinen Diskussion heißt –, vielmehr tauchten menschliche Tätigkeiten aus einander untergeordneten Bereichen jetzt als verschiedenartige auf *einer* Ebene auf. Es war nun möglich zu erkennen, dass außer Haus- und Erwerbsarbeit weitere Tätigkeiten im gesellschaftlich herrschenden Arrangement unberücksichtigt waren bzw. so angeordnet waren, dass ihr Fehlen oder auch ihre ungleiche Verteilung nicht bemerkt wurden: nämlich alle Tätigkeiten, die auf individuelle Entwicklung orientiert sind, wie Lernen oder künstlerische Entfaltung. Solches Selbstzweckhandeln nimmt jedoch – gemäß dem Marx'schen Satz, dass die Entwicklung eines Jeden Voraussetzung der Entwicklung aller sei – als Perspektive menschlicher Entwicklung einen hohen Stellenwert ein. Mit dem Weglassen aller dieser Tätigkeiten aus der Diskussion um Arbeit war auch dieser gleichsam ihre Befreiungsperspektive genommen, der Maßstab nämlich, dass alle Arbeit so gestaltet sein möge, dass sie nicht einfach bloß Verausgabung von Kraft zum Zwecke des Profits ist, sondern Entfaltung menschlicher Möglichkeiten. Nachdem das Selbstzweckhandeln einmal in den Kreis menschlichen Tätigseins aufgenommen ist, fällt endlich als Skandal auf, dass auch die Gestaltung der Gesellschaft, des Gemeinwesens, der Angelegenheiten aller, was wir Politik nennen, eine eigene Arbeit für alle sein muss und ihre Abspaltung als Spezialität einiger Experten sowohl Herrschaft bedingt als auch die Subalternität der Vielen besiegelt. Die Übersetzung dieser Erkenntnisse in ein Projekt nannte ich die Vier-in-einem-Perspektive. Sie ist politische Aufforderung, orientierend auf ein Fernziel, in dem alle diese vier Tätigkeitsbereiche nebeneinander stehen können, keines dem

---

6   Die Resultate meiner Studien sind zusammengefasst in zwei Stichworten im *Historisch-kritischen Wörterbuch des Marxismus* nachzulesen: „Geschlechtsegalitäre Gesellschaften" (Haug 2001b) und „Geschlechterverhältnisse" (Haug 2001a).

anderen über- oder untergeordnet; und ist zugleich Nahziel, indem sogleich mit gesellschaftlicher Veränderung begonnen werden kann. Das Projekt fokussiert auf Kämpfe um Zeit, die auf allen Ebenen sofort angefangen werden können. Erwerbsarbeitszeitverkürzung, damit alle anderen Bereiche überhaupt besiedelt werden können; allgemeine Teilung der sozialen Reproduktionsarbeit, damit fürsorgender Umgang mit anderen Menschen selbstverständlich ist und nicht Spezialität einiger, deshalb untergeordneter Frauen; die eigene Entwicklung in die Hand nehmen gegen die allgemeine Aufforderung, bloß zu konsumieren; und schließlich politisch sich zu betätigen. Von Standpunkt und Perspektive her ist es ein ethisches Projekt für alle.

7 Der Herrschaftsknoten

Welche Barrieren stehen der Umsetzung der Vier-in-einem-Perspektive entgegen?

Die vier verschiedenen (Arbeits-)Bereiche werden getrennt voneinander wahrgenommen, ebenso die Zuständigkeiten für die jeweiligen Bereiche. Es wird der Anschein erweckt, als handle es sich schlicht um eine Form gesellschaftlicher Arbeitsteilung, die einem jeden zu Gute käme und von daher immer weiter fortgeschrieben werden könne. Ich vermute jedoch, dass genau in diesem Auseinander der strategische Herrschaftsknoten geschürzt ist, der das Ganze menschenfeindlich gegen so viele und ausbeuterisch und zerstörerisch gegen Mensch und Natur festigt.

Dies nenne ich den Herrschaftsknoten, das Ineinander-verflochten-Sein unterschiedlicher Stränge, die einander abstützen und halten, von denen einige nicht sichtbar sind, die in ihrem Wirkungszusammenhang aber die kapitalistische Gesellschaft am Laufen halten. Verflochten sind in diesem Knoten folgende Stränge: Zum einen das profitgetriebene Agieren des Kapitals, das sich lebendige Arbeit in der Form der Lohnarbeit einverleibt und damit zwar die Produktivkräfte immer weiter entwickelt, die Arbeit jedoch, die ihre Quelle ist, austrocknet und einspart. Zum anderen die unsichtbaren, ungesprochenen und geschichtslosen Taten, die allesamt zur Wiederherstellung des Lebens der Menschen und der sie umgebenden Natur nötig sind. Diese bilden einen eigenen Strang, sie haben eine andere Zeitlogik und lassen sich schlecht rationalisieren. Ein (Groß-)Teil dieses Strangs wurde in den entwickelten kapitalistischen Ländern in die Lohnarbeit überführt, wo es ein geduldetes, schlechtes und schlecht bezahltes Ansehen hat.

Ein weiterer Strang, der – gleichermaßen fast unerwähnt – im Herrschaftsknoten verflochten ist, ist die Vernachlässigung der Menschen als Mensch selbst. Individuelle Entwicklung ist etwas, das sich nur Reiche leisten können, während die Regungen, menschlich Mögliches zu entfalten, im Konsumrausch erstickt werden. Und ebenso unbemerkt bleibt der Strang des Politischen, der Gesellschaftsgestaltung im Herrschaftsknoten verflochten, wodurch Menschen gemeinhin subaltern in Unmündigkeit gehalten werden. Diese vier Stränge sind vielfältig verflochten, abgesichert, ausgestaltet; sie finden sich in unseren Gewohnheiten, Taten, in unserer Moral, im Hoffen und Begehren, im *common sense*.

Man kann sich das Zusammenwirken dieser vielfältigen, unsichtbaren Kräfte vorstellen. An Stärke gewinnen sie noch dadurch, dass die Beherrschten ihr Beherrschtsein selbst praktizieren. Man kann sich auch vorstellen, wie enorm das Forschungs- und Praxisfeld ist, das zur Befreiung von Herrschaft beschritten werden muss, und wie viele es begehen müssen, sich selbst und die Bedingungen verändernd.

Aber was bringt es, in diesem Zusammenhang von einem Herrschaftsknoten zu sprechen statt einfach von einem Zusammenwirken? Zur Veranschaulichung dient mir der Schuh mit Schnürsenkel. Jeder weiß, dass hier zwei Stränge so zusammengebunden werden, dass sie sich nicht leicht von selber lösen können; damit das garantiert ist, macht man einen Doppelknoten. Wenn man vier oder mehr Stränge hat, wird es fast unlösbar – wie der gordische Knoten: Die Lösung bleibt Aufgabe. Das Perfide ist: Wer am falschen Ende zieht, macht den Knoten nur noch fester.

Im Projekt der Vier-in-einem-Perspektive ist die Vorstellung vom Knoten und seiner tückischen Weise, sich beim Lösen festigen zu können, grundlegend. Das ist einfach zu begreifen und zu erklären, wenn man sich den Druck in den Zeiten der Großen Krise ansieht – wenn man sich etwa die in Lohnform gefangene Arbeit ansieht, deren Verkürzung als ausschließliche Politik betrieben wird. Hierbei wird einerseits alle andere gesamtgesellschaftliche Arbeit vernachlässigt, andererseits wird – durch die Entwicklung der Produktivkräfte – die Zielgruppe von (Erwerbs-)Arbeit selbst immer kleiner. Gleichzeitig verschwinden die vielen anderen Arbeiten immer weiter aus dem sichtbaren Feld, während ihre in Lohnform überführten Teile den krisenbedingten Sparmaßnahmen zum Opfer fallen – etwa im Gesundheitswesen, im Schulwesen, in der Sozial- und Jugendarbeit. Umgekehrt finden sich die vielen Sorge- und Reproduktionsarbeiten allgemein in großer Not, für sie reicht die Zeit nicht. Also dürfen die Kämpfe um sie nicht auf Erwerbsarbeitszeitverkürzung reduziert werden. Beginnt man aber, an diesem Strang zu ziehen und z.B. Betreuungsgeld, Elterngeld, Müttergeld zu fordern, also diesen Bereich ebenfalls gänzlich in die Lohnform zu überführen, erfährt man schnell, dass fast unvermeidlich reaktionäre Mutterbilder folgen, die, wie Bloch das ausspricht, das weibliche Geschlecht auf ewig ans Kreuz der Geschichte nageln. Der Knoten muss anders gelöst werden. Nur an einem Strang zu ziehen, reicht nicht, sondern festigt unweigerlich den Knoten als Ganzen; dies gilt analog für die Bereiche Sorgearbeit, individuelle Entwicklung und Gesellschaftsgestaltung.

Es bleibt die Frage, warum sich die Menschen in der jetzigen Großen Krise nicht wehren, sondern zumeist diejenigen als ihre Vertreter wählen, die diese Krise politisch eingebrockt haben. Die Frage, allgemeiner gestellt, zeigt die Wege ihrer Beantwortung. Zu den sich festzurrenden Fäden des Herrschaftsknotens gehört auch, dass in den Befestigungen immer auch Belohnungen stecken. Der fest geschnürte Schuh erleichtert das Laufen. In jeder Herrschaftsform steckt nicht nur Gewohnheit, sondern auch Handlungsfähigkeit für die Unterworfenen. Dies erschwert es, die Einzelnen zur Veränderung ihrer Lebensbedingungen zu ermutigen. Ohne Halt ist kein Halten. Die (Auf-)Lösung des Herrschaftsknotens ist daher nicht nur eine unerhört langfristige und komplizierte Arbeit – sie kann nur in allen Bereichen zugleich begonnen werden und braucht die Kraft und die Zeit aller.

Da ruckeln alle an den einzelnen Strängen. Sie lockern ihren Griff auf die Erwerbsarbeit in Vollzeitform, wollen mehr Zeit der fürsorgenden Arbeit widmen und der Solidarität in der Welt. Sie gewichten um, die einen halten Lohnarbeit nicht mehr für das ausschließliche Zentrum ihres Lebens, die anderen wollen sich nicht mit ganzer Zeit dem Häuslichen widmen. Beide erkennen in größerer Muße, dass menschliche Sinne mehr vollbringen und dass das Leben genussvoller ist (obgleich immer noch anstrengend), wenn man sich nicht bloß in der einen oder anderen Form abrackert. Aufatmend blicken sie um sich, sehen, das wenig zum Rechten steht und sehen auch, dass sie die Gestaltung der Gesellschaft gemeinsam vorantreiben, also Politik in ihre Hände nehmen müssen. In diesen vier Bewegungen zugleich beginnt der Knoten sich zu lösen, wird Herrschaft instabil. Diese Lösung ist antikapitalistisch und radikal demokratisch, weshalb mit systematischem Widerstand zu rechnen ist.

Ist es am Ende notwendig, extra zu betonen, dass ich mir einen Feminismus ohne Kritik der kapitalistischen Produktionsweise ebenso wenig vorstellen kann wie einen Marxismus, der die Kritik der Geschlechterverhältnisse nicht einbegreift?

Literatur

Haug, Frigga, 2014: Marxismus – Feminismus. Hamburg (im Erscheinen).
–, 2011: Die Vier-in-Einem-Perspektive. Politik von Frauen für eine neue Linke. 3. Auflage der Erstausgabe von 2008. Hamburg.
–, 2002: Erinnerungsarbeit. 3. Auflage der Erstausgabe von 1990. Berlin, Hamburg.

–, 2001a: Geschlechterverhältnisse. In: Haug, Wolfgang Fritz (Hg.): Historisch-Kritisches Wörterbuch des Marxismus. Band 5. Hamburg, 493-531.

–, 2001b: Geschlechtsegalitäre Gesellschaften. In: Haug, Wolfgang Fritz (Hg.): Historisch-Kritisches Wörterbuch des Marxismus. Band 5. Hamburg, 538-545.

–, 1993: Knabenspiele und Menschheitsarbeit. Geschlechterverhältnisse als Produktionsverhältnisse. In: Ethik und Sozialwissenschaften: Streitforum für Erwägenskultur. 4. Jg. Heft 2, 215-224.

–, 1992: Feminismus als politische Utopie. Notiz. In: Saage, Richard (Hg.): Hat die politische Utopie eine Zukunft? Darmstadt, 251-258.

–, 1980a: Opfer oder Täter. Über das Verhalten von Frauen. In: Das Argument 123. 22. Jg. Heft 123, 643-649.

–, 1973: Verteidigung der Frauenbewegung gegen den Feminismus. In: Das Argument 83. 15. Jg. Heft 11/12, 938-947.

–, 1971: Die missverstandene Emanzipation. In: Das Argument 67. 13. Jg. Heft 10, 674-687.

Haug, Frigga (Hg.), 1991: Erziehung zur Weiblichkeit. Berlin und Hamburg. (Überarbeitete, aktualisierte und mit neuem Titel erschienene Ausgabe von Haug 1980b).

– (Hg.), 1991: Frauenformen. Teil 2: Sexualisierung der Körper. 3. Auflage der Erstausgabe von 1991. Argument Sonderband 90. Berlin.

– (Hg.), 1987: Female Sexualisation. A Collective Wash of Memory, London.

– (Hg.), 1980b: Frauenformen. Alltagsgeschichten und Entwurf einer Theorie weiblicher Sozialisation. Argument Sonderband 45. Berlin.

Schrader-Klebert, Karin, 1969: Die kulturelle Revolution der Frau. In: Enzensberger, Hans-Magnus (Hg.): Kursbuch 17: Frau, Familie, Gesellschaft. Frankfurt/M, 1-45.

Teil II

Arbeit, Demokratie und Geschlecht

Birgit Sauer

Arbeit und Geschlechterdemokratie
Leerstellen und Lehrstellen der Politikwissenschaft[1]

1 Geschlecht, Arbeit, Demokratie

Ohne Zweifel ist Arbeit in westlichen Erwerbsgesellschaften ein zentrales Medium gesellschaftlicher Integration und Teilhabe sowie politischer Partizipation (Janczyk/Correll/Lieb 2003, 34; Kurz-Scherf 2005, 15; Penz 2012, 220). In der liberalen Vorstellung ist die Idee der Teilhabe am ökonomischen Geschehen mit der Idee politischer Teilnahme verbunden, und die Figur des politischen Aktivbürgers gründet in seiner Aktivität in der Sphäre der Ökonomie. Die demokratische Idee verspricht demgegenüber gleiche politische Teilnahmerechte trotz ungleicher ökonomischer Positionierung. Historisch gesehen legitimierte dieses Konzept den Ausschluss von Frauen aus der Politik, da die geschlechtsspezifische Arbeitsteilung und daran geknüpfte Geschlechterbilder Frauen auf die Reproduktionssphäre festschrieben und ihnen nicht nur den Zugang zur Erwerbssphäre, sondern auch zur Politik erschwerten. Frauen waren *nicht* als Erwerbsarbeitsbürgerinnen, sondern, wie Gabriele Wilde (2001) schreibt, lediglich als „Geschlechtsbürgerinnen" in das Staatswesen integriert. Die Idee des modernen Staates und der Staatsbürgerschaft gründete auf einem „Geschlechtervertrag" als „Unterwerfungsvertrag" (Pateman 1988): Als nicht-produktiven Arbeiterinnen wurde Frauen die Politik- und Demokratiefähigkeit lange Zeit abgesprochen.

Die alte wie auch die neue Frauenbewegung forderten daher zunächst ein Recht auf die Teilnahme an Bildung und Erwerbsarbeit. Die neue Frauenbewegung betonte aber auch, dass die liberale Forderung der Gleichstellung von Frauen durch ihre gleichberechtigte Integration in Erwerbsarbeit und ihre ökonomische Unabhängigkeit zwar eine notwendige, doch bei weitem keine hinreichende Bedingung für weibliche Freiheit sei. Schließlich sei die Notwendigkeit dieser

---

1 Dieser Aufsatz ist eine überarbeitete Version meines Vortrages beim Marburger Netzwerk GendA am 18.5.2005, der in Teilen in der Österreichischen Zeitschrift für Soziologie veröffentlicht wurde (Sauer 2006).

Bedingung selbst in Frage zu stellen, denn die politische Institutionalisierung eines einseitig auf die Produktionssphäre verengten Arbeitsbegriffs trage zur Aufrechterhaltung der geschlechtsspezifischen Arbeitsteilung und ungleicher Geschlechterbilder bei. Daher avancierte die „Neuverteilung, Neuorganisation und Neubewertung der bezahlten und der unbezahlten Arbeit" zu einer zentralen, Kapitalismus und Patriarchat transzendierenden Forderung der zweiten Frauenbewegung (Kurz-Scherf/Lepperhoff/Scheele 2006, 2). Macht- und Herrschaftsverhältnisse müssen im Erwerbsarbeitsbereich, aber auch im Bereich der Reproduktionsarbeit sowie in der Sphäre der Politik in ihrem Zusammenspiel in Betracht gezogen werden, um die Handlungsfähigkeit von Frauen zu stärken und um Geschlechterdemokratie zu realisieren. Dieser Zusammenhang verdeutlicht, dass die „Gestaltung, Verteilung und Bewertung von Arbeit" schon immer „eine demokratische Frage" war (Janczyk/Correll/Lieb 2003, 27).

Seit den 1990er Jahren sind nun die Arbeitsverhältnisse westlicher Gesellschaften und damit auch die gesellschaftliche Integration über Erwerbsarbeit grundlegenden Wandlungen unterworfen. Diskussionen um das Ende der Arbeitsgesellschaft markieren eine Re-Formatierung von Arbeit, die als Transformationen von Industrie(arbeits)- hin zu Dienstleistungsgesellschaften bzw. zu Wissensgesellschaften bezeichnet wird und im Kern ein „Ausfransen" der sog. Normalarbeit bedeutet (Janczyk/Correll/Lieb 2003, 11). Diese Veränderungen korrespondieren mit Deregulierungen von Arbeitsverhältnissen und der Erosion fordistischer Wohlfahrtskompromisse. Schließlich führt die Neustrukturierung von (Erwerbs-)Arbeit zu veränderten Geschlechterarrangements, die eng mit Normalarbeitsverhältnissen verkoppelt waren.

Zeitgleich weisen auch die politischen Repräsentationsformen liberaler Demokratien fundamentale Veränderungen auf. Colin Crouch (2008) hat diese Phänomene mit dem Schlagwort der „Postdemokratie" auf den Begriff gebracht. Prozesse der Entparlamentarisierung, sich verengender Partizipationschancen, der Parteienverdrossenheit und des sinkenden Vertrauens in demokratische Verfahren, Akteure und Institutionen gehen einher mit der Transformation der Arbeitswelt. Diese postdemokratischen Konstellationen scheinen die politisch marginalisierte Situation von Frauen gleichsam zu 'verallgemeinern' (Sauer 2011).

Ein Blick auf die Politikwissenschaft zeigt freilich gerade da eine Leerstelle – der *mainstream* des Fachs hat sich kaum mit Arbeit, ganz selten mit ihren (demokratie-)politischen Konsequenzen und schon gar nicht mit Geschlechterverhältnissen auseinandergesetzt. Aus einer demokratiepolitischen und feministischen Perspektive gilt es daher – wieder und verstärkt –, den Zusammenhang von Arbeit und Demokratie in den politischen, vor allem aber auch in den theoretischen Blick zu nehmen, also einen politik- und demokratiefähigen Arbeitsbegriff wie auch ein arbeitskompatibles Demokratiekonzept zu entwickeln (vgl. dazu Lieb 2009, 207-215). Oder wie Ingrid Kurz-Scherf formuliert: „Geschlechterdemokratie ist einer der zentralen Prüfsteine der Gesellschaftsfähigkeit und Demokratieverträglichkeit des aktuellen Wandels von Arbeit" (Kurz-Scherf 2004a, 25).

Die Reformulierung der Beziehung zwischen Geschlecht, Arbeit und Demokratie impliziert also zweierlei: *erstens* die Re-Politisierung des Arbeitsbegriffs, der Arbeit als einen Aspekt politischen Handelns begreift. *Zweitens* bedarf dies auch einer transformatorischen Perspektive auf Demokratie, nämlich ihre geschlechterdemokratische Rekonzeptualisierung. Vornehmlich stellt sich die Frage, wie Arbeit angesichts dieser Transformationen theoretisiert und gestaltet sein muss, damit sie demokratische Teilhabe, d.h. Mitwirken an den Entscheidungen über das je eigene Leben, aber auch über das gute (Zusammen-)Leben, für alle Menschen ermöglicht (Kurz-Scherf 2004b, 8; GendA 2002, 2). Welche ökonomischen Ressourcen, welche Formen der Verteilung, welche Chancen von Gleichheit in und durch Arbeit braucht demokratische Teilnahme? Und wie kann geschlechtsspezifische Arbeitsteilung in den Prozeduren, Verfahren und Institutionen der Demokratie darstellbar, verhandelbar und somit auch veränderbar werden?

Geschlechterdemokratisierung ist notwendig verbunden mit einer Transformation der Arbeitswelt, die die in moderne Demokratien eingelassenen Trennungen von öffentlich und privat sowie von produktiver und unproduktiver Arbeit überwindet. Dies impliziert die Kritik am „Mythos" der Arbeitsgesellschaft und seiner einseitigen Festlegung auf Erwerbstätigkeit (Kurz-Scherf/Lepperhoff/Scheele 2005, 64).

Ein solches Unterfangen benötigt m.E. eine gesellschaftstheoretische Perspektive auf '(Geschlechter-)Demokratie in Arbeit'. Eine gesellschaftstheoretische Sicht impliziert subjekttheoretische Überlegungen und denkt politische Praxen nicht losgelöst von den Erfahrungen und Positionierungen der Menschen im Arbeitsleben – in der Erwerbsarbeit wie in der Familienarbeit und anderen Formen von Tätigkeiten (ähnlich: Lieb 2009; 2005). Ich möchte im Folgenden zunächst die Transformation von Arbeit und Demokratie genauer beleuchten, um den Theoretisierungsbedarf zu begründen, und anschließend kurz die Leerstelle des politikwissenschaftlichen *mainstreams* wie auch der feministischen Politikwissenschaft in Bezug auf Arbeit skizzieren. Dann werde ich eine feministisch-arbeitstheoretische Perspektive im Anschluss an das Marburger GendA-Netzwerk skizzieren und abschließend ein arbeits-'kritisches' Konzept von Geschlechterdemokratie darlegen.

2 Aktuelle Transformationen von Geschlecht, Arbeit und Demokratie

Westlichen Gesellschaften geht keineswegs 'die' Arbeit aus. Vielmehr gerät eine spezifische Form der Organisation kapitalistischer Arbeit, nämlich die seit dem 2. Weltkrieg etablierte 'Normalarbeit', in die Krise. Von einem Bedeutungsverlust der (Erwerbs-)Arbeit für das Leben der Menschen kann also nicht ausgegangen werden. Voß beispielsweise spricht vielmehr von einer „Hyperarbeitsgesellschaft" (Voß 2001, zit. in: Funder et al. 2008, 8). Die Erosion der Normalarbeit ist ein paradoxer Prozess der 'Entgrenzung' bzw. Deregulierung von Arbeitsverhältnissen, beispielsweise durch Flexibilisierung von Arbeitszeiten, durch die Intensivierung von Arbeit (Penz 2012, 227) sowie durch Entstetigung von „Beschäftigungsformen und ihrer Sicherung" (Voß/Weiß 2005, 139). Die Hereinnahme (globaler) marktwirtschaftlich-wettbewerblicher Konstellationen in Arbeitsverhältnisse, verbunden mit sozialer Entsicherung und der Rücknahme einst dekommodifizierender sozialstaatlicher Maßnahmen, führt zur Verunstetigungen von Erwerbsbiographien. Die Folge ist eine Prekarisierung von Arbeitsverhältnissen, die oftmals nicht mehr existenzsichernd sind.

Allerdings folgt aus der Entgrenzung von Arbeit und Leben (Peinl 2004, 170f.) auch eine neue Form der 'Subjektivierung von Arbeit', d.h. mehr Gestaltungsfreiheit und Autonomie, „Enthierarchisierung und Entbürokratisierung" wie auch „Arbeitszeitverkürzung" (Kurz-Scherf 2004a, 39). Subjektivierung bezeichnet freilich auch neuartige Formen der Ausbeutbarkeit von Arbeit, ist doch mit dem Anspruch der Gestaltungsfreiheit herrschaftsförmiger Selbstregierungsweisen, z.B. das unternehmerische Selbst, gleichsam die „Somatisierung neoliberaler Strukturen" verbunden (Penz 2012, 227).

Vor allem aber ist die sog. Krise der Arbeitsgesellschaft eine Krise *männlicher* Industrie- bzw. Normalarbeit (Notz 2004a) und damit auch eine Krise der Reproduktionsarbeit, die sich z.B. im sog. Pflegenotstand ausdrückt. Die feststellbare Feminisierung von Arbeit bezieht sich weniger auf das quantitative Ausmaß weiblicher Erwerbstätigkeit als vielmehr auf die Entstandardisierung von Arbeitsverhältnissen. Der „Transfer von Familienarbeit in den Erwerbssektor" (Gottschall/Pfau-Effinger 2002, 13) ermöglichte beispielsweise die Expansion des Dienstleistungssektors als feminisierten Billiglohnsektor (vgl. dazu auch Stolz-Willig in diesem Band).

Mit der Umstrukturierung der materiellen Grundlagen von Erwerbs- und Sorgearbeit sowie der staatlichen Regulierung von Ökonomie und Arbeit geht die Transformation der hegemonialen und institutionellen Grundlagen von

Demokratie und *citizenship*, also von staatsbürgerlichen Rechten einher. Die „Entgrenzung der Arbeitszeit", die „Entstandardisierung" und Prekarisierung von Arbeitsverhältnissen sind mit Vorstellungen von politischer Gleichheit und Demokratie nur schwerlich vereinbar (Kurz-Scherf 2004a, 39). Der Geschlechterunterschied wird beispielsweise wieder Teil einer vermeintlich individuellen Entscheidung und dem Selbstentwurf der Individuen, ihrer Selbsttechnologie überlassen und damit dem politischen Prozess entzogen: Die Anrufung als MarktbürgerInnen unterstellt gleiche Chancen für alle, Männer wie Frauen, wenn sie denn flexibel und mobil sind. Kollektives Handeln gegen solch privatisierte Identitäts-, aber auch Arbeitsverhältnisse wird trotz bürgerschaftlicher Rhetorik nahezu unmöglich. Der vom Individuum selbst zu verantwortende herrschaftliche Zugriff wird hegemonial. Demokratie wird nicht mehr als *self-government* des Volkes in Bezug auf alle Bereiche des gemeinschaftlichen Lebens verstanden, sondern auf die 'Souveränität' des Individuums reduziert, sein Leben auf der Grundlage des ökonomischen Imperativs stets neu zu entwerfen. Den BürgerInnen wird damit die Grundlage ihres BürgerInnenseins entzogen – nämlich die Möglichkeit des gemeinsamen Handelns. Dies wird dann – fälschlich – als Politikverdrossenheit diskutiert.

Parallel dazu verändert sich das institutionelle Setting westeuropäischer Demokratien. Verhandlungs- und Netzwerkstaat oder 'Governance' sind Metaphern dafür, dass politische Entscheidungen immer weniger in demokratisch legitimierten Institutionen getroffen werden. Aber auch die zivilgesellschaftliche Erweiterung repräsentativer Demokratie und die Mobilisierung von zivilgesellschaftlichem Engagement läuft ohne eine Transformation der materiellen Basis, also sozialer Ungleichheit und geschlechtsspezifischer Arbeitsteilung, Gefahr, Macht und Mitspracherechte von 'schwach organisierten' Interessen einzuschränken und Ungleichheit und Herrschaftsverhältnisse auch zwischen den Geschlechtern zu verschärfen (Sauer 2003).

Aus diesen Verschiebungsprozessen folgt: An den Geschlechterverhältnissen wird besonders deutlich, dass heute der Zusammenhang von Arbeit und sozialen sowie politischen Rechten, von Arbeit und Demokratie zu zerbrechen droht. Die Pathologien westlich-moderner Arbeitsgesellschaften münden also in demokratische Sklerosen. Die notwendigen Neustrukturierungen ungleicher Geschlechterverhältnisse im Arbeitsbereich bedürfen einer geschlechterdemokratischen 'Einholung'.

3 Verschränkte Leerstellen der Politikwissenschaft: Geschlecht, Arbeit und Demokratie

Die deutschsprachige Politikwissenschaft ist durch drei verschränkte Leerstellen charakterisiert: *Zum ersten* finden Debatten um die Transformation von Arbeitsgesellschaften in die Politikwissenschaft nahezu keinen Eingang. Arbeit ist eine politik- und demokratietheoretische Leerstelle (vgl. auch Lieb 2009, 17). Alexandra Scheeles Auswertung einschlägiger Einführungs- und Handbücher sowie der Politischen Vierteljahresschrift ergab, dass Arbeit als politikwissenschaftlicher Gegenstand nicht auftaucht, sondern lediglich als Politikfeld (vgl. kritisch Scheele 2005, 190ff.) oder implizit in den Themenfeldern „Politik und Wirtschaft" oder „Politik und Ökonomie" (Scheele 2008, 49) behandelt wird. Die Politikwissenschaft, so resümiert sie, eröffnet „keinen 'Ort' für die politikwissenschaftliche Auseinandersetzung mit Arbeit" (ebd.). Die politikwissenschaftliche Makroperspektive „auf Institutionen, Strukturen und Systeme" verdeckt darüber hinaus „die Frage von Macht und Herrschaft auf der Mikroebene" von Arbeitsverhältnissen (ebd., 52).

Zum zweiten macht nicht zuletzt diese generell unterkomplexe Konzeptualisierung von Arbeit, vor allem des Zusammenhangs von Produktions- und Reproduktionsarbeit sowie der daran geknüpften geschlechtshierarchischen Arbeitsteilung und ihrer Bedeutung für Demokratie die Politikwissenschaft, geschlechtsblind. Wie aktuelle Arbeitsdiskurse in der Soziologie ist auch die Politikwissenschaft „durch ein geradezu systematisches Defizit an Geschlechtssensibilität und Genderkompetenz gekennzeichnet" (Kurz-Scherf 2004b, 11).

Zum dritten folgte die feministische Politikwissenschaft den Fußstapfen des *mainstreams* und hatte bis Mitte der 1990er Jahre wenig „zum Thema geschlechtszuschreibende Arbeitsteilung" (Behning 2004, 206) und deren konstitutive Rolle für Demokratie zu sagen. Diese Arbeitsblindheit ist erstaunlich, bildet doch in der deutschsprachigen Frauenforschung seit Mitte der 1970er Jahre Arbeit ein zentrales Thema der Erforschung der Unterdrückung und Benachteiligung von Frauen. Allerdings stand weniger die Erwerbsarbeit im Zentrum dieser ersten feministischen Überlegungen, sondern vielmehr die in der kapitalistischen Gesellschaft angelegte Trennung von produktiver und reproduktiver Arbeit. Die in der marxistischen Epistemologie angesiedelte Hausarbeitsdebatte der späten 1970er und frühen 1980er Jahre versuchte z.B. nachzuweisen, dass Reproduktionsarbeit ebenso wie produktive Arbeit Mehrwert schaffe, also Teil der kapitalistischen Ökonomie und somit als gesellschaftlich notwendig anzuerkennen sei.

Diese Debatten fanden freilich kaum Eingang in die sich seit den frühen 1990er Jahren etablierende feministische Politikwissenschaft im deutschsprachigen Raum. Die Hausarbeitsdebatte wurde als Schnurre einer verkrampft sich in die marxistische Debatte einschreiben wollenden Frauenforschung gedeutet und mit dem Niedergang des Realsozialismus erst einmal *ad acta* gelegt. Die 'Disziplinierung' der Geschlechterforschung im Fach war mit einem paradigmatischen Wandel verbunden, nämlich von der 'Politisierung des Privaten', d.h. von der Entdeckung der „doppelten Vergesellschaftung" von Frauen in der Haus- *und* in der Erwerbsarbeit bei gleichzeitiger Vernebenwidersprüchlichung der Reproduktionsarbeit (Becker-Schmidt 1987), hin zur 'Entdeckung des Politischen' – d.h. von Staatlichkeit, politischen Institutionen und liberal-demokratischen Arrangements. Auch durch die „Konzentration auf wohlfahrtsstaatliche Politiken" geriet Arbeit aus dem Blick (Gottfried 2005, 38). Die dekonstruktivistische Wende legte schließlich den Fokus auf den Zusammenhang von Staatlichkeit, Institutionen und Subjektbildung, die zwar die geschlechtsspezifische Arbeitsteilung als materielle Grundlage von Staatlichkeit konzeptualisierte, nicht jedoch konkrete Arbeitsverhältnisse fokussierte.

Der Politikwissenschaft wie auch der politikwissenschaftlichen Geschlechterforschung kann man somit eine nur unzulängliche „Bearbeitung der vielfältigen Paradoxien des aktuellen Wandels von Arbeit und Gesellschaft" bescheinigen (Kurz-Scherf 2004b, 12). Während also die politikwissenschaftliche Arbeitsforschung ihre Erwerbsarbeitsorientierung um Sorgetätigkeit erweitern muss, muss die feministische Politikwissenschaft umgekehrt ihren Fokus auf Privatheit und Sorgearbeit mit Erwerbsarbeit verknüpfen. So könnte kooperativ ein politischer bzw. politisierbarer Arbeitsbegriff formuliert werden.

Freilich hebt der Marburger Projektzusammenhang GendA um Ingrid Kurz-Scherf seit langem die demokratiepolitische Bedeutung der Transformationen von (Erwerbs-)Arbeitsverhältnissen in den Blick auch der feministischen Politikwissenschaft (vgl. Janczyk 2009). GendA reflektiert die Herauslösung von *politischer* Geschlechterungleichheit aus Arbeits- und Produktionszusammenhängen systematisch mit dem Ziel, die arbeitspolitischen Leerstellen der Politikwissenschaft wie auch der politikwissenschaftlichen Geschlechterforschung zu füllen, um „Geschlechterstereotypen und Geschlechterhierarchien in der Organisation, Verteilung und Bewertung von Arbeit zu überwinden" (Lieb 2005, 172).

4 Die Politisierung von Arbeit
Ansätze eines feministischen Arbeitsbegriffs

Ein geschlechterdemokratischer Neuentwurf und die Überwindung hierarchischer geschlechtsspezifischer Arbeitsteilung kann nicht allein die Vereinbarkeit von Beruf und Familie und nicht nur die Forderung nach gleichberechtigter Integration von Frauen z.B. in Spitzenpositionen im Visier haben. Um die aktuellen Veränderungen von Arbeitsgesellschaften geschlechterdemokratisch einzufangen, bedarf es eines erweiterten, eines politischen und politisierbaren Arbeitsbegriffs (Janczyk/Correll/Lieb 2003, 7; vgl. Kurz-Scherf 2004a, 25; Kurz-Scherf 2004b, 14). Arbeit muss so definiert werden, dass nicht mehr nur Erwerbstätigkeit als gesellschaftlich anerkannte Arbeit gesehen wird, aus der *allein* Menschen ihren Lebensunterhalt bestreiten, auf der *allein* sie ihre Identität gründen können und die es alleine erlaubt, *citizenship* als Alltagspraxis zu realisieren. Ein erweiterter Arbeitsbegriff umfasst die „Verknüpfung von Produktions- und Reproduktionsarbeit bzw. die ganze Komplexität der Vergesellschaftung durch Arbeit", die „Interdependenzen und Widersprüche zwischen den verschiedenen gesellschaftlichen Bereichen und Arbeitsformen" (Funder et al. 2008, 8) sowie die „gesellschaftliche und subjektive Notwendigkeit von *Care* und privaten Austauschprozessen" (Scheele 2008, 192).

Ein solcher Arbeitsbegriff enthierarchisiert also Erwerbsarbeit und andere Formen von Arbeit (vgl. Janczyk/Correll/Lieb 2003, 26). Er soll dadurch den grundlegenden Defekt der kapitalistischen Vergesellschaftung über den Markt sichtbar machen und zur Überwindung patriarchaler und kapitalistischer Verhältnisse beitragen. Sinnvolle und qualifizierte Tätigkeit soll Frauen und Männern eine eigenständige Existenzsicherung, die Chance zur Sorge für sich und andere und zugleich Teilhabe an Gesellschaft und Politik ermöglichen (vgl. Kurz-Scherf/Lepperhoff/Scheele 2005, 70). Arbeit wird so nicht allein in ihrer Bedeutung für die kapitalistische Wertgewinnung und -vermehrung konzeptualisiert, sondern als menschliche Tätigkeit; Menschen können nicht allein als „Ware Arbeitskraft", sondern müssen als Subjekte und Personen betrachtet werden.

Ein erweiterter Arbeitsbegriff kritisiert darüber hinaus die „Lohnförmigkeit" und Fremdbestimmtheit der Arbeitsbedingungen im Erwerbsbereich wie auch die Kommunikationslosigkeit der Familienarbeit und anderer Formen von Eigenarbeit (Notz 2004b, 140). Daraus folgt auch, dass Arbeit zwar als relevante Kategorie für das Leben der Menschen wahrgenommen muss, aber nicht als das Wichtigste im Leben einer Person mystifiziert werden darf (vgl. Janczyk/Correll/Lieb 2003, 24).

Das im Marburger Projektzusammenhang GendA entwickelte Konzept „soziabler" Arbeit (Janczyk/Correll/Lieb 2003, 33f.; Janczyk 2009; vgl. auch Lepperhoff/Scheele in diesem Band) ist der Versuch, eine solch umfassende und damit auch geschlechtergerechte Definition von Arbeit zu leisten. Soziable Arbeit impliziert die „Anschlussfähigkeit" von Erwerbsarbeit an andere gesellschaftliche

Bereiche und Tätigkeiten, also gleichsam die „Gesellschaftsfähigkeit" von Arbeit (Janczyk 2005, 115). Drei Aspekte machen die Soziabilität von Arbeit aus: *erstens* die „interne Soziabilität", die sozial anschlussfähige Gestaltung von Arbeitsinhalten, die Bewertung und Bezahlung von Arbeit sowie die Vereinbarkeit mit individuellen Bedürfnissen. *Zweitens* beruht soziable Arbeit auf „externen" Faktoren, d.h. auf der Vereinbarkeit von Arbeit mit anderen Lebensbereichen. *Drittens* schließlich meint Soziabilität die gesellschaftlich-politische Relevanz von Arbeit und ihre Funktion für die Teilhabe und Mitgestaltung an betrieblichen, aber auch an gesellschaftlichen Prozessen und an demokratischem Handeln, also die „Demokratieverträglichkeit von Arbeit" (Janczyk/Correll/Lieb 2003, 34; Janczyk 2005, 116ff.).

Die Idee soziabler Arbeit will also Arbeit politisieren. Dies bedeutet *erstens*, „Arbeit als eine Form politischen Handelns", als „Form demokratischer Partizipation" zu begreifen (Lieb 2005, 184) und dementsprechend zu gestalten, „ohne allerdings", wie Ingrid Kurz-Scherf schreibt, „alles menschliche Tun in Arbeit zu verwandeln oder 'das Reich der Freiheit' ausschließlich in der Arbeit und durch Arbeit zu verwirklichen" (zit. in Scheele 2008, 35; vgl. auch Lieb 2009, 211). *Zweitens* impliziert eine solche Erweiterung auch die Politisierung des Arbeitsbegriffs, denn sie macht Arbeit zum Ausgangspunkt demokratischen Handelns, nicht zuletzt indem Arbeitszeit ökonomische, kulturelle und zeitliche Ressourcen für politische Partizipation und politisches Handeln umfasst. Daraus folgt, „die politische Teilhabe und die Gestaltungsmacht als ein Aspekt der Qualität von Arbeit zu diskutieren" (Scheele 2008, 202). *Drittens* heißt dies anzuerkennen, dass die Gestaltung, aber auch die Definition von Arbeit selbst, eine politische und keine allein ökonomische Entscheidungen ist (Scheele 2008, 20). Staat „wirkt nicht nur regulierend auf Arbeit ein, sondern Arbeit selbst ist eine politische Kategorie, durch die nicht nur, aber auch, über den Ein- und Ausschluss von Frauen (mit)entschieden wird" (Scheele 2008, 191). Arbeitsverhältnisse sind also genuin politische Verhältnisse. Die Politisierung von Arbeit bedeutet daher, ihre Definitionen und Regulierungsformen zu historisieren und zu hinterfragen (Gottfried 2005, 42f.). Alexandra Scheele (2008) schlägt für einen politisierbaren und demokratiekompatiblen Arbeitsbegriff vor, Arbeit als „politisches Feld" zu begreifen. Arbeit ist in dieser Sicht durch Kräfteverhältnisse, durch Macht- und Herrschaftsverhältnisse, durch Ein- und Ausschließen gekennzeichnet. Das Arbeits-Feld kann daher Ausgangspunkt von Unterdrückung, aber auch von Freiheit und Emanzipation sein.

Scheeles Gedanken sind unmittelbar an einen gesellschaftstheoretisch informierten Arbeitsbegriff anschließbar, der die Trennung von Ökonomie, Arbeit und Staat überwindet und kapitalistische Verhältnisse nicht nur, freilich auch, in Eigentumsverhältnissen, sondern auch in konkreten Arbeitsverhältnissen und -prozessen sowohl der Erwerbs- wie auch der Sorgearbeit begründet sieht. Diese sind notwendigerweise und gleichsam immer schon staatlich organisiert, da sich diese materiellen Grundlagen und Auseinandersetzungen darum – auch an unterschiedlichen Arbeitsplätzen – in staatlichen Institutionen und Normen verdichten. Ein solcher Arbeitsbegriff erlaubt eine kritische Analyse von Arbeitsverhältnissen in kapitalistisch-patriarchalen Verhältnissen, denn er begreift Arbeit als ein soziales Verhältnis, als ein Kräftefeld, in dem um die Bedeutung von Arbeit – für die Gesellschaft wie auch für das Leben der Menschen – gerungen wird. Die Definition von Arbeit (und Nicht-Arbeit) ist beispielsweise ein inhärent politischer Prozess, ist ein Feld politischer Auseinandersetzung, von gesellschaftlichen Kämpfen, die wiederum inhärent vergeschlechtlicht sind.

Eine solche gesellschafts- und staatstheoretische Sicht auf Arbeit macht die Verknüpfung von Struktur- und Subjektebene möglich und erlaubt es, Menschen nicht nur als Erwerbssubjekte, sondern auch als bedürftige und politisch involvierte Personen wahrzunehmen. Auf dieser Basis geraten die entfremdenden, aber auch die widerständigen und solidaritätsstiftenden, also politischen Dimensionen auch der neuen, 'entgrenzten' Arbeitsverhältnisse in den Blick.

Daran anschließbar sind auch interaktionistische Ansätze wie beispielsweise „Working Gender" (Dunkel/Rieder 2004), der subjektive Prozesse der interaktiven Hervorbringung von Geschlecht in der Arbeit bezeichnet, oder auch das queer-dekonstruktivistische Konzept „sexuell Arbeiten" (Lorenz/Kuster 2007), das Arbeit als ein politisches Kampffeld begreift, in dem ungleiche Zweigeschlechtlichkeit und Heterosexualität notwendig und immer, wenn auch oft vorbewusst, hergestellt bzw. erkämpft werden.

5 Ansätze zu einem arbeitssensiblen Konzept von Geschlechterdemokratie

Der *mainstream* der Politikwissenschaft überlässt die geschlechtsspezifische Aufarbeitung von Politik und Demokratie der Geschlechterforschung, und er hat Demokratie von ökonomischer Ungleichheit und Fragen der Arbeit bzw. Arbeitsteilung entkoppelt. Demokratie wird auf politisch-institutionelle Arrangements reduziert. Auch die geschlechterkritische Politik- und Demokratietheorie bedarf einer deutlicheren gesellschafts- und arbeitstheoretischen Fundierung. Die demokratiepolitisch höchst brisante Frage nach dem Zusammenhang von politischer Partizipation und gesellschaftlicher Ungleichheit kommt deshalb um eine Verortung von Geschlechterverhältnissen in Produktionsverhältnissen, in der geschlechtsspezifischen Arbeitsteilung und in konkreten Arbeitsverhältnissen nicht herum. Die Geschlechterforschung stellt daher die Frage, „welche Bedeutung der Erwerbsarbeit für das Funktionieren eines politischen Systems, für die Herausbildung demokratischer Kompetenzen und für die Wahrnehmung von Partizipationsmöglichkeiten einnimmt" (Scheele 2008, 37). Sie geht davon aus, dass nur durch eine Neudefinition von Arbeit Geschlechterdemokratie möglich ist. Und umgekehrt: Nur in einem geschlechterdemokratisch organisierten Gemeinwesen kann alle Arbeit demokratisch und sozial gestaltet werden.

Liberale Demokratien sind nun nicht in der Lage, Geschlechtergerechtigkeit herzustellen, und sie besitzen keine Instrumente, um soziale, ökonomische und kulturelle Ungleichheit zu verändern. Feministische Demokratietheorien und *citizenship*-Ansätze stellen die Annahme in Frage, dass politische Gleichheit von sozialer Ungleichheit entkoppelt werden könnte, und gehen demgegenüber davon aus, dass Demokratie als politische Gleichheit und Freiheit sozialer und ökonomischer Gleichheit bedarf (Sauer 2006). Staatsbürgerschaft, *citizenship* als Recht und Praxis bezieht sich nicht allein auf den politisch-staatlichen Bereich im engeren Sinne, sondern auch auf Partizipation und Teilhabe am gesellschaftlichen Leben. Das Recht auf soziale Sicherung (*social citizenship*), das Recht auf Erwerbsarbeit bzw. eigenständiges Einkommen (*economic citizenship*) müssen mit politischen Rechten (*political citizenship*) verknüpft werden und bleiben.

Meine folgenden Überlegungen zielen auf einen neuen Demokratiebegriff, der mehr umfasst als Institutionen, Verfahren und Regeln, der das Leben, das Fühlen, Empfinden und Denken der Menschen umfasst. Geschlechterdemokratie heißt dann, dass Frauen gleichberechtigt in politischen Prozessen präsent sind und dass Interessen von Frauen in ihrer Unterschiedlichkeit repräsentiert werden. Darüber hinaus ist diese integrationistische Sicht durch eine transformatorische Perspektive zu erweitern: Neue Institutionen und Verfahren müssen den Geschlechterunterschied auch politisch-institutionell berücksichtigen. Feministische Demokratiekonzepte wollen die Geschlechterdifferenz sichtbar machen und politisch-institutionell anerkennen. Dazu braucht es Verfahren struktureller Umverteilung von Macht, Aufmerksamkeit und Ressourcen.

Feministische Demokratietheorie kann demokratische Partizipation und Repräsentation daher analytisch nicht generell von Arbeit entkoppeln. Eine 'substanzielle' geschlechtssensible Vorstellung von Demokratie muss die gesellschaftlich-materielle Grundlage von Demokratie – und dies ist in der Erwerbsgesellschaft Arbeit, aber auch die geschlechtshierarchische Arbeitsteilung, affektive und emotionale Arbeit, Sorgetätigkeiten wie auch Selbstsorge – politisch und institutionell berücksichtigen. Demokratie kann als bloße politische 'Freizeitbeschäftigung' der BürgerInnen jenseits ihres (Arbeits-)Lebens nicht funktionieren. Dies produziert Ausschlüsse und Marginalisierungen und damit 'Verdrossenheit'. Genau dies aber ist bei der Reduktion von politischem Handeln und demokratischer Partizipation auf die kurzen Momente der Wahl von Parteien und RepräsentantInnen der Fall. Eine „an sozialen und emanzipatorischen Maßstäben orientierte Gestaltung des aktuellen Wandels von Arbeit, Geschlecht und Gesellschaft" (Kurz-Scherf 2004b, 14) muss beispielsweise Arbeits*zeit*politik im erweiterten Sinne sein: Politik, die Zeit für das BürgerInnen-Sein zur Verfügung stellt.

Wenn feministische Demokratiekonzepte Arbeit als politisches Handeln, als Partizipation begreifen, dann geht dieses Handeln weit über den Wahlakt hinaus. Vielmehr muss dann bürgerschaftliches Handeln und Kommunizieren als Teil der Arbeitszeit konzipiert werden. Und gleichzeitig können und müssen auch andere Tätigkeiten Grundlage der demokratischen Integration sein. Kämpfe um Erwerbsarbeit am Arbeitsplatz sollten dann z.B. ins existierende Parteiengefüge eingespeist werden (in revidierter korporatistischer Form). Solche Kämpfe müssten aber vor allem in ihrer gesamtgesellschaftlichen Bedeutung und nicht allein in ihrer Bedeutung für eine Unternehmensführung und die Beschäftigten politisiert werden. Geschlechtsspezifische Relevanz hat ein solches Demokratiekonzept deshalb, weil es die Definition von Nicht-Arbeit in Frage stellt und Haus-, Familien- oder Sorgearbeit zum genuinen Gegenstand von Arbeits(markt)politik – und nicht von Familienpolitik – macht.

Ein gegenhegemoniales geschlechtssensibles Demokratieprojekt muss heute vor allem einen Gegenentwurf zu Ent-Demokratisierung und Ent-Politisierung bilden und muss die vereinzelnden Wirkungen neuer herrschaftlicher Steuerungstechniken ebenso wie sog. „workfare"-Strategien zurückweisen. Dieses gegenhegemoniale Projekt verlangt *Umverteilung* von Arbeit und *Anerkennung* differenter Arbeitsformen und -bedürfnisse. Die zugemuteten individualisierenden Selbsttechnologien müssen gleichsam „kollektiviert" und demokratisch zugänglich, d.h. gemeinsam veränderbar werden.

Ein „Recht auf Arbeit" – auf Erwerbs- und/oder Care-Arbeit – sollte daher als *demokratisches* Recht gefordert werden. Dies muss aber auch ein Recht auf Freiheit von der Erwerbsarbeit beinhalten. Vor allem soll durch die Befreiung vom 'Zwang' zur Erwerbsarbeit eine Neukodierung gesellschaftlicher und politischer Identitäten intendiert und möglich werden: Gesellschaftliche Integration und politische Teilnahmechancen sollen von der Vorstellung von Erwerbsarbeit gelöst werden, um über diese Möglichkeit die Freiheit und die Zeit für sinnvolle Tätigkeit für beide Genusgruppen zu schaffen. Soziable Arbeit kann dann als eine transformative Strategie der Demokratisierung begriffen werden. Eine solche Freiheit nicht vornehmlich *von*, sondern *zu* (selbstbestimmter) Arbeit ist eine Bedingung der Transformation von Demokratie, da sie ökonomische Absicherung voraussetzt und somit Freiheit für politische Beteiligung garantiert. Diese Freiheit wiederum wäre eine Bedingung für den Zugang zu deliberativen Arenen und zu politischem Engagement. In jedem Fall verlangen beide 'Kampfzonen' – der geschlechtssensible soziable Arbeitsbegriff und die Geschlechterdemokratie – die aktive Partizipation von Frauen und von Männern und ein geschlechterbewusstes Eingreifen in die Auseinandersetzung um den Umbau kapitalistischer Ökonomie.

Literatur

Baatz, Dagmar/Rudolph, Clarissa/Satilmis, Ayla (Hg.), 2004: Hauptsache Arbeit? Feministische Perspektiven auf den Wandel von Arbeit. Münster.

Becker-Schmidt, Regina, 1987: Die doppelte Vergesellschaftung – die doppelte Unterdrückung. Besonderheiten der Frauenforschung in den Sozialwissenschaften. In: Unterkirchner, Lilo/Wagner, Ina (Hg.): Die andere Hälfte der Gesellschaft. Österreichischer Soziologietag 1985. Wien, 10-25.

Behning, Ute, 2004: Arbeit und Arbeitsteilung. In: Rosenberger, Sieglinde/Sauer, Birgit (Hg.): Politikwissenschaft und Geschlecht. Wien, 191-209.

Crouch, Colin, 2008: Postdemokratie. Frankfurt/M.

Dunkel, Wolfgang/Rieder, Kerstin, 2004: 'Working Gender' – Doing Gender als Dimension interaktiver Arbeit. In: Baatz, Dagmar/Rudolph, Clarissa/Satilmis, Ayla (Hg.): 199-211.

Funder, Maria/Kurz-Scherf, Ingrid/Merkel, Ina/Rudolph, Clarissa, 2008: Geschlechterverhältnisse im Spannungsfeld von Arbeit, Politik und Kultur. In: Marburger Gender-Kolleg (Hg.): Geschlecht macht Arbeit. Interdisziplinäre Perspektiven und politische Interventionen. Münster, 7-18.

GendA, 2002: Aspekte und Perspektiven einer gender-orientierten, feministischen Arbeitsforschung, Statement für die Tagung des Projektverbunds „zukunftsfähige Arbeitsforschung" am 8.11. in Bonn. www.gendanetz.de (Download: April 2005).

Gottfried, Heidi, 2005: Gender Equity und die Regulierung von Arbeit. In: Kurz-Scherf, Ingrid/Correll, Lena/Janczyk, Stefanie (Hg.): 38-53.

Gottschall, Karin/Pfau-Effinger, Birgit, 2002: Einleitung: Zur Dynamik von Arbeit und Geschlechterordnung. In: Dies. (Hg.): Zukunft der Arbeit und Geschlecht. Diskurse, Entwicklungspfade und Reformoptionen im internationalen Vergleich. Opladen, 7-26.

Janczyk, Stefanie, 2009: Arbeit und Leben. Eine spannungsreiche Ko-Konstitution. Zur Revision zeitgenössischer Konzepte der Arbeitsforschung. Münster.

–, 2005: Arbeit, Leben, Soziabilität. Zur Frage von Interdependenzen in einer ausdifferenzierten (Arbeits)Gesellschaft. In: Kurz-Scherf, Ingrid/Correll, Lena/Janczyk, Stefanie (Hg.): 105-124.

Janczyk, Stefanie/Correll, Lena/Lieb, Anja, 2003: Quo Vadis Arbeit? Jenseits verengter Perspektiven und Deutungsmuster. Diskussionspapier des GendA-Arbeitsbereiches 'Zukunft der Arbeit'. http://www.uni-marburg.de/fb03/genda/publikationen/dispaps/dispap_01-2003.pdf (Download: 06.03.14).

Kurz-Scherf, Ingrid, 2005: „Arbeit neu denken, erforschen, gestalten" – ein feministisches Projekt. In: Kurz-Scherf, Ingrid/Correll, Lena/Janczyk, Stefanie (Hg.): 15-35.

–, 2004a: „Hauptsache Arbeit"? – Blockierte Perspektiven im Wandel von Arbeit und Geschlecht. In: Baatz, Dagmar/Rudolph, Clarissa/Satilmis, Ayla (Hg.): 24-46.

–, 2004b: Suchbewegungen im Wandel von Arbeit, Geschlecht und Gesellschaft. In: Baatz, Dagmar/Rudolph, Clarissa/Satilmis, Ayla (Hg.): 8-15.

Kurz-Scherf, Ingrid/Correll, Lena/Janczyk, Stefanie (Hg.), 2005: In Arbeit: Zukunft. Die Zukunft der Arbeit und der Arbeitsforschung liegt in ihrem Wandel. Münster.

Kurz-Scherf, Ingrid/Lepperhoff, Julia/Scheele, Alexandra, 2006: Arbeit und Geschlecht im Wandel: Kontinuitäten, Brüche und Perspektiven für Wissenschaft und Politik. Gender Politik Online, Dezember 2006. http://www.fu-berlin.de/sites/gpo/pol_sys/politikfelder/arbeit (Download: 30.10.2013).

Kurz-Scherf, Ingrid/Lepperhoff, Julia/Scheele, Alexandra, 2005: Modernisierung jenseits von Traditionalismus und Neoliberalismus? Die aktuelle Arbeitsmarktpolitik als Ausdruck eines verkürzten Modernisierungskonzepts. femina politica, Heft 2, 62-74.

Lieb, Anja, 2009: Demokratie: Ein politisches und soziales Projekt? Zum Stellenwert von Arbeit in zeitgenössischen Demokratiekonzepten. Münster.

–, 2005: Demokratische Leerstelle Arbeit? In: Kurz-Scherf, Ingrid/Correll, Lena/Janczyk, Stefanie (Hg.): 172-188.

Lorenz, Renate/Kuster, Brigitte, 2007: Sexuell arbeiten. Eine queere Perspektive auf Arbeit und prekäres Leben. Berlin.

Notz, Gisela, 2004a: Arbeit, Politik und Ökonomie. In: Becker, Ruth/Kortendiek, Beate (Hg.): Handbuch Frauen- und Geschlechterforschung. Theorie, Methoden, Empirie. Opladen, 420-428.

–, 2004b: Von der notwendigen Arbeit und dem 'Reich der Freiheit'. Auch 'erweiterte Arbeitsbegriffe' verlangen eine feministische Kritik. In: Baatz, Dagmar/Rudolph, Clarissa/Satilmis, Ayla (Hg.): 137-151.

Pateman, Carole, 1988: The Sexual Contract, Cambridge.

Peinl, Iris, 2004: Transformation von Erwerbsarbeit und Konturen des Geschlechterregimes. In: Baatz, Dagmar/Rudolph, Clarissa/Satilmis, Ayla (Hg.): 165-176.

Penz, Otto, 2012: Zur politischen Theoretisierung von Arbeit. In: Kreisky, Eva/Löffler, Marion/Spitaler, Georg (Hg.): Theoriearbeit in der Politikwissenschaft. Wien, 217-229.

Sauer, Birgit, 2011: Feministische Anmerkungen zur „Postdemokratie". Aus Politik und Zeitgeschichte. Heft 1-2, 32-36.

–, 2006: Geschlechterdemokratie und Arbeitsteilung. Aktuelle feministische Debatten. Österreichische Zeitschrift für Soziologie. 31. Jg., Heft 2, 54-76.

–, 2005: Arbeit als politisches Feld. Überlegungen für die politikwissenschaftliche Bearbeitung des Zusammenhangs von Arbeit und Politik. In: Kurz-Scherf, Ingrid/Correll, Lena/Janczyk, Stefanie (Hg.): 189-204.

–, 2003: Die Internationalisierung von Staatlichkeit. Geschlechterpolitische Perspektiven. Deutsche Zeitschrift für Philosophie, 51. Jg., Heft 4, 621-637.

Scheele, Alexandra, 2008: Arbeit als politisches Feld. Politikwissenschaftliche Perspektiven für die feministische Arbeitsforschung. Münster.

Voß, G. Günther/Weiß, Cornelia, 2005: Subjektivierung von Arbeit – Subjektivierung von Arbeitskraft. In: Kurz-Scherf, Ingrid/Correll, Lena/Janczyk, Stefanie (Hg.): 139-153.

Wilde, Gabriele, 2001: Das Geschlecht des Rechtsstaats. Herrschaftsstrukturen und Grundrechtspolitik in der deutschen Verfassungstradition. Frankfurt/M., New York.

Julia Lepperhoff / Alexandra Scheele

Autonomie, Angewiesenheit, Emanzipation –
Soziable Arbeit als Leitbild zukunftsfähiger Arbeitsforschung

1 Einleitung

Spätestens seit dem 21. Soziologentag im Jahr 1982 zur „Krise der Arbeitsgesellschaft" gehört der Wandel von Arbeit zu den zentralen Themen soziologischer Auseinandersetzung. Im Anschluss an Dahrendorfs paradigmatische These, dass der Arbeitsgesellschaft die Arbeit ausgehe (Dahrendorf 1983), ging es damals um die Auseinandersetzung damit, dass nicht nur die Zentralität von Erwerbsarbeit für die Konstruktion des Sozialstaates, sondern auch für die Biographie jedes (und zu einem geringeren Teil auch jeder) Einzelnen in Frage gestellt wurde. Inwieweit sich aus dieser Entwicklung 'nur' die Notwendigkeit einer Neu- bzw. Umgestaltung sozialer Sicherungssysteme und eine individuelle Anpassung an die veränderten Bedingungen ergibt oder ob es sich um einen fundamentalen Paradigmenwechsel handelt, an dessen Ende eine gesellschaftliche Umorientierung von der Arbeitsgesellschaft hin zu etwas Neuem stehen könnte, hat die arbeitssoziologische Diskussion lange bestimmt.

Auch wenn viele der damals aufgeworfenen Fragen noch immer aktuell sind und die gegenwärtige Arbeitsforschung weiterhin prägen, wird eine generalisierende Perspektive auf Arbeit – so unser Eindruck – inzwischen kaum noch eingenommen. Heute stehen vielmehr die verschiedenen Entwicklungen in der betrieblichen und vertraglichen Gestaltung von Arbeit und ihre Folgen für die sozialrechtliche Absicherung, die Struktur der Erwerbstätigen oder auch die Tertiarisierung und damit einhergehende veränderte Arbeitsinhalte und -formen im Zentrum (vgl. zu zentralen arbeitspolitischen Feldern auch Trinczek 2011).

Die feministische Arbeitsforschung hat in den letzten Jahrzehnten vielfach herausgestellt, dass die doppelte Engführung a) von Arbeit auf Erwerbsarbeit sowie b) von Erwerbsarbeit auf männlich geprägte Erwerbsarbeit zugunsten eines erweiterten Arbeitsbegriffs aufgegeben werden muss (vgl. z.B. Kurz-Scherf 2004;

Becker-Schmidt/Krüger 2009) und die Frage nach dem Zusammenhang von 'Arbeit' und 'Leben' ins Zentrum gestellt werden sollte (Kurz-Scherf 2007, 278). Dementsprechend müssen ein Analyserahmen feministischer Arbeitsforschung sowie ein Leitbild für gutes Leben und neue Arbeitsverhältnisse die Perspektive weiten, ohne in ihrer Ausrichtung beliebig oder undifferenziert zu werden. So kann es nicht das Ziel sein, 'alles' unter Arbeit zu subsumieren. Vielmehr muss dem dynamischen und pluralen Charakter von Arbeit ebenso Rechnung getragen werden wie verschiedenen Arbeitsformen und Konfliktdynamiken in unterschiedlichen Tätigkeitsfeldern und Lebensbereichen (ebd.). Dies darf jedoch nicht in zerteilend-aufspaltender Weise geschehen, sondern mit Blick auf den Gesamtzusammenhang der Erwerbsgesellschaft und ihrer geschlechtlichen Strukturierung sowie den darin wirksam werdenden sozialen Beziehungen und persönlichen Bedürfnissen. „Gesucht wird: Ein Ansatz, Arbeit im gesellschaftlichen Kontext zu fassen" (Janczyk 2005, 106).

Das Plädoyer für eine diesbezügliche Neuorientierung soll in unserem Beitrag vor allem als Frage nach einem normativ begründeten und wissenschaftlich tragfähigen Konzept und Leitbild feministischer Arbeitsforschung diskutiert werden. Hierzu möchten wir das Konzept der Soziabilität aufgreifen, das im Kontext des Forschungszusammenhangs „GendA – Netzwerk feministische Arbeitsforschung" an der Philipps-Universität Marburg unter der Leitung von Ingrid Kurz-Scherf entworfen worden ist.[1] Im Folgenden werden zunächst das Konzept der Soziabilität und seine drei Analysedimensionen vorgestellt. Anschließend entwickeln wir auf dieser Basis drei normative Kategorien, die die Orientierungspunkte eines Leitbildes soziabler Arbeit bilden. Abschließend werden die Perspektiven dieses Leitbildes für die Arbeitsforschung diskutiert

---

1 Das Projekt „GendA – Netzwerk feministische Arbeitsforschung" wurde im Rahmen des Forschungsförderprogramms „Zukunftsfähige Arbeitsforschung" des BMBF zwischen 2002 und 2005 gefördert und danach am Institut für Politikwissenschaft der Philipps-Universität Marburg als „GendA – Forschungs- und Kooperationsstelle Arbeit, Demokratie und Geschlecht" weitergeführt. Das Anliegen des Projektes besteht darin, praxis- und zukunftsorientierte Ansätze und Konzepte für die Arbeitsforschung zu entwickeln. Leitende Annahme dabei ist, dass über die Kategorie „Geschlecht" bzw. eine systematische Einbeziehung der Geschlechterperspektive umfassend auf aktuelle Herausforderungen, wie die veränderte Erwerbstätigenstruktur, Veränderungen in der Organisation von Arbeit oder auch grundsätzliche gesellschaftliche Entwicklungen, die auf Arbeit wirken, reagiert werden kann (vgl. Verbund zukunftsfähiger Arbeitsforschung 2005).

und am Beispiel gegenwärtiger Entwicklungen auf dem Arbeitsmarkt einerseits und in der Organisation von Arbeit andererseits ausgeführt.

2 Was ist Soziabilität?

Unter Soziabilität wird in Pädagogik und Psychologie im Allgemeinen die Sozialfähigkeit bzw. die praktische Sozialkompetenz von Menschen verstanden. In den Sozialwissenschaften wurde der Begriff als Fähigkeit definiert, ein Geflecht unterschiedlicher Beziehungen zu knüpfen (vgl. hierzu Janczyk 2005, 115). Im Forschungskontext von GendA ist Soziabilität in Bezug auf Arbeit und für die Arbeitsforschung wie folgt konzipiert worden:

> „Soziabilität lässt sich damit zusammenfassend im weiteren Sinne als '(gesellschaftliche) Anschlussfähigkeit' begreifen. […] Im Fokus steht also die Erwerbsarbeit, jedoch nicht isoliert, sondern es geht um Erwerbsarbeit im Kontext des 'Ganzen', um die strukturellen und subjektiven Anschlussschwierigkeiten und -möglichkeiten, die in diesem Zusammenhang entstehen" (Janczyk 2005, 115).

Mit dem Ansatz sollen Widersprüche und Interdependenzen von Erwerbsarbeit zum Gegenstand gemacht und herausgearbeitet werden. Der Bezug auf den Gesamtzusammenhang von Arbeit und Leben ermöglicht es, sowohl emanzipatorische Chancen als auch entmächtigende Kräfte in der Erwerbsarbeit sichtbar zu machen. Somit kann ein Beitrag dazu geleistet werden, das gesellschaftskritische Potenzial der Arbeitsforschung (wieder) zu stärken.

> „Anders als das in den Sozialwissenschaften dominante Paradigma der Differenz, das vorrangig auf die Analyse der Verselbständigung *funktional* differenzierter Teilsysteme und Teilbereiche abhebt, verbindet die Leitidee der Soziabilität das Moment der Differenz mit dem der Interdependenz und des Zusammenhangs zwischen den verschiedenen Formen, Inhalten und Segmenten der sozialen Kooperation" (Kurz-Scherf 2007, 278, Herv. i.O.).

Dieser Ansatz knüpft damit unmittelbar an die Debatte um die Vereinbarkeit von Familie und Beruf „als ein [mittlerweile] allseits geteiltes Anliegen" (Kurz-Scherf 2007, 270) an, geht aber in mehrfacher Hinsicht darüber hinaus: Neben familialen Bezügen müssen auch andere Lebensbereiche in die Betrachtung einbezogen werden, sei es das sog. Ehrenamt, ein Hobby oder auch die Möglichkeit, sich als Person zu regenerieren, zu informieren oder in soziale Bezüge zu begeben (vgl. auch Jürgens 2012, 280f.). Zudem bezeichnet Anschlussfähigkeit nicht nur ein Problem der zeitlichen Vereinbarkeit. Es geht auch um möglicherweise unterschiedliche Anforderungen von verschiedenen Arbeits- und Lebensbereichen, die integriert werden müssen. Hinzu kommt schließlich, dass der Wandel der Erwerbswelt für Frauen und Männer zu neuen Unsicherheiten geführt hat.[2] Diese betreffen aber nicht nur Erwerbsarbeit und die Ökonomie im engeren Sinne, sondern prägen die Lebensverhältnisse der Einzelnen sowie das gesamte soziale und gesellschaftliche Gefüge. Auch die Orte der Sorgearbeit, der Regeneration und der sozialen Beziehungen werden instabiler und weniger planbar, wie die Befunde zur Prekarisierung im Lebenszusammenhang zeigen (vgl. WSI-Mitteilungen 2011). Es geht also darum, die Vielfalt von Lebensentwürfen in ihrer geschlechtsspezifischen Vermittlung in den Blick zu nehmen und in Bezug auf Erwerbsarbeit die Perspektive auf das 'ganze Leben' zu richten.

Vor diesem Hintergrund sind von GendA drei Analysedimensionen identifiziert worden, um Bedingungen von Arbeit und Leben analytisch sowie konzeptionell-politisch zu systematisieren und diskutieren zu können: die *interne*, die *externe* und die *gesellschaftlich-politische* Soziabilität (vgl. hierzu auch Correll/Janczyk/Lieb 2004, 268ff.).

2.1 Interne Soziabilität von Arbeit

Unter interner Soziabilität von Arbeit werden jene Aspekte gefasst, die auf die 'interne' Beschaffenheit von Erwerbsarbeit zielen, also berufliche Kompetenzen und Ansprüche sowie Arbeitsinhalte, Arbeitsorganisation oder Arbeitsbedingungen umfassen (vgl. Kurz-Scherf 2007, 279; Janczyk 2009, 28f.). Im Zentrum steht die Auseinandersetzung darüber, wie die unterschiedlichen und zum Teil auch widerstreitenden Anforderungen und Interessenlagen *innerhalb einzelner Arbeitsbereiche* zusammengeführt und bearbeitet werden. Innerhalb der Erwerbsarbeit können diese auf Interessenkonflikte zwischen Beschäftigten und Leitung oder unterschiedlichen Beschäftigtengruppen (u.a. zwischen Männern und Frauen) abzielen, aber auch zwischen Beschäftigten und ihren KundInnen, KlientInnen oder PatientInnen. Dabei geht es oft um konkurrierende Interessen, wie z.B. bei der Entgeltgestaltung von Frauen und Männern oder auch bei den widerstreitenden Anforderungen, die an Beschäftigte im Pflegesektor im Umgang mit ihren PatientInnen gerichtet werden. Hier kann das Konzept an Ansätze zur Humanisierung der Arbeitswelt anknüpfen, in denen die Problematik belastender und gefährdender Arbeit im Zentrum steht. Diese sollten aber stärker mit Fragen der sozialen und geschlechtlichen Ungleichheit verknüpft werden, um nicht von

---

2 Dies wird in der Arbeitsforschung unter den Begriffen „Entsicherung" oder auch „Entgrenzung" diskutiert (z.B. Kratzer 2003; Pongratz/Voß 2003; Nickel/Hüning/Frey 2008; Castel/Dörre 2009).

einem abstrakten, für alle Beschäftigten gleichermaßen gültigen Begriff von Beschäftigungsfähigkeit (*employability*) auszugehen.

Für die interne Dimension von Erwerbsarbeit bilden Autonomie und Eigensinn die zentralen normativen Bezugspunkte eines Leitbilds soziabler Arbeit. *Autonomie* beschreibt in diesem Zusammenhang das selbstbestimmte Handeln von Erwerbstätigen. Sie setzt jedoch voraus, dass entsprechende materielle Grundlagen durch einen hohen Grad von Beschäftigungssicherheit und die Möglichkeit von nicht-marktabhängigen Lebensverläufen (Grad der Dekommodifizierung) gegeben sind, um Gleichheit und Sicherheit gewährleisten zu können (Kronauer/Schmid 2011). So geht es – angelehnt an Eva Kocher und Felix Weltli (2010, 2) – um Autonomie ohne Prekarität, um Flexibilität durch Sicherheit und um gute Arbeit für „alle Beschäftigten in gleicher Weise, unabhängig von Qualifikation, Geschlecht und beruflicher Stellung" (ebd.). Autonomie macht darüber hinaus auch die Forcierung neuer Partizipationsformen innerhalb der Arbeitswelt unabdingbar. Dies betrifft zum einen die Stärkung von etablierten Formen betrieblicher und überbetrieblicher Interessenvertretung, zum anderen aber auch verbesserte Partizipationsmöglichkeiten für Erwerbstätige, die sich jenseits betrieblicher Strukturen finden bzw. in Bereichen, die sich für kollektive Interessenvertretung bislang verschlossen gezeigt haben. Damit verbindet sich nicht nur die Anforderung an Gewerkschaften, sich stärker für die Interessen von Beschäftigten einzusetzen, die bislang nicht in ihrem Fokus stehen, sondern auch die politische Forderung, die Bedingungen für eine stärkere Beteiligung und ein Empowerment von Personen im Erwerbsprozess insgesamt zu verbessern, indem – wie der Koalitionsvertrag der großen Koalition festhält – beispielsweise auch Beschäftigte in 'atypischen' Beschäftigungsverhältnissen über ihre Rechte informiert werden und die Serviceleistungen der Arbeitsvermittlung im Sinne einer Beratung zur beruflichen Entwicklung in Anspruch nehmen können.

2.2 Externe Soziabilität von Arbeit

Mit der externen Soziabilität von Arbeit sind Fragen der Vereinbarkeit unterschiedlicher Arbeits- und Lebensbereiche umschrieben (vgl. hierzu Kurz-Scherf 2007, 279f.; Janczyk 2009, 29). Es geht somit um das Erwerbssystem und sein Verhältnis zu anderen Lebensbereichen, in dessen Rahmen die Einzelnen in stetiger Koordination und Vermittlung Vereinbarungsleistungen erbringen müssen (vgl. Janczyk 2005, 116f.). Diese Arrangements sind dabei nicht statisch, sondern werden vielmehr beständig aufs Neue vollzogen. Sie sind auch nicht nur von einer Person abhängig, sondern in ein Geflecht von sozialen Beziehungen und institutionellen Strukturen eingebunden. Neben der sozialen Praxis, in der Frauen und Männern qua Geschlecht jeweils unterschiedliche Vereinbarungsleistungen abverlangt werden, ist darüber hinaus die politische Institutionalisierung von Vereinbarkeitsarrangements von Bedeutung: So führen vergeschlechtlichte Leitbilder, wie z.B. die Orientierung am Konstrukt des weiblichen Zuverdiensts, dazu, dass das Ehegattensplitting, die Sozialversicherungsfreiheit von „Mini-Jobs" oder auch das Pflegegeld Entscheidungen für bestimmte Arbeitsteilungsmuster auf der Haushaltsebene prägen. Arrangements zur Vereinbarkeit von Arbeit und anderen Lebensbereichen hängen dabei vom Vereinbarkeitspotential der Erwerbsarbeit und dem dort zu erzielenden Erwerbseinkommen ab. Vor dem Hintergrund der ungleichen Verteilung von bezahlter und unbezahlter Arbeit zwischen Frauen und Männern stellt sich die Frage, inwiefern Veränderungen in der familiären Lebensführung einerseits und Veränderungen von Erwerbsformen bzw. auf der Ebene der Arbeitsorganisation andererseits zu einer Verstärkung oder einem Abbau dieser geschlechtlichen Ungleichheiten beitragen.

Die externe Soziabilität korrespondiert aus unserer Perspektive auf der Ebene eines Leitbilds sozialer Arbeit mit dem Begriff der *Angewiesenheit*. Sie verweist darauf, dass Arbeits- und Lebensbereiche ineinander verschränkt sind und dass daran beteiligte Menschen aufeinander angewiesen sind. Diese „Ko-Konstitution von Arbeit und Leben" (Janczyk 2009) führt dazu, dass die Auseinandersetzung um 'Gute Arbeit' nicht unabhängig von dem Streit für ein 'Gutes Leben' geführt werden kann. Erforderlich ist zum einen, dass die zeitliche, materielle und soziale Anerkennung nicht-erwerbsförmiger Tätigkeiten gestärkt wird. Die Angewiesenheit auf Sorgearbeit muss dahingehend berücksichtigt werden, dass eine selbstbestimmte Wahl zwischen Phasen der Erwerbs- und Sorgearbeit ermöglicht wird, z.B. durch Freistellungsregelungen mit Rechtsanspruch oder auch ein ausreichendes Niveau der Lohnersatzleistungen (vgl. z.B. BMFSFJ 2011; Kronauer/Schmid 2011). Zum anderen geht es um neue Arbeitsteilungsmuster zwischen den Geschlechtern, auch im Privathaushalt. Die politischen Anreize sollten dabei so gesetzt werden, dass Sorgearbeit leichter geteilt werden kann, z.B. bei der Inanspruchnahme von Elterngeld und Elternzeit oder der (Familien-)Pflegezeit.

2.3 Gesellschaftlich-politische Soziabilität von Arbeit

In der gesellschaftlich-politischen Dimension der Soziabilität von Erwerbsarbeit steht der Zusammenhang von Arbeit und Demokratie im Zentrum, da Erwerbsarbeit eine inhärente Verbindung zu den Chancen gesellschaftlicher Teilhabe und politischer Partizipation aufweist (vgl. Janczyk 2009, 29f.; Kurz-Scherf 2007, 280f.).

Dies bezieht sich zum einen auf die politische Dimension von 'Arbeit' selbst: Die Strukturierung und Regulierung von Arbeit sind das Ergebnis „von unterschiedlichen und widersprüchlichen Interessen und Werten, sich wandelnden Kräfteverhältnissen und Machtkonstellationen" (GendA 2005, 14). Da es sich dabei jedoch nicht zwingend um eindeutige Interessenkonstellationen oder bereits artikulierte Entscheidungen handelt, ist es zu kurz gegriffen, dieses politische Handeln auf (gewerkschaftlich organisierte) Beschäftigtengruppen und Unternehmensleitungen zu begrenzen. Vielmehr muss grundsätzlicher gefragt werden, welche Personen bzw. Gruppen überhaupt im politischen Feld der Arbeit vertreten sind, welche Möglichkeiten der Beteiligung und Partizipation diese haben und wie es um ihre Durchsetzungsmacht bestellt ist (vgl. Scheele 2008). Warum klassische Ansätze zur Gestaltung von Arbeit, wie Mitbestimmung, innerbetriebliche Partizipation oder gewerkschaftliche Organisation von Interessen, für viele Frauen (und zunehmend auch Männer) mittlerweile eine eher untergeordnete Rolle spielen, könnte auf diese Weise unter einer neuen Perspektive bearbeitet werden.

Zum anderen ist Erwerbsarbeit als zentrales Medium der Vergesellschaftung entlang geschlechtlicher und anderer Formen sozialer Ungleichheit strukturiert und dementsprechend ungleich verteilt und unterschiedlich organisiert. Die ungleiche Teilhabe am Erwerbsprozess, unterschiedliche Entgeltmuster oder auch das Phänomen überlanger Arbeitszeiten einerseits und unfreiwilliger (kurzer) Teilzeitarbeit andererseits wirken sich unmittelbar darauf aus, wie Gesellschaft sich individuell oder kollektiv gestalten lässt. Für das Funktionieren eines politischen Systems, für die Herausbildung demokratischer Kompetenzen und für die Wahrnehmung von Partizipationsmöglichkeiten spielt Erwerbsarbeit eine zentrale Rolle (vgl. Janczyk 2005, 115ff.; Correll/Janczyk/Lieb 2004, 268ff.). Gute Erwerbsarbeit hängt deshalb nicht nur mit guter Lebensqualität zusammen, sondern auch mit demokratischer Qualität. Dies zeigt sich nicht zuletzt darin, dass Wahlenthaltung bei sozialer Exklusion zunimmt (vgl. z.B. Bödecker 2012) und umgekehrt die politische Mobilisierungsfähigkeit zurückgeht.

Die gesellschaftlich-politische Dimension von Soziabilität korrespondiert auf der Ebene der Leitbildentwicklung mit dem Begriff der *Emanzipation*. Es geht somit letztlich um die sozialen und ökonomischen Umstände, unter denen sich Demokratie entfaltet, aber auch um die demokratischen Bedingungen, in denen emanzipatorische Vorstellungen von Arbeit realisiert werden können (vgl. Lieb 2009). Zu betrachten ist daher, ob mit Arbeit Emanzipationsgewinne verbunden werden können, also inwiefern qualitative Aspekte wie z.B. Beruflichkeit und Anerkennung, bestenfalls sogar Identitätsstiftung sowie soziale und gesellschaftliche Teilhabe ermöglicht werden. Diese qualitativen Aspekte sind dabei eng damit verbunden, wie Arbeits- und Lebensverhältnisse jenseits von Geschlechterhierarchien und -stereotypen sowie vergeschlechtlichten Leitbildern zur Verteilung und Organisation von Arbeit gestaltet werden können.

3 Perspektiven für die Arbeitsforschung

Angesichts der bis hierher herausgearbeiteten normativen Eckpunkte der Arbeitsforschung, bei denen die drei analytischen Ebenen von Soziabilität (intern, extern, gesellschaftlich-politisch) mit drei Dimensionen eines Leitbilds soziabler Arbeit (Autonomie, Angewiesenheit, Emanzipation) korrespondieren, gilt es nun, die theoretische und praktische Relevanz des Konzepts gegenüber anderen Ansätzen zu verdeutlichen. Es handelt sich dabei (1) um einen feministischen Blick auf Arbeit, der den Blick auf Arbeit nicht auf das Thema 'Vereinbarkeit von Familie und Beruf' reduziert, sondern eine Orientierung für die Betrachtung von 'Arbeit' anbietet, in der arbeits- und geschlechtersoziologische sowie arbeits- und geschlechterpolitische Fragen verknüpft und diese darüber hinaus in einem demokratietheoretischen Rahmen verortet werden können. Diese Perspektiverweiterung kann (2), wenn Soziabilität als analytischer Rahmen herangezogen wird, eine (neue) Orientierung bei der empirischen Auseinandersetzung mit Veränderungen im Feld von 'Arbeit' eröffnen.

3.1 Erwerbsarbeit im Kontext

Erwerbsarbeit gilt als Medium gesellschaftlicher Integration und die Teilhabe von Frauen an Erwerbsarbeit als zentrale Voraussetzung für Geschlechtergleichstellung. In dieser Perspektive werden gleichstellungspolitische Fortschritte in einzelnen Ländern oder auch auf EU-Ebene daran gemessen, in welchem Umfang die Erwerbsbeteiligung von Frauen gestiegen ist und wie groß sich der Abstand zur männlichen Erwerbsbeteiligung darstellt. Zwar wird mit dem Instrument der Vollzeitbeschäftigtenquote bereits auf die – gerade in Deutschland virulenten – Unterschiede in den Erwerbsmustern von Frauen und Männern, insbesondere bei der Teilzeitbeschäftigung, hingewiesen, aber die rein quantitative Messung der Erwerbsbeteiligung ignoriert zwei für die feministische Arbeitsforschung zentrale Aspekte: *Erstens* werden die Bedingungen, unter denen gearbeitet wird, ausgeklammert. Insbesondere die Qualität von Arbeit muss in die Betrachtung einbezogen werden, damit die Forderung nach Geschlechtergleichstellung nicht in das Fahrwasser einer Argumentation gerät, bei der „jede Arbeit besser ist als keine Arbeit" oder auch „Arbeit um jeden Preis" gefordert wird (siehe auch Graf/ Rudolph in diesem Band).[3]

Zweitens werden mit der Fokussierung auf die Erwerbsbeteiligung jene Einrichtungen und Handlungen ausgeblendet, die der planvollen Deckung menschlichen Bedarfs dienen und damit das Prinzip der Versorgung und nicht das Prinzip der Verwertung ins Zentrum stellen (vgl. Kurz-Scherf 2013b, 93) – und zwar nicht nur in Bezug auf ihre Funktion als 'unsichtbare Voraussetzung' kapitalistischer Produktion, sondern in Bezug auf ihre Relevanz für den gesellschaftlichen Zusammenhalt. Diese Ausblendung bei gleichzeitiger Erwerbszentriertheit führt zu einer strukturell angelegten Überforderung derjenigen, die erwerbstätig sind und Verantwortung für andere übernehmen bzw. Sorgearbeit leisten und führt nicht zuletzt zu einem Qualitätsverlust von Tätigkeiten, die anderen Zeitrhythmen und Kriterien folgen und in denen nicht die Produktivität oder die zweckmäßige Verwertung im Vordergrund stehen, sondern Zuwendung und Empathie (z.B. Hochschild 2006). Regina Becker-Schmidt spricht deshalb von der „verwahrlosten Fürsorge" (2011). Das Anliegen, die Sorge für Andere oder auch Tätigkeiten jenseits von Erwerbsarbeit, wie das sog. Ehrenamt, oder auch einfach nur die Muße aufzuwerten und der Erwerbsarbeit als gleichwertig gegenüberzustellen, gerät allerdings häufig in politisch problematische Diskurse. Feministische Arbeitsforschung muss sich dabei von Positionen abgrenzen, die über den Bereich der sog. reproduktiven Tätigkeiten entweder konservative Vorstellungen von geschlechtlicher Arbeitsteilung reproduzieren wollen oder aber bestehende soziale und geschlechtliche Ungleichheiten tolerieren.[4]

Dieses in zweifacher Hinsicht verkürzte Verständnis von Erwerbsarbeit soll mit dem Leitbild sozialer Arbeit überwunden werden: Der Anspruch auf Teilhabe an (guter) Erwerbsarbeit und das Recht auf ein gutes Leben jenseits der Erwerbsarbeit, das menschlichen (Sorge-)Bedürfnissen gerecht werden kann, werden

---

3   Inwieweit die damit einhergehende Unterwerfung unter die kapitalistische Verwertungslogik billigend in Kauf genommen wird, ist ebenfalls eine Frage, die sich aus einer feministischen Perspektive stellen muss (vgl. Dölling 2013).

4   So z.B. die Überlegungen zur Zukunft der Arbeit im Rahmen der Zukunftskommission Bayern und Sachsen oder von Seiten des Club of Rome, aber auch die politische Ausrichtung im Kontext des „Bündnisses für Arbeit" in den 1990er Jahren oder der Leitbilder der sog. Hartz-Gesetzgebung (vgl. Kurz-Scherf 2004, 1999). Davor sind – so unsere Überzeugung – auch viele Überlegungen für ein bedingungsloses Grundeinkommen nicht gefeit (vgl. Scheele 2009).

nicht gegeneinander ausgespielt – aber das Spannungsverhältnis zwischen beiden Bereichen wird auch nicht harmonisiert (anders als z.B. im Begriff der „Work-Life-Balance"). Vielmehr dient es gewissermaßen als produktiver Ansatzpunkt für die Entwicklung eines Leitbildes für die feministische Auseinandersetzung um Erwerbsarbeit im Kontext. Neben einem normativen Bezugspunkt für die Arbeitsforschung eröffnet das Leitbild aber auch eine Orientierung für genderkompetente Arbeitspolitik, die über eine 'frauenfreundliche Arbeitsmarktpolitik' hinausgeht. Dies soll im nächsten Abschnitt anhand der aktuellen arbeitspolitischen Situation in Deutschland kursorisch beleuchtet werden.

3.2 Arbeitspolitische Orientierungen

Der Arbeitsmarkt in Deutschland ist nach kurzfristigen Turbulenzen in den Jahren 2008 und 2009 bislang in der Finanz- und Wirtschaftskrise weitgehend stabil geblieben. Mit einer Arbeitslosenquote von 6,7% und im Jahresdurchschnitt 2013 41,84 Mio. Erwerbstätigen, von denen 29,27 Mio. sozialversicherungspflichtig beschäftigt sind (Bundesagentur für Arbeit 2014, 42), gehört Deutschland in Europa zu den Ländern mit den niedrigsten Erwerbslosen- und den höchsten Beschäftigungsquoten (vgl. Eurostat 2014a, 2014b). Diese Entwicklung wird nicht selten als Erfolgsgeschichte des deutschen Modells, insbesondere auch der Agenda 2010 beschrieben, die durch u.a. die Zusammenführung der Arbeitslosen- und Sozialhilfe zu einer Flexibilisierung des Arbeitsmarktes geführt habe. Allerdings geht die Flexibilisierung des Arbeitsmarktes zunehmend auch mit der Ausprägung atypischer, vielfach prekärer Arbeitsverhältnisse einher. So ist die Zahl der ausschließlich geringfügig Beschäftigen und derer, die in einem Nebenjob geringfügig beschäftigt sind, von 5,5 Millionen im Jahr 2003 auf 7,4 Millionen in 2012 (Bundesagentur für Arbeit 2013) gestiegen, und die Anteile von LeiharbeiterInnen und NiedriglohnempfängerInnen sind ebenso gewachsen wie die Zahl der – oftmals unfreiwillig – Teilzeitbeschäftigten.

Entlang welcher Kriterien soll diese 'Erfolgsgeschichte' des deutschen Arbeitsmarktes betrachtet werden, wenn nicht Erwerbslosigkeit gegen prekäre Erwerbsintegration ausgespielt werden soll? Und auf welche Weise lässt sich die Erwerbstätigkeit von Frauen, die – gemessen an den Dimensionen soziale Absicherung, Zeit und Entgelt – ohnehin vielfach 'prekären Charakter' hatte und hat, angemessen analysieren, ohne in die Falle zu laufen, dies entweder in Orientierung an männlich kodierten Normalitätsmaßstäben als unvollständige Erwerbsintegration beschreiben zu müssen oder aber umgekehrt als Ausdruck einer eigensinnigen Praxis zu euphemisieren?

Um die gegenwärtige arbeitspolitische Situation in ihrer geschlechtsspezifischen Vermittlung in den Blick zu nehmen und Erwerbsarbeit im Kontext zu betrachten, sollen die drei Analyseebenen von Soziabilität herangezogen werden: So lässt sich konstatieren, dass der in Deutschland zunehmend polarisierte Arbeitsmarkt jene bestehenden Widersprüche hinsichtlich der Beruflichkeit und der tatsächlichen Arbeitsbedingungen neu belebt, die in der internen Dimension von Soziabilität abgebildet werden. Die Zweiteilung in einerseits qualitativ hochwertige Erwerbsarbeit und andererseits Beschäftigung, die kein existenzsicherndes Einkommen garantiert, zu einem hohen Anteil atypisch und nicht ausreichend sozial abgesichert ist sowie geringe berufliche Perspektiven eröffnet, verschärft sich. Sowohl das 'Arbeiten unter Druck', das unter Bedingungen eines flexibilisierten Arbeitsmarktes und wachsender Arbeitsverdichtung erfolgt, als auch die Abwertung von Arbeit durch die Zunahme ungesicherter Beschäftigungsverhältnisse führen zu einer Verlagerung der Belastungen und der Abwertung in die einzelne Person hinein und zeitigen nachhaltige Folgen für Beschäftigte. An beiden Polen des zweigeteilten Arbeitsmarktes werden mit Blick auf Beruflichkeit, Arbeitsinhalte, Arbeitsorganisation und Arbeitsbedingungen Chancen auf Autonomie vorenthalten und durch das Disziplinierungspotenzials des Arbeitsmarkts auch nur verhalten eingefordert. Dies führt zum einen u.a. zu einer deutlichen Zunahme psychischer Erkrankungen wie auch zur Wahrnehmung genereller Arbeitsplatzunsicherheit (vgl. z.B. Jürgens 2011). Zum anderen wird der niedrige Status von Tätigkeiten im Bereich unzureichend abgesicherter Beschäftigung und die damit verknüpfte Abwertung als individuelles Problem vermittelt und wahrgenommen. Beispielhaft lässt sich dies an der wachsenden Gruppe der AufstockerInnen zeigen, die neben dem prekären Beschäftigungsverhältnis zusätzlich unter der Abhängigkeit vom Leistungssystem des „Forderns" im Sozialgesetzbuch II leidet, das erheblichen Druck auf Autonomiebestrebungen von Einzelnen ausübt (Graf 2014; 2013). Dem vorherrschenden Anspruch auf Erwerbsintegration steht somit einerseits ein Verlust von Beruflichkeit und entsprechender sozialer Platzierung gegenüber, der andererseits mit eingeschränkten Möglichkeiten verbunden ist, den restriktiven Anforderungen des Leistungsbezugs im Arbeitslosengeld II entgegenzutreten und zu Erfahrungen eingeschränkter Selbstwirksamkeit führt. Geschlechterdifferenzierende Wirkungen ergeben sich dabei insbesondere durch die Brüchigkeit des Normalarbeitsverhältnisses fordistischer Prägung und der zugrundeliegenden geschlechtlichen Arbeitsteilung sowie der eng damit verknüpften Infragestellung von traditionellen männlichen wie weiblichen Geschlechtsrollen und -identitäten (Völker 2011; Schürmann 2013). Die in der internen Dimension von Soziabilität abgebildeten widerstreitenden Anforderungen innerhalb einzelner Arbeitsbereiche verlagern sich also zunehmend in die Subjekte hinein: Die gesellschaftliche Abwertung von Arbeit wird ebenso wie die Überhöhung eines Arbeitsideals individuell und geschlechtsspezifisch vermittelt nachvollzogen und in die sozialen Praktiken hinein übersetzt.

Diese Aufspaltung von qualitativ hochwertiger beruflicher Arbeit auf der einen Seite und statusniedriger nicht-existenzsichernder Beschäftigung auf der anderen Seite lässt sich darüber hinaus spiegeln hinsichtlich der Vereinbarkeit unterschiedlicher Arbeitsfelder und Lebensbereiche, wie sie in der externen Dimension von Soziabilität zusammengefasst werden. In der feministischen Arbeitsforschung wurde bereits konstatiert, dass die am männlich kodierten Normalarbeitsverhältnis orientierte Erwerbsarbeit die Übernahme von Fürsorgetätigkeiten massiv behindert. Die Prekarisierung von Beschäftigungsverhältnissen trägt verstärkt dazu bei, dass der gesamte Lebenszusammenhang unsicherer wird. Auch Geschlechterarrangements verändern sich unter dem Druck prekärer Erwerbsarbeit. Teilweise kommt es zu einer gewachsenen Verantwortung von Frauen für die finanzielle Seite der Existenzsicherung (vgl. Klenner u.a. 2011), die veränderte Arbeitsteilungsmuster und Identitäten formiert. Andere Befunde sprechen aber auch von Tendenzen einer Festschreibung traditioneller Geschlechterrollen und einer Restabilisierung von Geschlechterhierarchien, die vor dem Hintergrund unsicher gewordener Erwerbsbiografien befördert werden (u.a. BMFSFJ 2011). Aber auch wachsende Belastungen, die aus steigenden Mobilitäts- und Flexibilitätsanforderungen der Erwerbsarbeit resultieren, greifen auf das private oder familiäre Arrangement über. Klenner u.a. (2011) sprechen in diesem Zusammenhang unter Bezugnahme auf Klaus Kraemer von einer „Mehrdimensionalität der Verunsicherung", die neben Erwerbsarbeit und Fürsorgetätigkeiten vor allem Bereiche der Selbstsorge und der Gesundheit sowie das soziale Leben erfasst (ebd., 417). Die Zerbrechlichkeit der eigenen Erwerbs- und Lebensbiografie sowie eine Zukunftsplanung, die einer 'Lebensgestaltung auf Abruf' gleicht, machen die strukturelle Rücksichtslosigkeit der Erwerbswelt gegenüber der Angewiesenheit auf Andere besonders deutlich. Die über Erwerbsarbeit vermittelten Disziplinierungen und das Sanktionierungspotenzial des sozialen Sicherungssystems werden in qualitativ anderer Weise sichtbar, wenn Erwerbstätige als in Beziehungen eingebundene Subjekte verstanden werden. Die Frage nach dem 'Guten Leben' kann also nicht nur, wie oftmals geschehen, mit der Forderung nach (kürzerer) Arbeitszeit beantwortet werden, sondern muss auch Fragen der geschlechtlichen Arbeitsteilung und der Sicherheit über Vereinbarungen thematisieren.

Arbeit darf somit nicht allein als ökonomisches Phänomen analysiert werden. Spricht man über Arbeit in der gesellschaftlich-politischen Dimension von

Soziabilität, dann lässt sich mit Blick auf die aktuelle arbeitspolitische Situation erkennen, dass sich Demokratie und Ökonomie tendenziell entkoppeln. Der Blick auf Arbeit als politisches Feld zeigt, dass der Abbau von festen Arbeitszeiten und/ oder Formen der Fremdkontrolle nicht automatisch mit einem Zugewinn an Emanzipation verbunden sind. Die in vielen – insbesondere höher qualifizierten – Berufsfeldern festzustellenden Autonomie- bzw. Selbstbestimmungsgewinne werden vielmehr häufig von neuen Kontrollmodi begleitet (vgl. z.B. Marrs 2008). Diese Entwicklungen auf der Ebene der Arbeitsorganisation werden überlagert von Spaltungen in Kern- und Randbelegschaften sowie in *good* and *fringe jobs*. Es muss daher in den Blick genommen werden, wie die Möglichkeit von *voice* (vgl. Hirschman 1970) gestaltet ist, also die Möglichkeit, Maßnahmen zu ergreifen, die zu einer Verbesserung der potentiell problematischen Arbeitssituation führen können. Vor diesem Hintergrund ist zu konstatieren, dass sich die Fragmentierung der klassischen sozialpartnerschaftlichen Interessensvertretungsstruktur fortgesetzt hat, da Interessenkonflikte teilweise in einem 'Jenseits des Normalarbeitsverhältnisses' stattfinden, wo sie nicht institutionell bearbeitet werden können. Dadurch wird klassische gewerkschaftliche oder betriebliche Solidarität verhindert oder zumindest erschwert. Zugleich entstehen parallel dazu auch neue Formen der politischen Interessenartikulation wie z.B. die Occupy-Bewegung der Jahre 2011 und 2012, deren Vertretungsanspruch und -form jedoch brüchig sind und die auch hinsichtlich geschlechterdemokratischer Überlegungen wenig Anlass zur Euphorie geben. Dieses Defizit spiegelt sich nicht zuletzt auch in der fehlenden bzw. mangelnden (geschlechter-)demokratischen Legitimation von Gremien und Entscheidungen, welche die Steuerung der Finanz- und Wirtschaftskrise in den vergangenen Jahren geprägt haben (vgl. Kurz-Scherf/Scheele 2013). Insgesamt zeigt sich, dass Erwerbsarbeit in der aktuellen arbeitspolitischen Situation auf ihre ökonomische Funktion reduziert wird und dass verbunden damit der politisch-demokratische Gehalt von Arbeit gefährdet ist. Die Unterwerfung unter das Primat der Wirtschaft führt somit auch zu gesellschaftlichen und sozialen Desintegrationsprozessen, die den Zugang der Einzelnen zu ihren persönlichen, politischen und sozialen Rechten substantiell behindern.

4 Zusammenfassung und Ausblick

Wie wir in unserem Beitrag gezeigt haben, ist Soziabilität ein Ansatz, der die gesellschaftliche Anschlussfähigkeit von Arbeit in den Blick nimmt und Erwerbsarbeit in ihrem Kontext situiert. Vor diesem Hintergrund kann soziable Arbeit als ein an den Bedürfnissen von Menschen orientiertes Leitbild von

Arbeit im Spannungsfeld von Autonomie, Angewiesenheit und Emanzipation verstanden werden. Es zielt darauf, konzeptionell eine Brücke zu schlagen zwischen der „sozialen Organisation, Verteilung und Bewertung von Arbeit mit individueller Selbstverwirklichung auf der einen Seite und sozialer Gerechtigkeit sowie Geschlechterdemokratie auf der anderen Seite" (Kurz-Scherf/Lepperhoff/Rudolph 2003, 590). Die Leitbildentwicklung selbst bedarf allerdings offensichtlich weitergehender 'Arbeit', um von der Ebene des Orientierungswissens auf die Ebene des Handlungswissens zu gelangen. Die ausgeführten drei Dimensionen einschließlich ihres normativen Gehalts stellen zudem eine eher strukturorientierte Betrachtung der Soziabilität von Arbeit dar. Offen bleibt jedoch, was dies im Lebenszusammenhang – also auf der subjektorientierten Ebene – bedeuten kann (exemplarisch dazu Correll 2005). Das Konzept der Soziabilität benötigt daher eine Erweiterung dahingehend, dass die Manifestationen und sozialen Praxen, die sich mit diesen drei Dimensionen verknüpfen, abgebildet werden können: „Interne und externe Soziabilität von Arbeit korrespondieren auf dieser Ebene mit intra- und intersubjektiven Konzepten und Praktiken nicht der *Vereinbarkeit*, sondern der *Vereinbarung* unterschiedlicher und zumindest partiell widersprüchlicher Anforderungen, Bedürfnisse und Belange" (Kurz-Scherf 2007, 281, Herv. i.O.).

Etwa zehn Jahre, nachdem das Konzept der Soziabilität im Forschungszusammenhang von GendA entwickelt worden ist, lässt sich bilanzieren, dass es zwar immer noch auf reges Interesse in Wissenschaft und Praxis stößt, jedoch offensichtlich Blockaden bestehen, sich tiefergehend mit ihm auseinanderzusetzen. Über diesbezügliche Ursachen lässt sich an dieser Stelle nur spekulieren: Ein Großteil der arbeitssoziologischen Forschung hat sich lange mit der Integration von Geschlechterperspektiven schwer getan. Vereinzelt wurde sogar unterstellt, die Krise des Normalarbeitsverhältnisses und der Rückgang männlich geprägter Kernbelegschaften stoße auf klammheimliche Zustimmung in der genderorientierten bzw. feministischen Arbeitsforschung, da diese in der Dekonstruktion des Normalarbeitsverhältnisses gewissermaßen eine Chance zur „Überwindung der hierarchischen Konstruktion von Frauen- und Männerarbeit" sehen würde (so z.B. Castel/Dörre 2009, 13). Dort, wo hingegen die Geschlechterfrage behandelt wird, wird sie häufig als Additivum thematisiert und erhält den Stellenwert eines Nebenwiderspruchs, mit dem sich Grundfragen der Arbeitsgesellschaft nicht aufschlüsseln lassen. Um jedoch „politische und kulturelle Aspekte des gegenwärtigen Wandels der Arbeit" (Kurz-Scherf 2013a, 183) zu thematisieren, bedarf es eines Leitbilds soziabler Arbeit, das den Zusammenhang von Arbeit und Leben neu und umfassender denkt und eine Orientierung für die Entwicklung entsprechender

Gestaltungsziele und -optionen bietet. Diese Ziele können letztlich nur normativ begründet werden (vgl. Kurz-Scherf 2007). Für die feministische Arbeitsforschung sind dabei der Rekurs auf die Überwindung von hierarchischen Geschlechterkonstruktionen und dualistischen Geschlechterstereotypen sowie die verschränkte Bearbeitung der Geschlechterproblematik mit anderen Dimensionen der sozialen Organisation, Verteilung und Bewertung von Arbeit konstitutiv.

Literatur

Baatz, Dagmar/Rudolph, Clarissa/Satilmis, Ayla (Hg.), 2004: Hauptsache Arbeit? Feministische Perspektiven auf den Wandel von Arbeit. Münster.

Becker-Schmidt, Regina, 2011: „Verwahrloste Fürsorge" – ein Krisenherd gesellschaftlicher Reproduktion. Zivilisationskritische Anmerkungen zur ökonomischen, sozialstaatlichen und sozialkulturellen Vernachlässigung von Praxen im Feld „care work". In: Gender: Zeitschrift für Geschlecht, Kultur und Gesellschaft, 3. Jg., Heft 3, 9-23.

Becker-Schmidt, Regina/Krüger, Helga, 2009: Krisenherde in gegenwärtigen Sozialgefügen: Asymmetrische Arbeits- und Geschlechterverhältnisse – vernachlässigte Sphären der Reproduktion. In: Aulenbacher, Brigitte/Wetterer, Angelika (Hg.): Arbeit. Perspektiven und Diagnosen der Geschlechterforschung. Münster, 12-41.

Bödecker, Sebastian, 2012: Soziale Ungleichheit und politische Partizipation in Deutschland. Grenzen politischer Gleichheit in der Bürgergesellschaft? Frankfurt/M.

Bundesagentur für Arbeit, 2014: Der Arbeits- und Ausbildungsmarkt in Deutschland – Monatsbericht, Dezember und Jahr 2013. Nürnberg.

Bundesagentur für Arbeit, 2013: Beschäftigungsstatistik. Nürnberg.

BMFSFJ, 2011: Neue Wege – gleiche Chancen. Gleichstellung von Frauen und Männern im Lebensverlauf. Erster Gleichstellungsbericht. BT-Drucksache 17/6240. Berlin.

Castel, Robert/Dörre, Klaus, 2009: Einleitung. In: Castel, Robert/Dörre, Klaus (Hg.): Prekarität, Abstieg, Ausgrenzung. Die soziale Frage am Beginn des 21. Jahrhunderts. Frankfurt/M., New York, 11-20.

Correll, Lena, 2005: Arbeit und andere Lebensbereiche – „irgendwie vermischt sich das sehr". Fallorientierte Überlegungen zu subjektorientierter Soziabilität. In: Kurz-Scherf, Ingrid/Correll, Lena/Janczyk, Stefanie (Hg.), 123-138.

Correll, Lena/Janczyk, Stefanie/Lieb, Anja, 2004: Innovative Potentiale einer genderkompetenten Arbeitsforschung. In: Baatz, Dagmar/Rudolph, Clarissa/Satilmis, Ayla (Hg.), 255-277.

Dahrendorf, Ralf, 1983: Wenn der Arbeitsgesellschaft die Arbeit ausgeht. In: Matthes, Joachim (Hg.): Krise der Arbeitsgesellschaft? Verhandlungen des 21. Deutschen Soziologentages in Bamberg 1982. Frankfurt/M., New York, 25-37.

Dölling, Irene, 2013: Vergesellschaftungsmodi jenseits des Arbeitsparadigmas. In: Kurz-Scherf, Ingrid/Scheele, Alexandra (Hg.), 276-289.

Eurostat, 2014a: Harmonisierte Arbeitslosenquote nach Geschlecht. http://epp.eurostat. ec.europa.eu/tgm/refreshTableAction.do?tab=table&plugin=1&pcode=teilm020& language=de (Download: 31.01.14).

Eurostat, 2014b: Beschäftigungswachstum nach Geschlecht. http://epp.eurostat. ec.europa.eu/tgm/table.do?tab=table&init=1&language=de&pcode=tps00180& plugin=1 (Download: 31.01.14).

GendA – Netzwerk feministische Arbeitsforschung, 2005: Die Zukunft der Arbeit innovativ mitgestalten. Discussion Papers, Nr. 18. Marburg.

Graf, Julia, 2014: In Arbeit: Teilhabe. Teilhabemöglichkeiten und -blockaden von Aufstocker_innen im Spannungsfeld von 'Hartz IV' und prekärer Beschäftigung. In: Brand, Ortrun/Dierkes, Mirjam/Jung, Tina (Hg.): In Arbeit: Demokratie. Feministische Perspektiven auf Emanzipation und Demokratisierung. Münster (i.E.).

–, 2013: Teilhabe von Aufstocker/innen. Die Gleichzeitigkeit von Erwerbstätigkeit und SGB II. Marburg.

Hirschman, Albert O., 1970: Exit, Voice, and Loyality. Responses to decline in firms, organizations, and states. Harvard.

Hochschild, Arlie Russell, 2006: Keine Zeit. Wenn die Firma zum Zuhause wird und zu Hause nur Arbeit wartet. Wiesbaden.

Janczyk, Stefanie, 2009: Arbeit und Leben. Eine spannungsreiche Ko-Konstitution. Münster.

–, 2005: Arbeit, Leben, Soziabilität. Zur Frage von Interdependenzen in einer ausdifferenzierten (Arbeits)Gesellschaft. In: Kurz-Scherf, Ingrid/Correll, Lena/Janczyk, Stefanie (Hg.), 104-122.

Jürgens, Kerstin, 2012: Arbeit und Reproduktion. In: Dörre, Klaus/Sauer, Dieter/Wittke, Volker (Hg.): Kapitalismustheorie und Arbeit. Frankfurt/M., 273-288.

–, 2011: Prekäres Leben. In: WSI-Mitteilungen, 64. Jg., Heft 8, 379-385.

Klenner, Christina/Pfahl, Svenja/Neukirch, Sabine/Weßler-Poßberg, Dagmar, 2011: Prekarisierung im Lebenszusammenhang – Bewegung in den Geschlechterarrangements? In: WSI-Mitteilungen, 64. Jg., Heft 8, 416-422.

Kocher, Eva/Weltli, Felix, 2010: Autonomie und Soziale Sicherheit – Anforderungen an eine arbeits- und sozialrechtliche Regulierung. In: WSI-Mitteilungen, 63. Jg., Heft 6, 1-7.

Kratzer, Nick, 2003: Arbeitskraft in Entgrenzung. Grenzenlose Anforderungen, erweiterte Spielräume, begrenzte Ressourcen. Berlin.

Kronauer, Martin/Schmid, Günther, 2011: Ein selbstbestimmtes Leben für alle. Gesellschaftliche Voraussetzungen von Autonomie. In: WSI-Mitteilungen, 64. Jg., Heft 4, 155-162.

Kurz-Scherf, Ingrid, 2013a: Arbeitspolitik und Geschlecht. In: Arbeit. Zeitschrift für Arbeitsforschung, Arbeitsgestaltung und Arbeitspolitik, 22. Jg., Heft 22, 167-186.

–, 2013b: „The Great Transformation" – Ausstieg aus dem Kapitalismus? Ein Plädoyer für feministischen Eigensinn in den aktuellen Krisen- und Kritikdynamiken. In: Kurz-Scherf, Ingrid/Scheele, Alexandra (Hg.), 81-105.

–, 2007: Soziabilität – auf der Suche nach neuen Leitbildern der Arbeits- und Geschlechterpolitik. In: Aulenbacher, Brigitte/Funder, Maria/Jacobsen, Heike/Völker, Susanne (Hg.): Arbeit und Geschlecht im Umbruch der modernen Gesellschaft. Forschung im Dialog. Wiesbaden, 269-284.
–, 2004: „Hauptsache Arbeit"? Blockierte Perspektiven im Wandel von Arbeit und Geschlecht. In: Baatz, Dagmar/Rudolph, Clarissa/Satilmis, Ayla (Hg.), 24-46.
–, 1999: Männerbündischer Traditionalismus. Die Zukunft ist weiblich. In: Arlt, Hans-Jürgen/Nehls, Sabine (Hg.): Bündnis für Arbeit. Konstruktion. Kritik. Karriere. Opladen, Wiesbaden, 135-146.
Kurz-Scherf, Ingrid/Lepperhoff, Julia/Rudolph, Clarissa, 2003: Geschlechterperspektiven auf den Wandel von Arbeit. In: WSI-Mitteilungen, 56. Jg., Heft 10, 585-590.
Kurz-Scherf, Ingrid/Correll, Lena/Janczyk, Stefanie (Hg.), 2005: In Arbeit: Zukunft. Die Zukunft der Arbeit und der Arbeiterforschung liegen in ihrem Wandel. Münster.
Kurz-Scherf, Ingrid/Scheele, Alexandra (Hg.), 2013: Macht oder ökonomisches Gesetz? Zum Zusammenhang von Krise und Geschlecht. Münster.
Lieb, Anja, 2009: Demokratie: Ein politisches und soziales Projekt? Zum Stellenwert von Arbeit in zeitgenössischen Demokratiekonzepten. Münster.
Marrs, Kira, 2008: Arbeit unter Marktdruck. Die Logik der ökonomischen Steuerung in der Dienstleistungsarbeit. Berlin.
Nickel, Hildegard Maria/Hüning, Hasko/Frey, Michael, 2008: Subjektivierung, Verunsicherung, Eigensinn. Auf der Suche nach Gestaltungspotenzialen für eine neue Arbeits- und Geschlechterpolitik. Münster.
Pongratz, Hans J./Voß, G. Günter, 2003: Arbeitskraftunternehmer. Erwerbsorientierungen in entgrenzten Arbeitsformen. Berlin.
Scheele, Alexandra, 2009: Jenseits von Erwerbsarbeit? Oder: Ein erneuter Versuch, die richtigen Fragen zu finden. In: Kurz-Scherf, Ingrid/Lepperhoff, Julia/Scheele, Alexandra (Hg.): Feminismus – Kritik und Intervention. Münster, 180-196.
–, 2008: Arbeit als politisches Feld. Münster.
Schürmann, Lena, 2013: Schmutz als Beruf. Prekarisierung, Klasse und Geschlecht in der Reinigungsbranche. Münster.
Trinczek, Rainer, 2011: Überlegungen zum Wandel der Arbeit. In: WSI-Mitteilungen, 64. Jg., Heft 11, 606-614.
Verbund Zukunftsfähige Arbeitsforschung, 2005: Arbeit neu denken, erforschen, gestalten. Dresden.
Völker, Susanne, 2011: Praktiken sozialer Reproduktion von prekär beschäftigten Männern. In: WSI-Mitteilungen, 64. Jg., Heft 8, 423-429.
WSI-Mitteilungen, 2011: Prekarisierung der Arbeit – Prekarisierung im Lebenszusammenhang. 64. Jg., Heft 8.

Diana Auth

Noch immer auf Kosten der Frauen?
Sorgearbeit im Wohlfahrtsstaat

1 Einleitung: Auf Kosten der Frauen: der zweigeteilte Sozialstaat

Auf Kosten der Frauen und *Die armen Frauen* – so lauten die Titel zweier Sammelbände, die in den 1980er Jahren von feministischen (Sozial-)WissenschaftlerInnen und AktivistInnen der Frauenbewegung herausgegeben wurden (vgl. Gerhard/ Schwarzer/Slupik 1988; Kickbusch/Riedmüller 1984). Darin stellen die AutorInnen fest, dass Frauen wohlfahrtsstaatlich gegenüber Männern benachteiligt und weibliche Lebenslagen marginalisiert werden. „Auf Kosten der Frauen verteilt der patriarchale Staat das von beiden Geschlechtern gemeinsam Erwirtschaftete en gros an Männer und en detail an Frauen" (Schwarzer 1988, 8). Mit dieser Ungleichverteilung materieller Ressourcen setzten sich in den 1980er Jahren in vielen demokratisch-kapitalistischen Ländern feministische Wohlfahrtsstaatsforscherinnen unter dem Stichwort der „Sexual Division of Welfare" (Rose 1981) und der „zweigeteilten Sozialpolitik" (Hernes 1986) auseinander. Auch die Sozialwissenschaftlerinnen in Deutschland deckten auf, dass die „Spaltung des Sozialstaats" in Arbeiter- und Armenpolitik (Leibfried/Tennstedt 1985), die die deutsche Sozialpolitik seit den Anfängen unter Reichskanzler Bismarck prägt, eine deutliche Geschlechterkomponente aufweist. Während Männer in deutlich höherem Maße in den Genuss beitragsfinanzierter und lohnarbeitsbezogener Sozialversicherungsleistungen kommen, sind weitaus mehr Frauen auf steuerfinanzierte und bedürftigkeitsgeprüfte Sozialleistungen angewiesen. Diese Zweiteilung ist auf die Konstruktionsprinzipien des deutschen Wohlfahrtsstaates zurückzuführen: die Ehe und die Erwerbsarbeit (vgl. Braun/Jung 1997, 8f.; Auth 2002, 37).

Der Grundpfeiler der Ehezentriertheit zeigt sich insbesondere in der abgeleiteten sozialen Sicherung (vgl. Kickbusch 1984, 165). Frauen werden sozialpolitisch als Angehörige von Männern wahrgenommen: als Ehefrauen, Töchter, Hinterbliebene oder Verlassene (vgl. Gerhard 1988, 15). Prägnante Beispiele hierfür sind die kostenlose Mitversicherung von nicht-erwerbstätigen EhepartnerInnen und Kindern in der gesetzlichen Kranken- und Pflegeversicherung sowie die Hinterbliebenenversorgung. Diese Sicherungskonstruktion fördert die traditionelle geschlechtliche Arbeitsteilung und privilegiert die männliche Versorgerehe. FrauenrechtlerInnen und feministische WissenschaftlerInnen haben auch die Fokussierung des sozialen Sicherungssystems auf Erwerbsarbeit kritisiert. Aufgrund der Ausrichtung der Sozialversicherungen auf das männlich geprägte Normalarbeitsverhältnis werden Frauen sozialstaatlich benachteiligt. Durch das Äquivalenzprinzip und die Lebensstandardsicherung werden Erwerbsbiographien wohlfahrtsstaatlich begünstigt, die sich durch eine kontinuierliche Vollzeiterwerbstätigkeit auszeichnen. Davon abweichende Erwerbsverläufe werden in geringerem Maße und Sorgearbeit nicht oder zumindest nicht gleichberechtigt berücksichtigt (vgl. Kickbusch 1984, 165; Auth 2002, 37). Mütter (und Väter) sowie Pflegende – also diejenigen, die gesellschaftlich notwendige Sorgearbeit leisten – wurden bis in die 1980er Jahre hinein nicht eigenständig abgesichert, sondern wohlfahrtsstaatlich auf das letzte soziale Netz, die Sozialhilfe, verwiesen, sofern es ihnen nicht gelang, über eigene Erwerbsarbeit oder die Ehe ausreichend abgesichert zu sein. Aufgrund dieser Problematik forderten FrauenrechtlerInnen und SozialwissenschaftlerInnen von der damals regierenden konservativ-liberalen Regierung unter Bundeskanzler Kohl „mehr Frauenrechte im Sozialstaat" (Gerhard 1988, 12), genauer: die Individualisierung der sozialen Absicherung und des Steuersystems sowie den Abbau ehebezogener Förderungen, die die männliche Versorgerehe begünstigen.

Die wohlfahrtsstaatlichen Gleichstellungsforderungen wurden im Kontext der Krise der Arbeitsgesellschaft, der Modernisierung der Geschlechterverhältnisse und der beginnenden Wahrnehmung der Alterung der Gesellschaft gestellt (vgl. Gerhard 1988, 20). Dabei waren die FrauenrechtlerInnen und die feministischen WissenschaftlerInnen in dieser Zeit durchaus gespalten in der Einschätzung (wohlfahrts-)staatlichen Handelns. Während der eine Teil den (Wohlfahrts-)Staat eher als patriarchales Herrschaftsinstrument wahrnahm, in dem Frauen Rechte verweigert und durch bürokratische Praktiken diskriminiert werden (vgl. Hehr/Möller 1985), plädierte der andere Teil in Anlehnung an die skandinavische Politikwissenschaftlerin Helga Hernes (1986) für eine differenziertere Staatsbetrachtung, in der die Widersprüche wohlfahrtsstaatlichen Handelns und das frauenpolitische Potential sozialer Rechte betont wurden (vgl. Gerhard 1988). Und selbst unter den Frauen, die den 'Marsch durch die Institutionen' antraten, bestand keine Einigkeit darüber, *wie* die eigenständige soziale Absicherung von Frauen gewährleistet werden sollte. Es bestehen generell zwei Wege, die in der feministischen Debatte unter dem Label „Differenz und Gleichheit" seit den 1970er Jahren intensiv diskutiert worden sind (vgl. unter vielen Gerhard et al. 1990).

Bezogen auf die Sozialpolitik bedeutet dies entweder die Fokussierung auf die gleichberechtigte Arbeitsmarktintegration von Frauen oder die sozialpolitische Aufwertung und Gleichstellung von Sorge- mit Erwerbsarbeit. Nancy Fraser (1996) hat die beiden wohlfahrtsstaatlichen Wege unter den Labeln „Modell der allgemeinen Erwerbstätigkeit" und „Modell der Gleichstellung der Betreuungsarbeit" diskutiert. Das erste Modell geht mit der Anpassung von Frauen an männliche Arbeitsmuster und Lebenskonzepte einher, das zweite Modell perpetuiert geschlechtliche Rollenmuster und legt Frauen auf den Bereich der Sorgearbeit fest. Aufgrund dieser Problematiken entwickelte Fraser das „Modell der universellen Betreuungsarbeit" (ebd.), ein Mischtyp, demzufolge die weiblichen Lebensmuster die neue Norm bilden, so dass beide Geschlechter Erwerbs- und Sorgearbeit kombinieren können (und bei Fraser auch müssen).

Im Folgenden soll ein gutes Vierteljahrhundert nach dem Aufkommen der feministischen Kritik am deutschen Wohlfahrtsstaat Bilanz gezogen werden. Dies erfolgt exemplarisch anhand eines wohlfahrtsstaatlichen Bereichs, der Altersabsicherung von Sorgearbeit. Die Forderung nach einer eigenständigen Alterssicherung von Frauen (die nicht nur, aber wesentlich von der Absicherung von Sorgearbeit abhängt) wurde schon zu Beginn der wohlfahrtsstaatlichen Debatte gestellt (vgl. Kickbusch/Riedmüller 1984; Gerhard/Schwarzer/Slupik 1988). Hier soll nun der Wandel der rentenrechtlichen Anerkennung von Kindererziehungs- und Pflegearbeit dargestellt (Abschnitt 2) sowie die damit einhergehenden gleichstellungspolitischen Wirkungen herausgearbeitet werden (Abschnitt 3). Die Analyse erfolgt vor dem Hintergrund des Wandels von Erwerbsarbeit, vor allem der steigenden weiblichen Erwerbsbeteiligung sowie der Zunahme atypischer Beschäftigungsverhältnisse. Berücksichtigt wird auch der sozial- und rentenpolitische Wandel, der in erster Linie durch Kürzungen und die Individualisierung von Risiken geprägt ist.

Die gleichstellungspolitischen Wirkungen werden in Anlehnung an Frasers Modell der universellen Betreuungsarbeit auf drei Ebenen untersucht (vgl. Auth/Leiber/Leitner 2011, 153):

Erstens wird die Anerkennung von Sorgearbeit in Sinne der rentenrechtlichen Gleichstellung mit Erwerbsarbeit untersucht. Hier wird zwischen der eigenständigen rentenrechtlichen Absicherung verschiedener Frauengenerationen einerseits und zwischen Kindererziehungs- und Pflegearbeit andererseits unterschieden. *Zweitens* wird die erwerbsarbeitsbezogene Gleichstellung im Sinne der rentenrechtlichen Förderung der Parallelität von Beruf und Sorgearbeit bzw. kurzer Erwerbsunterbrechungen durch additive Regelungen in den Blick genommen.

Zum *Dritten* erfolgt eine Analyse der sorgearbeitsbezogenen Gleichstellung im Sinne von Anreizen für eine partnerschaftliche Arbeitsteilung durch ein hohes rentenrechtliches Anrechnungsniveau, z.B. durch die Orientierung am Erwerbseinkommen. Abschließend werden die rentenpolitischen Entwicklungen und Wirkungen im Kontext des zweigeteilten Sozialstaats bewertet und gleichstellungsorientierte Reformvorschläge unterbreitet (Abschnitt 4).

2 Wandel der Altersabsicherung von Sorgearbeit

Frauen erhalten im Durchschnitt eine niedrigere Rente als Männer, weil sie ihre Erwerbstätigkeit erziehungs- und/oder pflegebedingt unterbrechen, häufig phasenweise Teilzeit arbeiten und generell niedrigere Löhne beziehen. Die zeit- und lohnbezogenen Erwerbsunterschiede und zum Teil auch Arbeitsmarktdiskriminierungen von Frauen verlängern sich aufgrund des Äquivalenzprinzips in das soziale Sicherungssystem hinein, ohne dass Frauen direkt rentenrechtlich benachteiligt werden. Es handelt sich stattdessen um die „Verrechtlichung ungleicher Lebenslagen von Mann und Frau" (Riedmüller 1988, 51).

Die Zunahme von Scheidungen, nicht-ehelichen Lebensgemeinschaften (mit Kindern), Alleinerziehenden (Müttern), Ehen ohne Kinder sowie atypischen bzw. prekären Beschäftigungsverhältnissen (auch von Männern) hat den Druck auf die politischen Akteure erhöht, Sorgearbeit (statt die Ehe) wohlfahrtsstaatlich abzusichern und abgeleitete Sicherungselemente zu reformieren.

Erziehungszeiten wurden erstmals mit der Einführung des Mutterschaftsurlaubs Ende der 1970er Jahre von der sozial-liberalen Koalition rentenrechtlich abgesichert, wenn auch auf niedrigem Niveau. Im Rahmen der Neuregelung der Hinterbliebenenversorgung und der Einführung des Erziehungsurlaubs Mitte der 1980er Jahre wurde der Zeitraum von der konservativ-liberalen Koalition von vier Monaten auf ein Jahr ausgedehnt und als fiktive Pflichtbeitragszeit anerkannt. Erziehungszeiten gelten seitdem nicht mehr als 'Erwerbsverhinderungsgrund', sondern als 'Leistungstatbestand' ähnlich einer Erwerbstätigkeit. Mit der Rentenreform 1992 wurde die rentenrechtliche Anerkennung von Erziehungsarbeit auf drei Jahre pro Kind ausgeweitet. Diese Regelung gilt allerdings nur für Kinder, die nach 1991 geboren sind (vgl. Götting 1992, 10; Auth 2002, 175ff.).

Die verbesserte Absicherung von Kindererziehung erfolgte in einer Zeit, die in erster Linie durch Kürzungen geprägt war, z.B. durch die Abschaffung von Frühverrentungsmöglichkeiten und die Einführung von Rentenabschlägen bei früherem Renteneintritt. Durch die Abschaffung der Altersrente für Frauen mit 60 Jahren waren davon auch viele Frauen betroffen.

Die Erziehungszeiten wurden rentenrechtlich allerdings schlechter bewertet als Erwerbsarbeit, nämlich nur mit 75% des Durchschnittseinkommens aller Versicherten oder 0,75 Entgeltpunkten (EP). Auch eine Erwerbstätigkeit in den ersten drei Lebensjahren des Kindes führte nicht zu einer rentenrechtlichen Höherbewertung. Erst durch ein Verfassungsgerichtsurteil aus dem Jahr 1992 wurden die gleiche Bewertung von Erziehungs- mit Erwerbsarbeit und die additive Anrechnung von Erwerbs- und Erziehungsarbeit durchgesetzt. Mit der Rentenreform 1999 wurde die Anrechnung der Erziehungsleistung auf die Rente in drei Stufen auf 1 EP erhöht. Zudem werden Kindererziehung und Erwerbstätigkeit seitdem bis zur Beitragsbemessungsgrenze addiert. Das Leitbild des Nacheinanders von Kindererziehung und Erwerbstätigkeit wird vom Parallelitäts-Modell abgelöst (vgl. Auth 2002, 175ff.).

Die rot-grüne Regierung führte die sog. kindbezogene Höherbewertung von Beitragszeiten ein. Seit 2001 werden Erziehungspersonen, die zwischen dem vierten und dem zehnten Lebensjahr des Kindes erwerbstätig sind, rentenrechtlich begünstigt. Die in dieser Zeit erworbenen Erwerbseinkommen werden um 50% auf max. 1 EP aufgestockt, wenn 25 Versicherungsjahre vorliegen. Erziehungspersonen, die aufgrund der Erziehung mehrerer Kinder nicht erwerbstätig sind, erhalten eine rentenrechtliche Gutschrift, die der höchstmöglichen Einkommensanhebung (0,33 EP) entspricht. Die Aufstockung der Renten von Erziehenden erfolgt nach den Grundsätzen der Rente nach Mindesteinkommen, die mit dieser Neuregelung auslief. Bei der Rente nach Mindesteinkommen handelte es sich nicht um eine Mindestrente, sondern um die Höherbewertung von Renten im Falle langer Erwerbsbiographien mit niedrigen Löhnen. Wer über 35 beitragspflichtige Erwerbsjahre (inklusive Erziehungs- und Pflegezeiten) verfügte, dessen niedrige Beitragszeiten wurden bis 1992 um das Eineinhalbfache, maximal aber auf 0,75 EP angehoben. Für die Rentenberechnung der Jahre ab 1992 gilt nun die Neuregelung (vgl. Auth 2002, 225ff.).

Im Rahmen des ersten Reformpakets der Großen Koalition unter Arbeitsministerin Nahles wird die rentenrechtliche Anrechnung von Kindererziehungszeiten für Mütter, die ihre Kinder vor 1992 bekommen haben, ab Mitte 2014 von einem auf zwei Jahre erhöht. Die „Mütterrente" wird aus den Beitragsmitteln der gesetzlichen Rentenversicherung finanziert. Erst ab 2019 soll es einen steuerfinanzierten Bundeszuschuss geben (vgl. SZ vom 29.01.2014).

Wichtig für die Altersabsicherung von Frauen ist auch die Hinterbliebenenversorgung, die seit 1986 auch Männern gleichermaßen gewährt wird. Die Witwen-/Witwerrente ist in Deutschland an die Institution der Ehe gebunden. Die Ehefrau/der Ehemann erhält im Todesfall des Ernährers/der Ernährerin eine Unterhaltsersatzleistung. Unter der rot-grünen Regierung wurde die Hinterbliebenenversorgung um fünf Prozentpunkte auf 55% der Rentenansprüche der/des Verstorbenen gekürzt. Auch die Regelungen zur Einkommensanrechnung wurden verschärft. Gleichzeitig wurde eine Kinderkomponente eingeführt. Für Witwen bzw. Witwer mit Kindern wird für das erste Kind ein Zuschlag von 2 EP gewährt, für jedes weitere Kind ein Zuschlag von 1 EP. Strukturelle Reformen in Richtung einer individuellen, eigenständigen Altersabsicherung wurden bislang nicht umgesetzt. Es existiert lediglich ein freiwilliges Rentensplittingmodell, das aber kaum in Anspruch genommen wird, weil es mit dem Verzicht auf die Witwen-/Witwerrente einhergeht.

Im Kontext der Einführung der Pflegeversicherung Mitte der 1990er Jahre wurde auch die rentenrechtliche Absicherung häuslicher Pflegearbeit beschlossen. Seit 1995 werden häusliche Pflegezeiten als fiktive Beitragszeiten rentenrechtlich anerkannt. Dies gilt für häuslich Pflegende, die mindestens 14 Stunden pro Woche pflegen. Je nach dem Grad der Pflegebedürftigkeit und damit dem Umfang der häuslichen Pflegearbeit erfolgt die fiktive Anrechnung auf der Grundlage von 0,27 EP (Pflegestufe 1) bis 0,8 EP (Pflegestufe 3). Eine parallele Erwerbstätigkeit ist bis zu 30 Wochenstunden möglich (vgl. Auth 2002, 176). An dieser Art der rentenrechtlichen Bewertung von Pflegearbeit hat sich seit Mitte der 1990er Jahre nichts geändert.

Im Jahr 2008 wurde die Pflegezeit eingeführt, wonach Beschäftigte ihre Erwerbstätigkeit für maximal sechs Monate unterbrechen oder ihre Arbeitszeit reduzieren können, um einen nahen Angehörigen zu pflegen. Die rentenrechtliche Absicherung der Pflegeperson ist in dieser Zeit zwar weiter gewährleistet, die Basis ist allerdings nicht die Erwerbstätigkeit der Pflegeperson, sondern (wie beim Pflegegeld) der Grad der Pflegebedürftigkeit der zu versorgenden Person.

3 Rentenrechtliche Gleichstellung von Sorgearbeit oder noch immer „auf Kosten der Frauen"?

Wie sind diese Reformen nun aus einer Gleichstellungsperspektive zu beurteilen? Profitieren Männer wohlfahrtsstaatlich heute auch noch „auf Kosten der Frauen"?

(1) Die Analyse der Reformen hat gezeigt, dass sich die rentenrechtliche Absicherung von Sorgearbeit im letzten Vierteljahrhundert deutlich verbessert hat und zwar gegenläufig zum generellen wohlfahrtsstaatlichen Trend, der in Richtung Rücknahme sozialpolitischer Rechte und Individualisierung sozialer Risiken deutet. Dazu zählen im Rentenrecht die Förderung der privaten Altersvorsorge

bei gleichzeitiger Kürzung des gesetzlichen Rentenniveaus sowie jüngst die Heraufsetzung der Regelaltersgrenze auf 67 Jahre.

„Während in den Reformen der letzten Jahre die frühere Anrechnung von einigen nicht oder nur durch geringe Beiträge belegten Zeiten, wie z.B. Ausbildungszeiten und Zeiten der Arbeitslosigkeit, eingeschränkt worden ist, hat es im Bereich der Anrechnung von Sorgearbeit – Kindererziehung, Pflege – mehrfach Reformen gegeben, die zu einer Ausdehnung oder Höherbewertung anrechenbarer Zeiten geführt haben" (BMFSFJ 2011, 202).

Es wird nun untersucht, welche Auswirkungen diese im ersten Gleichstellungsbericht der Bundesregierung positiv hervorgehobene rentenrechtliche Entwicklung auf die eigenständige Alterssicherung von Frauen hat. Dabei wird zwischen verschiedenen Frauengenerationen unterschieden, denn die meisten Reformen wurden aus Kostengründen nicht rückwirkend eingeführt. Das bedeutet, dass den Frauengenerationen, deren Kinder vor 1992 geboren wurden, bislang nur ein Jahr Kindererziehung rentenrechtlich anerkannt wurde. Ab Mitte 2014 werden zwei Jahre rentenrechtlich anerkannt, so dass diese Frauen nun eine erziehungsbedingte Rente von 56,28 Euro (West) und 51,48 Euro (Ost) erhalten. Es sind insbesondere westdeutsche Frauen, deren Erwerbsbiographien aufgrund der Förderung des Leitbilds der (modernisierten) Versorgerehe erziehungs- und pflegebedingt große Lücken aufweisen und durch z.T. sehr lange Teilzeitphasen gekennzeichnet sind. Während dieses Leitbild vor allem von den bürgerlichen Schichten gelebt wurde, leiden Frauen aus der Arbeiterschicht in höherem Maße

Tabelle 1: Ausgewählte Daten der GRV (2011)

	Frauen		Männer	
	West	Ost	West	Ost
Rentenzugänge: Durchschnittliche Zahlbeträge der Versichertenrenten insgesamt	500 Euro	665 Euro	818 Euro	780 Euro
Rentenzugänge: Durchschnittliche Zahlbeträge der Renten wegen Alters	487 Euro	681 Euro	868 Euro	867 Euro
Rentenzugänge: Durchschnittliche Zahlbeträge der Witwen-/Witwerrenten	561 Euro	594 Euro	226 Euro	282 Euro
Durchschnittliche Versicherungsjahre (Versichertenrenten insgesamt)	30,3 Jahre	41,1 Jahre	39,9 Jahre	43,2 Jahre
Durchschnittliche EP (Versichertenrenten insgesamt)	0,70 EP	0,80 EP	0,97 EP	0,88 EP

Quelle: DRV Bund 2012, eigene Zusammenstellung

unter der Abschaffung der Rente nach Mindesteinkommen, die für die Versicherungsjahre nach 1992 nicht mehr gilt. Niedrige Renten dieser Jahre werden trotz langer Versicherungsbiographien nicht weiter angehoben.

Der Vergleich der aktuellen Rentenzugänge von Männern und Frauen verdeutlicht die Benachteiligung der Frauengeneration, die nach dem Zweiten Weltkrieg geboren wurde. Es zeigt sich, dass die weiblichen Renten deutlich unter denen der Männer liegen. Während westdeutsche Frauen, die heute in Rente gehen, mit 500 Euro die niedrigsten gesetzlichen Renten beziehen, liegen die Renten der männlichen westdeutschen Neurentner mit 818 Euro deutlich darüber. Bei den ostdeutschen Frauen liegt der Betrag mit 665 Euro höher als der der westdeutschen Frauen. Die ostdeutschen Männer erhalten mit 780 Euro etwas niedrigere Renten als die westdeutschen Männer. Die niedrigere durchschnittliche Zahl der Versicherungsjahre und die niedrigeren durchschnittlich erzielten EP der Frauen erklären die geschlechtsspezifischen Rentenunterschiede (vgl. Tabelle 1).

Tabelle 2: BezieherInnen von Einfach- und Mehrfachrenten in Deutschland (2012), Rentenbestand

	Gesamt	in %	Männer	in %	Frauen	in %
Versichertenrenten	15.250.846	74	8.161.999	93	7.088.847	60
Witwen-/Witwerrenten*	1.307.125	6	96.386	1	1.210.739	10
MehrfachrenterInnen	4.051.137	20	478.243	5	3.572.894	30
RentnerInnen gesamt	20.609.108	100	8.736.628	100	11.872.480	100

Quelle: DRV Bund 2013, eigene Berechnungen
Ohne Waisenrenten, Nullrenten, Knappschaftsausgleichsleistungen und ohne reine Renten nach dem Kindererziehungsleistungs-Gesetz (KLG)[1].
* Einschließlich Erziehungsrenten

Auch die Witwenrenten weisen deutliche Geschlechterunterschiede auf. Die Witwenrenten der Frauen liegen zwar doppelt so hoch wie die der Männer, doch entscheidend ist die Bedeutung der Witwenrente für die Altersabsicherung. Hier zeigt sich, dass Frauen aufgrund diskontinuierlicher Erwerbsverläufe und des

---

1 Diese Leistung erhalten westdeutsche Mütter der Geburtsjahrgänge 1920 (Ostdeutschland: 1927) und älter. Bei diesen Müttern wird ein Jahr Kindererziehung auf die Rente angerechnet. Die Leistung wurde als Ausgleich für die Mütter eingeführt, die bei der Einführung der rentenrechtlichen Anerkennung von Erziehungszeiten Mitte der 1980er Jahre bereits im Rentenalter waren.

erziehungsbedingten Karriereknicks in weitaus höherem Maße auf die Hinterbliebenenversorgung angewiesen sind als Männer. Im Jahr 2012 weisen 93% der Männer, aber nur 60% der Frauen eine eigenständige Alterssicherung durch die gesetzliche Rentenversicherung auf (vgl. Tabelle 2).

Zusammenfassend lässt sich sagen, dass die eigenständige Alterssicherung der jetzigen Rentnerinnen niedrig, die Angewiesenheit auf Rentenansprüche des Ehemannes bzw. die Hinterbliebenenversorgung dagegen hoch ist. Greifen die Unterhalts(ersatz)leistungen nicht, droht vielfach Altersarmut. So sind im Jahr 2008 knapp zwei Drittel der BezieherInnen von Grundsicherung im Alter Frauen (vgl. Statistisches Bundesamt 2009, 26, eigene Berechnungen).

Demgegenüber ist die rentenrechtliche Absicherung der Betreuungsarbeit der Frauen, die ihre Kinder nach 1992 bekommen haben und die ab den 2030er Jahren in Rente gehen werden, besser. In den ersten drei Jahren Kindererziehung erhalten insbesondere geringverdienende Frauen höhere Rentenanwartschaften, als sie durch Erwerbsarbeit allein erzielt hätten, da sich die rentenrechtliche Absicherung am Durchschnittseinkommen aller Versicherten orientiert. 1 EP entspricht im Jahr 2014 einem Jahresbruttoeinkommen von 34.857 Euro (vgl. Bundesregierung 2013). 3 EP (drei Jahre Kindererziehung) entsprechen im Jahr 2014 einer monatlichen Rente von 84,42 Euro (West) und 77,22 Euro (Ost) und tragen damit zur eigenständigen rentenrechtlichen Absicherung von Erziehenden bei.

Für die darauffolgende Zeit vom vierten bis zum zehnten Lebensjahr des Kindes sind die Effekte widersprüchlich. Die größtmögliche Förderung erhalten diejenigen, deren Teilzeiteinkommen bei 0,66 EP liegt, weil die Rentenanwartschaften dieser Mütter oder Väter um 0,33 EP auf 0,99 EP aufgestockt werden. Wer weniger verdient als 0,66 EP, erhält eine geringere Förderung, weil nur um 50% aufgestockt wird; wer mehr verdient, erhält auch eine geringere oder gar keine Förderung, weil die Deckelung bei 1 EP liegt (vgl. Leitner 2013, 109f.).

Die rot-grüne Regierung hat zwar damit die eigenständige Alterssicherung von Frauen, also den Aufbau eigener, durch Erwerbsarbeit und Kindererziehung erworbener Rentenansprüche, weiter gefördert. Die Reform stellt allerdings faktisch den Ersatz für die Rente nach Mindesteinkommen dar, von der überdurchschnittlich viele langjährig versicherte und gering verdienende Frauen profitier(t)en, indem sie eine Rente oberhalb des Sozialhilfeniveaus erhielten (vgl. Auth 2002, 225ff.). Die neue Regelung ist dagegen selektiv und widersprüchlich. Ihr größtes Manko besteht darin, dass sie implizit davon ausgeht, dass die Arbeitsmarktungleichheiten und -diskriminierungen von Frauen aufhören, wenn das Kind zehn Jahre alt ist. Die generellen Lohnunterschiede zwischen Männern und Frauen und die langfristigen erziehungsbedingten Karrierenachteile werden nicht (mehr) rentenrechtlich ausgeglichen.

Die jüngeren Frauengenerationen sind nun einerseits durch eine deutlich höhere Erwerbsintegration besser rentenrechtlich abgesichert, sie sind aber andererseits von der Zunahme von Teilzeitarbeit und Mini-Jobs sowie der Ausdehnung des Niedriglohnsektors stark betroffen. Da lange Teilzeitphasen und/oder Beschäftigungen im Niedriglohnsektor sowie Arbeitslosigkeit zu niedrigen Renten führen, wird – flankiert durch die Rentenniveaukürzungen – die Altersarmut von Frauen (und Männern, vor allem aus Ostdeutschland) in Zukunft voraussichtlich wieder ansteigen (vgl. BMFSFJ 2011, 209f.).

Von der rentenrechtlichen Anerkennung häuslicher Pflegearbeit, die seit 1995 gewährt wird, profitieren – anders als bei der Kindererziehung – u.U. auch die rentennahen (Frauen-)Jahrgänge, je nachdem, in welchem Alter sie gepflegt haben. Bei jemandem, der heute – 2014 – in Rente geht, wird die häusliche Pflege, die er oder sie nach dem 46. Lebensjahr (d.h. nach der Einführung der Pflegeversicherung) geleistet hat, honoriert. Im Laufe der Zeit werden demnach stetig mehr RentnerInnen-Jahrgänge von dieser Regelung profitieren.

Für die Pflege eines Angehörigen erhält die Pflegeperson für ein Pflegejahr im Jahr 2011 eine Rente zwischen 7,42 Euro und 21,98 Euro (West) bzw. zwischen 6,58 Euro und 19,50 Euro (Ost). Eine additive Anrechnung von Pflege und Erwerbstätigkeit findet (nur) bis zu einem Erwerbsumfang von 30 Wochenstunden statt.

Vergleicht man die rentenrechtliche Absicherung von Kindererziehungs- und Pflegezeiten, dann zeigt sich, dass diese beiden Sorgearbeitsformen in Deutschland (nach wie vor) ungleich behandelt werden. Kindererziehungsarbeit wird deutlich höher bewertet als Pflegearbeit und eine parallele Erwerbstätigkeit wird uneingeschränkt angerechnet, während Pflegenden mehr als lange Teilzeitarbeit neben der häuslichen Pflege nicht zugestanden wird.

(2) Hinsichtlich der zweiten Gleichstellungsdimension geht es rentenrechtlich vor allem um die Frage der Förderung der Parallelität von Beruf und Sorgearbeit bzw. des frühen Wiedereinstiegs. Rentenrechtlich wird die Parallelität von Erwerbstätigkeit und Kindererziehung gefördert, weil von Beginn an eine additive Anrechnung von Kindererziehung und Erwerbstätigkeit stattfindet. Die beste rentenrechtliche Absicherung besteht bei Müttern (oder Vätern), die sofort nach dem Mutterschutz bzw. durchgängig erwerbstätig sind. Ist ein Elternteil trotz dieses Anreizes drei Jahre aus dem Erwerbsleben ausgeschieden, wird der Wiedereinstieg nach der Elternzeit durch die Aufstockung der Rentenanwartschaften

gefördert. Die Verknüpfung von Beruf und Kindererziehung wird allerdings vor allem für Teilzeitbeschäftigte und gering verdienende Vollzeitbeschäftigte gefördert. Und die Begünstigung der Parallelität von Beruf und Kindererziehung bezieht sich zudem nur auf Eltern mit einem Kind, denn Erziehende mit zwei oder mehr Kindern erhalten die maximale rentenrechtliche Gutschrift auch ohne Erwerbstätigkeit.

Auch bei PflegegeldbezieherInnen wird die Parallelität von Beruf und Pflege gefördert, allerdings nur bis zu einem Erwerbsumfang von 30 Wochenstunden. Demgegenüber wird der Wiedereinstieg ins Erwerbsleben nicht gefördert. Sowohl der Pflegegeldbezug als auch die rentenrechtliche Anerkennung sind an die Pflegebedürftigkeit der zu pflegenden Person geknüpft und damit zeitlich nicht auf eine bestimmte Jahreshöchstzahl begrenzt. Der berufliche Wiedereinstieg steht nicht im Vordergrund, weil familiär Pflegende häufig am Ende ihres Erwerbslebens pflegen. Gut ein Viertel der häuslich Pflegenden pflegt im rentennahen Alter und ein Drittel befindet sich bereits im Rentenalter. Da allerdings der Anteil der häuslich Pflegenden, die zwischen 40 und 54 Jahre alt sind, zwischen 1998 und 2010 um 5 Prozentpunkte auf 33% angestiegen ist (vgl. TNS Infratest Sozialforschung 2011, 27), sollte sowohl die Parallelität von Pflege und Vollzeiterwerbstätigkeit als auch der Wiedereinstieg in den Arbeitsmarkt stärker gefördert werden. Dies ist sowohl für die Einkommens- und Alterssicherung der Pflegenden als auch im Hinblick auf den demographisch bedingten Rückgang des Erwerbspersonenpotenzials sinnvoll. Die Begrenzung der Pflegezeit auf sechs Monate ist in diesem Kontext zu begrüßen. Weiterhin können Unterstützungsangebote durch Unternehmen sowie spezielle Programme der Bundesagentur für Arbeit für WiedereinsteigerInnen unterstützend wirken. In Bezug auf die rentennah Pflegenden wäre ein Übergang in eine Frühverrentungsregelung sinnvoll (vgl. Runde et al. 2009, 53).

(3) Eine partnerschaftliche Arbeitsteilung zwischen Frauen und Männern wird vor allem dann unterstützt, wenn sich die materielle und rentenrechtliche Absicherung am Erwerbseinkommen orientiert. Studien zur Elternzeit und zum Elterngeld zeigen deutlich, dass die Beteiligung der Väter aufgrund der Partnermonate und der Konstruktion des Elterngeldes als Lohnersatzleistung angestiegen ist (vgl. Pfahl/Reuyß 2009, 12; BMFSFJ 2009, 19ff.). Die rentenrechtliche Absicherung von Erziehungszeiten richtet sich zwar nicht direkt nach dem vorherigen Einkommen, aber der Orientierungsmaßstab für die ersten drei Jahre ist das Durchschnittseinkommen aller Versicherten (1 EP). Zudem werden die Rentenanwartschaften aus einer parallelen Erwerbstätigkeit uneingeschränkt bis

zur Beitragsbemessungsgrenze addiert, so dass die rentenrechtliche Absicherung insgesamt u.U. sogar höher ausfallen kann als bei einer 'reinen' Vollzeiterwerbstätigkeit. In den ersten drei Lebensjahren des Kindes ist der rentenrechtliche Anreiz zur Teilung der Erziehungsarbeit demnach sehr hoch. Zwischen dem vierten und dem zehnten Lebensjahr des Kindes fällt dieser Anreiz schon deutlich geringer aus, da die Rentenanwartschaften nur noch bei Teilzeitarbeit und/oder gering entlohnter Vollzeitarbeit aufgestockt werden.

In der häuslichen Pflege geht es weniger um eine partnerschaftliche Arbeitsteilung, sondern eher um die Förderung und Unterstützung von (Ehe-)Partnern, die ihre (Ehe-)Frauen pflegen (wollen), sowie um (Schwieger-)Söhne, die ihre (Schwieger-)Eltern pflegen (wollen). Der Anteil der pflegenden Männer ist zwischen 1998 und 2010 bereits von 20% auf 28% angestiegen. Insbesondere der Anteil der pflegenden Söhne hat sich in diesem Zeitraum von 5% auf 10% verdoppelt, die Pflege durch (Ehe-)Partner ist von 12% auf 15% angestiegen (vgl. TNS Infratest Sozialforschung 2011, 27). Die Zahlen zeigen, dass sich mit der Einführung der Pflegeversicherung die Beteiligung der Männer an der häuslichen Pflege erhöht hat, weil nun in deutlich höherem Maße ambulante Dienste als Unterstützung zur Verfügung stehen, vor allem im grundpflegerischen Bereich (vgl. ebd.), und weil auf diese Weise die Pflege besser mit einer Erwerbstätigkeit vereinbar ist. Anreize zu einer höheren Männerbeteiligung gehen also weniger vom eher symbolischen Pflegegeld und der damit verbundenen (niedrigen) rentenrechtlichen Anerkennung von Pflegearbeit aus als von der Bereitstellung öffentlich geförderter Pflegedienstleistungen. In Bezug auf die Pflegezeit besteht kein besonderer Anreiz zur Übernahme von Pflegetätigkeiten durch Männer, weil hier keine Lohnersatzleistung gezahlt wird und die rentenrechtliche Anerkennung – analog zum Pflegegeldbezug – auf niedrigem Niveau erfolgt (vgl. Auth/Leiber/Leitner 2011, 157ff.).

4 Fazit

Die rentenrechtliche Absicherung von Erziehungsarbeit in Deutschland ist gleichstellungspolitisch positiv zu bewerten, da sowohl die Erziehungsleistung rentenrechtlich anerkannt und mit Erwerbsarbeit in hohem Maße gleichgestellt als auch die Parallelität von Kindererziehung und Beruf bzw. die Aufnahme einer Erwerbstätigkeit gefördert wird. Aufgrund der fehlenden rückwirkenden Einführung dieser Reformmaßnahmen hat sich an der Rentensegregation bislang kaum etwas geändert. Zudem werden die Arbeitsmarktungleichheiten zwischen Männern und Frauen hinsichtlich Löhnen, Arbeitszeiten und Erwerbsunterbrechungen aufgrund des Äquivalenzprinzips weiterhin nahezu unverändert in das System der Alterssicherung verlängert, wie die niedrigeren Frauenrenten und die höheren Armutsraten von Frauen deutlich zeigen. Das Konzept des zweigeteilten Sozialstaats wird demnach zwar durch die sorgepolitischen Reformen zukünftig brüchig, weist aber nach wie vor ein hohes Maß an Gültigkeit auf.

Um das Ziel einer gleichstellungsorientierten Rentenpolitik – die eigenständige Alterssicherung von Frauen – zu erreichen, sind einerseits Maßnahmen innerhalb der Rentenversicherung notwendig, andererseits arbeitsmarktbezogene Reformen. Innerhalb des Rentenrechts bestehen noch Defizite im Bereich der Absicherung von Erziehungszeiten vor 1992. Hier wären die Reformen der amtierenden Großen Koalition fortzuführen und die Anrechnung von zwei auf drei Erziehungsjahre zu erhöhen, um die Erziehungsarbeit der Rentnerinnen und rentennahen Frauenjahrgänge gleichberechtigt anzuerkennen, sowie über Steuern zu finanzieren, da Kindererziehung eine gesamtgesellschaftliche Aufgabe ist. Des Weiteren ist die rentenrechtliche Ungleichbehandlung von Erziehungs- mit Pflegearbeit nicht zu rechtfertigen, da beide Sorgearbeiten gleichermaßen gesellschaftlich notwendig sind (vgl. BMFSFJ 2011, 226, 245). Um das Modell einer eigenständigen Alterssicherung von Frauen zu verwirklichen, muss zudem das Modell der Witwen-/Witwerrente durch ein verpflichtendes Splittingmodell ersetzt werden. Die Rentenversicherung muss weiter dahingehend reformiert werden, dass unstete Erwerbsbiographien mit Phasen der Arbeitslosigkeit und Teilzeitarbeit sowie dauerhafte Niedrigeinkommen nicht automatisch zu nichtexistenzsichernden Renten führen. Ziel muss es sein, innerhalb der gesetzlichen Rentenversicherung ein steuerfinanziertes Mindestsicherungssystem oberhalb des sozio-kulturellen Existenzminimums einzubauen. Die von der Großen Koalition geplante „Lebensleistungsrente" deutet ebenso in diese Richtung wie die Rentenmodelle der Grünen und der Linken sowie das vom Sozialverband Deutschland, dem Deutschen Gewerkschaftsbund und der Volkssolidarität entwickelte Konzept der Erwerbstätigenversicherung. Auch die weitergehenden Modelle eines demokratischen Sozialstaats (vgl. Lessenich/Möhring-Hesse 2004) oder einer Bürgerversicherung (vgl. u.a. Butterwegge 2012) bieten sehr gute Ansatzpunkte für eine wohlfahrtsstaatliche und rentenpolitische Reform, in der neben der Geschlechtergerechtigkeit auch die Aspekte Nachhaltigkeit und soziale Ausgewogenheit berücksichtigt werden.

Da sich in der Rente Arbeitsmarktungleichheiten und -diskriminierungen widerspiegeln, muss des Weiteren vor allem bei der Arbeits(markt)politik angesetzt werden, um Altersarmut zu vermeiden und die rentenrechtliche Absicherung von Frauen zu verbessern. Wichtig ist die Fortsetzung der Arbeitsmarktintegration von Frauen, wobei die Qualität der Beschäftigungsverhältnisse stärker berücksichtigt werden muss. Dazu sind der Abbau prekärer Beschäftigungsverhältnisse, insbesondere von Mini-Jobs, und die Durchsetzung eines allgemeinen Mindestlohnes ebenso notwendig wie ein bedarfsdeckendes und qualitativ hochwertiges Netz an Betreuungsinstitutionen für Kinder sowie ausreichende, hochwertige und finanziell für alle sozialen Gruppen erschwingliche soziale Dienste für Pflegebedürftige. Doch auch bei einer sehr guten Ausstattung mit sozialen Diensten für Kinder, Behinderte, Kranke und Pflegebedürftige bleibt ein Teil der Sorgearbeiten in den Familien – und das ist auch gut so. Um Männern und Frauen diese Sorgearbeit zu ermöglichen, müssen Unternehmen akzeptieren, dass ihre Beschäftigten, unabhängig vom Geschlecht, neben ihrer Erwerbstätigkeit auch Sorgeverpflichtungen haben. Um Erwerbs- *und* Sorgearbeit leisten und vereinbaren zu können, bedarf es weiter eines Arbeitszeitkonzepts, in dem der Aspekt der Verkürzung – sei es durch phasenweise (lange) Teilzeitarbeit, rechtlich garantierte Freistellungsphasen oder einen gerontologisch sinnvollen gleitenden Übergang in den Ruhestand (durchaus auch über die Regelaltersgrenze hinaus) – eine entscheidende Rolle spielt. Auch wenn wir derzeit weit davon entfernt sind, so entspricht der „Sechs-Stunden-Tag" für alle (vgl. Kurz-Scherf/Breil 1987) nach wie vor einer Vorstellung vom 'guten Leben', für die es sich zu kämpfen lohnt.

Literatur

Auth, Diana, 2002: Wandel im Schneckentempo. Arbeitszeitpolitik und Geschlechtergleichheit im deutschen Wohlfahrtsstaat. Opladen.

Auth, Diana/Leiber, Simone/Leitner, Sigrid, 2011: Sozialpolitik als Instrument der Geschlechtergerechtigkeit. In: Zeitschrift für Gruppendynamik und Organisationsberatung (Themenschwerpunkt), 42. Jg., Heft 2, 151-162.

BMFSFJ (Hg.), 2011: Neue Wege – Gleiche Chancen. Gleichstellung von Frauen und Männern im Zeitverlauf. Erster Gleichstellungsbericht. BT-Drs. 17/6240. http://www.bmfsfj.de/BMFSFJ/Service/publikationen,did=174358.html (Download: 20.09.13).

– (Hg.), 2009: Evaluationsbericht Bundeselterngeld- und Elternzeitgesetz 2009. http://www.bmfsfj.de/BMFSFJ/Service/Publikationen/publikationen,did=129496.html (Download: 20.09.13).

Braun, Helga/Jung, Dörthe, 1997: „Globale Gerechtigkeit? Feministische Debatte zur Krise des Sozialstaats". In: Braun, Helga/Jung, Dörthe (Hg.): Globale Gerechtigkeit? Feministische Debatte zur Krise des Sozialstaats. Hamburg, 7-21.

Butterwegge, Christoph, 2012: Krise und Zukunft des Sozialstaates, 4., überarbeitete und erweiterte Auflage. Wiesbaden.

Deutsche Rentenversicherung Bund (DRV Bund), 2013: Rentenversicherung in Zahlen 2013. http://www.deutsche-rentenversicherung.de/Allgemein/de/Inhalt/6_Wir_ueber_uns/03_fakten_und_zahlen/03_statistiken/02_statistikpublikationen/01_rv_in_zahlen_2013.html html (Download: 20.09.13).

– (Hg.), 2012: Rentenversicherung in Zeitreihen. http://www.deutsche-rentenversicherung.de/Allgemein/de/Inhalt/6_Wir_ueber_uns/03_fakten_und_zahlen/03_statistiken/02_statistikpublikationen/03_rv_in_zeitreihen.html (Download: 20.09.13).

Fraser, Nancy, 1996: Die Gleichheit der Geschlechter und das Wohlfahrtssystem: Ein postindustrielles Gedankenexperiment. In: Nagl-Docekal, Herta/Pauer-Studer, Herlinde (Hg.): Politische Theorie. Differenz und Lebensqualität. Frankfurt/M., 469-498.

Gerhard, Ute, 1988: Sozialstaat auf Kosten der Frauen. Einleitung. In: Gerhard, Ute/Schwarzer, Alice/Slupik, Vera (Hg.): 11-37.

Gerhard, Ute/Jansen, Mechtild/Maihofer, Andrea/Schmid, Pia/Schultz, Irmgard (Hg.), 1990: Differenz und Gleichheit. Menschenrechte haben (k)ein Geschlecht. Frankfurt/M.

Gerhard, Ute/Schwarzer, Alice/Slupik, Vera (Hg.), 1988: Auf Kosten der Frauen. Frauenrechte im Sozialstaat. Weinheim, Basel.

Götting, Ulrike, 1992: Die Politik der Kindererziehungszeiten – Eine Fallstudie. ZeS-Arbeitspapier Nr. 2. Bremen.

Hehr, Inge/Möller, Carola, 1985: Die Illusion vom Sozialstaat. In: beiträge zur feministischen theorie und praxis 13: Unser Staat?, 95-104.

Hernes, Helga, 1986: Die zweigeteilte Sozialpolitik: Eine Polemik. In: Hausen, Karin/Nowotny, Helga (Hg.): Wie männlich ist die Wissenschaft? Frankfurt/M., 163-176.

Kickbusch, Ilona, 1984: Familie als Beruf – Beruf als Familie: Der segregierte Arbeitsmarkt und die Familialisierung der weiblichen Arbeit. In: Kickbusch, Ilona/Riedmüller, Barbara (Hg.): 163-178.

Kickbusch, Ilona/Riedmüller, Barbara (Hg.), 1984: Die armen Frauen. Frauen und Sozialpolitik. Frankfurt/M.

Kurz-Scherf, Ingrid/Breil, Gisela (Hg.), 1987: Wem gehört die Zeit. Ein Lesebuch zum 6-Stunden-Tag. Hamburg.

Leibfried, Stephan/Tennstedt, Florian, 1985: Armenpolitik und Arbeiterpolitik. Zur Entwicklung und Krise der traditionellen Sozialpolitik der Verteilungsformen. In: Leibfried, Stephan/Tennstedt, Florian (Hg.): Politik der Armut oder Spaltung des Sozialstaats. Frankfurt/M., 64-93.

Leitner, Sigrid, 2013: Varianten von Familialismus. Eine historisch vergleichende Analyse der Kinderbetreuungs- und Altenpflegepolitiken in kontinentaleuropäischen Wohlfahrtsstaaten. Berlin.

Lessenich, Stephan/Möhring-Hesse, Matthias, 2004: Ein neues Leitbild für den Sozialstaat. Eine Expertise im Auftrag der Otto Brenner Stiftung und auf Initiative ihres wissenschaftlichen Gesprächskreises. Berlin. http://www.stephan-lessenich.de/media/Expertise_OBS.pdf (Download: 07.11.11).

Pfahl, Svenja/Reuyß, Stefan, 2009: Das neue Elterngeld. Erfahrungen und betriebliche Nutzungsbedingungen von Vätern – eine explorative Studie. http://www.sowitra.de/18.0.html (Download: 19.09.13).

Riedmüller, Barbara, 1988: Frauen haben keine Rechte. Zur Stellung der Frau im System sozialer Sicherheit. In: Kickbusch, Ilona/Riedmüller, Barbara (Hg.): 46-72.

Rose, Hilary, 1981: Rereading Titmuss: The Sexual Division of Welfare. In: Journal of Social Policy, 10. Jg., Heft 4, 477-501.

Runde, Peter/Giese, R./Kaphengst, C./Hess, J., 2009: AOK-Trendbericht II – Entwicklungen in der häuslichen Pflege seit Einführung der Pflegeversicherung, Hamburg. http://www.aok-gesundheitspartner.de/nordost/pflege/mediathek/literatur/ (Download: 01.08.13).

Schwarzer, Alice, 1988: Vorwort. In: Gerhard, Ute/Schwarzer, Alice/Slupik, Vera (Hg.): 7-9.

Statistisches Bundesamt, 2009: Empfänger/innen von Sozialhilfe in Form von Hilfe zum Lebensunterhalt und Grundsicherung im Alter und bei Erwerbsunfähigkeit. Fachserie 13, Reihe 2.2. 2009. https://www.destatis.de/DE/Publikationen/Thematisch/Soziales/Sozialhilfe/SozialhilfeHilfeLebensunterhalt.html (Download: 20.09.13).

TNS Infratest Sozialforschung, 2011: Abschlussbericht zur Studie „Wirkungen des Pflege-Weiterentwicklungsgesetzes". Bericht zu den Repräsentativerhebungen im Auftrag des BMG. München.

Sarah Lillemeier / Claus Schäfer

Die Verteilung von (Frauen)Zeit und (Frauen)Geld auf dem „Arbeits"-Markt
Bewegt sich die Gleichstellungs-Schnecke überhaupt?

1 Einleitung

Die Verteilung der Zeit ist – wie der *Gleichstellungsbericht* (Bundesministerium 2011) formuliert – eine „Leitwährung" jeder Gesellschaft, an der gerade auch die herrschende Rollenverteilung der Geschlechter erkannt werden kann (ebd., 196). Das gilt erst recht in Verbindung mit der 'Parallelwährung' Geld. Nun hat der *Gleichstellungsbericht* als Gemeinschaftsarbeit vieler ExpertInnen im Auftrag der schwarz-gelben Bundesregierung die Essenz langer wissenschaftlicher Forschung und politischer Beratung zu den vorliegenden Geschlechterverhältnissen zusammengetragen und kommt – wie schon viele frühere themenbezogene Arbeiten (z.B. Klenner/Schäfer 2002; Schäfer 2002) – zum Fazit einer sehr ungleichen Verteilung von Zeit und Geld zulasten der Frauen, insbesondere unter Beachtung der Lebenslauf-Perspektive.

Daraus erwächst ein enormer Handlungsdruck auf Politik und Gesellschaft zugunsten einer gleichmäßigeren Verteilung. Doch Ute Klammer, die zeitweilige Vorsitzende der Berichts-Kommission, sieht ein Jahr nach der Vorlage des Berichts und den darin zusammengetragenen Erkenntnissen noch immer ein erhebliches Handlungsdefizit der Politik (vgl. z.B. Bündnis 90/Die Grünen 2012). Eine Einschätzung, die auch weiterhin angesichts fehlender konkreter Maßnahmen zur Gleichstellung im Koalitionsvertrag der schwarz-roten Bundesregierung gelten dürfte.

Zudem fehlt es laut *Gleichstellungsbericht* an einem ausgefeilten Gender-Accounting in Deutschland – also an einer systematischen empirischen Darstellung der Geschlechter-Unterschiede vor allem im Längsschnitt bzw. in der Lebenslauf-Perspektive (Bundesministerium 2011, 217ff.). Ein solches System sollte sowohl die bezahlte als auch die unbezahlte Arbeit von Frauen und Männern berücksichtigen, um nicht nur „Fort-" und „Rückschritte" in der Gleichstellung besser "messen" zu können, sondern auch um das im *Gleichstellungsbericht* erhofften "Leitbild" (233ff.) zu initiieren, aus dem politisch nachhaltigeres Handeln für mehr Gleichstellung erwachsen könnte.

In diesem Sinn setzt sich der vorliegende Beitrag erneut mit einigen Fakten, Ursachen und Reformmöglichkeiten der ungleichen Verteilung von Zeit und Geld zwischen Frauen und Männern auf dem Arbeitsmarkt auseinander. Sein Anliegen ist es, durch bekannte, zugespitzte wie durch neue, bessere Informationen über Geschlechterungleichheiten beizutragen, die öffentliche Sensibilität für die Problematik zu erhöhen und politische Korrekturen zu beschleunigen. Deshalb wird hier in einem ersten empirischen Teil ein ausgewähltes Datenpaket zur Ungleichheit vorgestellt und ein Arbeitsmarkt-Baustein für ein informatives Gender-Accounting präsentiert. Ein zweiter Teil widmet sich einer der Hauptursachen der Geschlechterungleichheit in Bezug auf die 'Gesellschafts-Währung' Geld: der systematischen Unterbewertung und Unterbezahlung von Frauen-Erwerbsarbeit in der betrieblichen und tariflichen Praxis. Eine weitere Hauptursache – die Nichtberücksichtigung unbezahlter Arbeit, die nach wie vor hauptsächlich von Frauen übernommen wird – schwingt dabei als Ausdruck der ungleich verteilten 'Gesellschafts-Währungen' Zeit und Geld immer mit, wird aber in diesem Beitrag nicht ausführlich untersucht. Im letzten Abschnitt werden einige Reformoptionen für die Neuverteilung von Geld und Zeit am Arbeitsmarkt benannt.

2 Zur Empirie: Frauen-Zeit arbeitet gegen Frauen-Geld

2.1 Ungleich-Verteilung der Zeit für Reproduktions- und Erwerbsarbeit

Die Auseinandersetzung mit der Ungleichverteilung von Zeit muss aktuell noch auf die dritte Erhebung des Statistischen Bundesamts zur Zeitverwendung der deutschen Bevölkerung verzichten, die nach 1991/92 und 2001/02 zwar 2012/13 erneut durchgeführt wurde, aber bis Ende 2014 nicht ausgewertet vorliegen wird. Immerhin haben die beiden genannten früheren Erhebungen ein bezeichnendes Licht auf die sehr ungleiche Zeitverteilung zwischen den Geschlechtern geworfen: Unbezahlte Arbeit – dominiert von Reproduktionsarbeit wie einen privaten Haushalt führen, Kinder aufziehen, Angehörige pflegen – übersteigt im Volumen bei weitem die bezahlte Erwerbsarbeit und wird nach wie vor weitgehend von Frauen erledigt. Das galt zumindest für 2001: "Der Umfang an unbezahlter Arbeit […] einschließlich der dafür erforderlichen Wegezeiten betrug im Jahr 2001 96 Milliarden Stunden […]. Damit wurde das 1,7-fache an Zeit für unbezahlte

Arbeit im Vergleich mit bezahlter Arbeit aufgewendet" (Bundesministerium 2011, 218). Weitere Studien haben gezeigt, dass Frauen die Hauptlast der Familienarbeit selbst dann tragen, wenn sie Vollzeit arbeiten (ebd., 174) und/oder in den Familien den größeren Teil des Familieneinkommens erzielen.

Dem oben genannten generellen Befund zur ungleichen Zeitverteilung der Geschlechter wird zudem nur scheinbar von der wachsenden Erwerbsbeteiligung der Frauen in Deutschland widersprochen. Denn mit der steigenden Erwerbsquote von Frauen in allen Altersstufen geht gleichzeitig ein langfristiges Sinken der durchschnittlich aufgewendeten Zeit von Frauen in der Erwerbsarbeit einher, während die der Männer eher steigt. Entsprechende Befunde bieten aktuellere Daten im Rahmen eines Langfristvergleichs von 1991-2011 aus dem immer reicher werdenden Fundus des GenderDatenPortals im Internet, das vom Wirtschafts- und Sozialwissenschaftlichen Institut (WSI) in der Hans-Böckler-Stiftung seit einigen Jahren aufgebaut wird (www.wsi.de/genderdatenportal). Demnach nehmen bei Frauen im Trend eindeutig nicht nur die Vollzeit-Tätigkeiten ab (bei einer Vollzeit-Grenze von 36 Wochenstunden) und Teilzeit-Tätigkeiten inklusive geringfügiger Beschäftigung zu. Auch innerhalb der Teilzeit werden Beschäftigungsverhältnisse mit kürzeren und ganz kurzen Wochenarbeitszeiten häufiger. Zwar nehmen auch innerhalb der an Bedeutung verlierenden Frauen-Vollzeit-Tätigkeiten mit längeren Arbeitszeiten zu – von 41-44 Wochenstunden und sogar von 45-54 sowie über 55 Wochenstunden –, kompensieren aber den Effekt durchschnittlich sinkender Erwerbsarbeitszeit unterhalb von 40 Wochenstunden offenbar nicht. Diese Befunde gelten im Durchschnitt für alle Frauen, ob mit oder ohne Kind(er), und sind für West- und Ostdeutschland gültig.

Bekräftigt werden sie von Mikrozensus-Daten aus dem *Gleichstellungsbericht*, die für die Jahre zwischen 2000 und 2007 die Erwerbszeitformen von Frauen (und Männern) mit Kind oder Kindern nach insgesamt sechs verschiedenen Altersstufen des jeweils jüngsten Kindes unterscheiden (Bundesministerium 2011, 176ff.): Teilzeitbeschäftigung steigt in Westdeutschland deutlich an bei Frauen in jeder Kindesaltersstufe bis zu mehr als 18 Jahren, während die Erwerbsbeteiligung (Erwerbsquote) im Durchschnitt nur minimal wächst, in einzelnen Kindesaltersstufen sogar konstant bleibt. In Ostdeutschland sinkt dagegen die Erwerbsquote der Mütter in der Regel bei gleichzeitig durchgängiger und manchmal kräftiger Steigerung der Teilzeitquote (ebd., 177).

Im Vergleich dazu bleiben im Längsschnitt von 1991-2011 die Erwerbsquoten der Männer in Deutschland relativ konstant; und die Erwerbszeitstruktur der Männer entwickelt sich anders: Fast parallel nehmen die Anteile der Männer mit Wochenstunden von 35 und weniger Stunden ebenso zu wie die von Männern mit Wochenstunden über 40, die beide in 2011 6,0% bzw. 6,3% an allen abhängig beschäftigten Männern ausmachen. Gleichzeitig ist aber auch der große Block der Männer mit durchschnittlich 40 Wochenstunden in Westdeutschland stark gestiegen (und in Ostdeutschland nicht so stark gefallen), so dass das Erwerbszeitvolumen der Männer insgesamt noch zugelegt hat.

Diese Entwicklungen zwischen den Geschlechtern wie innerhalb der Beschäftigtengruppen Männer und Frauen müssen nun vor dem Hintergrund des gesamtwirtschaftlichen Arbeitsmarkts gesehen werden, der nicht etwa expandiert. Vielmehr ist das gesamte bezahlte Arbeitszeitvolumen pro Jahr heute um etwa 2 Milliarden Arbeitsstunden kleiner als vor 20 Jahren; ein geringer Anstieg in letzter Zeit hat gerade den Rückgang durch die konjunkturellen Krisenjahre nach 2000 wettgemacht. Weit mehr Köpfe als vor 20 Jahren – etwa 2,5 Millionen Personen zusätzlich – teilen sich aktuell also den geschrumpften Arbeitszeit-Kuchen von etwa 58 Milliarden Stunden in 2012.

Ist also insgesamt der Frauenanteil am gesamten Erwerbszeitvolumen trotz steigender Erwerbsbeteiligung der Frauen heute geringer als früher wegen des gegenläufigen Effekts gesunkener durchschnittlicher Erwerbszeiten pro Frau? Eine Betrachtung nach Vollzeitäquivalenten – wie sie im *Gleichstellungsbericht* vorgenommen wird – deutet darauf hin: Trotz der gestiegenen Erwerbsbeteiligung von Frauen zeigt sich kein Anstieg ihrer Erwerbsbeteiligung in Vollzeitäquivalenten (ebd., 236). Ist damit auch ihr mit der eingesetzten Erwerbszeit erzielter Anteil am Erwerbseinkommen – die Frauen-Lohnquote – gleich geblieben oder gar gesunken? Anders formuliert: Hat die gleichstellungspolitische 'Modernisierung', die häufig an der steigenden Teilnahme von Frauen am Arbeitsmarkt festgemacht wird, auf der Ebene der Erwerbseinkommen nur eine Stagnation oder gar einen Rückschritt gebracht?

2.2 Ungleich-Verteilung der Erwerbseinkommen

Doch diese Fragen lassen sich leider mangels geeigneter geschlechtsspezifischer Daten nicht eindeutig beantworten. So nimmt z.B. die ansonsten sehr detaillierte Darstellung des gesamtwirtschaftlichen Arbeitszeitvolumens durch das Institut für Arbeitsmarkt- und Berufsforschung (IAB) keine Differenzierung nach Geschlechtern vor. Deshalb können zu den gestellten Fragen vorläufig nur Indizien benannt werden, die allerdings die Ungleichverteilung deutlich belegen.

Ein Indiz – und auch ein Beispiel, wie ein wichtiger Arbeitsmarkt-Baustein für das Gender-Accounting aussehen könnte – vermittelt näherungsweise eine empirische Hierarchie von Zeiteinsatz und Gelderwerb, wie sie kürzlich vom

Deutschen Institut für Wirtschaftsforschung (DIW) für die aktuelle Ermittlung des Lohnrückstands von Frauen gegenüber Männern als Hintergrundmaterial genutzt wurde.[1] Sie ist in Tabelle 1 für Westdeutschland wiedergegeben auf der Basis des Sozioökonomischen Panels (SOEP) der gepoolten Jahre 2005-2009.[2] In der Tabelle ist die Zeit- und Lohnverteilung von abhängig beschäftigten Frauen und Männern für 20 gleich große Beschäftigtengruppen von jeweils 5% dargestellt. Die Quantile sind nach aufsteigenden durchschnittlichen Monatslöhnen gebildet, denen die in jedem Quantil aufgewendete durchschnittliche Arbeitszeit zugeordnet ist. Diese Durchschnittswerte vom DIW sind ergänzt durch die Anteile je Quantil an den Summen von Arbeitszeiten und Löhnen beider Geschlechter zusammen, die die AutorInnen hier berechnet haben.

Die sich ergebende Hierarchie ist unschwer zu erkennen: Männer arbeiten ab dem 2. Quantil mit dort durchschnittlich 38,7 Stunden pro Woche in Vollzeit, Frauen arbeiten erst ab dem 11. Quantil mit 33,6 Stunden in Vollzeit oder sogar erst ab dem 13. Quantil mit durchschnittlich 35,8 Stunden – je nach Festlegung der Vollzeit-Grenze. Und vor allem gilt: Männer verdienen in jedem Quantil deutlich mehr als Frauen, ohne dass die Differenz allein auf die jeweiligen Arbeitszeit-Unterschiede zurückgeführt werden kann. Am augenfälligsten ist das bei den Vollzeitbeschäftigten.

Die vollzeitbeschäftigten Frauen arbeiten mit einem Anteil am gesamten Arbeitszeitvolumen zwischen 2,6% und 2,8% ab dem 13. Quantil nicht viel weniger als die vollzeitbeschäftigten Männer mit einem Zeitanteil zwischen 2,8% und 3,1% ab dem 2. Quantil (abgesehen vom 20. Quantil). Aber schon im 13. Quantil verdienen die Frauen rund 1200 € im Monat oder 27% weniger als die Männer im entsprechenden Quantil, so dass ihr Anteil an der gesamten Lohnsumme beider Geschlechter nur 2,0% beträgt – im Gegensatz zu den Männern im 13. Quantil mit 3,2%. Der absolute und relative Abstand wächst danach tendenziell weiter, bis er im 19. Quantil (20. Quantil) rund 1900 € (3050 €) beträgt bzw. 34% (37%) der entsprechenden Männerlöhne ausmacht; dort im 19. Quantil (20. Quantil) erzielen Frauen an der gesamten Lohnsumme nur 3,6% (5,2%), Männer aber 5,5% (8,2%). Alle Frauen erreichen am gesamten Arbeitszeitvolumen beider Geschlechter immerhin einen Anteil von 42,2%, an der gesamten Lohnsumme

---

1 Diese Hierarchie haben Patricia Gallego Granados und Johannes Geyer vom DIW den beiden AutorInnen dieses Beitrags freundlicherweise zur Verfügung gestellt.

2 Die SOEP-Beobachtungen sind für mehrere Jahre gepoolt – sprich zusammengefasst – worden, um eine ausreichende Zahl von Fällen für die gewählte Quantil-Differenzierung zu haben.

Tabelle 1: Hierachie der Geschlechter an Erwerbszeit und Erwerbseinkommen in Westdeutschland – Ergebnisse des Sozioökonomischen Panels (SOEP)

Quantil des Brutto-monats-lohns[1]	Frauen[2]				Männer[2]			
	Zeit Std./W[3]	Anteil[4]	Lohn Euro/M[5]	Anteil[6]	Zeit Std./W[3]	Anteil[4]	Lohn Euro/M[5]	Anteil[6]
5	10,04	0,7	204	0,2	22,3	1,6	488	0,5
10	13,65	1,0	380	0,4	38,65	2,8	1.379	1,4
15	13,58	1,0	401	0,4	41,09	2,9	1.758	1,8
20	17,72	1,3	548	0,5	40,98	2,9	1.958	2,0
25	21,79	1,6	810	0,8	41,12	2,9	2.148	2,2
30	24,66	1,8	1.030	1,0	40,75	2,9	2.284	2,3
35	26,55	1,9	1.178	1,2	39,76	2,8	2.399	2,4
40	29,20	2,1	1.288	1,3	40,11	2,9	2.507	2,5
45	29,96	2,1	1.446	1,4	40,6	2,9	2.636	2,6
50	31,91	2,3	1.578	1,6	40,54	2,9	2.792	2,8
55	33,60	2,4	1.734	1,7	40,72	2,9	2.952	3,0
60	34,09	2,4	1.878	1,9	40,6	2,9	3.077	3,1
65	35,83	2,6	2.026	2,0	40,44	2,9	3.230	3,2
70	36,24	2,6	2.191	2,2	40,99	2,9	3.436	3,4
75	36,90	2,6	2.355	2,4	40,9	2,9	3.618	3,6
80	37,79	2,7	2.573	2,6	41,56	3,0	3.892	3,9
85	38,19	2,7	2.847	2,9	42,01	3,0	4.296	4,3
90	38,75	2,8	3.142	3,1	43,41	3,1	4.824	4,8
95	38,11	2,7	3.636	3,6	44	3,1	5.522	5,5
100	40,64	2,9	5.159	5,2	47,45	3,4	8.205	8,2
Alle	589,20	42,2	36.407	36,4	807,93	57,6	63.403	63,5

1) Die abhängig erwerbstätigen Frauen und Männer sind in 20 gleichgroße Gruppen von jeweils 5% nach aufsteigendem Erwerbseinkommen aufgeteilt
2) Abhängig Beschäftigte
3) Durchschnittliche Arbeitsstunden pro Woche im jeweiligen Quantil
4) Anteil der Quantil-spezifischen durchschnittlichen Arbeitsstunden am wöchentlichen Gesamtvolumen der Arbeitszeit von Frauen und Männern in Prozent
5) Durchschnittliches Brutto-Monatseinkommen im jeweiligen Quantil, in ganzen Euro (gerundet)
6) Anteil des Quantil-spezifischen durchschnittlichen Monatslohns an der Gesamtlohnsumme aller Frauen und Männer in Prozent

Quelle: Gallego Granados/Geyer 2013 (SOEP 2005 - 2009); Berechnungen der AutorInnen

aber nur einen Anteil von 36,5% (s. die letzte Tabellenzeile). Hierbei wird allerdings jeweils unterstellt, dass Frauen und Männer in der dargestellten Hierarchie mit gleich großer Gesamtzahl vertreten sind. Tatsächlich aber sind nach wie vor mehr Männer als Frauen erwerbstätig, so dass eine entsprechende Gewichtung die oben genannten Relationen noch stärker zu Lasten der Frauen verschieben und die reale Ungleichheit noch zutreffender abbilden würde.

Nur 'näherungsweise' für ein Gender-Accounting geeignet ist diese Hierarchie, weil sie zunächst nur die bezahlte Arbeit in den Blick nimmt, weil die dargestellten Beschäftigtengruppen immer noch relativ grob ausfallen müssen (aufgrund begrenzter Fallzahlen in der zugrundeliegenden Haushaltsbefragung trotz der vorgenommenen Jahres-Poolung), und weil wegen des Befragungscharakters besonders niedrige (Frauen-)Einkommen wie besonders hohe (Männer-)Einkommen nicht ausreichend abgebildet werden. Letzteres Manko gilt auch für die amtliche Verdiensterhebung als alternative Datenquelle. Deshalb dürften die 'wahren' Einkommensunterschiede der Geschlechter mit allen Daten mehr oder weniger geschönt werden.

Das generelle deutsche Gender Pay Gap (GPG) auf Basis der verfügbaren Daten jedenfalls ist 'groß genug', um Handlungsdruck zu signalisieren – zumal es auch im internationalen Vergleich als besonders kräftig eingeschätzt wird (z.B. OECD 2012). Die eben erwähnte DIW-Studie beziffert die geschlechtsspezifischen Verdienstunterschiede für die Jahre 2005-2009 im Mittel auf 29% für Monatslöhne in Westdeutschland (Gallego Granados/Geyer 2013, 6f.). Werden für die Quantile in Tabelle 1 Stundenlöhne bestimmt, um die unterschiedlich langen Wochenarbeitszeiten der Geschlechter zu neutralisieren, ergibt sich nach Gallego Granados/Geyer ein GPG zwischen 37% bei den niedrigsten Stundenlöhnen und 27% bei den höchsten für Westdeutschland. Wird dieser rechnerische GPG in einem weiteren Schritt in Komponenten zerlegt, um zusätzliche GPG-'Erklärungsfaktoren' wie Wirtschaftsbereich, Tätigkeit, Qualifikation und Berufserfahrung zu berücksichtigen, ermitteln die DIW-AutorInnen einen 'unerklärlichen' Rest bzw. den 'Frauen-Diskriminierungsfaktor' im engeren Sinn. Die entsprechende Lücke bei den Stundenlöhnen wächst in Westdeutschland von nahezu null bei den niedrigsten Einkommen auf rund 13% beim 10. und 11. Quantil bis auf 24% im höchsten Quantil (ebd., 8). Allerdings kann man in den 'Erklärungsfaktoren' selbst – anders als beim DIW thematisiert – durchaus weitere mehr oder weniger große Diskriminierungseffekte festmachen, so dass das Ausmaß der Diskriminierung von Frauen durch eine solche Betrachtungsweise ebenfalls unterschätzt wird.

Unberücksichtigt bleiben in dieser Betrachtungsweise insbesondere ungerechtfertigte Unterbewertungen weiblich konnotierter Arbeit, die im dritten

Abschnitt verstärkt thematisiert werden sollen. Vielmehr wird in der Untersuchung des DIW davon ausgegangen, dass die derzeitige Bewertung und Bezahlung unterschiedlicher Tätigkeiten legitim ist. Ein solches Diskriminierungsverständnis lässt sich zwar aus ökonomischen Theorien ableiten, ist aber unvereinbar mit dem geltenden rechtlichen Begriff der Entgeltdiskriminierung.

Die DIW-Studie bietet darüber hinaus keinen längerfristigeren Vergleich zur Entwicklung des GPG. Den liefert z.b. das WSI auf Basis der Verdienststrukturerhebung für die Jahre 2006 bis 2012 auf seinem GenderDatenPortal (im Abschnitt Entgeltungleichheit, Grafikblatt 01). Danach beträgt der GPG pro Arbeitsstunde im ganzen Zeitraum durchgehend etwa 24% der Männerlöhne. Mit einem im Zeitverlauf quasi konstant gebliebenen GPG aber würde ein niedrigeres durchschnittliches Erwerbszeitvolumen der Frauen auch ein zumindest relativ gesunkenes Erwerbseinkommensvolumen bedeuten. Arbeitet also auf dem Arbeitsmarkt die Frauen-Zeit gegen das Frauen-Geld?

Weitere Indizien stützen diese Vermutung. Die SOEP-Auswertung (1998-2006) von Becker (2011) zeigt, dass der Anteil der Frauen mit Bruttostundenlöhnen unterhalb der Niedriglohnschwelle von 22,0% aller Frauen auf 27,1% zugenommen hat. Bei den Männern ist der Anteil lediglich von 10,9% auf 14,6%. angestiegen. Zudem sind Frauen durchweg deutlich seltener in den oberen Einkommensrändern vertreten.

An dieser Stelle muss daran erinnert werden, dass die finanzielle Benachteiligung der Frauen bei der Erwerbsarbeit zur weitgehend fehlenden Bezahlung für ihre Arbeit rund um die Familie hinzukommt. Letztere wird bis heute allenfalls als magere zusätzliche Entgeltpunkte bei der erwerbsbedingten Rente oder als zeitlich begrenzter Lohnersatz beim Elterngeld materialisiert. Unbezahlte Arbeit wird also per se finanziell unterbewertet; es gibt, in der Diktion des *Gleichstellungsberichts*, keinen „Lohn für [diese] Lebensleistung" (Bundesministerium 2011, 224). Doch auch Erwerbsarbeit von Frauen wird offenbar immer noch selbst bei gleicher oder vergleichbarer Arbeit von Männern beharrlich unterbewertet, womit sich die weiteren Ausführungen hier beschäftigen.

3 Ursachenforschung: Unterbezahlung durch Unterbewertung

Die der Bezahlung zugrunde liegende Bewertung von Erwerbsarbeit ergibt sich auch im Kontext der gesellschaftlichen Wertschätzung bestimmter Tätigkeiten. Diese wiederum steht in einem engen Verhältnis zur jeweiligen geschlechtsspezifischen Besetzung der Tätigkeiten und ihrer Konnotation als 'typisch weiblich' bzw. 'typisch männlich'. Beispielsweise wirkt sich auf dem Arbeitsmarkt ein höherer

Frauenanteil in einem Beruf bereits negativ auf das dortige Lohnniveau aus, und das auch unter Berücksichtigung der jeweiligen Qualifikationanforderungen (Achatz/Gartner/Glück 2004). Nicht zuletzt ist daher auch die geschlechtsspezifische horizontale Segregation des Arbeitsmarkts ein wesentlicher Grund für die bestehenden Verdienstunterschiede. Entgegen dem Vorwurf, Frauen seien selber schuld, wenn sie die schlecht bezahlten Berufen wählen, lassen sich Belege finden, die für die eigenständige Bedeutung des Faktors Geschlecht als gesellschaftliche Ordnungskategorie sprechen (z.B. Kurz-Scherf/Lepperhoff/Scheele 2006, 9ff.). Angelika Wetterer (2002) etwa belegt anhand zahlreicher Beispiele, dass eine „Feminisierung" von Berufen in der Regel mit einer gesellschaftlichen Abwertung einhergeht, während eine „Maskulinisierung" eher mit Aufwertung verbunden ist. Diesen Befunden zufolge erfährt 'Frauenarbeit' bzw. als solche konnotierte Arbeit in der Regel eine geringere gesellschaftliche Wertschätzung als männlich konnotierte Arbeit – und darüber vermittelt ein niedrigeres Lohnniveau.

Gesellschaftliche Ungleichbehandlungen dieser Art halten bis heute auch noch Einzug in die Ausgestaltung von Tarifverträgen. Der Grundstein dafür wurde bereits sehr früh mit sog. Lohnabschlagsklauseln gelegt, die explizit für Frauen geringere Entgelte als für Männer vorsahen – und zwar auch dann, wenn dieselbe Arbeit verrichtet wurde. Diese Klauseln sind zwar bereits 1955 vom Bundesarbeitsgericht (BAG) als rechtswidrig erklärt worden, da sie gegen den bestehenden Entgeltgleichheitsgrundsatz verstießen.[3] Jedoch führte die Begründung des Urteils dazu, dass die Tarifvertragsparteien sog. Leichtlohngruppen für 'körperlich leichte Arbeiten' einführten, die sie allen anderen Tarifgruppen voranstellten. Letztendlich wurden in diese Gruppe ausschließlich Frauen eingruppiert – und das nicht, „weil die ausgeübten Tätigkeiten nach (arbeits-)wissenschaftlichen Maßstäben als leicht befunden wurden, sondern weil Frauen aufgrund ihrer Konstitution als geeignet für leichte Tätigkeiten galten" (Carl/Krehnke 2006,129). Frauenarbeit wurde damit gleichgesetzt mit „leichter Arbeit" (Krell 1984).

In diesem Zusammenhang erhielt die politische Forderung erst recht Nahrung, die Entgeltgleichheitsnorm komplett umzusetzen und auch den Teil 'gleicher Lohn für gleichwertige Arbeit' zu berücksichtigen. Dennoch waren bis in die

---

3 Der Entgeltgleichheitsgrundsatz wird auf europäischer Ebene heute im Vertrag über die Arbeitsweise der Europäischen Union (AEUV) in Artikel 157 formuliert und schreibt vor: „(1) Jeder Mitgliedstaat stellt die Anwendung des Grundsatzes des gleichen Entgelts für Männer und Frauen bei gleicher oder gleichwertiger Arbeit sicher." Früher war diese Rechtsnorm in Artikel 141 des EG-Vertrags enthalten.

1970er Jahre diese „Frauenlohngruppen" noch explizit in den Tarifverträgen zu finden (Jochmann-Döll/Krell 1993).[4]

Von impliziten Frauenlohngruppen muss man allerdings auch heute noch sprechen, wenn die vielen frauendominierten Tätigkeiten mit geringer Bezahlung in der Realität betrachtet werden. Sie stechen insbesondere in vielen Dienstleistungsbereichen hervor, unter anderem im großen 'Care-Sektor' (z.B. in der Alten- und Krankenpflege oder der Kinderbetreuung). Insofern hat die Forderung 'gleicher Lohn für gleichwertige Arbeit' bis heute nicht an Aktualität verloren, aber noch nicht viel an Akzeptanz gewonnen. Zwar belegte bereits früh ein von der damaligen Bundesregierung beauftragtes Gutachten (Rohmert/Rutenfranz 1975), dass die Arbeitsbewertungsverfahren – wie sie in Tarifverträgen und betrieblichen Vereinbarungen enthalten sind – generell diskriminierend gestalten seien sowie diskriminierend wirken können. Und auch im gewerkschaftlichen Lager wurden diese diskriminierenden Prozesse recht früh z.B. von Ingrid Kurz-Scherf als damaliger Leiterin der Abteilung Tarifpolitik im DGB-Bundesvorstand kritisiert (Kurz-Scherf 1986). Es hat sich jedoch bis heute kein hinreichend verbreitetes und ausgeprägtes öffentliches Bewusstsein für das Problem der geschlechtsspezifischen Entgeltdiskriminierung durch Arbeitsbewertung ergeben (Krell/Winter 2011, 344).

Selbstverständlich wurde weder früher nach der Abschaffung der Lohnabschlagsklauseln noch wird heute in den tariflichen und betrieblichen Verfahren der Arbeitsbewertung explizit Bezug genommen auf das jeweilige Geschlecht. Vielmehr verbergen sich die Benachteiligungen unter dem Deckmantel der scheinbaren Objektivität und Geschlechtsneutralität. Im geltenden Recht findet sich dafür der Begriff der mittelbaren Diskriminierung (Artikel 3, Richtlinie 2006/54/EG). Dieser bezeichnet eine Situation, in der dem Anschein nach neutrale Regelungen effektiv nicht geschlechtsneutral wirken. Auch mittelbare Entgeltdiskriminierungen sind rechtlich in Deutschland wie der ganzen EU verboten (Artikel 4, Richtlinie 2006/54/EG). Die Einhaltung dieses Verbots wird jedoch nicht kontrolliert.

Bevor sich der folgende Abschnitt näher mit diesem Problem beschäftigt, soll hier zunächst erläutert werden, wie konkret dem Anschein nach geschlechts-

---

4 Aktuelle Entwicklungen im öffentlichen Dienst, die bereits 2005 die Einführung einer neuen Entgeltgruppe für 'einfachste Tätigkeiten' nach sich zogen, schließen jedoch eine Renaissance einer solchen Vorgehensweise nicht aus. Als Beispieltätigkeiten finden sich in dieser niedrigsten Entgeltgruppe vornehmlich frauendominierte Tätigkeiten wie z.B. Essens- und GetränkeausgeberInnen, Garderobenpersonal oder HausarbeiterInnen.

neutrale Arbeitsbewertungsverfahren diskriminierend wirken können und zur Unterbewertung weiblich dominierter Arbeit beitragen. Die Frage nach der Geschlechtsneutralität eines Arbeitsbewertungsverfahrens ist eng verknüpft mit den rechtlichen Anforderungen an diskriminierungsfreie Entgeltsysteme. Diese ergeben sich sowohl aus den bestehenden oben genannten Rechtsnormen als auch durch die Rechtsprechung des Europäischen Gerichtshofs (EuGH). Jochmann-Döll/Tondorf (2010) führen aus:

- Entgeltsysteme müssen transparent und nachvollziehbar sein, so der EuGH in der Entscheidung Danfoss.
- Die Tätigkeiten müssen „ihrem Wesen nach" bewertet und bezahlt werden bzw. es muss die „Art der zu verrichtenden Tätigkeit" objektiv berücksichtigt werden. Dieser Grundsatz lässt sich den EuGH-Entscheidungen Enderby und Rummler entnehmen.
- Die Tätigkeiten von Frauen und Männern müssen nach denselben Kriterien bewertet werden. Dies regelt die Richtlinie 2006/54/EG in Artikel 4.
- Die einzelnen Differenzierungskriterien müssen diskriminierungsfrei ausgewählt, definiert und gewichtet sein und so angewandt werden, dass sich keine Benachteiligung aufgrund des Geschlechts ergibt. Damit wird die Vorgabe der Richtlinie 2006/54/EG (Artikel 4) erfüllt, dass Entgeltsysteme in Ihrer Gesamtheit nicht diskriminieren dürfen (vgl. ebd., 12).

Finden nun diese rechtlichen Vorgaben Eingang in die angewandten deutschen Arbeitsbewertungsverfahren? Dazu ist – wie Krell/Winter (2011, 348ff.) zeigen – zunächst generell zwischen den im tariflichen und betrieblichen Alltag fast ausschließlich genutzten „summarischen" Verfahren sowie den „analytischen" Verfahren zu unterscheiden. Bei der Summarik werden die Tätigkeiten pauschal betrachtet und im Ganzen bewertet, wobei wiederum zwei unterschiedliche Vorgehensweisen – das Rangfolgeverfahren und das häufigere Entgeltgruppenverfahren – zur Anwendung kommen. Beim letzteren werden einzelne Entgeltgruppen über bestimmte Kriterien und Merkmale beschrieben, die zur Eingruppierung in diese Gruppen erfüllt werden müssen. Beispiele für diese Kriterien sind die erforderliche „Ausbildung" oder die „Schwere der Arbeit".

In der Praxis können diese Kriterien jedoch zu Ungleichbehandlungen beitragen. Z.B. wird das Merkmal der Arbeitsschwere oft ausschließlich mit körperlich schwerer Muskelarbeit gleichgesetzt, während andere Formen der Muskelarbeit unberücksichtigt bleiben, die häufig im Rahmen weiblich dominierter Tätigkeiten auftauchen. Beispiele dafür sind einseitige Muskelarbeit (etwa bei Kassiererinnen) oder statische Muskelarbeit (etwa ständiges Stehen bei bestimmten Tätigkeiten). Völlig ausgeblendet werden darüber hinaus in der Regel geistig-nervliche Belastungen (z.B. durch Arbeit unter Zeitdruck) oder emotionale Belastungen (etwa bei Tätigkeiten mit Verantwortung für das Wohlergehen anderer). Ein solches Vorgehen verstößt jedoch gleich gegen zwei der oben genannten rechtlichen Anforderungen an ein geschlechtsneutrales Arbeitsbewertungssystem. Das Kriterium der Arbeitsschwere wird in diesem Fall nicht diskriminierungsfrei definiert; und für 'Frauenarbeitsplätze' wesentliche Anforderungen werden nicht berücksichtigt.

Insgesamt bieten summarische Verfahren zahlreiche Spielräume, um Frauen bei der Eingruppierung zu benachteiligen (z.B. Rohmert/Rutenfranz 1975, 21; Carl/Krehnke 2004). Sie sind daher als besonders diskriminierungsanfällig einzuschätzen.

Analytische Verfahren dagegen werden kaum in der hiesigen Tariflandschaft genutzt, obwohl sie grundsätzlich als weniger anfällig für Ungleichbehandlungen gelten. Die Logik analytischer Verfahren verlangt, dass zunächst bestimmte Bewertungskriterien festgelegt werden, die anschließend systematisch für alle Tätigkeiten betrachtet werden. Dadurch ergeben sich Teilarbeitswerte für jedes Kriterium, die im Anschluss gewichtet und zusammengezählt werden. Die jeweilige Gesamtsumme ist abschließend ausschlaggebend für die Eingruppierung.

Die Haupteinfallstore für mittelbare Diskriminierungen liegen bei diesem Verfahren in Auswahl und Definition der Kriterien sowie in ihrer Gewichtung (Krell/Winter 2011). Wie schon bei der „Summarik" verdeutlicht, kann eine Nichtberücksichtigung von Merkmalen, die insbesondere im Zusammenhang mit frauendominierten Tätigkeiten relevant sind (wie z.B. psycho-soziale Anforderungen), zur Ungleichbehandlung bei der Arbeitsbewertung führen. Das Fehlen von relevanten Merkmalen verstößt gegen die rechtliche Anforderung, die „Art der zu verrichtenden Tätigkeit" zu berücksichtigen. Außerdem kann die jeweils gewählte Gewichtung diskriminierend wirken. So wird manchmal eine Orientierung am gegenwärtigen Lohn- und Gehaltsgefüge praktiziert. „Was dabei herauskommt, lässt sich unschwer vorstellen: Typische Kriterien für 'Männerarbeitsplätze' werden hoch, typische Kriterien für 'Frauenarbeitsplätze' werden niedrig gewichtet" (Krell/Winter 2011, 351ff.).

Das Fazit lautet: Aus den oben genannten Gründen müssten diskriminierungsfreie Verfahren erstens einheitlich und zweitens analytisch sein sowie drittens den Charakteristika der zu bewertenden Tätigkeiten Rechnung tragen (Krell/Winter 2011).

4 Der Gleichstellungs-Schnecke 'Beine machen'?

Die lang anhaltende Ungleichheit von Zeit- und Geldverteilung zulasten von Frauen geht also einher mit ebenso lang wirkenden Ursachen, die vor allem mit der systematischen Unterbewertung von Frauenarbeit in der Erwerbs- und Reproduktionswelt zu tun haben. Ebenso lange liegt das Mittel auf der Hand, das zu mehr Gleichverteilung beitragen könnte: eine Höherbewertung von Frauenarbeit und Frauenzeit. Die aber bleibt bis heute weitgehend aus, obwohl es nahe liegende Ansatzpunkte gibt.

4.1 Die Neubewertung der (Erwerbs-)Arbeit

Da die Unterbewertung von 'Frauentätigkeiten' auf dem Arbeitsmarkt trotz zurückgehender Tarifbindung nach wie vor auch über Tarifverträge transportiert wird, ist die dortige Implementation von diskriminierungsfreien Bewertungsverfahren der gebotene Weg – zumal auch tariflich ungebundene Betriebe Tarifverträge teilweise als Orientierungsmarken nutzen. Dieser Weg wird aber seit langem nur sehr zaghaft beschritten.

Zwar setzen sich inzwischen einige Gewerkschaften mit dem Thema der Entgeltdiskriminierung in Tarifverträgen auseinander und unterstützen Projekte zur Analyse von Entgelt(un)gleichheit (Krell/Winter 2011, 345). Die in den Tarifverhandlungen erzielten faktischen Ergebnisse stimmen jedoch wenig optimistisch. Beispielsweise hatten sich die Tarifparteien der Metallindustrie bei der Erstellung der neuen Entgeltrahmenabkommen (ERA) Diskriminierungsfreiheit vorgenommen, diese aber nur teilweise umgesetzt (kritisch dazu Jochmann-Döll/Ranftl 2010). Auch die Verhandlungen im öffentlichen Dienst zur neuen Entgeltordnung im TVöD strebten ursprünglich eine geschlechtsneutrale Gestaltung an. Jetzt scheint jedoch festzustehen, dass die alte Entgeltordnung des Bundesangestelltentarifs (BAT) weitgehend übernommen wird, obwohl auch diesem bereits Benachteiligungen aufgrund des Geschlechts nachgewiesen werden konnten (Krell/Carl/Krehnke 2001).

Verantwortung dafür tragen zweifellos der unbefriedigende Durchsetzungswille und die unzulängliche Durchsetzungskraft in den Gewerkschaften, die z.B. von Pinl (1977) auf die einseitigen Interessen des „Arbeitnehmerpatriarchats" zurückgeführt werden. Von besonderer Bedeutung erscheint hier aber auch die fehlende Flankierung durch die Politik, die prinzipiell Handlungsdruck erzeugen könnte. Derzeit aber werden weder die Verfahren der Arbeitsbewertung auf Diskriminierungsfreiheit überprüft, noch wird auf der betrieblichen Ebene die geschlechtsneutrale Umsetzung kontrolliert. Der Gesetzentwurf der SPD-Bundestagsfraktion von 2012 zur tatsächlichen Durchsetzung der Entgeltgleichheit sah die Einführung verpflichtender und auf der Betriebsebene kontinuierlicher Kontrollen vor. Dieser Entwurf fand jedoch im letzten Bundestag keine Mehrheit und auch keinen Eingang in den Koalitionsvertrag von Schwarz-Rot nach der Bundestagswahl 2013. Eine politische Initialzündung ist aber auf jeden Fall notwendig, um nach Jahrzehnten der Kritik an den diskriminierenden Mängeln der summarischen Arbeitsbewertung zu geschlechtsneutralen Verfahren zu kommen.

4.2 Die Neubewertung der Zeit

Auch eine gleichmäßigere Verteilung der Zeit auf Frauen und Männer in der Reproduktions- und Erwerbssphäre bietet sich zur Problemlösung unmittelbar an. Ältere Umsetzungsvorschläge sahen in einer allgemeinen Verkürzung der Erwerbsarbeitszeit einen direkten Weg dazu, beflügelt von den Debatten in den 1980er Jahren um die 35 Stunden-Woche und ihren gesellschaftspolitischen Dimensionen. Auch hier hat Ingrid Kurz-Scherf mit anderen früh die Bedeutung der Zeitverteilung als „Leitwährung" einer Gesellschaft erkannt, mit der Frauen und Männer ausreichend ausgestattet sein sollten (Kurz-Scherf/Breil 1987). Dieser Debattenzweig aber war nach dem Versiegen der tarifpolitischen Bestrebungen um die Arbeitszeitverkürzungen ab den 1990er Jahren nahezu verdorrt. Jetzt scheint er jedoch wieder aufzublühen, wenn auch in gewandelter Form: Das Umsetzungsinstrument ist nicht mehr in erster Linie eine allgemeine Verkürzung der Erwerbsarbeitszeit, sondern eine Höherbewertung (und Besserbezahlung) der Reproduktionsarbeit – die indirekt auch eine teilweise Verkürzung der Erwerbszeit bedeutet.

Konkret ist die Höherbewertung zu erreichen durch den Ausbau von individuellen Rechtsansprüchen, mit denen die Erwerbsarbeitszeit nach eigenen familiären oder sonstigen Bedürfnissen vorübergehend verkürzt oder ausgesetzt werden kann, ohne wie bisher dabei schnell an betrieblich bedingte Grenzen zu stoßen und ohne dabei viel privates Einkommen und soziale Sicherheit aufgeben zu müssen. Zu den 'sonstigen' Zeitbedürfnissen gehören auch solche für berufliche Qualifikation, Weiterbildung und andere arbeitsmarktbezogene Aktivitäten, die heute ebenfalls schwer gegen die 'reine' Arbeitszeit durchsetzbar sind. Flankiert werden sollen diese Zeitrechte durch den Anspruch auf teilweisen Ausgleich von ausfallenden Erwerbseinkommen durch zeitgleiche öffentliche Transfers (z.B. durch verbessertes Eltern- oder Pflegegeld) und zeitversetzte Transfers (z.B. mittels höherer Rentenpunkte für Reproduktionsarbeit).

Einige institutionelle Anknüpfungspunkte in diesem Sinn existieren bereits – etwa das 'Recht auf Teilzeit'. Dieses ist jedoch so lange nicht optimal gestaltet, wie ein damit korrespondierendes 'Recht auf Rückkehr' zur Vollzeit auf den früheren oder einen adäquaten Arbeitsplatz nach einer individuell bestimmbaren Zeitspanne fehlt. Solche alten und neuen Ansprüche müssen vielmehr zu einem systematischen individuellen „Recht auf eine selbstbestimmte Erwerbsbiografie" ausgebaut werden (sehr ausführlich Kocher u.a. 2013), das u.a. in einem „Gesetz über Wahlarbeitszeiten" zu kodifizieren wäre (so eine weitere Forderung des *Gleichstellungsberichts*, Bundesministerium 2011, 195). Die individuelle Souveränität über verschiedene Zeitphasen im Lebensverlauf ist dabei zusätzlich durch ergänzende (sozialversicherungs)rechtliche Maßnahmen sowie durch entsprechende tarifliche Rahmenbedingungen mit Leben zu füllen. Dazu gehören vorrangig Tarifvereinbarungen über die Herstellung einer 'kleinen' Vollzeit zwischen 30 und 35 Stunden pro Woche für Frauen und Männer, um die Wünsche nach unterschiedlich langen Arbeitszeiten – und vice versa: Familienzeiten – besser verwirklichen zu können.

Unter solchen Voraussetzungen wird die Inanspruchnahme der Zeitrechte zahlreich ausfallen und viel Umverteilung von Zeit erzeugen. Denn die Einen würden Erwerbsarbeitszeiten gegen familienbezogene oder sonstige Zeiten tauschen; und die Anderen würden den dadurch entstehenden Ersatzbedarf in der Erwerbssphäre durch längere Arbeitszeiten befriedigen. Dass es so käme, legen die zahlreichen Erhebungen nahe, die die gegenwärtige Verteilung von Erwerbs- und Reproduktionszeiten zu einem großen Teil eben nicht als freiwillige Entscheidung der Geschlechter bewerten. Vielmehr klaffen Zeitwünsche und Zeitwirklichkeit gerade bei Beschäftigten teilweise erheblich auseinander (z.B. Holst 2010). Und weil es so käme, hätte der Umverteilungsprozess nicht nur gleichstellungspolitische Vorteile. Er würde auch der generellen Spaltung des aktuellen Arbeitsmarkts entgegenwirken, der neben den meist relativ gut bezahlten und gut gesicherten 'Normalarbeitsverhältnissen' auch den wachsenden Sektor 'prekärer' Beschäftigung kennt. Denn mit einem 'Recht auf eine selbstbestimmte Erwerbsbiografie' und den dazugehörenden Rahmenbedingungen könnte die vorhandene Kumulation von Benachteiligungen auf den Schultern der 'Prekären' erheblich eingeschränkt werden.

5 Gleichstellung ist Besserstellung für alle

An dieser Stelle wird erneut deutlich, dass Gleichstellungspolitik letztlich beiden Geschlechtern nutzt, wenn sie entschieden und nachhaltig betrieben wird. Dann erzeugt sie auch weit mehr als nur echte individuelle Wahlfreiheiten im Lebensverlauf von Frauen und Männern. Sie schafft auch kollektive Vorteile durch erhöhte Produktivität und Flexibilität in den Betrieben, verminderte Friktionen am Arbeitsmarkt und sogar neue Arbeitsmöglichkeiten, wenn die Erfüllung von Wünschen zur Arbeitszeitverkürzung einen Arbeitskräftersatz braucht. Erst recht ist der Ausbau der öffentlichen Infrastruktur zur besseren Vereinbarkeit von Beruf und Familie ein 'Arbeitsbeschaffungsprogramm', das mit einer parallelen Erhöhung des dortigen Lohnniveaus auch ein spezielles Gleichstellungsprogramm wäre.

Für eine solche Besserstellungspolitik braucht es natürlich mehr öffentliche Sensibilität und davon getragenen politischen Handlungsmut. Nötig ist dafür teilweise auch mehr Geld – das aus Sicht der Politik angeblich fehlt. Doch mehr Finanzmittel sind relativ schnell und wachstumsunschädlich durch Steuererhöhungen zu beschaffen, die zum größten Teil nur die Rücknahme früherer Steuererleichterungen zu Gunsten von hohen Einkommen und Vermögen bedeuten müssten. Ein erheblicher Teil der nötigen Maßnahmen, insbesondere die zur Gestaltungsmöglichkeit der eigenen Zeit, ist allerdings auch 'kostenlos' und kann daher höchstens an einem politischen Nadelöhr scheitern.

Es gibt gute Gründe für Skepsis, dass die Politik die beschriebenen Maßnahmen angeht, um das Tempo der Gleichstellungs-Schnecke zu beschleunigen. Es sind aber auch Überraschungen nicht auszuschließen, wenn dem im Koalitionsvertrag der neuen Bundesregierung angekündigten „Recht auf Rückkehr zur Vollzeit" weitere Schritte in die oben genannte Richtung folgen sollten.

Literatur

Achatz, Juliane/Gartner, Hermann/Glück, Timea, 2004: Bonus oder Bias? Mechanismen geschlechtsspezifischer Entlohnung. IAB-Discussion Paper. Nürnberg.

Becker, Irene, 2011: Soziale Gerechtigkeit im Spiegel der Einkommensverteilung in Deutschland. WSI-Mitteilungen. 64. Jg., Heft 4, 171-177.

BMFSFJ, 2011: Neue Wege – gleiche Chancen. Gleichstellung von Frauen und Männern im Lebensverlauf. Erster Gleichstellungsbericht. Bundestags-Drucksache 17/6240. Berlin.

Bündnis 90/Die Grünen (Bundestagsfraktion), 2012: Ausschussanhörung. Erster Gleichstellungsbericht der Bundesregierung. http://www.gruene-bundestag.de/themen/frauen/erster-gleichstellungsbericht-der-bundesregierung_ID_4385799.html (Download: 10.03.14).

Carl, Andrea-Hilla/Krehnke, Anna, 2006: Entgeltgleichheit und Arbeitsbewertung in der Bundesrepublik Deutschland. In: Katz, Christina P./Baitsch, Christof (Hg.): Arbeit bewerten – Personal beurteilen. Lohnsysteme mit ABAKABA. Zürich, 129-138.

—, 2004: Geschlechterdiskriminierung bei der betrieblichen Grundentgeltfindung. Positionen und Perspektiven von Management, Betriebsrat und Beschäftigten. Wiesbaden.

Gallego Granados, Patricia/Geyer, Johannes, 2013: Brutto größer als Netto: Geschlechtsspezifische Lohnunterschiede unter Berücksichtigung von Steuern und Verteilung. DIW Wochenbericht. Nr. 28, 3-12.

Holst, Elke, 2010: Arbeitszeitwünsche und -realität von abhängig beschäftigten Frauen und Männern in West- und Ostdeutschland. In: Groß, Hermann/Seifert, Hartmut (Hg.): Zeitkonflikte. Renaissance der Arbeitszeitpolitik. Berlin, 53-70.

Jochmann-Döll, Andrea/Tondorf, Karin, 2010: Entgeltgleichheit prüfen mit eg-check. de. Düsseldorf.

Jochmann-Döll, Andrea/Krell, Gertraude, 1993: Die Methoden haben gewechselt, die „Geschlechtsabzüge" sind geblieben. Auf dem Weg zu einer Neubewertung von Frauenarbeit? In: Hausen, Karin/Krell, Gertraude (Hg.): Frauenerwerbsarbeit. Forschungen zu Geschichte und Gegenwart. München/Mering, 133-148.

Jochmann-Döll, Andrea/Ranftl, Edeltraud, 2010: Impulse für die Entgeltgleichheit. Die ERA und ihre betriebliche Umsetzung auf dem gleichstellungspolitischen Prüfstand. Berlin.

Klenner, Christina/Schäfer, Claus u.a. im Auftrag der Bundesregierung, 2002: Bericht der Bundesregierung zur Berufs- und Einkommenssituation von Männern und Frauen. Bundestags-Drucksache 14/8952. Berlin.

Kocher, Eva/Groskreutz, Henning/Nassibi, Ghazaleh/Paschke, Christian/Schulz, Susanne/Welti, Felix/Wenckebach, Johanna/Zimmer, Barbara, 2013: Das Recht auf eine selbstbestimmte Erwerbsbiografie. Arbeits- und sozialrechtliche Regulierung für Übergänge im Lebenslauf: Ein Beitrag zu einem Sozialen Recht der Arbeit. Schriften der Hans-Böckler-Stiftung Bd. 76. Baden-Baden.

Krell, Gertraude, 1984: Das Bild der Frau in der Arbeitswissenschaft. Frankfurt/M., New York.

Krell, Gertraude/Carl, Andrea-Hilla/Krehnke, Anna, 2001: Aufwertung von Frauentätigkeiten. Diskriminierungsfreie Bewertung von (Dienstleistungs-)Arbeit. Stuttgart.

Krell, Gertraude/Winter, Regine, 2011: Anforderungsabhängige Entgeltdifferenzierung. Orientierungshilfen auf dem Weg zu einer diskriminierungsfreien Arbeitsbewertung. In: Krell, Gertraude/Ortlieb, Renate/Sieben, Barbara (Hg.): Chancengleichheit durch Personalpolitik. Gleichstellung von Frauen und Männern in Unternehmen und Verwaltungen. Wiesbaden, 343-360.

Kurz-Scherf, Ingrid, 1986: Von der Emanzipation des Brunnenmädchens in Heilbädern – Frauendiskriminierung, Frauenförderung durch Tarifverträge und Tarifpolitik. WSI-Mitteilungen. 39. Jg., Heft 8, 537-544.

Kurz-Scherf, Ingrid/Breil, Gisela (Hg.), 1987: Wem gehört die Zeit. Ein Lesebuch zum 6-Stunden-Tag. Hamburg.

Kurz-Scherf, Ingrid/Lepperhof, Julia/Scheele, Alexandra, 2006: Arbeit und Geschlecht im Wandel: Kontinuitäten, Brüche und Perspektiven für Wissenschaft und Politik. http://www.fu-berlin.de/sites/gpo/pol_sys/politikfelder/Arbeit_und_Geschlecht_im_Wandel/index.html (Download: 04.02.14).

OECD, 2012: Closing the Gender Gap: Act Now. Paris.

Pinl, Claudia, 1977: Das Arbeitnehmerpatriarchat: die Frauenpolitik der Gewerkschaften. Köln.

Rohmert, Walter/Rutenfranz, Josef, 1975: Arbeitswissenschaftliche Beurteilung der Belastung und Beanspruchung an unterschiedlichen industriellen Arbeitsplätzen. Bonn.

Schäfer, Claus, 2002: Die Einkommenssituation von erwerbstätigen Frauen. In: Engelbrech, Gerhard (Hg.): Arbeitsmarktchancen für Frauen. Beiträge zur Arbeitsmarkt- und Berufsforschung. Bd. 258. Nürnberg, 93-124.

Wetterer, Angelika, 2002: Arbeitsteilung und Geschlechterkonstruktion. „Gender at Work" in theoretischer und historischer Perspektive. Konstanz.

WSI: GenderDatenPortal. www.wsi.de/genderdatenportal (Download: 04.02.14).

> Die Subjektwerdung der Frau kann sich nicht allein durch ihre Teilnahme am Erwerbsleben vollziehen, sondern wird nur in dem Prozeß der Erlangung ihrer wirtschaftlichen und sozialen Unabhängigkeit erreicht.
>
> *Menschik 1971, 117*

Julia Graf / Clarissa Rudolph

Emanzipation durch (Erwerbs-)Arbeit?!
Die Bedeutung von Arbeit unter prekären Bedingungen

Das Motiv der Befreiung und Subjektwerdung der Frauen durch Erwerbsarbeit zieht sich durch die Frauenbewegungen der vergangenen Jahrhunderte: „Das Erlernen und die Ausübung einer qualifizierten Berufstätigkeit gilt schon seit den Anfängen der Frauenbewegung im 19. Jahrhundert vielen Frauen geradezu als Synonym oder doch zumindest als unabdingbare Voraussetzung der Befreiung aus ihrer (Selbst)Beschränkung auf die häusliche Sphäre, für ihren Aufbruch in die Gesellschaft, für finanzielle Unabhängigkeit, eigenständige Existenzsicherheit etc." (Kurz-Scherf 2007, 269). In der Frauenbewegung, sowohl der alten als auch der neuen, sind mithin die Begriffe Emanzipation und Selbstbestimmung verknüpft mit der Teilhabe an Arbeit, wobei hier Arbeit zumeist Erwerbsarbeit bedeutet, also ein traditioneller Arbeitsbegriff vorherrscht, in dem Arbeit als gesellschaftliche Tätigkeit zur Existenzsicherung gilt (vgl. Voß 2010, 29f.). Der damit verbundene Emanzipationsbegriff zielt v.a. auf die ökonomische Unabhängigkeit ab:

> „Die Thätigkeit der Frau ward von einer ersparenden zu einer erwerbenden, die Frau selbst erhielt damit aber die Fähigkeit, auch ohne den Mann zu leben, sie gab der Frau zum ersten Male die Fähigkeit eines vollständig selbstständigen Lebens. [...] Das vom häuslichen Herd umschlossene Wirken der Frau hatte bisher die Familie zusammen gehalten, die in die Fabrik verlegte Thätigkeit der Frau vernichtete das übliche Familienleben, legte aber auch den ersten Grundstein zu der ökonomischen Unabhängigkeit, damit überhaupt zu der Emanzipation des weiblichen Geschlechts" (Zetkin 1889, 48f.).

Aus dieser Unabhängigkeit – so die damit verbundene Hoffnung – resultiert indes ein grundlegender Wandel der Gesellschaft und die Emanzipation von

Frauen, unter anderem weil Frauen über den selbst erwirtschafteten Lohn an der Gesellschaft teilhaben können. Für Hedwig Dohm hatte dies darüber hinaus aber auch das Potential zur „Menschwerdung des Weibes" (1874, 47), weil in der Erhöhung von Bildung und der Erwerbstätigkeit von Frauen die Möglichkeit enthalten sei, aus dem Haushalt heraus in die Öffentlichkeit einzutreten und Funktionen innezuhaben, die ihren wahren Fähigkeiten entsprächen. Die Aufnahme von Funktionen außerhalb des eigenen Haushalts gebe Frauen die Möglichkeit, diese Fähigkeiten zu entfalten und zu eigenständig denkenden und handelnden Menschen zu werden und sich zu emanzipieren.

Diese Vorstellung von Selbstbestimmung und Emanzipation findet sich auch in den Debatten der Neuen Frauenbewegung: „Ein Weg zur Überwindung der Teilung der Welt in männlich = herrschend, weiblich = ohnmächtig ist die *bezahlte* Arbeit. Berufstätigkeit ist eine Voraussetzung, die persönliche, psychische und materielle Unabhängigkeit zu erwerben" (Dobberthien 1983, 423). Und weiter: „Berufstätigkeit ist beileibe nicht mit Emanzipation gleichsetzbar, aber sie ist eine der wichtigsten *Voraussetzungen* zur Beseitigung weiblicher Diskriminierung" (ebd., 424, Herv. i.O.). Selbstbestimmung und Emanzipation gehen über die rein materielle Unabhängigkeit – die Existenzsicherung – hinaus. Es geht auf der individuellen Ebene um die Unabhängigkeit und Selbstbestimmung des eigenen Lebens und auf der gesellschaftlichen Ebene um die Umsetzung des Zusammenspiels von „komplexer Gleichheit, sozialer Freiheit und emanzipatorischer Solidarität" (Kurz-Scherf/Lepperhoff/Scheele 2009, 294). Dieses Projekt der Frauenbefreiung scheint nun, in der modernen Arbeitsgesellschaft, von Erfolg gekrönt, sieht doch die aktivierende Arbeitsmarktpolitik die Integration möglichst aller erwerbsfähigen Menschen in den Arbeitsmarkt vor – und das unabhängig vom Geschlecht. Damit könnte also der *Selbstbestimmung und Emanzipation von Frauen (und Männern)* nichts mehr im Wege stehen.

Was aber, wenn sich „Erwerbstätigkeit gerade für Frauen seit jeher als zusätzliche Erfahrung von Ausbeutung, Fremdbestimmung und geschlechtsspezifischer Diskriminierung" (Kurz-Scherf 2007, 269) gestaltet? Bedeutet dies, dass das Konzept der Selbstbestimmung und Emanzipation durch (Erwerbs-)Arbeit gescheitert ist – vielleicht weil 'Arbeit' unter patriarchalen und kapitalistischen Vorzeichen das 'falsche' gesellschaftliche Integrationsmedium darstellt? Oder ist vielleicht das Leitmotiv 'Hauptsache Arbeit', wie es sich in der modernen Arbeitsgesellschaft findet, ein verkürztes, einseitiges Motiv? Im Folgenden wollen wir die feministischen Ansprüche und Erwartungen an Arbeit als Grundlage individueller Selbstbestimmung ins Verhältnis zum aktuellen Modell der aktivierenden Arbeitsmarktpolitik setzen. Welche Perspektive hat die Hoffnung der Frauenbewegungen, Emanzipation und Selbstbestimmung in und durch Erwerbsarbeit zu erreichen, vor dem Hintergrund der heutigen Arbeitsgesellschaft? Um dieser Frage nachzugehen, werden im Folgenden die Eckpfeiler dieser Form der Arbeitsmarktpolitik nachgezeichnet. Den wesentlichen Schwerpunkt bilden hier die Regelungen, die unter dem Schlagwort 'Hartz IV' (SGB II) bekannt sind. Denn diese Leistungen und das damit zusammenhängende Leistungsregime – so wird im Folgenden argumentiert – folgen besonders stark dem Leitmotiv 'Hauptsache Arbeit'. Damit einher geht eine deutliche Förderung der Erwerbsintegration aller, allerdings begleitet von einer Einschränkung der Selbstbestimmung und einer Förderung prekärer Beschäftigung. In einem weiteren Schritt analysieren wir deshalb, ob Erwerbsarbeit jenseits der materiellen Existenzsicherung auch anderweitig Selbstbestimmungsmöglichkeiten beinhaltet. Exemplarisch soll dies anhand von Interviews mit erwerbstätigen und nicht erwerbstätigen Personen, die SGB II-Leistungen beziehen, untersucht werden.

1 Erwerbsarbeit und Selbstbestimmung im Kontext aktueller Arbeitsmarktpolitik

In den Niederungen aktueller Arbeitsmarktpolitik ist nicht viel zu spüren von Emanzipationsbestrebungen. Der Fokus der Auseinandersetzungen liegt auf Erwerbslosenquoten, Mindestlohn oder der Höhe von Transferleistungen. Der Streit um die Bedingungen des Transferbezugs dominiert die Debatte und ist verbunden mit einer Neuformierung des Sozialstaats und der Arbeitsmarktpolitik: So wird das Ausmaß der De-Kommodifizierung stark eingeschränkt, indem der Bezug materieller Transferleistungen nur noch bei nachgewiesener Bedürftigkeit und unter stark verregelten Bedingungen gewährt wird. Die aktivierende Arbeitsmarktpolitik beinhaltet eine Verlagerung der Verantwortung für die wohlfahrtsstaatliche Absicherung vom Staat auf die Bürger_innen und damit verbunden eine Stärkung der Eigenverantwortung (vgl. Rudolph 2012; 2006). Eigenverantwortlich entschieden werden kann dabei aber nur unter dem Vorzeichen, sich auf die Regeln des Systems einzulassen oder keine Leistungen zu erhalten.

Verbunden ist diese Politik mit Überlegungen zu gesellschaftlicher Integration und Teilhabe der Beziehenden, die mit kontroversen Debatten – beispielsweise in Bezug auf die Höhe der Regelsätze – einhergehen. Die Ermöglichung von Teilhabe als zentrales Ziel meint hier, so kritisiert unter anderem Nullmeier (2010, 34), oftmals ausschließlich Teilhabechancen: „Teilhabegerechtigkeit meint meist nur eine den Zugang sichernde Basisinklusion, die auch dann wieder hergestellt wird, wenn die Nutzung von gesellschaftlich zur Verfügung gestellten Chancen durch eigenes Verschulden nicht gelungen ist" (ebd.). Die aktivierende Arbeitsmarktpolitik, so wird im Folgenden argumentiert, geht dabei von einem Teilhabebegriff aus, der – geknüpft an eine Reihe von Bedingungen – stark auf die Ermöglichung von Chancen zur Arbeitsmarktintegration setzt, deren erfolgreiche Umsetzung allerdings jeder/m Einzelnen überlassen wird (vgl. ebd., 32ff.).

1.1 Aktivierende Arbeitsmarktpolitik: Erwerbsintegration zwischen Zwang und Prekarität

Hartz IV sieht eine Grundsicherung für Arbeitsuchende vor: Der Staat gewährt die Sicherung des sozio-kulturellen Existenzminimums, verlangt aber dafür von den Arbeitsuchenden ein sichtbares Engagement zur Beendigung der Erwerbslosigkeit und ein hohes Maß an Konzessionsbereitschaft bei der neuen Arbeitsstelle. Die Gewährung von Leistungen und damit die Möglichkeit der Existenzsicherung sind geknüpft an Bedingungen. Zu diesen zählen neben der Teilnahme an Qualifizierungsmaßnahmen oder einer festgelegten Anzahl an Bewerbungsschreiben, die die Leistungsbeziehenden zu versenden haben, auch die sog. Zumutbarkeitskriterien. Diese sehen vor, dass angebotene Arbeit in (fast) jedem Fall angenommen werden muss, selbst dann, wenn sie nicht der schulischen und beruflichen Qualifikation oder dem bisherigen Einkommen entspricht. Auch an die Mobilität der Leistungsbeziehenden werden erhöhte Anforderungen gestellt: Wegstrecken von bis zu einer Stunde gelten als zumutbar, auch wenn die Übernahme von familiärer Care-Arbeit, das Pflegen sozialer Beziehungen und die Übernahme von Ehren- oder politischen Ämtern dadurch zunehmend schwieriger werden. Eine Ablehnung prekärer Arbeitsangebote, sei es aufgrund ihrer materiellen oder räumlichen Bedingungen, zieht Sanktionen, also die Reduzierung der materiellen Transferleistungen, nach sich. Dies hat zur Folge, dass die Beziehenden häufig den Eindruck haben, einen niedrigeren Status in der gesellschaftlichen Statushierarchie zu haben als Personen, die nicht auf diese Leistung angewiesen sind (vgl. Graf 2013a). Darüber hinaus wird aber gerade auch jene vom SGB II versprochene gesellschaftliche Teilhabe erschwert. Eigenständige Entscheidungen über Art und Umfang von Erwerbsarbeit sind ebenso eingeschränkt wie die freie Gestaltung und Vereinbarkeit verschiedener Arbeits- und Lebensbereiche.

De facto hatte diese Aktivierungspolitik zur Folge – und dies entspricht durchaus den Intentionen des Hartz-Konzepts (vgl. Kommission für moderne Dienstleistungen 2002) –, dass sich der Niedriglohnsektor deutlich vergrößert hat und damit v.a. prekäre Arbeitsverhältnisse befördert wurden. Infolgedessen spielen

Leiharbeit und die sog. Minijobs eine große Rolle beim Vermittlungshandeln der Jobcenter (vgl. weiterführend IAQ/FIA/GendA 2009, 203ff.), denn viele der vorgeschlagenen und dann auch angenommenen Stellen sind in diesem Segment des Arbeitsmarktes angesiedelt. Im Zuge der gleichstellungspolitischen Evaluation der SGB II-Umsetzung konnten wir zudem feststellen, dass der Trend auch einer geschlechtsspezifischen Logik folgt: Erwerbslose Hartz IV-Empfängerinnen werden von den Jobcentern überwiegend auf Minijobs verwiesen, während für Männer eher eine Orientierung in die sog. Leiharbeit erfolgt (vgl. ebd.). Minijobs mit einem Einkommen von max. 450 Euro können die Unabhängigkeit vom Bezug von Sozialleistungen und damit die selbstständige Existenzsicherung allerdings kaum gewährleisten. Die Prekarität von Minijobs wird verschärft durch extrem geringe Stundenlöhne ebenso wie die systematische Umgehung rechtlicher Standards wie Lohnfortzahlung im Krankheitsfall oder Urlaubsgewährung (BMFSFJ 2012; RWI 2012).

So verwundert es auch nicht, dass über 30% aller Hartz IV-Empfänger_innen diese Leistung beziehen, obwohl sie einer Erwerbstätigkeit nachgehen, denn ihr Erwerbseinkommen ist zu niedrig, um die eigene Existenzsicherung zu gewährleisten. Und während offiziell insgesamt die Zahl der Leistungsbeziehenden zurückgeht,[1] steigt der Anteil derjenigen, die gleichzeitig erwerbstätig sind – die so genannten Aufstocker_innen –, im Zeitverlauf an. Über die Hälfte der Aufstocker_innen sind Minijober_innen (vgl. Graf 2013b, 62ff.). Hinzu kommt, dass ein Übergang aus den prekären Erwerbsformen in sozialversicherungspflichtige Beschäftigungsverhältnisse schwieriger wird, je länger diese Form der Erwerbstätigkeit andauert. Dies gilt sowohl für Leiharbeit als auch für Minijobs, wobei Minijobs das deutlichste Dequalifizierungsrisiko mit sich bringen und die geringsten Möglichkeiten, in eine andere Beschäftigungsform zu wechseln (BMFSFJ 2012; Keller/Seifert 2011, 142; Weinkopf 2011, 16ff.). Die mit ihnen einhergehende Abhängigkeit (sowohl von staatlichen Leistungen als auch von Angehörigen) wird besonders problematisch, weil häufig andere Optionen – v.a. in frauendominierten Branchen – fehlen, aber auch, weil gerade Frauen von den Jobcentern keine andere Perspektiven aufgezeigt bekommen und so häufig das *Fördern* beim Ein*fordern* der Aufnahme eines Minijobs endet. Damit bleiben sie weiterhin von den staatlichen Transferleistungen abhängig – d.h. Erwerbsarbeit stellt nicht in jedem Fall, so wie es die Forderungen und Wünsche

---

1 Aus diesen scheinbar rückläufigen Zahlen wird allerdings nicht ersichtlich, dass sich ein relevanter Anteil Erwerbsloser z.B. in Maßnahmen der Bundesagentur für Arbeit befindet – diese werden in den offiziellen Zahlen nicht mitgezählt.

1.2 Wandel weiblicher Erwerbstätigkeit: Emanzipation durch Integration?

Die schon immer vorhandene Ambivalenz zwischen Teilhabe an Erwerbsarbeit und der damit verbundenen Hoffnung auf ein Mehr an Selbstbestimmung und Emanzipation zeigte sich bereits in der Vergangenheit am Beispiel der Erwerbstätigkeit von Frauen. Denn nicht erst die aktivierende Arbeitsmarktpolitik geht mit einer Prekarisierung von Beschäftigung einher. Die Erwerbstätigkeit von Frauen war – insbesondere aufgrund der niedrigeren Bezahlung – seit der frühen Industrialisierung mit einem hohen Maße an Prekarität verbunden, die die eigenständige Existenzsicherung (und damit auch die Selbstbestimmung in Bezug auf Einkommen) infrage stellt.[2] Seit den Forderungen der neuen Frauenbewegung nach mehr Berufstätigkeit von Frauen ist die Frauenerwerbstätigkeit deutlich angestiegen, die Erwerbsquote der Frauen liegt heute bei 71,6% (vgl. BA 2012, 60). Damit einher geht ein Anstieg weiblicher Beschäftigung auch in den qualifizierten Bereichen und den Führungsebenen. Im Hinblick auf eine geschlechtergerechte Verteilung in diesen Bereichen sind die Frauenanteile allerdings immer noch unzureichend. Gleichzeitig sind Frauen im Niedriglohnbereich mit 60,4% deutlich überrepräsentiert (vgl. Kalina/Weinkopf 2013, 9). Frauen üben somit oftmals einen Mini-Job aus und sind damit nicht sozialversichert beschäftigt – d.h. ein relevanter Anteil von ihnen arbeitet unter prekären Bedingungen. Hinzu kommt, dass auch Emanzipation, unter der Hedwig Dohm das Heraustreten erwerbstätiger Frauen aus dem Haushalt verstand, durch das Aktivierungsregime nur begrenzt erreicht werden konnte. Lange Zeit waren die Geschlechterverhältnisse vom sog. Ernährermodell dominiert: Dieses sah vor, dass in einer Partnerschaft die Zuständigkeiten für bestimmte gesellschaftliche Bereiche qua Geschlecht festgelegt waren: Männer galten als verantwortlich für die Sicherung des Familieneinkommens durch Erwerbsarbeit, während für Frauen der sog. private Bereich der Haus- und Familienarbeit vorgesehen war. Das gesamte System der sozialen Sicherung war auf dieses Modell der Arbeitsteilung ausgerichtet. Der Wandel

---

2   Zudem wurde bereits zu Zeiten der Industrialisierung die Erwerbstätigkeit der Frauen von den Gewerkschaften als Bedrohung wahrgenommen und darin die Ursache gesehen für Prekarisierungstendenzen, die alle Arbeitenden betreffen (vgl. u.a. die Beschreibungen von Braun 1901) – was u.a. zum Ausschluss von Frauen aus gewerkschaftlichen Zusammenhängen genutzt wurde.

des Modells wurde u.a. auch durch die neue Frauenbewegung eingeleitet (vgl. Dackweiler 2010), und auf den ersten Blick scheint es so, als ob er mit der Implementation der aktivierenden Arbeitsmarktpolitik beendet sei: Es wird Frauen nicht nur ermöglicht, erwerbstätig zu sein, sie werden nunmehr dazu verpflichtet. Unterstützung durch die Solidargemeinschaft und den Staat erhalten sie nur, wenn sie einen eigenständigen Beitrag zur Existenzsicherung leisten.[3] Das arbeitsmarkt- und sozialpolitische Gefüge sieht also eine Verteilung der Verantwortung für die Existenzsicherung auf beide Geschlechter vor. Allerdings ist damit nicht das „Hinaustreten der Frauen aus dem Haushalt" verbunden. Denn eine zentrale Konstruktion des Gesetzes bildet die Bedarfsgemeinschaft. Zwar wird potentiell jedes Mitglied dieser Gemeinschaft (also des Haushalts) – auch die bislang nicht oder nur in geringem Umfang erwerbstätige Frau – herangezogen, um den Zustand der Hilfebedürftigkeit zu beenden. Es reicht allerdings, wenn ein Mitglied der Bedarfsgemeinschaft einen so hohen Lohn erwirtschaftet, dass damit der 'Bedarf' aller gedeckt werden kann; die Integrationsbemühungen für die Anderen, noch Arbeitsuchenden, werden beendet. Damit wird die individuelle Integration *aller* Bedarfsgemeinschaftsmitglieder in Erwerbsarbeit nur selten erreicht. Stattdessen konzentrieren sich die Bemühungen der Jobcenter, einen Arbeitsplatz zu finden, faktisch auf die Männer, weil sie als arbeitsmarktnäher und leichter vermittelbar gelten (IAQ/FIA/GendA 2009). Die Frauen, so wird oftmals suggeriert, könnten ja „ihre Arbeitslosigkeit mit dem Bereich der unbezahlten Arbeit, also der Haus- und Familienarbeit [...] kompensieren" (Rudolph 2007, 123).

Die Studien zur Umsetzung der Hartz IV-Reformen zeigen gleichstellungspolitisch weitere ambivalente Folgen der aktivierenden Arbeitsmarktpolitik: Es konnten mehr Frauen an arbeitsmarktpolitischen Maßnahmen teilhaben, allerdings wurde die gesetzlich fixierte Frauenförderquote überwiegend nicht erfüllt (vgl. IAQ/FIA/GendA 2009). Die Jobcenter sehen Frauen weiterhin vor allem als 'Zuverdienerinnen' und beenden ihre Bemühungen bei der Vermittlung in einen Mini-Job. Die Frage, wer sich um die Haus- und Familienarbeit kümmert, wird zumeist 'zugunsten' der Frauen entschieden.

Damit zeigt sich zunächst, dass die vermeintliche Gleichung 'Berufstätigkeit = persönliche, psychische und materielle Unabhängigkeit' (Dobberthien, s.o.) unter

---

3 Auch das 2008 reformierte Unterhaltsrecht sieht vor, dass geschiedene Ehepartner_innen ihre Existenz selbst sichern, und sie können keine Unterhaltszahlungen erwarten, wenn sie erwerbsfähig sind. Eine Einschränkung der Erwerbsverpflichtung gilt nur, wenn Kinder unter drei Jahren versorgt werden müssen. Es wird davon ausgegangen, dass die Kinder ab drei Jahren außer Haus betreut werden können.

Emanzipation durch (Erwerbs-)Arbeit?!

veränderten Arbeitsmarktbedingungen und aktivierender Arbeitsmarktpolitik nicht (mehr) so funktioniert wie von den Pionierinnen der Frauenbewegungen angenommen bzw. erhofft. Weder ist eine ökonomische Unabhängigkeit garantiert noch die gerechtere Verteilung der Care-Arbeit. Allerdings impliziert (Erwerbs-) Arbeit für die Arbeitenden weitere Bedeutungsinhalte jenseits der materiellen Existenzsicherung, und so wollen wir im Weiteren danach fragen, ob und wenn ja inwiefern es unter den Bedingungen eines prekär strukturierten Arbeitsmarktes und dem verregelten Leistungsregime von Hartz IV Emanzipationsgewinne jenseits der konkreten Arbeitsbedingungen geben kann.

2 Emanzipation und Arbeit

Zur Beantwortung der Frage, wie sich das Verhältnis von Selbstbestimmung, Emanzipation und Erwerbsarbeit in Zeiten aktivierender Arbeitsmarktpolitik und prekärer Arbeitsbedingungen darstellt, konzentrieren wir uns im Folgenden auf die Auswertung von Interviews mit Hartz IV-Beziehenden.[4] Der Fokus liegt dabei auf der Frage, welche Bedeutung Erwerbsarbeit für sie hat und inwiefern für sie Erwerbsarbeit mit dem Versprechen nach Emanzipation und Selbstbestimmung verbunden ist. Wir wechseln damit in der Perspektive von der Makro- auf die Mikroebene, d.h. im Folgenden geht es stärker um die subjektive Bedeutung von Arbeit für die Einzelnen in ihrer individuellen Situation. Wir suchen also nun nach individuellen Emanzipationsgewinnen und nicht mehr nach gesellschaftlichen (soweit sich das voneinander trennen lässt).

Zunächst zeigt sich, dass die Erwerbsorientierung bei den (erwerbslosen und erwerbstätigen) Beziehenden dieser Leistungen hoch ist und der Mythos der individuellen Schuld für die Erwerbslosigkeit, dass die Motivation („Lust") zum Arbeiten fehle, wenig bis keine reale Grundlage hat. Dies belegen nicht zuletzt

---

4 Die Interviews entstammen verschiedenen Projekte, die wir im Kontext von GendA mit unterschiedlichen Kooperationspartner_innen – und v.a. immer wieder mit Ortrun Brand (vgl. z.B. Brand/Rudolph 2008; Brand 2012) – durchgeführt haben: „Aktuelle lokale Arbeitsmarktpolitik. Die Umsetzung von Hartz IV und ihre Auswirkungen auf Geschlechterdemokratie und Geschlechterverhältnisse", 2005-2006 (hier zitiert als *Marburger Hartz-Studie*; vgl. Rudolph 2007; 2005; Rudolph/Niekant 2007); „Die Bewertung der Umsetzung des SGB II aus gleichstellungspolitischer Sicht", 2006-2009 (*SGB II-Gleichstellungsstudie*; vgl. IAQ/FIA/GendA 2009; Jaehrling/Rudolph 2010) sowie das Promotionsprojekt „Teilhabe von Aufstocker/innen. Die Gleichzeitigkeit von Erwerbstätigkeit und SGB II", 2008-2012 (*Aufstocker_innen-Studie*; vgl. Graf 2013a; Graf 2013b).

die Ergebnisse aus dem Forschungsinstitut der Bundesagentur für Arbeit, dem IAB (vgl. z.B. Beste/Bethmann/Trappmann 2010; Dietz et al. 2011; Koller 2011; Lietzmann 2009). Aber auch andere Untersuchungen konnten darlegen, dass die Ursache für die Abhängigkeit vom Leistungsbezug nicht eine geringe Erwerbsorientierung ist, sondern vielmehr fehlende passende Erwerbsarbeitsangebote. So konstatieren Booth und Schierhorn: „Die hier vorgenommene Analyse der Situation erwerbsloser Frauen zeigt aber, dass *deren* Problem weder eines der Erwerbsorientierung noch mangelnder Qualifikation ist. [...] Es zeigt sich, dass Erwerbsorientierung nicht nur den Wunsch nach einer finanziellen Absicherung bedeutet, sondern auch soziale Anerkennung, Unabhängigkeit und der Anspruch, Nützliches zu tun" (Booth/Schierhorn 2010, 98).

Die von uns in unterschiedlichen Forschungsprojekten herausgearbeitete Bandbreite an Motiven zur und Bedeutungszuschreibungen von Arbeit ist weit. Ein einigendes Motiv ist allerdings, die Abhängigkeit von Hartz IV zu beenden, also die Existenz sichern zu können: *„Also Arbeit ist ja, Arbeit ist für mich nur ein Mittel zum Zweck, Geld zu verdienen"* (Herr Lauer,[5] *Marburger Hartz-Studie).*

Für die meisten Leistungsbeziehenden kommt der Erwerbsarbeit – über dieses Motiv hinaus – aber auch eine andere Bedeutung zu: Sowohl derzeit Erwerbslose als auch Aufstocker_innen erwarten von Arbeit nicht nur, dass sie genug Geld verdienen, sondern insbesondere die Befriedigung individueller Interessen, Selbstbestätigung und Herausforderung und im Weiteren die gesellschaftliche Teilhabe. Dabei geht es auch um die soziale Platzierung in der Gesellschaft, um das Gefühl, dazuzugehören: *„Dass wir normal leben können, wie andere Leute auch",* gibt *Frau Seidel* als Ziel von Arbeit an (*SGB II-Gleichstellungsstudie*).

Dabei verweist der gesellschaftlich anerkannte Status *Arbeitnehmer_in* auf die Integrationsfunktion von Arbeit. So beschreibt *Herr Meier* die Bedeutung, die die Aufnahme einer Erwerbstätigkeit als Leiharbeiter nach langer Erwerbslosigkeit für ihn hatte: *„Na ja eben halt tatsächlich auch nicht nur zu Hause sitzen zu können, sondern dass ich einfach auch sagen kann: okay ich bin auch Arbeitnehmer. Ich meine auch den anderen Menschen gegenüber. Auch meinen Bekannten gegenüber, die Arbeitnehmer sind"* (Herr Meier, *Aufstocker_innen-Studie*).

Das oben skizzierte Teilhabe-Versprechen von Erwerbsarbeit steht für viele Befragte im Mittelpunkt. Unabhängig von staatlichen Leistungen zu sein und selbstständig den Lebensunterhalt zu verdienen, bedeutet auch, (wieder) zu einem Teil der gesellschaftlichen Normalität zu werden. So beschreibt *Herr Dietrich* sehr grundlegend, was es für ihn bedeutet, selbstverdientes Geld zur Verfügung zu

---

5   Dieser und alle weiteren Namen wurden geändert.

haben: *"Ich möchte einen sozialversicherungspflichtigen Job, der so viel Geld abwirft, dass ich davon leben kann. Leben kann bedeuten, man müsste dazu in der Lage sein, sich nicht nur gesund zu ernähren und mal in die Kneipe zu gehen, und sein altes Auto zu unterhalten, das muss ja nicht gleich wieder ein neues sein, sondern es geht schlicht und einfach um die elementaren Bedürfnisse in unserer Gesellschaft, dass man also das Gefühl haben möchte, sich auf Grund der eigenen Tätigkeit zu erlauben, am gesellschaftlichen Leben teilzuhaben"* (Herr Dietrich, Marburger Hartz-Studie).

Diese Erwartungen werden allerdings, wie wir oben gezeigt haben, durch prekäre Arbeit nicht erfüllt. *Herr Michels* verweist auf diesen Zusammenhang zwischen den Integrationschancen von Arbeit und den Einschränkungen, die sich durch die Arbeitsbedingungen ergeben: *"Arbeit ist nicht nur gesellschaftstechnisch gesehen wichtig, also dass man das Gefühl hat, dazuzugehören, sondern man arbeitet ja auch, um sich irgendwas leisten zu können, ja, und wenn das aber nicht gegeben ist auf Grund der Lohnstruktur, dann muss ich doch das ganze System mal in Frage stellen"* (Herr Michels, Marburger Hartz-Studie).

Auch *Frau Maier* verweist auf die doppelte Bedeutung von Erwerbsarbeit: Sie möchte gefordert und angeregt werden und ist durchaus auch bereit, dafür viel zu arbeiten – wenn sie dafür Geld bekommt: *"Also eigentlich, dass ich mich da einbringen kann, dass ich 'ne gewisse Selbstverantwortung hab, dass ich eigenständig arbeiten kann, dass ich Entscheidungen treffen kann und dass man auch 'ne gewisse Rückmeldung bekommt dafür, und es gehören da durchaus auch Phasen von Stress dazu, aber auch wieder so 'ne andere Phase, und dass man dafür Geld bekommt"* (Frau Maier, Aufstocker_innen-Studie).

In den Aussagen zur Bedeutung und möglichen Wirkung von Arbeit zeigt sich deutlich, dass die gesellschaftlichen Integrationsmöglichkeiten nicht nur über das Medium Geld erfolgen: Als Arbeitnehmer_in anerkannt zu werden, Anerkennung für Leistung zu erhalten sind Motivationen, die den Wert von Erwerbsarbeit deutlich erhöhen, dies gilt für Erwerbslose und für prekär Beschäftigte gleichermaßen. Allerdings geht es nicht um die Tätigkeit allein, wie sich auch in der Studie von Booth/Schierhorn (2010) am Beispiel von *Frau Schneider* zeigt: „Ich hab mir jetzt ein Ehrenamt gesucht. Aber vom Ehrenamt kann man ja leider Gottes nicht leben. Und es ist so, für's Ehrenamt brauch ich auch Geld, was ich eben auch nicht habe und ich mich sehr einschränken muss" (ebd., 94).

Damit Arbeit weiterhin seine Bedeutung als gesellschaftliches Integrationsmedium – und in diesem Zusammenhang auch als Möglichkeit gesellschaftlicher und individueller Emanzipation – erhalten kann, ist auch Geld wichtig – in einer kapitalistischen Gesellschaft ist das nicht wirklich verwunderlich.

3 Fazit und Schlussfolgerungen

Selbstbestimmung ist ein wichtiger Aspekt, wenn Erwerbslose oder aufstockend Erwerbstätige über Arbeit reden. Ebenso scheint die (gesellschaftliche bzw. individuelle) Anerkennung von hoher Relevanz zu sein: Durch Arbeit wird es den Einzelnen ermöglicht dazuzugehören, dabei zu sein, von den Anderen akzeptiert zu werden.

Unsere Ausführungen machen deutlich, dass das aufgezeigte Spannungsfeld *prekärer Arbeitsmarkt, Regime des Forderns* und *bescheidene langfristige Erwerbsperspektiven* die Verbindung von emanzipatorischen Perspektiven und Erwerbsarbeit einschränkt und vor allem das Bedürfnis einer eigenen Existenzsicherung, die unabhängig von Hartz IV ist, stärkt. Gleichzeitig konnte aufgezeigt werden, dass die Leistungsbeziehenden mit und ohne Erwerbsarbeit gleichwohl weiterhin *Erwerbstätigkeit* mit Selbstbestimmung, Selbstverwirklichung und einem Mehr an Freiheit verbinden, auch wenn die Möglichkeiten, dies realisieren zu können, beschränkt sind. Nicht der Bezug von Sozialleistungen wird als die Verwirklichung von gesellschaftlicher Teilhabe angesehen, sondern dies erfolgt über das Ausüben einer Erwerbsarbeit, was im Übrigen für Frauen und Männer gleichermaßen gilt – man könnte sagen, das System der Arbeitsgesellschaft bricht sich hier vollständig Bahn. Man könnte aber auch sagen, dass Beschäftigung und gesellschaftlich relevante Tätigkeiten in den Augen der Gesellschaftsmitglieder eine zentrale Bedeutung sowohl für ihr eigenes Leben als auch für die Gesellschaft haben. Insofern scheint ein System der Arbeitsmarktpolitik, das vordringlich auf Arbeitsmarktintegration abzielt, eine gewisse Berechtigung zu haben.

Zwei Einschränkungen müssen dabei aber vorgenommen werden: Zum einen stellt sich die Frage nach den sich daraus ergebenden Exklusionsprozessen für jene Menschen, die – aus welchen Motiven und Gründen auch immer – nicht am Erwerbsleben teilnehmen wollen oder können. Sie werden dauerhaft ausgegrenzt, wenn gesellschaftliche Integration systemisch in erster Linie über Erwerbsarbeit erfolgt. Zum anderen verträgt sich der Aspekt der intrinsischen Motivation von Personen, einer Erwerbstätigkeit nachzugehen, weder mit den Zwangselementen des SGB II noch mit den schlechten Arbeitsbedingungen prekärer Beschäftigung.

Unsere Untersuchungen legen nahe, dass die Lösung nicht darin bestehen kann, Personen über *Zwangselemente* in irgendeine Beschäftigung eingliedern zu wollen. Das System, die Bereitschaft einzufordern, fast jede Beschäftigung aufnehmen und weitgehende Einblicke in private Lebensverhältnisse gewähren zu müssen, hat hochproblematische Wirkungen in Bezug auf die Stellung, die Personen, die dem ausgesetzt sind, in unserer Gesellschaft einnehmen. Hinzu kommt, dass dadurch Beschäftigungsformen gefördert werden, die höchst prekär sind und wenige – wenn überhaupt – emanzipative Anteile enthalten. Dies gilt gerade für Beschäftigungsformen, die einer eigenständigen Existenzsicherung zuwider laufen, wie die sog. Minijobs, die zusätzlich auch noch mit deutlichen Dequalifizierungseffekten einhergehen.

Angesichts der hohen Bedeutung, die Erwerbsarbeit bei den Leistungsbeziehenden hat, sollte Arbeit weiterhin mit dem Anspruch verknüpft werden, sinnvoll und materiell ausreichend entlohnt zu sein, und damit immer noch als Emanzipationsvehikel begriffen werden, um individuelle Freiheit zu fördern. Solange aber Erwerbsarbeit für viele in erster Linie Existenzsicherung bedeutet, so lange steht sie der Selbstbestimmung und Emanzipation entgegen: Die meisten haben weder die Wahl zwischen *arbeiten* und *nicht arbeiten* noch zwischen verschiedenen Formen und Bedingungen von Arbeit; sie wollen in erster Linie mit/durch Arbeit 'besser leben'.

In diesem Sinne erscheint es naheliegend, den Begriff der Teilhabe, wie er dem Aktivierungskonzept zugrunde liegt, dahingehend zu erweitern, dass er stärker auf tatsächliche Selbstbestimmung und Emanzipation abzielt. Solche Definitionen sind allerdings in der derzeitigen Debatte um Arbeits- und Sozialpolitik nur marginal vertreten. Ein Beispiel für eine weitergehende Definition von Teilhabe ist Nancy Frasers Begriff der partizipatorischen Parität (2008, 56). Denn sie stellt gleichberechtigte Teilhabe in einem sehr umfassenden Sinne ins Zentrum ihrer Theorie radikaler Demokratie und beschränkt sich dabei ganz explizit nicht darauf, dass Teilhabe dann verwirklicht ist, wenn allen Gesellschaftsmitgliedern ein finanzielles Existenzminimum zur Verfügung steht (vgl. u.a. Graf 2013b, 116ff.). Vielmehr ist für sie 'gerechte' Teilhabe erst dann umgesetzt, wenn alle Gesellschaftsmitglieder gleiche Möglichkeiten zu Selbstverwirklichung und Emanzipation haben. Hierzu gehört für Fraser, dass sie über ausreichend ökonomische Güter verfügen, einen gleichen gesellschaftlichen Status haben und ihre Interessen gesellschaftlich angemessen repräsentiert sind (ebd.). Daran ansetzend wäre eine Arbeitsmarktpolitik zu entwickeln, deren Erfolg sich nicht nur daran bemisst, wie hoch (reale) Erwerbslosenzahlen sind, sondern die Fragen der Qualität und Umverteilung von Arbeit[6] aufnimmt und dabei den Blick auch weitet auf die vielfältigen Bereiche von Arbeit, seien sie bezahlt oder unbezahlt.

Literatur

BA (Bundesagentur für Arbeit), 2012: Arbeitsmarkt 2012. Nürnberg.

---

6 Z.B. durch eine radikale Arbeitszeitverkürzung.

Beste, Jonas/Bethmann, Arne/Trappmann, Markus, 2010: ALG-II-Bezug ist nur selten ein Ruhekissen. Arbeitsmotivation und Konzessionsbereitschaft. IAB-Kurzbericht Nr. 15. Nürnberg.

BMFSFJ, 2012: Frauen in Minijobs. Motive und (Fehl-)Anreize für die Aufnahme geringfügiger Beschäftigung im Lebenslauf. Berlin.

Booth, Melanie/Schierhorn, Karen, 2010: Von der Wende- zur Aktivierungsverliererin? Der Einfluss der Hartz-Arbeitsmarktreform auf die Erwerbsorientierung ostdeutscher Frauen. In: Jaehrling, Karen/Rudolph, Clarissa (Hg.): 132-146.

Brand, Ortrun, 2012: Das Verhältnis von Wohnort zu Arbeitsort – who cares? Zur Bedeutung von räumlichen Beziehungen für eine Demokratisierung von Arbeits- und Geschlechterverhältnissen. In: Promotionskolleg „Geschlechterverhältnisse im Spannungsfeld von Arbeit, Organisation und Demokratie". Reader zur Tagung: „In Arbeit: Demokratie. Feministische Perspektiven auf Emanzipation und Demokratisierung". Marburg, 49-63.

Brand, Ortrun/Rudolph, Clarissa, 2008: Gleichstellung als Luxus? Bedingungen der Institutionalisierung von Geschlechterpolitik in der Umsetzung des SGB II. Loccumer Protokolle 79/08, 223-246.

Braun, Lilly, 1901: Gewerkschaftliche Organisation von Frauen. In: Kurz-Scherf, Ingrid/Dzewas, Imke/Lieb, Anja/Reusch, Marie (Hg.): 52-54.

Dackweiler, Regina, 2010: Wandel bewirken: Die Neue Frauenbewegung als Akteurin im Transformationsprozess wohlfahrtsstaatlicher Geschlechterregime. In: Dackweiler, Regina/Schäfer, Reinhild (Hg.): Wohlfahrtsstaatlichkeit und Geschlechterverhältnisse aus feministischer Perspektive. Münster, 20-47.

Dietz, Martin/Koch, Susanne/Rudolph, Helmut/Walwei, Ulrich/Wiemers, Jürgen, 2011: Reform der Hinzuverdienstregelungen im SGB II. Fiskalische Effekte und Arbeitsmarktwirkungen. In: Sozialer Fortschritt. Nr. 1/2, 4-15.

Dobberthien, Marieluise, 1983: Frauenarbeit. Zwischen Chance und Diskriminierung. In: Pusch, Luise F. (Hg.): Feminismus. Inspektion der Herrenkultur. Frankfurt/M., 421-448.

Dohm, Hedwig, 1874: Geschlechtsspezifische Arbeitsteilung. In: Kurz-Scherf, Ingrid/Dzewas, Imke/Lieb, Anja/Reusch, Marie (Hg.): 46-48.

Fraser, Nancy, 2008: Abnormale Gerechtigkeit. In: König, Helmut/Richter, Emanuel/Schielke, Sabine (Hg.): Gerechtigkeit in Europa. Transnationale Dimensionen einer normativen Grundfrage. Berlin, 81-102.

Graf, Julia, 2013a: Die doppelte Prekarität?! Aufstocker/innen zwischen Erwerbstätigkeit und Hartz IV. In: gegenblende. Das gewerkschaftliche Debattenmagazin. http://www.gegenblende.de/20-2013/++co++5a5cce72-a132-11e2-83e5-52540066f352 (Download: 26.11.13).

–, 2013b: Teilhabe von Aufstocker/innen. Die Gleichzeitigkeit von Erwerbstätigkeit und SGB II. Marburg. http://nbn-resolving.de/urb:nbn:de:0168-ssoar-337286 (Download: 26.11.13).

IAQ/FIA/GendA, 2009: Die Bewertung der SGB II-Umsetzung aus gleichstellungspolitischer Perspektive. Abschlussbericht. Duisburg/Marburg/Berlin.

Jaehrling, Karen/Rudolph, Clarissa, 2010: Grundsicherung und Geschlecht. Gleichstellungspolitische Befunde zu den Wirkungen von Hartz IV. Münster.

Kalina, Torsten/Weinkopf, Claudia, 2013: Niedriglohnbeschäftigung 2011: Weiterhin arbeitet fast ein Viertel der Beschäftigten in Deutschland für einen Niedriglohn. IAQ-Report Nr. 1. Duisburg.

Keller, Bernd/Seifert, Hartmut (unter Mitarbeit von Susanne Schulz und Barbara Zimmer), 2011: Atypische Beschäftigung und soziale Risiken. Entwicklung, Strukturen, Regulierung. Expertise im Auftrag der Abteilung Wirtschafts- und Sozialpolitik der Friedrich-Ebert-Stiftung. Bonn.

Koller, Lena, 2011: Lohnmobilität alleinstehender SGB-II-Leistungsempfänger. IAB-Discussion Paper Nr. 5. Nürnberg.

Kommission für moderne Dienstleistungen, 2002: Bericht der Kommission. Berlin.

Kurz-Scherf, Ingrid, 2007: Soziabilität – auf der Suche nach neuen Leitbildern der Arbeits- und Geschlechterpolitik. In: Aulenbacher, Brigitte/Funder, Maria/Jacobsen, Heike/Völker, Susanne (Hg.): Arbeit und Geschlecht im Umbruch der modernen Gesellschaft. Forschung im Dialog. Wiesbaden, 269-284.

Kurz-Scherf, Ingrid/Dzewas, Imke/Lieb, Anja/Reusch, Marie (Hg.), 2006: Reader Feministische Politik & Wissenschaft: Positionen, Perspektiven, Anregungen aus Geschichte und Gegenwart. Königstein im Taunus.

Kurz-Scherf, Ingrid/Lepperhoff, Julia/Scheele, Alexandra, 2009: Gleichheit, Freiheit, Solidarität: feministische Impulse für die Wiederaufnahme eines umkämpften Projekts. In: Kurz-Scherf, Ingrid/Lepperhoff, Julia/Scheele, Alexandra (Hg.): Feminismus: Kritik und Intervention. Münster, 278-296.

Lietzmann, Torsten, 2009: Bedarfsgemeinschaften im SGB II. Warum Alleinerziehende es besonders schwer haben. IAB-Kurzbericht Nr. 12. Nürnberg.

Menschik, Jutta, 1971: Erwerbstätigkeit und Emanzipation. In: Kurz-Scherf, Ingrid/Dzewas, Imke/Lieb, Anja/Reusch, Marie (Hg.): 117-118.

Nullmeier, Frank, 2010: Kritik neoliberaler Menschen- und Gesellschaftsbilder und Konsequenzen für ein neues Verständnis von „sozialer Gerechtigkeit". Expertise im Auftrag der Friedrich-Ebert-Stiftung. Bonn.

Rudolph, Clarissa, 2012: Aktivierung im Spannungsfeld von Normierung, Disziplinierung und Geschlecht. In: Bütow, Birgit/Munsch, Chantal (Hg.): Soziale Probleme, Soziale Arbeit und Geschlecht. Herausforderungen jenseits von Universalisierung und Essentialisierung. Münster, 160-176.

–, 2007: Gleichstellungspolitik als Luxus – Wandel und Persistenz von Geschlechterverhältnissen bei der Hartz IV-Umsetzung. In: Rudolph, Clarissa/Niekant, Renate (Hg.): 110-134.

–, 2006: Ambivalenzen und Umdeutungen. Feministische Perspektiven auf die aktuelle Arbeitsmarkt- und Sozialpolitik. In: Degener, Ursula/Rosenzweig, Beate (Hg.): Die

Neuverhandlung sozialer Gerechtigkeit – feministische Analysen und Perspektiven. Wiesbaden, 239-258.

–, 2005: Fördern und Fordern – Hartz IV aus genderkompetenter Perspektive. In: Kurz-Scherf, Ingrid/Correll, Lena/Janczyk, Stefanie (Hg.): In Arbeit: Zukunft. Die Zukunft der Arbeit und der Arbeitsforschung liegen in ihrem Wandel. Münster, 263-280.

Rudolph, Clarissa/Niekant, Renate (Hg.), 2007: Hartz IV – Zwischenbilanz und Perspektiven. Münster.

RWI, 2012: Studie zur Analyse der geringfügigen Beschäftigungsverhältnisse. Forschungsvorhaben im Auftrag des Ministeriums für Arbeit, Integration und Soziales des Landes Nordrhein-Westfalen. Essen.

Voß, G. Günter, 2010: Was ist Arbeit? Zum Problem eines allgemeinen Arbeitsbegriffs. In: Böhle, Fritz/Voß, G. Günter/Wachtler, Günther (Hg.): Handbuch Arbeitssoziologie. Wiesbaden, 23-80.

Weinkopf, Claudia, 2011: Minijobs – politisch-strategische Handlungsoptionen. Expertise. Erarbeitet im Rahmen des Projektes „Gesellschaftliche Wertschätzung von Dienstleistungen steigern! Dienstleistungsqualität – Arbeitsqualität – Zeitinnovationen". Berlin.

Zetkin, Clara, 1889: Arbeiterinnen- und Frauenfrage. In: Kurz-Scherf, Ingrid/Dzewas, Imke/Lieb, Anja/Reusch, Marie (Hg.): 48-52.

Brigitte Stolz-Willig

Prekarisierung der Arbeit, Gesundheit und Geschlecht

In Studien und Debatten zum Wandel der Arbeit hat das Thema der Prekarisierung einen prominenten Stellenwert. Mit der Zunahme von Beschäftigten, die kein reguläres Arbeitsverhältnis haben, sondern in diversen Formen sog. atypischer Beschäftigung ihren Lebensunterhalt verdienen, geraten Standards der arbeits-, tarif- und sozialrechtlichen Absicherung unter Druck. Die Auswirkungen auf gesellschaftliche Integration und Teilhabe reichen weit über individuelle Betroffenheit hinaus. Daran hat der Umbau des Sozialstaats einen wesentlichen Anteil. Den Paradigmen einer aktivierenden Arbeitsmarktpolitik und der Privatisierung und Ökonomisierung des Sozialstaats folgend, sind die Entsicherung und Individualisierung sozialer Risiken und der Daseinsfürsorge stark vorangetrieben worden (Stolz-Willig 2010, 68ff.).

Die feministische Forschung hat den Prozess der Erosion des sog. Normalarbeitsverhältnis in seinen Widersprüchen und Ambivalenzen herausgearbeitet: In der Tendenz verallgemeinern sich mit der Zunahme fragmentierter Erwerbsformen und -biografien jene Bedingungen und Muster der Arbeitsmarktteilhabe, die seit jeher für einen Großteil der weiblichen Beschäftigten gelten. Die Normen und Regulierungen des Normalarbeitsverhältnisses setzen eine gegenüber der gesellschaftlichen Fürsorgearbeit gleichgültige Erwerbsteilhabe voraus. Sie gründen auf einem traditionellen Muster gesellschaftlicher Arbeitsteilung und befestigen geschlechtsspezifische Rollenzuschreibungen und Abhängigkeiten. Die Erosion des Normalarbeitsverhältnisses wird folglich nicht ausschließlich als Verlust von Standards der Beschäftigungs- und Sozialen Sicherung betrachtet, sondern auch als ein Prozess, in dem sich Geschlechterverhältnisse und -arrangements neu konturieren.

Einem erweiterten Analyserahmen folgend haben neuere Untersuchungen Prekarisierungsprozesse in einen lebensweltlichen Kontext eingeordnet und nach dem Zusammenhang mit dem Wandel der Familie und der Geschlechterverhältnisse gefragt. Welche Anforderungen an Soziale Sicherung und individuelle und kollektive Handlungsmöglichkeiten sie stellen, wird danach erst in einer biographischen Perspektive erkennbar.[1]

Erweitert hat sich die Perspektive auf Prekarisierung der Arbeit auch insofern, als nicht mehr nur die Beschäftigungsverhältnisse fokussiert werden, sondern die Gefahren einer Prekarisierung auch mit den Bedingungen der Arbeitsverausgabung in Zusammenhang gebracht werden. Gefragt wird nach der Bedeutung der physisch-psychischen Belastungen und Gesundheitsrisiken in der Arbeit und nach den Voraussetzungen und Hindernissen eines langfristigen Erhalts von Arbeitsfähigkeit (Jürgens 2011, 379ff.; Stolz-Willig 2012, 361ff.).

So weit gespannt mittlerweile der Analyserahmen ist, so wenig erkennbar sind gegenwärtig Forschungsansätze und Handlungskonzepte, die die breite arbeitsmarkt- und sozialpolitische Debatte mit der Frage der Qualität der Arbeit, ihren gesundheitlichen Aspekten und der Gewährleistung von Arbeits- und Gesundheitsschutz verbinden.

Ein zentrales Feld der Gestaltung von Arbeit, der Arbeits- und Gesundheitsschutz, ist in der gleichstellungspolitischen Debatte bisher noch wenig erschlossen.[2] Dies gilt für den Zusammenhang von (Erwerbs-)Arbeit, Gesundheit und Geschlecht allgemein (vgl. Weg 2013b) und umso mehr für das Thema der Prekarisierung der Arbeit. Der Mangel an geschlechterdifferenzierten Daten zu Beschäftigtengruppen in sog. atypischen Arbeitsverhältnissen in der Arbeitsschutzberichterstattung und in Erwerbstätigenumfragen sowie der Mangel an fundierten Forschungsergebnissen mögen diese Enthaltsamkeit erklären. Die Entwicklung eines angemessenen Arbeits- und Gesundheitsschutzes für diese Gruppen dürfte indes ein wesentlicher Baustein sein, um der negativen Spirale der Prekarisierung etwas entgegenzusetzen. Denn zur Geschlechtergerechtigkeit in der Arbeitswelt gehört neben den zentralen Themen der Entgeltgleichheit, der Vereinbarkeit von Beruf und Familie und der Öffnung von Berufslaufbahnen und Führungspositionen eben auch das Recht auf gesunde und sichere Arbeitsbedingungen.

---

1 Vgl. hierzu ausführlich das Schwerpunktheft der WSI Mitteilungen: Prekarisierung der Arbeit – Prekarisierung im Lebenszusammenhang, Heft 8/2011.

2 So findet in dem Gutachten der Sachverständigenkommission an das BMFSFJ für den ersten Gleichstellungsbericht der Bundesregierung das Thema Arbeit und Gesundheit keine Berücksichtigung (vgl. BMFSFJ 2012).

1 Prekarisierung der Frauenarbeit im Umbruch

Die Erwerbsbeteiligung von Frauen, ihre Beschäftigungsstrukturen und Erwerbsverläufe sind wesentlich geprägt durch die Persistenz geschlechtsspezifisch segregierter Arbeitsmärkte sowie der institutionell und normativ verankerten geschlechtlichen Arbeitsteilung. Zwar ist einer der bedeutsamsten Faktoren des sozioökonomischen Wandels die Erosion des männlichen Ernährermodells in Deutschland (West). Kontinuierlich steigt mit der Bildungspartizipation, dem Wandel privater Lebensformen und veränderten Partnerschaftskonzepten die Frauenerwerbstätigkeit. Mehr noch als die Erwerbsstatistiken zeigen Untersuchungen zum Wandel der Einstellungen in der jüngeren Generation, dass die Hausfrauenehe als normative Orientierung der Vergangenheit angehört.

Doch weit weniger wandlungsbereit und -fähig erweisen sich die rechtlichen und (sozial-)politischen Regulierungen, die nach wie vor ein männliches Normalarbeitsverhältnis und eine entsprechende Biographie positiv sanktionieren. Ein Erwerbsmodell, das eine Integration von Arbeit und Leben gewährleisten könnte, existiert bestenfalls ansatzweise. Im sozialen Sicherungssystem sind mit Ehegattensplitting, Versicherungsfreiheit geringfügiger Beschäftigung und kostenfreier Mitversicherung in der Krankenversicherung Anreize zum Erwerbsverzicht oder zur reduzierten Erwerbstätigkeit von Ehefrauen und Müttern traditionell stark verankert oder werden – zuletzt mit dem Betreuungsgeld – neu gesetzt. Ein defizitärer Sektor sozialer Infrastrukturen und Dienste begrenzt quantitativ und qualitativ die Beschäftigungsperspektiven von Frauen: Zum einen mangelt es an geeigneten Rahmenbedingungen für eine Vereinbarkeit von Beruf und Familie, zum anderen sind soziale Dienste als Feld qualifizierter Berufsarbeit zu wenig erschlossen. Eine anhaltend hohe geschlechtsspezifische Lohnlücke im Arbeitsmarkt spiegelt darüber hinaus die normative Verankerung des männlichen Ernährerlohns in den Tarifstrukturen und begründet u.a. die relativ geringe Entlohnung in den frauendominierten Dienstleistungsbereichen (Gottschall/Schröder 2013, 161ff.). Dabei zeichnen sich gerade zentrale Tätigkeitsfelder sozialer Berufe durch eine besonders hohe Dynamik des Wachstums von Niedriglohnbeschäftigung aus (Rhein 2011, 12ff.).

Auch wenn der Bedeutungsverlust des traditionellen unbefristeten Vollzeitarbeitsverhältnisses längst auch männliche Beschäftigte betrifft, sind geschlechtsspezifische Unterschiede deutlich zu erkennen. Die Unterschiede betreffen Beschäftigungssektoren und Beschäftigungsformen vor allem aber auch die Relevanz von Beschäftigung in einer erwerbs- und familienbiographischen Perspektive. Eine Erwerbstätigkeit, die allenfalls im Haushaltskontext zum Überleben reicht, wird – soweit sie Frauen betrifft – noch immer als zumutbar betrachtet und als eine im Familienkontext sinnvolle und freiwillig gewählte Erwerbsform bewertet. Zweifellos können atypische Erwerbsformen und -biografien auch nicht umstandslos als prekär qualifiziert werden. Allerdings steigen mit der Pluralisierung von Familien, dem wachsenden Anteil von Familienernährerinnen und den Auswirkungen einer niedrig entlohnten und sozial ungesicherten Arbeit in einer Lebenslaufperspektive (BMFSFJ 2012) die Risiken und verweisen auf eine neue Qualität prekärer Arbeits- und Lebenslagen.

In fast allen Varianten der atypischen Beschäftigung sind Frauen überrepräsentiert (Keller/Schulz/Seifert 2012, 6). Die Mehrzahl aller beschäftigten Frauen arbeitet in atypischen Beschäftigungsverhältnissen. Bis heute kommt eine Angleichung der Erwerbsstrukturen zwischen Männern und Frauen nur langsam voran, denn die erhöhte Erwerbsbeteiligung von Frauen beruht wesentlich auf einer Ausweitung von Teilzeitarbeit und dies insbesondere im Bereich geringfügiger Beschäftigung (vgl. WSI GenderDatenportal 2012). Überrepräsentiert sind Frauen auch in der Niedriglohnbeschäftigung. Sie arbeiten mehr als doppelt so häufig für Niedriglöhne wie Männer. Hohe Frauenanteile in den Dienstleistungssektoren korrespondieren mit hohen Niedriglohnanteilen. Besonders Teilzeitbeschäftigte und Mini-JoberInnen sind – weitgehend unabhängig vom Qualifikationsniveau – überdurchschnittlich häufig von niedrigen Stundenlöhnen betroffen (Kalina/Weinkopf 2012, 9). Die Aufstiegsmobilität, d.h. die Chance, aus einer Niedriglohnbeschäftigung in eine besser bezahlte Beschäftigung zu kommen, ist in Deutschland besonders gering.

Deregulierung und Flexibilisierung von Beschäftigungsverhältnissen nehmen insbesondere auch in Branchen und Tätigkeitsbereichen zu, in denen bislang tarif- und sozialrechtlich geregelte Voll- und Teilzeitbeschäftigung üblich war. Gerade im Sozialen und Gesundheitssektor – mit hohen Anteilen weiblicher Beschäftigung – sind die Beschäftigungsverhältnisse mit der Durchsetzung von Privatisierungsstrategien und der Einführung neuer Planungs- und Steuerungsmethoden stark unter Druck geraten. Hohen Qualifizierungsanforderungen und steigendem Problemdruck stehen sinkende Einkommen und eine Fragmentierung von Arbeitsverhältnissen gegenüber (Stolz-Willig/Christoforidis 2011). Beispiele dafür sind der Einsatz von Zeitarbeitskräften in der Pflege und im Krankenhaus, stunden-, tage- und wochenweise ärztliche Honorarverhältnisse, Werk- und Projektverträge in Forschung und Lehre. Von größerer Bedeutung als die existentiellen Risiken sind hier die subjektiven Erfahrungen von relativer Benachteiligung und Stigmatisierung als temporäre Arbeitskräfte mit eingeschränkten Entwicklungschancen und geringen Reklamations- und Mitbestimmungsrechten. Der

Arbeitsvertragsstatus ist eben nicht nur mit relativen Einkommensnachteilen verbunden, sondern fungiert auch als subtiles Instrument sozialer Sortierung und Hierarchiebildung (Pröll/Gude 2003).

Immer häufiger kommt es darüber hinaus zu Verschiebungen zwischen verschiedenen Formen atypischer Beschäftigung: von der Zeitarbeit zu Werkvertragsarbeit und Solo-Selbständigkeit (z.b. im Gaststättengewerbe), von Mini-Jobs zu Zeitarbeit (z.b. in der Pflege) und zu Werkverträgen (z.b. im Discountbereich). Diese Verschiebungen folgen im Wesentlichen der Logik, arbeits- und tarifrechtliche Regulierungen zu unterlaufen und auf neue, unregulierte Beschäftigungsformen auszuweichen. Ihr Ziel ist es, schnellstmöglich auf Auftrags- oder Auslastungsschwankungen zu reagieren, Arbeitskosten durch Outsourcing zu senken und einen zeitlich befristeten Zukauf von *know-how* und Dienstleistungen zu gewährleisten. Wenig bekannt ist bislang, welche Folgen diese Wechsel von einer zur anderen Vertragsform für die Betroffenen haben und welche speziellen arbeits- und sozialrechtlichen Folgen in der erwerbsbiographischen Perspektive daraus entstehen. Auch wird es schwieriger, Arbeitsbelastungen und Gesundheitsrisiken den Arbeitsbedingungen zuzuordnen und den Krankheitsverlauf und mögliche betriebliche Verursachungsfaktoren zu identifizieren.

2 Prekarisierung der Arbeit und gesundheitliche Belastungen

Die beruflichen Gesundheitsrisiken von Frauen und Männer weisen deutliche Unterschiede auf. Typische Tätigkeiten von Männern und Frauen sind verbunden mit jeweils spezifischen Belastungen und Ressourcen. Charakteristische Belastungsmerkmale in Frauenarbeitsbereichen, wie den Sozial- und Gesundheitsberufen oder Verkaufs- und Büroberufen, sind Zeitdruck, Monotonie, Verantwortung für Menschen, emotionale Belastung bei geringen gesundheitsförderlichen Ressourcen sowie kaum Handlungsspielraum, soziale Anerkennung und Entwicklungsmöglichkeiten. Psychische und psychiatrische Erkrankungen werden bei Frauen häufiger diagnostiziert – mit steigender Tendenz. Männerberufe werden häufiger in belastender körperlicher Arbeit ausgeführt und unter starken Leistungs- und Zeitvorgaben verrichtet. Im Krankheitsgeschehen dominieren Unfälle und Verletzungen, Erkrankungen des Muskel-Skelettsystems und Herz-Kreislauf-Erkrankungen (SUGA 2008).[3]

---

3 Auch wenn für Frauen häufiger psychische Belastungen in den Blick genommen werden, heißt das nicht, dass Männern durch Stress und psychische Belastungen weniger krank werden. Allerdings sind die Krankheitsbilder teilweise andere.

Aus Studien zu Gesundheits-, Krankheits- und Risikoverhalten im allgemeinen Lebenszusammenhang (vgl. BMFSFJ 2001) lassen sich Hinweise auf geschlechtsspezifisch unterschiedliche Bewältigungsstrategien ableiten, die ebenfalls für den Bereich der Sicherheit und Gesundheit bei der Arbeit relevant sind. Neben dem Einfluss von krankmachenden Faktoren am Arbeitsplatz und dem individuellen Risiko- und Bewältigungsverhalten sind die Belastungen aus verschiedenen Rollen und Lebensbereichen in den Blick zu nehmen. Aus der geschlechtsspezifisch unterschiedlichen Einbindung in außerbetriebliche Aufgaben und Verantwortlichkeiten lassen sich nicht nur potentiell belastungsverschärfende oder auch protektive Faktoren ableiten, sondern auch für die Regenerationsmöglichkeiten ist das je spezifische Gesamtbelastungsprofil von zentraler Bedeutung.

Arbeitswissenschaftliche und arbeitsmedizinische Untersuchungen zu neuen Beschäftigungsformen und ihren Belastungs- und Gefährdungsfaktoren sind allgemein zu wenig vorhanden und selten geschlechtsspezifisch differenziert. Dabei sind nicht nur die tätigkeitsspezifischen Erkrankungsrisiken von Bedeutung, sondern die Auswirkungen, die die Art des Beschäftigungsverhältnisses für Gesundheit und Wohlbefinden hat. Es lässt sich zwar nicht umstandslos von einer atypischen Beschäftigung auf eine gegenüber einer regulären Beschäftigung höhere Belastung schließen. Gleichwohl ist aber auch der Umkehrschluss, dass kürzere Arbeitszeiten oder diskontinuierliche Arbeit mit einer geringeren Belastung korrelieren, unzulässig. Halbtagsbeschäftigung bedeutet keinesfalls auch eine Halbierung von Belastungen und Beanspruchungen, sondern meist ein relativ höheres Maß an Arbeitsdruck und Hetze. Außerdem zählen zu den Kriterien guter Arbeit auch die Möglichkeiten einer beruflichen Entwicklung und einer Förderung der Persönlichkeit (Fuchs 2010, 354f.). Diese in der Arbeitswissenschaft anerkannten erweiterten Kriterien menschengerechter Arbeitsgestaltung dürften in mehr oder weniger allen Formen der Teilzeitarbeit verletzt werden.

Es ist darüber hinaus davon auszugehen, dass der Beschäftigungsstatus und die berufliche Unsicherheit zu einem erheblichen Maße zur Gesamtheit der psychischen Belastungen beiträgt – für Frauen wie Männer. Arbeitsplatzunsicherheit, Anerkennungsdefizite und eine Schwächung der Zugehörigkeit zu sozialen Netzen sind für die psychosoziale Gesundheit eine relevante Größe, die erst in neueren Arbeitsstudien beachtet wird (Fuchs 2006; Lohmann-Haislah 2012). Der Verlust von Sicherheitsüberzeugungen, die Befürchtung zu verarmen oder tatsächliche Armut zu erleben, sind krankmachende Faktoren und höhlen darüber hinaus die individuellen Ressourcen für ein gesundheitsförderliches Verhalten aus. Wird die Balance zwischen Arbeitsanforderungen und -belastungen und Belohnung in der Form eines angemessenen Einkommens, der beruflichen Entwicklungsmöglichkeiten und der Anerkennung längerfristig und nachhaltig gestört, steigt die Gefahr von „Gratifikationskrisen" (Siegrist 1996).[4] In vielfachen Anwendungen des Modells konnte gezeigt werden, dass eine anhaltende Disbalance von Anforderungen und Belohnungen die Gesundheit sehr negativ beeinflusst und ein erhöhtes Risiko für stress-assoziierte Erkrankungen birgt (Herzkrankheiten, Bluthochdruck etc).

Daten aus der Studie „Gesundheit in Deutschland aktuell" (GEDA) für das Jahr 2010, die im Rahmen des Gesundheitsmonitorings am Robert-Koch-Institut durchgeführt wurden,[5] zeigen, dass neben der Arbeitslosigkeit zunehmend auch die Beschäftigungsunsicherheit gesundheitsschädlichen Stress erzeugen kann (Kroll/Lampert 2012). So geben Frauen und Männer in prekärer Beschäftigung nicht nur signifikant mehr Tage mit körperlichen und seelischen Beschwerden an als sicher Beschäftigte, sondern sie verhalten sich deutlich häufiger gesundheitsriskant und achten weniger auf ihre Gesundheit als Erwerbstätige mit sicheren Beschäftigungsverhältnissen.[6]

Auch aus der repräsentativen Arbeitsberichterstattung „DGB Index Gute Arbeit" lässt sich die Bedeutung der Beschäftigungsform und -sicherheit für das Belastungsgeschehen und -erleben ableiten (Fuchs 2012, 417ff.). Die Ergebnisse zeigen, dass weit mehr als ein Drittel der Beschäftigten in der privaten Wirtschaft ihre Arbeits- und Einkommensbedingungen als nahezu durchgängig belastend empfinden. Im öffentlichen Dienst sind dies 'nur' 27%. Diese Unterschiede lassen sich überwiegend auf eine deutlich bessere Bewertung der Dimensionen „Einkommen und berufliche Sicherheit" zurückführen, die in der privaten Wirtschaft zentrale Dimensionen der Fehlbeanspruchung darstellen. Befristete Arbeitsverträge und Leiharbeit halbieren die Wahrscheinlichkeit, dass die Arbeit von den Beschäftigten als positiv bewertet wird.

Zwar wird von einem größeren Anteil der Beschäftigten im öffentlichen Dienst die Einkommens- und Beschäftigungssicherheit positiver beurteilt als in der Privatwirtschaft, allerdings ist die Arbeit häufiger durch potentielle Gefährdungen geprägt, z.B. einseitige oder schwere Arbeit, vor allem aber emotionale

---

4   Es handelt sich hierbei um ein arbeitswissenschaftliches Konzept zur Erklärung von Stress, mit dem der Zusammenhang von Entlohnung, wahrgenommener Fairness und Gesundheit betrachtet wird.
5   Die Daten stammen aus einer computerunterstützten telefonischen Befragung (CATI) einer Stichprobe von 22.050 Frauen und Männern, ergänzt um Befunde aus der amtlichen Statistik und der Krankenversicherung.
6   Es ist jedoch anzumerken, dass die Fokussierung auf die „Angst um den Arbeitsplatz" zu Lasten der Betrachtung des gesamten Spektrums der gesundheitlichen Belastungen und Fehlbeanspruchungen in der Arbeit geht.

Belastungen. Im Wesentlichen erklärt sich dies durch die teilweise sehr belastende Arbeit in den Sozialen und Gesundheitsberufen, die eine bedeutende Domäne der Frauenarbeit im öffentlichen Dienst ausmacht. In den letzten Jahren sind die Beschäftigungsverhältnisse in den Sozialen Diensten – seien es nun Einrichtungen in öffentlicher, freier oder inzwischen auch gewerblicher Trägerschaft – darüber hinaus zu einem beschäftigungspolitischen „Experimentierfeld" (Dathe 2011, 16) geworden. Die Einführung von Wettbewerbs- und Budgetierungssystemen, die Veränderung und Deregulierung von Tarifstrukturen und die zunehmende Bedeutung von kurzfristiger Projektfinanzierung haben in vielerlei Hinsicht einen Taylorisierungs-, Flexibilisierungs- und zugleich Prekarisierungsschub bewirkt. Dies zeigt sich in knapp bemessenen Zeitkontingenten und hohen Fallzahlen, der Zunahme befristeter Verträge, ungewollter Teilzeitbeschäftigung und im Einsatz von Ein-Euro-JobberInnen oder in der Legitimation von Dumpinglöhnen durch „Haustarife" (Stolz-Willig/Christoforidis 2011; Dahme/Wohlfahrt 2013).

Eine Sonderauswertung des „DGB Index Gute Arbeit" zu der Arbeitsqualität und Gesundheit der Beschäftigten in den Sozialen Berufen (Fuchs 2011, 25ff.) zeichnet denn auch ein alarmierendes Bild: Lediglich 12% der Beschäftigten berichten von umfassend gut gestalteten Arbeits- und Einkommensbedingungen, 33% von nahezu durchgängig belastenden und ressourcenarmen Bedingungen und 55% der Beschäftigten berichten von einer mittelmäßigen Arbeitsqualität. Wird die Arbeitssituation aber als belastend erlebt, kann sich nur eine kleine Minderheit von 10-20% der in Sozialen Berufen Beschäftigten vorstellen, das Rentenalter gesund zu erreichen.

Kernaussagen im Hinblick auf Geschlechteraspekte und Aspekte prekärer Beschäftigung lassen sich ebenfalls aus dem Stressreport Deutschland[7] (Lohmann-Haislah 2012) destillieren: Die Belastungsschwerpunkte unterscheiden sich nach Geschlecht. Vollzeitbeschäftigte Frauen haben die meisten Beschwerden, fühlen sich am ehesten emotional und körperlich erschöpft und schätzen ihren Gesundheitszustand am schlechtesten ein. Teilzeitbeschäftigte berichten von geringeren Beschwerden (mit Ausnahme muskuloskelettaler Beschwerden). Sie schätzen ihren Gesundheitszustand im Vergleich dazu aber schlechter ein (ebd., 95). Insbesondere Beschäftigte in den Gesundheits- und Sozialberufen

---

7 In dieser Studie werden die Ergebnisse aus der 2011/12 durchgeführten BiBB/BAuA-Erwerbstätigenbefragung zum Thema „Psychische Gesundheit in der Arbeit" präsentiert. Betrachtet werden differenzierte Kriterien der Belastungen, Ressourcen der Bewältigung, unmittelbare Beanspruchungsfolgen (Stress) sowie langfristige Beanspruchungs- und Stressfolgen.

sowie in Berufen im Bildungs- und Erziehungsbereich berichten von Stresszunahme durch Überforderung. In diesen Berufsbereichen ist der Anteil der befristeten Beschäftigungsverhältnisse besonders hoch und die wirtschaftliche Lage des Betriebes wird am negativsten eingeschätzt (ebd., 66f.). Beschäftigte dieser Berufsgruppen gehen besonders häufig krank zur Arbeit (ebd., 138). In allen Beschäftigtengruppen fällt die Diskrepanz zwischen vereinbarten und tatsächlichen Arbeitszeiten auf. Die Daten bestätigen, dass Dauer und auch Lage der Arbeitszeit ebenso mit psychisch belastenden Merkmalen der Arbeit wie mit gesundheitlichen Beeinträchtigungen in einem Zusammenhang stehen (ebd., 113ff.). Mehr als 40% der Befragten gelingt es nie oder nur manchmal, bei der Arbeitszeitplanung auf familiäre oder private Interessen Rücksicht zu nehmen.

Die Ergebnisse des Stressreports dürften die Bedeutung psychischer Arbeitsanforderungen in den personenbezogenen Dienstleistungen noch deutlich unterzeichnen. In der Auswahl der Kriterien psychischer Arbeitsanforderungen sind die insbesondere in diesen Beschäftigungsbereichen auftretenden emotionalen Belastungen nicht aufgenommen worden. Darüber hinaus sind die Entwicklungen bei den Werkvertrags-Beschäftigten und den Freien MitarbeiterInnen nicht ausgewertet, und die relevanten Gruppen der zumeist weiblichen Beschäftigten in prekärer Teilzeit, einem relevanten Teilbereich der als Aggregat erfassten Teilzeitarbeit, und in Mini-Jobs bleiben unberücksichtigt.

Der Wandel der Arbeit mit seinen Auswirkungen auf neue Beschäftigungsverhältnisse, veränderte Organisationsformen und Leistungsbedingungen der Arbeit und die sich daraus ableitenden Verschiebungen im Belastungsspektrum zugunsten der psychosozialen Belastungen stellen an den Arbeits- und Gesundheitsschutz neue Anforderungen. Diese werden zunehmend auch thematisiert. Dabei wird allerdings kaum berücksichtigt, dass Beschäftigungsformen und -bedingungen, Belastungen und Ressourcen geschlechtsspezifisch unterschiedlich verteilt sind und nicht nur von den Bedingungen eines segregierten Arbeitsmarktes, sondern auch von den sozialen und/oder zugeschriebenen Geschlechterrollen abhängen. Gleichstellungspolitik und Arbeitsschutz sind Politikbereiche, die bisher kaum einen gemeinsamen fachlichen Diskurs führen oder gar gemeinsame Handlungskonzepte vertreten.

2 Der Arbeits- und Gesundheitsschutz ist geschlechtsblind

Der Arbeitsschutz war und ist kein systematisch entwickeltes Handlungsfeld der Gleichstellungspolitik (Weg 2012). Nach den heftigen Abwehrkämpfen gegen einen frauenspezifischen Arbeitsschutz (Nachtarbeitsverbot für Arbeiterinnen, tätigkeits- und risikobezogene Beschäftigungsverbote) (Küpper/Stolz-Willig 1991) und der rechtlichen Verankerung der „Geschlechtsneutralität"[8] im 1996 novellierten Arbeitsschutzgesetz verschwindet die Aufmerksamkeit für die Bedeutung gesundheitsgerechter Arbeitsbedingungen und einen wirksamen Arbeits- und Gesundheitsschutz auch und gerade in frauendominierten Tätigkeitsbereichen und Beschäftigungsformen weitgehend. Sie spielt in gleichstellungspolitischen Debatten und Politikkonzepten kaum noch eine Rolle.

Dabei kann der Arbeitsschutz als einer der wenigen sozialpolitischen Bereiche gelten, in denen während der 1990er Jahre eine deutliche Anhebung von Schutznormen erfolgte (Gerlinger 1999, 196ff.). Die rechtlichen Rahmenbedingungen für eine gesundheitsgerechte und gendersensible Arbeitsschutzpolitik haben sich mit der Novelle des Arbeitsschutzgesetzes und den auf ihm beruhenden Verordnungen verbessert. Es wird nun ein umfassender Begriff des Arbeits- und Gesundheitsschutzes zugrunde gelegt, der arbeitsorganisatorische Ursachenkomplexe sowie psychomentale und psychosoziale Gesundheitsbelastungen einschließt. Dies verlangt danach, eine weitgehend auf die Risiken klassischer Industriearbeit beschränkte und auf einer eindimensionalen Ursache-Wirkung-Beziehung aufbauende Arbeitsschutzpraxis zu überwinden. Enthalten ist darin auch eine Abkehr von einem reaktiv ausgerichteten Handeln, weil mit der verbindlich vorgeschriebenen Gefährdungsanalyse (§ 5), der Dokumentation der Ergebnisse (§ 6) und der Rangfolge zu ergreifender Schutz- und Gestaltungsmaßnahmen (§ 4) ein systematisches und in die betriebliche Organisation und Führungsstruktur eingebundenes Vorgehen gefordert ist.

Tatsächlich aber hat eine Umsetzung der normativen Innovationen im Arbeits- und Gesundheitsschutz in die betriebliche Praxis kaum oder gar nicht stattgefunden.[9] Anforderungen an die Qualität der Arbeit wurden unter der Hegemonie eines beschäftigungspolitischen Diskurses um „Hauptsache Arbeit" (Satilmis 2005, 268) und der Agenda 2010 als Luxus diskreditiert. Hinzu kommt, dass auch gewerkschaftsintern Fragen des betrieblichen Gesundheitsschutzes keine hohe Priorität genießen. Sie sind nahezu ausschließlich eine Sache von

---

8 Nicht zulässig sind geschlechtsspezifische Normen ohne hinreichenden Differenzierungsgrund, die zu Nachteilen für das eine oder andere Geschlecht führen.

9 So ist eine Gefährdungsanalyse, die ganzheitlich ausgerichtet ist, d.h. neben physischen auch psychische Anforderungen und Belastungen einbezieht, bisher nur in einer Minderheit zumeist mitbestimmter Unternehmen durchgeführt worden (dazu ausführlich Fuchs 2012).

ExpertInnen und nur unzureichend in die gewerkschaftliche Arbeitspolitik integriert.

Das Thema der Arbeitsqualität ist in jüngster Zeit wieder auf die Agenda gewerkschaftlicher Betriebs- und Tarifpolitik gesetzt worden und wird durch Kampagnen zur „Guten Arbeit" begleitet. Nach wie vor liegt aber ein deutlicher Schwerpunkt auf männlich dominierten Beschäftigungsbereichen und Beschäftigungsformen. Die gewerkschaftliche Arbeitspolitik wie das institutionelle System des Arbeits- und Gesundheitsschutzes bleiben konzentriert auf leichter zugängliche, relativ privilegierte Beschäftigtengruppen bzw. Arbeitsweltmilieus (Großbetriebe des produzierenden Gewerbes, Facharbeiter). Einem tradierten Bild 'schwerer Männerarbeit' und 'leichter Frauenarbeit' folgend werden die Arbeitsbedingungen und -belastungen in frauenspezifischen Tätigkeitsbereichen generell und insbesondere die physischen und psychischen Belastungen in allen Formen der Teilzeitarbeit systematisch unterschätzt (GFMK Bericht 2012).

Für alle Gruppen der atypischen Beschäftigten gilt, dass sie mit der mangelnden Einbindung in die betriebliche Organisation und Mitbestimmung auch nur schwer einen Zugang zum betrieblichen Arbeitsschutz finden. Dies gilt ganz besonders für Freie MitarbeiterInnen, WerkvertragsnehmerInnen und Solo-Selbstständige, für die das Arbeitsschutzgesetz nicht gilt.

Das Thema Zeitarbeit ist in jüngster Zeit zwar auch zu einem Thema der Arbeitsschutzdebatte und -praxis geworden,[10] allerdings vorwiegend untersucht in Bereichen, die überwiegend oder ausschließlich Männer betreffen (Wunenburger 2010). Dagegen mangelt es für die vorwiegend weiblichen Beschäftigten in Mini-Jobs und prekärer Teilzeitarbeit in Niedriglohnbereichen an belastbaren Daten und Informationsquellen. Eine besondere Problematik für die Gestaltung und Umsetzung des Arbeits- und Gesundheitsschutzes in diesen Beschäftigungen ergibt sich daraus, dass nicht selten mehrere Teilzeit- oder Mini-Jobs parallel ausgeübt werden. Schließlich sind unter Berücksichtigung der geringen Aufstiegsmobilität und der Tendenzen zu einem Wechsel zwischen verschiedenen Formen atypischer Beschäftigung die Belastungsbilanz und deren gesundheitskritische Folgen in einer Lebenslaufperspektive von einer hohen – bislang nicht untersuchten – Bedeutung.

Auch wenn die Prominenz des Themas Stress und arbeitsbedingte psychische Belastungen allmählich für eine Erweiterung der technisch-naturwissenschaft-

---

10 Zum Beispiel durch den Programmschwerpunkt „Sicherheit und Gesundheitsschutz bei der Zeitarbeit" der Gemeinsamen Deutschen Arbeitsschutzstrategie.

lichen Philosophie und Praxis des Arbeitsschutzes[11] sorgt, sind Geschlechterspezifika und Geschlechterverhältnisse immer noch „eher ein Blinder Fleck als eine zu erforschende Black Box" (Weg 2013a). Paradoxerweise gibt es dazu eine Ausnahme: Das Thema Männergesundheit hat in den Debatten und Konzepten zu einem präventiven Arbeitsschutz und zur betrieblichen Gesundheitsförderung Konjunktur (vgl. GFMK Bericht 2011).

3 Die Qualität der Arbeit geschlechtergerecht gestalten

Internationale Organisationen bemühen sich seit geraumer Zeit um eine Klärung der normativen Standards zur Qualität der Arbeit. Mit dem Leitbild „Decent Work" versucht die ILO (*International Labour Organisation*) die universelle Verbindlichkeit grundlegender Rechte bei der Arbeit sowie Sozialschutz, Sozialdialog und Beschäftigung zu befördern. Als vorrangiges Ziel definiert sie, „Möglichkeiten zu fördern, die Frauen und Männern eine menschenwürdige und produktive Arbeit in Freiheit, Sicherheit und Würde unter gleichen Bedingungen bieten". Auf der Ebene der EU hebt die „Gemeinschaftsstrategie für Gesundheit und Sicherheit am Arbeitsplatz" hervor, dass die Geschlechterperspektive durchgängig zu verankern ist (KOM 2002). Fortgeschrieben werden die Ziele in der „Gemeinschaftsstrategie für Gesundheit und Sicherheit am Arbeitsplatz 2007-2012" (KOM 2007). Betont wird dabei, dass der demographische Wandel, frauenspezifische Gesundheits- und Sicherungsaspekte und neue Beschäftigungsformen zu berücksichtigen sind.

Verglichen mit der internationalen Leitbild- und Qualitätsdebatte fällt auf, dass die Gender-Perspektive und der Grundsatz des Gender Mainstreamings in den Konzepten, Handlungsfeldern und -methoden des deutschen Arbeits- und Gesundheitsschutzes nicht verankert sind. Im Unterschied zu anderen Politikbereichen enthält noch keine Verordnung oder Handlungsrichtlinie für den Arbeitsschutz – mit Ausnahme des Mutterschutzes – explizit die Zielsetzung oder die Verpflichtung, die Geschlechterperspektive zu beachten.[12]

---

11 So hat beispielsweise die Gemeinsame Deutsche Arbeitsschutzstrategie (GDA) für die Umsetzungsperiode 2013-2018 den Schwerpunkt „Schutz und Stärkung der Gesundheit bei arbeitsbedingten psychischen Belastungen".
12 In dem Entwurf einer Verordnung zum Schutz vor Gefährdungen durch psychische Belastungen bei der Arbeit, die der Bundesrat im Mai 2013 beschlossen hat, wird der Aspekt der Geschlechtergerechtigkeit immerhin im Anhang als einer der Gestaltungsgrundsätze thematisiert.

Gesunde und entwicklungsförderliche Arbeitsbedingungen für beide Geschlechter, eine familienfreundliche Gestaltung des Arbeitslebens und eine geschlechtergerechte betriebliche Gesundheitsförderung sind randständige Themen in den Betrieben. In der gewerkschaftlichen Arbeitspolitik sind die Fragen des betrieblichen Gesundheitsschutzes kaum integriert, und sie werden noch weniger unter einer geschlechtsspezifischen Perspektive gesehen.

Handlungsbedarfe und -empfehlungen zu einem geschlechtersensiblen Arbeits- und Gesundheitsschutz sind mit Vorlage der GMFK-Berichte zu einem geschlechtergerechten Arbeits- und Gesundheitsschutz (GMFK-Bericht 2012; 2011) ausführlich dokumentiert. Die Berichte machen aber auch deutlich, dass die Daten- und Informationslage zu geschlechtsspezifischen Belastungen und Gesundheitsrisiken wie auch zu Angeboten und Nutzungsspezifika der Gesundheitsförderung unzureichend sind.

Die gestiegene Aufmerksamkeit für die gesundheitskritischen Folgen einer fortschreitenden Flexibilisierung und Deregulierung der Arbeit lässt erwarten, dass auch die Defizite einer geschlechterspezifischen Betrachtung im Arbeits- und Gesundheitsschutz bewusster werden. In atypischen Beschäftigungsverhältnissen erodieren eben nicht allein Existenzsicherung und sozialrechtlicher Schutz. Tätigkeitsspezifische Belastungen und die krankmachenden Faktoren einer ungesicherten und als prekär erlebten Beschäftigungs- und Lebenssituation können sich zu einem Gesamtbelastungsprofil addieren, mit dem Gesundheit aufgebraucht und ein gesundes Erreichen der Altersgrenze verunmöglicht wird. Mehr als die breit diskutierte Alterung der Gesellschaft sind es die hohen individuellen und gesellschaftlichen Kosten einer krankmachenden Arbeitswelt, die als eine Bedrohung stabiler Sozialsysteme gelten müssen.

Standards der Arbeitsqualität, wie sie durch Mindestvorschriften des technischen, sozialen und medizinischen Arbeitsschutzes markiert sind, haben in weiten Bereichen des Dienstleistungssektors und in prekären Beschäftigungsformen noch keine oder keine hinreichende Bedeutung. Die Arbeits- und Lebensrealitäten der hier Beschäftigten können nicht länger mit einer stereotypen Etikettierung als marginale und minderwertige (Zuverdienst-)Beschäftigung ausgeblendet werden, wenn sie zur Hauptbeschäftigung eines wachsenden Teils der Erwerbsbevölkerung zu werden drohen.

Gesundheitsgerechten Arbeitsbedingungen kommt eine Schlüsselrolle zu, wenn es um die soziale Gestaltung atypischer Beschäftigung geht. Zum einen sind vor allem die Deregulierung von Beschäftigungsverhältnissen und Arbeitszeiten und steigende Leistungsanforderungen für die Zunahme gesundheitlicher Verschleißprozesse verantwortlich, zum anderen sind es die von den gesellschaftlichen Rahmenbedingungen ausgehenden Handlungsrestriktionen, wie z.B. die Durchsetzung der neuen Instrumente der Arbeitsmarktpolitik, die als Motor einer Prekarisierung der Arbeit und als Hemmnis für die Durchsetzung angemessener, gesundheitsgerechter und geschlechterdemokratischer Arbeit, eben einer *decent work* gelten müssen.

Tiefgreifende Umbrüche in Arbeits- und Lebensweise stellen an Forschung und Praxis in dem Bereich „Arbeit und Gesundheit" wie auch in der Gleichstellungspolitik mithin die Aufgabe, ein neues und zeitgemäßes Leitbild „guter Arbeit" zu entwickeln, institutionell zu verankern und praktisch umzusetzen. Dieses muss die Zusammenhänge und Wechselwirkungen von Arbeit, Gesundheit, sozialer Sicherung und Vereinbarkeit von Erwerbsarbeit und Lebenswelten berücksichtigen. Als leitendes Paradigma ist an das Konzept der „Soziabilität" anzuschließen, welches die gesellschaftliche Organisation und Bewertung von Arbeits- und Lebensweise im Kontext der geschlechtshierarchischen Repräsentations- und Machtverhältnisse und deren Überwindung zu begreifen ermöglicht (Kurz Scherf 2004, 24ff.; vgl. auch Lepperhoff/Scheele in diesem Band).

Literatur

BMFSFJ 2001: Untersuchung zur gesundheitlichen Situation von Frauen in Deutschland. Eine Bestandsaufnahme unter Berücksichtigung der unterschiedlichen Entwicklung in West- und Ostdeutschland. BMFSFJ Schriftenreihe Band 209. Bonn.
– 2012: „Neue Wege – gleiche Chancen. Gleichstellung von Männern und Frauen im Lebensverlauf". Erster Gleichstellungsbericht (Stellungnahme der Bundesregierung zum Gutachten der Sachverständigenkommission und Gutachten der Sachverständigenkommission). 3. Auflage. Bonn.
Dahme, Hans Jürgen/Wohlfahrt, Norbert, 2013: Europäische Staatsschuldenkrise und soziale Dienste: zur Durchsetzung neuer Rentabilitäts- und Akkumulationsbedingungen im Sozialsektor. In: Widersprüche. Zeitschrift für sozialistische Politik im Bildungs-, Gesundheits- und Sozialbereich. Heft 128, 33-59.
Dathe, Dietmar, 2011: Der Dritte Sektor als arbeitsmarktpolitisches Experimentierfeld. In: Stolz-Willig, Brigitte/Christoforidis, Jannis (Hg.): 45-66.
Fuchs, Tatjana, 2012: Qualität der Arbeit. In: Berichterstattung zur sozioökonomischen Entwicklung in Deutschland. Teilhabe im Umbruch. Zweiter Bericht. Wiesbaden, 417-447.
–, 2011: Arbeit – Prekarität – Gesundheit: Arbeitsqualität und Gesundheitsempfinden aus Sicht von Beschäftigten in verschiedenen Sozialen Berufsfeldern. In: Stolz-Willig, Brigitte/Christoforidis, Jannis (Hg): 25-45.

–, 2010: Qualität der betrieblichen Arbeit. In: Projektgruppe GIB (Hg.): Geschlechterungleichheiten im Betrieb. Arbeit, Entlohnung und Gleichstellung in der Privatwirtschaft. Berlin, 347-422.
–, 2006: Arbeit und Prekarität. Ausmaß und Problemlagen atypischer Beschäftigungsverhältnisse. Forschungsprojekt im Auftrag der Hans-Böckler-Stiftung. Stadthagen.
Gerlinger, Thomas, 1999: Vom Arbeitsschutz zur betrieblichen Gesundheitsförderung? Probleme und Perspektiven betrieblicher Gesundheitspolitik nach der Reform des Arbeitsschutzrechts. In: Schmitthenner, Horst/Urban, Hans-Jürgen (Hg.): Sozialstaat als Reformprojekt. Hamburg, 196-217.
GMFK (Konferenz der Gleichstellungs- und Frauenministerinnen und -minister, -senatorinnen und -senatoren der Länder) Bericht 2012: Geschlechterperspektive im Arbeits- und Gesundheitsschutz: Betriebliche Gesundheitsförderung geschlechtersensibel gestalten – neue Aufmerksamkeit für atypische Beschäftigungsverhältnisse. Bericht der Arbeitsgruppe für die 22. GMFK 2012 (Berichterstattung Hessen).
–, 2011: Geschlechtergerechte Praxis im Arbeitsschutz und in der betrieblichen Gesundheitsförderung. Bericht der Arbeitsgruppe für die 21. GMFK 2011 (Berichterstattung Hessen).
Gottschall, Karin/Schröder, Tim, 2013: „Familienlohn" – Zur Entwicklung einer wirkmächtigen Normierung geschlechtsspezifischer Arbeitsteilung. In: WSI-Mitteilungen. 66. Jg., Heft 3, 161-171.
Jürgens, Kerstin, 2011: Prekäres Leben. In: WSI Mitteilungen. 64. Jg., Heft 8, 379-385.
Kalina, Thorsten/Weinkopf, Claudia 2012: Niedriglohnbeschäftigung 2010: Fast jede/r Vierte arbeitet für Niedriglohn. IAQ-Report 01.
Keller, Berndt/Schulz, Susanne/Seifert, Hartmut, 2012: Entwicklungen und Strukturmerkmale der atypisch Beschäftigten in Deutschland bis 2010. WSI Diskussionspapier Nr. 182 (korr. Fassung vom 31.10.2012).
KOM, 2007: Mitteilung der Kommission 0062 vom 21.02.2007.
KOM, 2002: Mitteilung der Kommission 118 vom 11.03.2002.
Kroll, Lars Eric/Lampert, Thomas, 2012: Arbeitslosigkeit, prekäre Beschäftigung und Gesundheit. Herausgegeben vom Robert-Koch-Institut Berlin. GBE kompakt 3. Jg., Heft 1.
Kurz-Scherf, Ingrid, 2004: „Hauptsache Arbeit"? – Blockierte Perspektiven im Wandel von Arbeit und Geschlecht. In: Baatz, Dagmar/Rudolph, Clarissa/Satilmis, Ayla (Hg.): Hauptsache Arbeit? Feministische Perspektiven auf den Wandel von Arbeit. Münster, 24-46.
Küpper, Bettina/Stolz-Willig, Brigitte, 1991: Frauenarbeitsschutz – noch zeitgemäß in einem vereinten Deutschland? In: WSI Mitteilungen, 44. Jg., Heft 9, 555-565.
Lohmann-Haislah, Andrea, 2012: Stressreport Deutschland. Psychische Anforderungen, Ressourcen und Befinden. Herausgegeben von der Bundesanstalt für Arbeitsschutz und Arbeitsmedizin. Dortmund.
Pröll, Ulrich/Gude, Dietmar, 2003: Gesundheitliche Auswirkungen flexibler Arbeitsformen. Schriftenreihe der Bundesanstalt für Arbeitsschutz und Arbeitsmedizin, FB 986. Dortmund, Berlin, Dresden.

Rhein, Thomas, 2011: Niedriglohnbeschäftigung in den sozialen Berufen, In: Stolz-Willig, Brigitte/Christoforidis, Jannis (Hg.): 12-25.

Satilmis, Ayla, 2005: Qualitätsstandards in Zeiten andauernder Massenarbeitslosigkeit: Luxus oder Notwendigkeit? Reflexionen zur Bedeutung von qualitativen Anforderungen an Arbeit. In: Lepperhoff, Julia/Satilmis, Ayla/Scheele, Alexandra (Hg.): Made in Europe. Münster, 266-281.

Siegrist, Johannes, 1996: Soziale Krisen und Gesundheit. Eine Theorie der Gesundheitsförderung am Beispiel von Herz-Kreislauf-Risiken im Erwerbsleben. Reihe Gesundheitspsychologie Bd. 5. Göttingen.

SUGA 2008: Sicherheit und Gesundheit bei der Arbeit – Unfallverhütungsbericht Arbeit. Bundesanstalt für Arbeitsschutz und Arbeitsmedizin. Dortmund.

Stolz-Willig, Brigitte, 2012: Prekarisierung und Frauenarbeit – (k)ein Thema im Arbeits- und Gesundheitsschutz? In: Bispinck, Reinhard/Bosch, Gerhard/Hofemann, Klaus/Naegele, Gerhard (Hg): Sozialpolitik und Sozialstaat. Wiesbaden, 361-377.

–, 2010: Geschlechtergerechte Arbeitsmarktpolitik nach Hartz IV. In: Dackweiler, Regina-Maria/Schäfer, Reinhild (Hg.): Wohlfahrtsstaatlichkeit und Geschlechterverhältnisse in feministischer Perspektive. Münster, 68-88.

Stolz-Willig, Brigitte/Christoforidis, Jannis (Hg.), 2011: Hauptsache billig? Prekarisierung der Arbeit in den Sozialen Berufen. Münster.

Weg, Marianne, 2013a: Prekarisierung und Geschlecht als Handlungsfeld des Arbeitsschutzes. In: Zeitschrift Arbeit (Veröff. in Vorbereitung).

–, 2013b: Gesundheitsschutz am Arbeitsplatz als „Frauenfrage"? In: Streit. Feministische Rechtszeitschrift (im Erscheinen).

–, 2012: Geschlechtergerechter Arbeits- und Gesundheitsschutz: Überfälliges Thema für die Gleichstellungspolitik. In: DGB Info-Brief Frau geht vor. Juni 2012.

WSI – Wirtschafts- und Sozialwissenschaftliches Institut 20012: GenderDatenportal. http://www.boeckler.de/wsi_38966.htm (Download: 25.02.14).

Wunenburger, Heidi, 2010: Sicherheit und Gesundheitsschutz in der Zeitarbeit – Analyse und Bewertung der Umsetzung europäischer Rechtsgrundlagen in den Mitgliedsstaaten und empirische Ergebnisse zur Arbeitssituation der Zeitarbeit in Deutschland. Wuppertal.

Maria Funder

In Zeiten der Ungewissheit – Geschlechterverhältnisse in Bewegung?
Zum Spannungsverhältnis von Wirtschaft und Geschlecht am Beispiel des Finanzsektors

1 Einleitung

Banken- und Finanzmarktkrise, Staatsschuldenkrise, Realwirtschaftskrise, Demokratiekrise, Umwelt- und Ernährungskrise, Reproduktionskrise – diese Aufzählung ließe sich problemlos fortsetzen. Demnach leben wir – wie Alex Demirović et al. (2011) es jüngst auf einen Begriff gebracht haben – in Zeiten der „multiplen Krise" bzw. „Vielfachkrise", die sich keineswegs nur als ein rasch vorübergehender Konjunktureinbruch oder gar als reine Krisenrhetorik entpuppt hat. Nun sind Krisen kein neues Phänomen und Menschen haben im Grunde nie in sicheren Zeiten gelebt, hiervon zeugen Weltkriege, technologische Revolutionen, Naturkatastrophen, Weltwirtschaftskrisen usw. (vgl. u.a. Soeffner 2010). Wenngleich Ungewissheit also an sich nichts Neues ist und Gesellschaften sich permanent verändern, bleibt die Auseinandersetzung mit ihren Erscheinungsformen, Ursachen und Verarbeitungsmustern weiterhin spannend und gehört auf die Agenda sozialwissenschaftlicher Analysen.[1] Auf eine Geschlechterperspektive darf dabei nicht verzichtet werden. Im Fokus dieses Beitrages steht das Spannungsverhältnis von Wirtschaft und Geschlecht, das mit Blick auf die Finanzbranche näher betrachtet wird. So stellt sich in Anbetracht der aktuellen Debatten über die Folgen des „verwilderten Finanzkapitalismus" (Jürgen Habermas), entfesselter (Finanz-)Märkte und eines shareholder-value-getriebenen Leistungsregimes, die sich u.a. in einer zunehmenden Kommodifizierung und

---

1 Von ihnen sollten Anstöße für weitergehende Diskussionen ausgehen, ja vielleicht können sie sogar zur „Entdeckung von Handlungsspielräumen und alternativen Gesellschaftsentwürfen" (Soeffner 2010, 19) führen oder – wie Kurz-Scherf (2012, 103) hofft – zur Entwicklung eines „eigensinnigen und eigenständigen feministischen Utopie-Projekts".

Vermarktlichung der betrieblichen und gesellschaftlichen Arbeits- und Sozialbeziehungen sowie einer Ökonomisierung des Sozialen zeigen, die Frage, ob und wie sich diese Entwicklungstrends auf die Geschlechterverhältnisse ausgewirkt haben. Verschärft sich die in diesem Feld bereits markante Geschlechterasymmetrie noch weiter oder gibt es gegenläufige Entwicklungen, indem im Zuge der Kritik an den krisenverursachenden Finanzmarktstrukturen und den in der Regel männlichen „financial gamblers" (Strange 1986) zugleich auch die hier vorherrschenden Geschlechterverhältnisse in Bewegung geraten?

Der Beitrag ist wie folgt aufgebaut: In einem ersten Schritt (Abschnitt 2) wird der Rahmen abgesteckt und auf Wandlungsprozesse der Geschlechterverhältnisse in der Wirtschaft, insbesondere auf dem Arbeitsmarkt, eingegangen. Am Beispiel der Finanzbranche wird sodann diskutiert, ob ökonomische Turbulenzen auch die Geschlechterverhältnisse durcheinanderwirbeln können oder anders ausgedrückt: ob in Anbetracht der Kritik an den Finanzmarktstrukturen und den hier vorherrschenden Männlichkeitskonzepten Bewegung in die Geschlechterordnung gekommen ist. Im letzten Teil (Abschnitt 3) wird für ein Mehrebenen-Modell plädiert, das der Mikroebene der Interaktion, der Mesoebene der Organisation als auch der Makroebene der Gesellschaft Rechnung trägt und damit in der Lage ist, die Komplexität und Vielschichtigkeit der Geschlechterverhältnisse – nicht nur in der Finanzbranche – differenziert zu analysieren.

Nicht unerwähnt bleiben sollte die vielleicht etwas ungewöhnliche Materialauswahl, denn um die Entwicklungen im Finanzsektor zu illustrieren, wird nicht nur auf wissenschaftliche Literatur Bezug genommen, sondern auch auf Zitate aus einem Theaterstück. Es handelt sich um Andres Veiels Wirtschaftsdrama „Das Himbeerreich",[2] das wie kaum ein anderes die grundlegenden Strukturen des Finanzsystems, seine Spielregeln, den Erwartungsdruck und den Umgang der Akteure mit der Finanzkrise zum Thema macht. Es basiert auf Interviews mit ehemaligen und noch aktiven Banker_innen aus den Führungsetagen großer Finanzinstitute, die in mehreren Schritten der Materialauswahl, Montage und Fiktionalisierung zu sechs Kunstfiguren (fünf Männer und eine Frau) verdichtet wurden. Im Zentrum des Stücks steht die Frage nach der Verantwortung für die Finanzkrise, denn schließlich ist es, trotz der deutlich erkennbaren Fesseln, die den Akteur_innen durch die vorherrschenden ökonomischen Spielregeln angelegt werden, keineswegs so, dass die fiktiven Protagonist_innen sich „nur"

---

2 Ich bedanke mich bei Ulrich Beck, dem Dramaturgen des Deutschen Theaters in Berlin, der mir die Endfassung des Stücks für diesen Aufsatz zur Verfügung gestellt hat.

als Marionetten des Systems wahrnehmen. Einige von ihnen wissen sogar, was zu tun gewesen wäre, aber sie haben nicht danach gehandelt.[3]

2 Gesellschaftliche Transformationsprozesse: Wandel traditioneller Geschlechterarrangements oder alter Wein in neuen Schläuchen?

„Die zweite Hälfte des 20. Jahrhunderts" – so das Resümee von Margaret Maruani zur Bedeutung von gesellschaftlichen Transformationsprozessen für die Geschlechterverhältnisse –

> „hat für die Frauen in allen modernen Ländern bedeutende soziale Veränderungen gebracht: Die Legalisierung von Abtreibung und Empfängnisverhütung, das Wahlrecht und die Parität, die spektakuläre Zunahme der Berufstätigkeit und der Durchbruch bei der weiblichen Bildungsbeteiligung sind echte Errungenschaften. Auch wenn sie einstweilen unvollendet bleiben. Über den Status der Frauen und ihren Platz in der Gesellschaft hinaus haben diese Umbrüche erhebliche Auswirkungen auf die Beziehungen zwischen Männern und Frauen gehabt" (Maruani 2010, 625).

Diese spiegeln sich u.a. in entgrenzten familialen Geschlechterarrangements wider (vgl. Jurczyk et. al. 2009). Trotz der in vielerlei Hinsicht zumindest auf den ersten Blick recht positiven Gesamtbilanz bleiben dennoch zentrale Fragen unbeantwortet: Wurden die Grundpfeiler „männlicher Herrschaft" (Pierre Bourdieu), die speziell in der Finanzbranche vielfach in Form einer „aggressiven Wettbewerbsmännlichkeit" (vgl. u.a. Apelt/Scholz 2014) zum Ausdruck kommt, wirklich erschüttert? Werden Grundlagen für eine reale, nachhaltige Gleichheit der Geschlechter geschaffen oder läuft alles auf eine fortwährende „rhetorische Modernisierung" (Angelika Wetterer) hinaus?

Einfache Antworten kann es – wie auch Maruani feststellt – hierauf nicht geben, zumal sich gerade die aktuellen Entwicklungstrends als recht widersprüchlich erweisen, da sie sowohl Erosions- als auch Reproduktionsprozesse von Geschlechterungleichheiten zur Folge haben. Während auf der einen Seite ein Ausschluss von Frauen aus gesellschaftlichen Teilsystemen – sieht man einmal von der römisch-katholischen Kirche ab – nicht mehr so ohne weiteres möglich ist, lassen sich auf der anderen Seite immer noch geschlechtliche Schieflagen erkennen, insbesondere im Hinblick auf Karrierechancen und Einkommen. Dabei ist die rechtliche Gleichstellung schon seit Jahren ein zentrales Charakte-

---

3 Dementsprechend heißt es an einer Stelle des Theaterstücks auch: „Wer Himbeerreiche anzündet, kann nicht erwarten, deren Früchte zu ernten."

ristikum moderner westlicher Gesellschaften, was den Druck auf Organisationen – und folglich auch auf Banken –, sich an rechtlichen Vorgaben wie etwa dem Allgemeinen Gleichbehandlungsgesetz (AGG) zu orientieren, verstärkt hat. In der Öffentlichkeit ist damit aber auch der Eindruck entstanden, dass die Karrierechancen von Frauen stark zugenommen haben und eine flächendeckende Verbreitung der Gleichstellung nur noch eine Frage der Zeit ist. Dies könnte zumindest eine Erklärung für die Ergebnisse einer aktuellen Befragung des Allensbach-Instituts (2013) sein, der zufolge nur jeder dritte Mann (29%) und jede zweite Frau (51%) noch Handlungsbedarf in Sachen Gleichberechtigung sehen. Selbst eine Reihe von Modernisierungstheoretiker_innen hat schon vor einigen Jahren mit der Ablösung der ersten, industriegesellschaftlichen Moderne durch eine zweite, reflexive Moderne die Aussicht auf eine radikale Modernisierung der Geschlechterverhältnisse, ja sogar auf eine „Geschlechterrevolution" (vgl. Beck/Bonß/Lau 2001), verbunden. Dem liegt die Annahme zugrunde, dass sich die in der fordistischen Moderne vorherrschenden diskriminierenden Geschlechterklassifikationen und -hierarchien als anachronistisch bzw. nicht mehr zeitgemäß erweisen und in absehbarer Zeit völlig verschwinden werden. In den Medien ist sogar die Rede davon, dass wir uns in einer Phase des Aufbruchs in das „Jahrhundert der Frauen" befinden, zumal selbst im Rahmen von „Wirtschaftlichkeitsdiskursen" über die Frage der Geschlechtergerechtigkeit diskutiert wird (vgl. Boes/Bultemeier/Trinczek 2013), so dass am Ende die Strukturkategorie „Geschlecht" vollends an Bedeutung verliert. Dieser Optimismus wird längst nicht von allen Geschlechterforscher_innen geteilt, erst recht nicht von gesellschaftskritischen feministischen Wissenschaftler_innen, die Einwände gegen einen vorschnellen Abgesang auf die Wirkungsmacht der Geschlechterkategorie erheben. Demnach ist die „Frauenfrage" in Anbetracht der erstaunlich großen Resistenz der patriarchalen Geschlechterordnung bzw. des „Gender-Codes der Gesamtökonomie" (Kurz-Scherf 2012) gegenüber Wandlungsprozessen noch längst nicht als erledigt zu betrachten, wenngleich es heute – nicht zuletzt aufgrund der zunehmenden Verankerung von „Gleichheitsfassaden" bzw. „Egalitätsmythen" (Funder 2014) – auch weitaus schwieriger geworden ist, überhaupt noch feministische Kritik ins Feld zu führen und „feministischen Eigensinn in den aktuellen Krisen- und Kritikdynamiken" (Kurz-Scherf 2012) zu entwickeln. Werfen wir zunächst einen Blick auf das ökonomische Feld und fragen nach Transformationsprozessen in den Geschlechterverhältnissen.

2.1 Geschlechterverhältnisse im ökonomischen Feld: Allgemeine Trends und der Fall des Finanzsektors

Nicht betont werden muss sicherlich, dass Arbeit sich nicht auf Erwerbsarbeit reduzieren lässt[4] und dass es bis heute eine ungleiche Verteilung, Honorierung und Anerkennung von Arbeit gibt, die nach wie vor durch eine asymmetrische geschlechtliche Differenzierung geprägt ist. Geschlechterungleichheiten sind daher kein Zufall und auch „keine bloßen historischen Überbleibsel" (Maruani 2010) längst vergangener Jahrhunderte, sondern strukturell in die Moderne eingewoben, wie die Geschlechterforschung schon früh herausgearbeitet hat. Als besonders hartnäckig und veränderungsresistent haben sich Geschlechterasymmetrien in Ländern mit einem konservativen Genderregime erwiesen, was nicht ganz unwichtig ist, denn auch Banken (samt ihrer Strukturen und Leitbilder) sind in nationale gesellschaftliche Kontexte eingebettet. Ein Indiz hierfür ist die Entwicklung der Arbeitsmarktinklusion von Frauen, die in Ländern wie (West-) Deutschland und Österreich lange Zeit recht niedrig war. Sie stieg erst ab den 1960er Jahren an und liegt mittlerweile bei über 70%. Besonders markant ist der Anstieg der Erwerbsbeteiligung verheirateter Frauen, so sind mittlerweile fast drei Viertel der verheirateten Frauen abhängig erwerbstätig (72%) (vgl. Statistisches Bundesamt 2013, 127). Der Historiker Hans-Ulrich Wehler sieht hierin eine der „größten sozialen Veränderungen der Epoche seit 1945" (Wehler 2013, 112). Betrachtet man diese Entwicklung etwas genauer, dann sieht die Arbeitsmarktbilanz von Frauen nicht mehr ganz so positiv aus, denn entscheidend ist schließlich auch die Qualität der Arbeitsverhältnisse. Deutliche geschlechtsspezifische Unterschiede bestehen im Hinblick auf das Arbeitszeitvolumen (Frauen arbeiten häufiger Teilzeit), die Art der Beschäftigungsverhältnisse (Frauen weisen häufiger unsichere und prekäre Beschäftigungen auf), die Einkommenshöhe (Frauen verdienen weniger) sowie die Karrierechancen (Frauen erreichen selten Spitzenpositionen). Insgesamt hat sich die geschlechtsspezifische Segmentation des Arbeitsmarktes seit einigen Jahren sogar wieder verstärkt (vgl. u.a. Keller/ Seifert 2013, 39). Es sind also immer noch mehrheitlich Männer (über 80%), die einer Vollzeitbeschäftigung nachgehen. Insbesondere in der privaten Wirtschaft

---

4 Erst durch die Kritik der Geschlechterforschung wurde der in der Arbeitsforschung lange Zeit vorherrschende, primär auf die Erwerbssphäre fixierte enge Arbeitsbegriff hinterfragt und dem Zusammenhang zwischen den Geschlechterverhältnissen und der Trennung zwischen Produktions- und Reproduktionssphäre Rechnung getragen (vgl. u.a. Kurz-Scherf 2007; 2004).

ist der Anteil der Männer, der Teilzeit arbeitet, sehr gering (3-4%). Demnach ist die Teilzeitarbeit in Deutschland eine Frauendomäne geblieben.

Zusammengefasst zeigt sich also, dass, wenngleich der Anteil der Normalarbeiternehmer mit „Ernährerlohn" in Anbetracht der wachsenden Prekarisierungstendenzen seit einigen Jahren auch sinkt (vgl. Schröder/Schäfer 2013, 176) und zudem von einer Erosion des Leitbilds des „männlichen Familienernährers" sowie einer gleichzeitigen Verbreitung eines *adult worker-* bzw. Zweiverdiener_innen-Modells ausgegangen wird, es dennoch recht gewagt wäre, hieraus eine radikale Abkehr von traditionellen Leitbildern abzuleiten. Lessenich sieht im *adult-worker-model* sogar ein weiteres Element der „neosozialen" Transformation des Sozialstaats, die darauf ausgerichtet ist, Carearbeit zu kommodifizieren und in zunehmendem Maße von der „öffentlichen zur privaten Sicherungsverantwortung, vom kollektiven zum individuellen Risikomanagement" (Lessenich 2012, 163) überzugehen. Als problematisch erweist sich aber nicht nur die individuelle Selbstvorsorge, vielmehr steuern wir, sollte sich der fordistische Geschlechterpakt tatsächlich auflösen, keineswegs auf eine geschlechtergerechte Arbeits- und Lebenswelt zu. Stattdessen deutet zurzeit alles auf eine „Reproduktionslücke" hin, die eine nicht zu übersehende und in Anbetracht des „Geschlechterpluralismus" recht komplexe Geschlechterkomponente hat. Demnach verschieben sich allenfalls die „Grenzen der Ungleichheit" – auch innerhalb der Genusgruppen (vgl. Maruani 2010, 637). Parallel hierzu ist eine Renaissance geschlechtlicher Biologismen bzw. längst überholt geglaubter Denkmuster der (Re-)Naturalisierung zu beobachten (vgl. u.a. Funken/Stoll/Hörlin 2010), die selbst in wissensbasierten Organisationen – und im Zuge der Krise insbesondere im Finanzsektor (vgl. u.a. Scheele 2012) – deutlich zu erkennen ist. Das scheint auf den ersten Blick paradox zu sein, denn gerade moderne Organisationen vertreten – zumindest auf der „Vorderbühne" – mit großer Vehemenz den Leitsatz: „Nur Leistung zählt, Geschlecht spielt keine Rolle!" Erst eine tiefergehende Analyse zeigt, wie eng die Verbreitung eines entgrenzten, flexiblen Leistungsregimes in spezifischen Branchenfeldern immer noch an traditionelle Geschlechterarrangements gekoppelt ist – zu nennen sind die ITK-Industrie, die Biotechnologie (vgl. Funder/Sproll 2012), aber auch der Finanzsektor. Die Reproduktion von Geschlechterasymmetrien und die „Konservierung" von Geschlechterstereotypen finden demnach nicht nur in organisationalen Kontexten statt, sie spiegeln sich auch in der erstaunlich hohen Beharrungskraft der geschlechtlichen Arbeitsteilung wider, insbesondere in der bis heute anhaltenden, geringen Beteiligung von Männern an der Haus- und Carearbeit. Obgleich jüngere Frauen sich im Unterschied zu jüngeren Männern weitaus häufiger ein gleichberechtigtes Partnerschaftsmodell wünschen,[5] ist insgesamt ein hartnäckiges Festhalten am Familienernährer/ Hausfrauen-Modell festzustellen, das nunmehr allerdings – sowohl von Männern als auch von Frauen – nicht mehr als gesellschaftliche Norm, sondern als eine frei wählbare Option wahrgenommen wird, wobei finanzielle Anreize bzw. sozialpolitische Flankierungen (z.B. durch das sog. Betreuungsgeld) die Wiederbelebung dieses Leitbilds sogar noch unterstützen. In diesem Zusammenhang sollte der Appell von Irene Dölling (2010) jedoch nicht ignoriert werden, die davor warnt, die Alltagsstrategien von Akteur_innen im Umgang mit neuen Herausforderungen vorschnell unter Rückgriff auf das fordistische Modell zu interpretieren.[6] Ob die Entscheidung von jungen erwerbstätigen Müttern aus Ostdeutschland für eine Teilzeitbeschäftigung tatsächlich eine Form der Re-Traditionalisierung, also eine Rückbesinnung auf das Familienernährermodell, darstellt oder Ausdruck eines anhaltenden Traditionalismus ist, ja vielleicht sogar ganz andere Gründe hat, lässt sich nur empirisch klären. Ein Grund könnte der in der arbeits-, organisations- und geschlechtersoziologischen Forschung an Bedeutung gewinnende „Eigensinn" sein – also das Geltend-Machen von „eigensinnigen" Ansprüchen an die Gestaltung von Arbeit und Leben –, der als eine Form subversiver Widerständigkeit interpretiert werden kann. Anhaltspunkte hierfür liefern z.B. Nickel/Hüning/Frey (2008). In dem von ihnen untersuchten Fallunternehmen waren es vor allem Frauen in Managementpositionen, die sich einer weitreichenden Vereinnahmung des Sozialen verweigert haben und der vorherrschenden „männlich orientierten Arbeitszeitkultur" ihre Vorstellung von einer Vereinbarung von Sorge- bzw. Carearbeit mit beruflicher Karriere entgegensetzten. Einen Eindruck davon, wie sich diese Problematik im Finanzsektor darstellt, vermittelt die Aussage von Frau Manzinger, der einzigen Frau in dem Dokumentarstück „Das Himbeerreich". In der ausgewählten Textpassage werden sehr anschaulich sowohl die Irritationen von Vorgesetzten beschrieben als auch die individuell auszutarierenden Spannungen und immensen Anstrengungen,

---

5 So ist die Orientierung am Familienernährermodell noch sehr weit verbreitet. Die Shell-Jugendstudie (2010) kommt zu dem Ergebnis, dass sich lediglich 40% der männlichen Jugendlichen eine gleichberechtigte Partnerschaft im Hinblick auf das Arbeits- und Familienleben wünschen. Für mehr als 50% der jungen Männer ist es nach wie vor sehr wichtig, mehr zu verdienen als ihre Partnerin. Mädchen präferieren demgegenüber zu 80% eine gleichberechtigte Partnerschaft.

6 Wie sehr in der Soziologie mitunter auf klassische Denkschablonen Bezug genommen wird, macht die Prekarisierungsdebatte deutlich, in der zur Klassifizierung von prekär Beschäftigten Begriffe wie „Überflüssige", „Überzählige", „soziale Nicht-Kräfte" Verwendung finden, die es kritisch zu hinterfragen gilt (vgl. Dölling 2010, 603).

die mit dem Bestreben einhergehen, Erwerbs- und Privatleben miteinander in Einklang bringen zu wollen:

„Nach zwei Jahren wollten die mich von Frankfurt weg nach London holen, head office, das wird einem freitags so mitgeteilt, wir haben da was, Montag fangen Sie an. Die rechnen ja nicht, dass man da nein sagt, die denken, das kann nur am Geld liegen, als ich nicht genickt hab, haben die's verdreifacht, die haben's einfach nicht kapiert, ich wollte nicht nach London, war schwanger und hatte schon das Angebot für einen Vorstandsposten, zuständig fürs Handelsgeschäft, Unternehmensfusionen, da fällt die Piste weg, ich kann mir die Arbeit einteilen, um fünf mache ich Schluss und nach dem Vorlesen der Gutnachtgeschichte geht's weiter. Ich kann mich nicht komplett ausstöpseln, aber die Kunst der Pause beherrsche ich."

Ob die „Kunst der Pause" auf Dauer dazu beitragen wird, entgrenzten Arbeitsbedingungen Grenzen zu setzen, ist die Frage. Aktuelle Studien zum Burn-Out Problem und einem „erschöpften Selbst" (Alain Ehrenberg) belegen das Gegenteil. Gerade die Finanzbranche ist – wie das Zitat ebenfalls deutlich macht – recht anfällig für ein Auseinanderdriften von Erwerbs-, Familien- und Eigenzeiten, die immer auch eine geschlechtliche Konnotierung aufweisen. So ist es kein Zufall, dass ausgerechnet die einzige Frau im Theaterstück diese Problematik überhaupt zum Thema macht, während die männlichen Protagonisten den Eindruck einer Rund-um-die-Uhr-Verfügbarkeit vermitteln.

Kaum Bewegung ist in den letzten Jahren im Hinblick auf die vertikale und horizontale Geschlechtersegregation – insbesondere in der Finanzbranche – auszumachen. Selbst hohe Frauenanteile unter den Beschäftigten führen offenbar nicht zwangsläufig dazu, dass der Frauenanteil an Führungspositionen steigt. So waren z.B. 2012 immerhin 61% der Beschäftigen im Finanzsektor Frauen (vgl. Holst/Schimeta 2013b). Konterkariert wird diese positive Entwicklung einer überdurchschnittlichen Arbeitsmarktinklusion durch eine äußerst massive horizontale und vertikale geschlechtliche Segregation. Daten des IAB-Betriebspanels zufolge hatten im selben Jahr gerade einmal 11% der im Finanzsektor tätigen Frauen eine Führungsposition inne (vgl. Kohaut/Möller 2013). Dort, wo es um Einfluss und wirtschaftliche Macht geht, sind Frauen sogar noch seltener anzutreffen (vgl. u.a. Holst/Schimeta 2013a, b). Zwar herrscht in den höchsten Entscheidungsgremien großer börsennotierter Wirtschaftsunternehmen insgesamt ein erhebliches Ungleichgewicht zwischen Männern und Frauen vor (vgl. u.a. Holst/Schimeta 2013a),[7] aber es fällt doch auf, dass diese Asymmetrie in der Finanzwirtschaft

---

7 Die Zahlen des DIW (2013) belegen sogar eine rückläufige Entwicklung. So ist der Frauenanteil in den Vorständen von DAX-30-Unternehmen 2013 von 7,8 auf 6,3% zurückgegangen.

besonders ausgeprägt ist. „Männliche Dominanz in Top-Entscheidungsgremien bleibt erdrückend" – so der Titel des jüngsten DIW-Managerinnenbarometers zum Finanzsektor (vgl. Holst/Schimeta 2013b). In 83% der 100 größten Banken und Sparkassen war im Jahre 2012 keine einzige Frau im Vorstand tätig und in 17 davon war es gerade einmal eine Frau. D.h., in den Vorständen von Banken und Sparkassen liegt der Frauenanteil bei gerade einmal 2,9% (ebd.).[8] Etwas besser sieht das Verhältnis in den Aufsichtsratsgremien im Finanzsektor aus. 2012 befanden sich unter den Aufsichtsratsmitgliedern 18% Frauen, die meisten von ihnen (zwei Drittel) sind – wie zu erwarten war – gewählte Vertreterinnen des Arbeitnehmer_innenlagers. Nicht viel anders steht es um die horizontale Segregation, denn in den als besonders relevant geltenden Tätigkeitsfeldern sind eher Männer als Frauen anzutreffen. Da sich diese Geschlechterrelationen sowohl vor als auch nach der Finanzkrise keineswegs massiv verändert haben, obwohl in der Krise der „Ruf" nach ihnen immer lauter wurde – gemäß der von der Chefin der Women's World Bank, Mary Iskenderian, aufgestellten These: „Lehman Sisters hätten uns die Krise erspart" –, drängt sich die Frage auf, ob wir es hier mit einer Krise ohne Wandel zu tun haben.

2.2 Krise ohne Wandel?

Das Fazit dieser schlaglichtartigen Betrachtung der geschlechtlichen Segregation ist ernüchternd: Obwohl im Finanzsektor über die Hälfte der Beschäftigten Frauen sind, dominieren in den meisten Banken und Sparkassen rein männlich besetzte Vorstände. Frauen sind nicht nur an der Spitze unterrepräsentiert, ihr Anteil an Führungspositionen liegt ebenfalls unter dem Bundesdurchschnitt,

---

8   Nicht nur Banken- und Sparkassen weisen eindeutige Schieflagen auf. Ausschließlich von Männern dominiert war bislang auch die Europäische Zentralbank (EZB). Unter den Mitgliedern des EZB-Rats befand sich bis zum Jahr 2014 keine einzige Frau, was den bis vor kurzem noch im Rat tätigen Jörg Asmussen schon vor einiger Zeit zu folgendem Kommentar veranlasste: „Das Europäische Parlament hat jüngst zu Recht kritisch darauf hingewiesen, dass die 23 Mitglieder des EZB-Rates allesamt Männer sind. Das ist schlicht nicht mehr zeitgemäß, und es ist sehr richtig, dass mehr gender diversity, also Geschlechtergerechtigkeit, der EZB-Spitze und auch den Hierarchiestufen in der EZB darunter sehr gut täte" (zitiert nach Holst/Schimeta 2013b). Wenngleich der Druck, mehr Frauen in hohe Führungsposition zu bringen, auch gestiegen ist, viel bewirkt hat er bislang offenbar noch nicht. Einzig die Berufung von Sabine Lautenschläger in das sechsköpfige EZB-Direktorium ist erwähnenswert und wurde in den öffentlichen Medien gleich mit der Schlagzeile verbunden: „Spitzenbankerinnen auf dem Vormarsch".

was einmal mehr darauf verweist, dass der Banken- und Finanzsektor wie kaum ein anderer geschlechtlich segregiert ist.

Auch die Finanzmarktkrise, die eng verknüpft ist mit dem in den Medien generierten Bild des „geldgierigen Bankers", dem ein Großteil der Verantwortung für das Desaster zugeschrieben wird, hat sich keineswegs als ein Einfallstor für Frauen in die Führungsetagen von Banken und Sparkassen, geschweige denn in die Börsensäle erwiesen. Zwar ertönte – wie bereits erwähnt – in der Phase der Krise „wieder einmal der Ruf nach den Frauen, die vielleicht alles besser, umsichtiger, sorgfältiger, vor allem netter gemacht hätten, wenn sie denn oben gewesen wären" (Honegger 2010, 160), faktisch hat sich aber nicht viel getan. Weder sind die Beschäftigtenanteile von Frauen nach der Finanzkrise weiter angestiegen noch ist ein merklicher Anstieg des Frauenanteils bei Führungspositionen auszumachen. Gerade im Finanzsektor sind horizontale wie vertikale geschlechtliche Segregationen sehr stabil geblieben. Frauen zugeschriebene Vorzüge, z.B. „umsichtig" zu sein, erweisen sich geradezu als kontraproduktiv, denn sie tragen eher zur Forcierung geschlechtlicher Zuschreibungen bei als zu ihrer Auflösung (vgl. u.a. Scheele 2012). Wie lässt sich diese bis heute gerade in der Finanzbranche anhaltende Reproduktion des „ewig" Gleichen erklären?

Historisch betrachtet hat sich der Bankensektor von Beginn an nicht gerade als eine Speerspitze der Emanzipation hervorgetan. Typisch war eine klassische Geschlechterdifferenzierung: Frauen waren für den kommunikativen Part wie etwa die Kundenberatung, die Geldauszahlung und die Kreditvergabe zuständig, Männer für Entscheidungen, Strategie und Zielvorgaben. Während der Typus der paternalistischen Männlichkeit im klassischen Bankenbereich durchaus noch angetroffen wird (vgl. Connell 2010), dominiert im Finanzsektor – vor allem in den Führungsetagen – eher eine modernisierte, stark individualistische, wettbewerbsorientierte Form von Männlichkeit, die sich als „aggressive Wettbewerbsmännlichkeit" beschreiben lässt. Ob am Ende der noch weitergehende Typus einer *transnational business masculinity* (Connell) zur neuen Form der hegemonialen Männlichkeit werden könnte, ist bislang allerdings eine offene Frage (vgl. u.a. Apelt/Scholz 2014). Charakteristisch für sie ist ein hohes Maß an Durchsetzungsvermögen und Aggressivität, gepaart mit Machtstreben, die vor allem in den Finanzhandelssälen in den USA vor der globalen Finanzkrise ausgemacht wurden. So lässt sich gerade in der Finanzbranche eine permanente Getriebenheit durch immer höhere Renditevorgaben beobachten, was die folgenden Zitate aus dem Theaterstück „Das Himbeerreich" besonders pointiert zum Ausdruck bringen:

> „Renditeziele sind vorgegeben, am Abend mit dem Chef kommuniziert, nächsten Tag früh: Morgenappell: Wir sind jetzt am Donnerstag, stehen mit den Zahlen

noch beim Dienstag. Woran liegt das, ja? [...] Wenn Sie nicht den Return bringen, sitzen Sie am nächsten Tag ihrem Chef gegenüber... Der hat Analystenkonferenz, die machen Druck, warum? Die vergleichen sofort, was die anderen reinbringen."

Und an einer anderen Stelle heißt es:

"Wir balancieren auf einem rollenden Stein, der ins Tal donnert. Du musst deine Beine immer in Bewegung halten. Sobald du damit aufhörst, fällst du runter und wirst überrollt."

Mit der Finanzkrise geriet der „Wolf of Wall Street"[9] mit seinem überzogenen „Prestigedarwinismus" (Honegger 2010) bzw. seiner „Machokultur" (Connell 2010) zwar genauso in die Kritik wie die Strukturen und Spielregeln des Finanzsystems selbst, gleichwohl hat sich aber – so die ernüchternde Bilanz – bislang nur wenig an dem mit dem Finanzmarktkapitalismus eng verwobenen sozialen Milieu einer von traditionellen Männlichkeitskonzepten geprägten Finanzelite verändert. Die Bankenwelt ist – zumindest in den Führungsetagen – nicht nur zahlenmäßig eine „Männerwelt" geblieben. Allein die Tatsache, dass es „viele qualifizierte Frauen [gibt], die die gleichen Qualifikationen wie ihre männlichen Mitbewerber haben" (Holst 2011, 11), reicht offenbar nicht aus, um „zum Zuge [zu] kommen" (ebd.) und in die von Männern dominierte Welt der Chefetagen einzudringen. Die Zahlen belegen, dass, selbst wenn Frauen genauso agieren wie Männer und eine Reihe von „Facetten und Rollen aus dem Bündel der lokalen hegemonialen Männlichkeit bedienen können" (Connell 2010, 22), sie nur in den seltensten Fällen Spitzenpositionen erreichen. Erreichen sie diese dennoch, dann sicherlich nicht, weil sie gegen die Spielregeln des Finanzsystems verstoßen. Obwohl sie diese ebenso virtuos beherrschen, werden sie dabei – wie Frau Manzinger im Stück „Das Himbeerreich" – nicht selten mit Geschlechterstereotypisierungen und Grenzüberschreitungen konfrontiert (vgl. u.a. Connell 2010). Spätestens an dieser Stelle muss nach gehaltvollen und hinreichend differenzierten Konzepten gefragt werden, die sowohl die beharrliche Reproduktion des immer Gleichen erklären können als auch offen genug für Umbrüche und Rekonfigurationen der Geschlechterverhältnisse sind.

3 Fazit: Plädoyer für ein Mehrebenen-Modell und Perspektiven

Sucht man nach Erklärungen, läuft man – wie Ingrid Kurz-Scherf (2012, 95) betont – mit einer Fokussierung auf „poststrukturalistische [...], subjektzentrierte

---

9   So der Titel einer US-amerikanischen Filmbiografie über den Börsenspekulanten Jordan Belford, der quasi als der Prototyp des risikoorientierten, gierigen Finanzmanagers bezeichnet werden kann.

[...], stark individualistisch geprägte [...] Perspektiven" Gefahr, nicht nur die gesellschaftliche Verfasstheit von Geschlechterarrangements aus dem Blick zu verlieren, sondern auch den gesellschaftskritischen Impetus der Geschlechterforschung stark abzuschwächen. Erklärungsansätze zur Analyse der Geschlechterverhältnisse im Kontext der gegenwärtigen Transformationsprozesse müssen daher – so auch Maihofer (2007) – weitaus vielschichtiger sein und dürfen eine gesamtgesellschaftliche Perspektive nicht außer Acht lassen. Zu präferieren sind Mehrebenen-Modelle, die in der Lage sind, die wechselseitige Verwobenheit zwischen der Mikro-, Meso- und Makroebene zu erfassen und sowohl dem Handeln von Akteur_innen als auch den zur Struktur geronnenen Geschlechterordnungen, einschließlich ihrer dynamischen Komponenten, Rechnung zu tragen. Oder um es mit den Worten von Andrea Maihofer zu formulieren:

> „*Alle* Aspekte von Gesellschaft (Sprache, Arbeitsverhältnisse, Körperkonzepte, Recht, staatliche Politiken, Erziehung, Technologien, Subjektivität, Architektur) kommen als mögliche Momente der gesellschaftlichen Konstruktion und Organisation von Geschlecht und Geschlechterverhältnissen in den Blick, als vergeschlechtlichte und vergeschlechtlichende Elemente der jeweiligen Geschlechterarrangements" (Maihofer 2007, 308, Herv .i.O.).

Um die widersprüchliche Gleichzeitigkeit des Wandels und der Persistenz von Geschlechterungleichheiten des Finanzmarktsektors zu erklären, bedarf es folglich sowohl einer Analyse der Mikroebene als auch der Meso- und Makroebene. Richtet sich der Blick auf die *Mikroebene*, die die Geschlechterforschung in den letzten Jahren stark dominiert hat, dann liegt deren Stärke zweifelsohne darin, herausgearbeitet zu haben, dass wir heute unter Geschlecht nicht mehr etwas fraglos Gegebenes, sondern ein „historisches und gesellschaftlich-kulturelles Phänomen" (Maihofer 2007, 305) verstehen. Unabhängig davon, ob wir der Auffassung sind, dass das Geschlecht als Resultat eines *doing gender* (Erving Goffman) anzusehen ist und daher soziale Interaktionen ins Zentrum von Analysen zu rücken sind, oder aber Geschlecht als einen „performativen Akt" (Judith Butler) begreifen, in dem Geschlechternormen generiert werden, gemeinsam ist beiden Strömungen, dass sie Geschlecht als ein folgenreiches soziales Konstrukt verstanden wissen wollen. Hier ist nun nicht der Ort, um diese theoretischen Positionen zu vertiefen, gleichwohl soll der Ausflug auf die Mikroebene zeigen, dass diese Ebene des alltagspraktischen Handelns sowie der Diskurse unverzichtbar ist, um entschlüsseln zu können, wie unsere Vorstellungen von Männlichkeit/Weiblichkeit überhaupt zustande kommen und was sie bewirken (können). Benachteiligungen und Diskriminierungen sind demnach nicht naturgegeben und unvermeidlich, sondern Resultat sozialer und kultureller (interaktiver oder diskursiver) Prozesse. Setzt die Analyse hier an, dann erweist sich die Finanzwelt als ein Ort, an dem eine fortwährende Reproduktion von „Geschlechterklischees" und „Gender-Status-Beliefs" stattfindet. Besonders aufschlussreich ist der Umgang mit „geschlechtsspezifischer Körperlichkeit" (Honegger 2010, 163). Frau Manzinger beschreibt diese Problematik besonders drastisch:

> „Hab als Broker angefangen, damals gab's da gar keine Frauen, heute übrigens auch nicht. Der Job ist Karate, ich habe zwei ältere Brüder, da durfte ich das trainieren. Ich hab das sehr gerne gemacht, habe denen gezeigt, dass ich keine Luftnummern mache. Derivate hatten wir bis dato kaum gehandelt, da kam ich mit einem Kunden an, der wollte mit 250 Millionen in ein Optionsgeschäft rein. Sie müssen schreien, damit sämtliche Händler checken, oha, hier ist was los, da müssen sie erst mal durchdringen, feste Stimme, gute Preise. Sie treffen eine Entscheidung, Sie rechnen jede Null nach und dann gibt's kein Zurück, entweder Sie sind weg danach – oder die Queen. [...] Das darf nicht aufhören, Sie wollen mit dem Kunden auch das nächste Geschäft machen, die Preise sind überall fast gleich, da müssen Sie was anderes bieten, die eigentlichen Deals werden nicht im Büro gemacht, sondern nachts auf der Piste; Entertaining ist alles, das heißt, als Frau müssen Sie fuckable sein, sie müssen beim Kunden Phantasien auslösen. Sie haben mit Männern zu tun, die gerade fürchterlich viel Geld verdient haben und die meinen, wenn da eine Frau ist, die kann ich jetzt auch noch haben."

Honeggers Wahrnehmung der Geschlechterverhältnisse in der Finanzbranche findet hier Bestätigung. Sie geht davon aus, dass Frauen, wenn sie in der Finanzbranche „mit souveränem Selbstbewusstsein überleben [wollen], zu andauernden Grenzziehungen gezwungen [sind]: angefangen bei Kleidung und Dresscodes über den Umgang mit einer auf zweideutige Weise sexualisierten Sprache, den obszönen Gesten und Zoten bis hin zum Spiel mit den eigenen Reizen als nuancenreichem Mittel der Verfügung in Andeutungen und Gesten" (Honegger 2010, 164). Prozesse eines *„doing gender (while doing the job)"* verschwinden demnach nicht so ohne weiteres, selbst wenn Frauen mit Männern auf der Karriereleiter gleichgezogen haben. Alles spricht vielmehr dafür, dass, wenngleich die Vorstellungen darüber, was Männer/Frauen eigentlich ausmacht, historisch und kulturell auch variieren können und Frauen wie Männern zudem mittlerweile ein viel breiteres Repertoire des *doing gender* zur Verfügung steht, die Norm der „heterosexuellen Zweigeschlechtlichkeit" in unserer Gesellschaft noch längst nicht an Bedeutung verloren hat (vgl. u.a. Hofmann 2014). So sind viele Berufe, Arbeits- und Tätigkeitsfelder – wie das Beispiel der Finanzbranche zeigt – bis heute in hohem Maße „zweigeschlechtlich aufgeladen", was sich wiederum in einer entlang der Geschlechterdifferenz ungleichen Verteilung von „Handlungsspielräumen, Machtressourcen und Verhaltensmöglichkeiten von Männern und Frauen" (Riegraf 2010, 71) widerspiegelt.

Damit richtet sich der Blick folgerichtig auf die *Mesoebene* der Organisation, also auf den Ort, an dem Entscheidungen über Karrieren, Tätigkeitsfelder und Entlohnungen getroffen werden, der aber zugleich, wie kaum ein anderer, Rationalitäts- und Egalitätsmythen aufgebaut hat. Die feministische Organisations- und Geschlechterforschung bietet mittlerweile ein recht umfassendes und theoretisch wie empirisch gut unterfüttertes Repertoire an Erklärungen zum Zusammenhang von Organisation und Geschlecht, die Auskunft über die Erscheinungsformen, Herstellungsprozesse und die anhaltende (ggf. auch sich auflösende) Wirkungsmacht des Geschlechts geben (vgl. u.a. Funder 2014; Müller/Riegraf/Wilz 2013). Sie ist zudem höchst sensibel für Veränderungsprozesse, da sie stets danach fragt, „wie Gender in und durch Organisationen" (Müller 2013, 529) hergestellt, reproduziert, rekonfiguriert und möglicherweise sogar neutralisiert wird. Mit der Berücksichtigung der Mesoebene läuft man also nicht Gefahr, nur an der „flüchtigen" Mikroebene der Interaktion anzusetzen und weitgehend blind gegenüber der Relevanz von Organisationen zu sein, gleich ob man sie selbst theoretisch als durch und durch vergeschlechtlicht oder als geschlechtsneutral betrachtet. Um mehr über die Geschlechterasymmetrien in der Finanzwelt in Erfahrung zu bringen, kommt man folglich nicht um Organisationsanalysen herum. Schon Quack/Theobald/Tienari (2004) konnten in ihrer Bankenstudie (Finnland, Deutschland) zeigen, dass in Organisationsleitbildern Geschlechterdeutungen eingelagert sind, die wiederum von den in der jeweiligen Gesellschaft vorherrschenden geschlechtsspezifischen Normen und Institutionen beeinflusst werden, angefangen von der Orientierung an Familienernährer- oder Vereinbarkeitsmodellen über das Steuersystem bis hin zur Quantität und Qualität der staatlichen Kinderbetreuung. Sie tragen ganz wesentlich zu einer Reproduktion (bzw. Erosion) bestehender Geschlechterhierarchien bei, die bis heute – zumindest in der Finanzbranche – nicht verschwunden sind. Der „Fortschritt" in Richtung Gleichstellung erweist sich – wie es Schmid (2004) schon vor einigen Jahren mit Blick auf den Arbeitsmarkt formuliert hat – gerade in der Finanzbranche offenbar als eine Schnecke.

Sucht man also nach Erklärungen und Ansätzen für weitergehende Forschungsperspektiven, ist weder eine isolierte Betrachtung der Mikroebene zielführend noch eine Fokussierung auf die Mesoebene der Organisation, vielmehr muss immer auch die Makroebene der Gesellschaft Berücksichtigung finden, denn nur so lässt sich entschlüsseln, wie es zur (Re)Produktion von Geschlechterasymmetrien in Organisationen kommt und ob sie sich zukünftig fortschreiben werden. Letztlich bedarf es, so schon das Plädoyer von Ingrid Kurz-Scherf, aus feministischer Sicht darüber hinaus einer dezidiert gesellschaftskritischen Perspektive, und zwar nicht nur, um den Geschlechterverhältnissen in der Wirtschaft auf die Spur zu kommen, sondern auch, um aktuelle Krisenphänomene in ihrer Vielgestaltigkeit (sozial, ökonomisch, ökologisch) zu erkennen und über die (Un-)Möglichkeit eines tiefgreifenden Wandels der Geschlechter- und Gesellschaftsordnung diskutieren zu können.

Literatur

Allensbach-Institut, 2013: Der Mann 2013: Arbeits- und Lebenswelten – Wunsch und Wirklichkeit. Eine Studie von Bild der Frau. Hamburg.

Apelt, Maja/Scholz, Sylka, 2014: Männer, Männlichkeit und Organisation. In: Funder, Maria (Hg.), 294-316.

Beck, Ulrich/Bonß, Wolfgang/Lau, Christoph, 2001: Theorie reflexiver Modernisierung – Fragestellungen, Hypothesen, Forschungsprogramme. In: Beck, Ulrich/Bonß, Wolfgang (Hg.): Die Modernisierung der Moderne. Frankfurt/M., 11-59.

Boes, Andreas/Bultemeier, Anja/Trinczek, Rainer (Hg.), 2013: Karrierechancen von Frauen erfolgreich gestalten. Wiesbaden.

Connell, Raewyn, 2010: Im Innern des gläsernen Turms: die Konstruktion von Männlichkeiten im Finanzkapital. In: Feministische Studien. 28. Jg. Heft 1, 8-24.

Demirović, Alex/Dück, Julia/Becker, Florian/Bader, Pauline (Hg.), 2011: Vielfachkrise. Im finanzdominierten Kapitalismus. Hamburg.

DIW Berlin, 2013: Pressemitteilung „Frauenanteil in DAX-30-Vorständen rückläufig". www.diw.de/de/diw_01.c.432451.de/themen_nachrichten/frauenateil_in_dax_30_vorstaenden_2013_ruecklaeufig.html (Download: 02.11.13).

Dölling, Irene, 2010: Entsicherungen in Zeiten gesellschaftlicher Transformationen. Von der Notwendigkeit, das Handeln von AkteurInnen in den Blick zu nehmen. In: Soeffner, Hans-Georg (Hg.), 593-605.

Funder, Maria, 2014: Einleitung: Gender Cage – Revisited. In: Funder, Maria (Hg.), 9-25.

– (Hg.), 2014: Gender Cage – Revisited. Handbuch zur Organisations- und Geschlechterforschung. Baden-Baden.

Funder, Maria/Sproll, Martina, 2012: Symbolische Gewalt und Leistungsregime. Geschlechterungleichheit in der betrieblichen Arbeitspolitik. Münster.

Funken, Christiane/Stoll, Alexander/Hörlin, Sinje, 2010: Die Projektdarsteller: Karriere als Inszenierung. Paradoxien und Geschlechterfallen in der Wissensökonomie. Wiesbaden.

Hofmann, Roswitha, 2014: Organisationen verändern Geschlechterverhältnisse!? Queertheoretische Perspektiven für eine geschlechtergerechte Entwicklung von Organisationen. In: Funder, Maria (Hg.), 387-410.

Holst, Elke, 2011: „Besonders eklatant ist die Männerdominanz in der Finanzbranche". In: DIW-Wochenbericht. Nr. 3, 11-12.

Holst, Elke/Schimeta, Julia, 2013a: Frauenanteil in Topgremien großer Unternehmen in Deutschland nimmt geringfügig zu – DAX-30-Unternehmen mit größerer Dynamik. In: DIW-Wochenbericht. Nr. 3, 3-14.

–, 2013b: Finanzsektor: Männliche Dominanz in Top-Entscheidungsgremien bleibt erdrückend. In: DIW-Wochenbericht. Nr. 3, 16-24.

Honegger, Claudia, 2010: Die Männerwelt der Banken: Prestigedarwinismus im Haifischbecken. In: Honegger, Claudia/Neckel, Sighard/Magnin, Chantal (Hg.): Strukturierte Verantwortungslosigkeit. Berichte aus der Bankenwelt. Berlin, 160-169.

Jurczyk, Karin/Schier, Michaela/Szymenderski, Peggy/Lange, Andreas/Voß, G. Günter, 2009: Entgrenzte Arbeit – entgrenzte Familie. Grenzmanagement im Alltag als neue Herausforderung. Berlin.

Keller, Berndt/Seifert, Hartmut, 2013: Atypische Beschäftigung zwischen Prekarität und Normalität. Berlin.

Kohaut, Susanne/Möller, Iris, 2013: Frauen in Führungspositionen. Punktgewinn in westdeutschen Großbetrieben. IAB-Kurzbericht. Nr. 23. Nürnberg.

Kurz-Scherf, Ingrid, 2012: „The Great Transformation" – Ausstieg aus dem Kapitalismus? Ein Plädoyer für feministischen Eigensinn in den aktuellen Krisen- und Kritikdynamiken. In: Kurz-Scherf, Ingrid/Scheele, Alexandra (Hg.): Macht oder ökonomisches Gesetz? Zum Zusammenhang von Krise und Geschlecht. Münster, 81-105.

–, 2007: Soziabilität – auf der Suche nach neuen Leitbildern der Arbeits- und Geschlechterpolitik. In: Aulenbacher, Brigitte/Funder, Maria/Jacobsen, Heike/Völker, Susanne (Hg.): Arbeit und Geschlecht im Umbruch der modernen Gesellschaft: Forschung im Dialog. Wiesbaden, 269-284.

–, 2004: Suchbewegungen im Wandel von Arbeit, Geschlecht und Gesellschaft. In: Baatz, Dagmar/Rudolph, Clarissa/Satilmis, Ayla (Hg.): Hauptsache Arbeit? Feministische Perspektiven auf den Wandel von Arbeit. Münster, 8-15.

Lessenich, Stephan, 2012: Mobilität und Kontrolle. Zur Dialektik der Aktivgesellschaft. In: Dörre, Klaus/Lessenich, Stephan/Rosa, Hartmut (Hg.): Soziologie – Kapitalismus – Kritik. Eine Debatte. Frankfurt/M., 126-177.

Maihofer, Andrea, 2007: Gender in Motion: Gesellschaftliche Transformationsprozesse – Umbrüche in den Geschlechterverhältnissen. Eine Problemskizze. In: Grisard, Dominique/Häberlein, Jana/Kaiser, Anelis/Saxer, Sibylle (Hg.): Gender in Motion. Die Konstruktion von Geschlecht in Raum und Erzählung. Frankfurt/M., New York, 281-315.

Maruani, Margaret, 2010: Transformationen der Geschlechterbeziehung – Neue Unsicherheiten. In: Soeffner, Hans-Georg (Hg.), 625-638.

Müller, Ursula, 2013: Wandel als Kontinuität. Bilanz und Ausblick. In: Müller, Ursula/Riegraf, Birgit/Wilz, Sylvia M. (Hg.): Müller, Ursula/Riegraf, Birgit/Wilz, Sylvia M. (Hg.), 2013: Geschlecht und Organisation. Wiesbaden, 527-537.

Nickel, Hildegard Maria/Hüning, Hasko/Frey, Michael, 2008: Subjektivierung, Verunsicherung, Eigensinn. Auf der Suche nach Gestaltungspotenzialen für eine neue Arbeits- und Geschlechterpolitik. Berlin.

Oppen, Maria/Simon, Dagmar (Hg.), 2004: Verharrender Wandel. Institutionen und Geschlechterverhältnisse. Berlin.

Quack, Sigrid/Theobald, Hildegard/Tienari, Janne, 2004: Beharrung oder Wandel? Zur Bedeutung des emergenten Leitbildwandels für Geschlechterverhältnisse in Organisationen. In: Oppen, Maria/Simon, Dagmar (Hg.), 195-220.

Riegraf, Birigit, 2010: Konstruktion von Geschlecht. In: Aulenbacher, Brigitte/Meuser, Michael/Riegraf, Birgit: Soziologische Geschlechterforschung. Wiesbaden, 59-78.

Scheele, Alexandra, 2012: Die Kategorie „Geschlecht" im Krisendiskurs und politischen Krisenmanagement. In: Arbeits- und Industriesoziologische Studien. 5. Jg. Heft 1, 17-29.

Schmid, Günther, 2004: Gleichheit und Effizienz auf dem Arbeitsmarkt. Überlegungen zum Wandel und zur Gestaltung des „Geschlechtervertrags". In: Oppen, Maria/Simon, Dagmar (Hg.), 139-166.

Schröder, Tim/Schäfer, Andrea, 2013: Wer erhält einen Ernährerlohn? Befunde nach Region und Geschlecht. In: WSI-Mitteilungen. 66. Jg. Heft 3, 171-181.

Shell-Jugendstudie, 2010: Albert, Mathias/Hurrelmann, Klaus/Quenzel, Gudrun/TNS Infratest Sozialforschung (Hg.): Shell-Jugendstudie: Jugend 2010, 16. Jugendstudie. Hamburg.

Soeffner, Hans-Georg, 2010: Die Gewissheit unsicherer Zeiten. In: Soeffner, Hans-Georg (Hg.): Unsichere Zeiten. Herausforderungen gesellschaftlicher Transformationen. Verhandlungen des 34. Kongresses der Deutschen Gesellschaft für Soziologie in Jena, Band 1. Wiesbaden, 17-21.

– (Hg.), 2010: Unsichere Zeiten. Herausforderungen gesellschaftlicher Transformationen. Verhandlungen des 34. Kongresses der Deutschen Gesellschaft für Soziologie in Jena. Band 2. Wiesbaden.

Statistisches Bundesamt, 2013: Mikrozensus. Bevölkerung und Erwerbstätigkeit. Stand und Entwicklung der Erwerbstätigkeit in Deutschland. Fachserie 1, Reihe 4.1.1. Wiesbaden.

Strange, Susan, 1986: Casino Capitalism. Oxford.

Wehler, Hans-Ulrich, 2013: Die neue Umverteilung. Soziale Ungleichheit in Deutschland. München.

Teil III

Bewegte Arbeit
Oder: Nur noch Utopien sind realistisch

Ingrid Kurz-Scherf

Der 6-Stunden-Tag – Skizze eines phantastischen Tarifvertragsentwurfs[1]

§ 1: Präambel

Die Tarifvertragsparteien stimmen überein, dass die betrieblichen Arbeitszeitsysteme vorrangig den Zeitinteressen und -bedürfnissen der Arbeitnehmer und Arbeitnehmerinnen Rechnung zu tragen haben. Betriebliche Belange, insbesondere rein betriebswirtschaftliche Interessen an der zeitökonomischen Effektivierung und Rationalisierung der Arbeitsprozesse, sind demgegenüber nachrangig. Da die einzelnen Beschäftigten ihre individuellen Interessen nur in Ausnahmefällen auf dem Wege der Einzelverabredung gegen die Interessen der Arbeitgeber bzw. Geschäftsleitungen durchsetzen können, vereinbaren die Tarifvertragsparteien folgende Rahmenbestimmungen für die Gestaltung der betrieblichen Arbeitszeitsysteme und die zeitlichen Aspekte der Einzelarbeitsverträge im Geltungsbereich dieses Tarifvertrages. Durch die nachfolgenden Regelungen sollen insbesondere auch die überbetrieblichen Arbeitnehmerbelange gewährleistet werden, die sich unter anderem auf die Verwirklichung des Rechts auf Arbeit für jedermann und jede Frau, den Gesundheitsschutz und die Entfaltung einer emanzipatorischen Alltagskultur richten.

Der Tarifvertrag verbindet die bewährte Tradition des im Prinzip für alle abhängig Beschäftigten gleichen Normalarbeitstages (§§ 2-4 und § 12) mit dem Gedanken der überdurchschnittlichen Anrechnung von Arbeitszeiten unter unvermeidbaren, besonderen Belastungen (§ 5) und mit dem Erfordernis, außerbetrieblichen Belastungen durch gesellschaftlich notwendige Arbeit in der Gestaltung der Erwerbsarbeit Rechnung zu tragen (§§ 6 und 7). Älteren Beschäftigten ermöglicht der Tarifvertrag den gleitenden Übergang in den Ruhestand (§ 8). Der im Prinzip einheitliche Arbeitszeitstandard von 6 Stunden täglich ist darüber hin-

---

[1] Ursprünglich veröffentlicht in: Kurz-Scherf, Ingrid/Breil, Gisela (Hrsg.), 1987: Wem gehört die Zeit. Ein Lesebuch zum 6-Stunden-Tag. Hamburg, 300-305. Wir danken dem VSA-Verlag für die Wiederabdruckgenehmigung.

aus die Basis für weitgehende Selbstbestimmungsmöglichkeiten der Arbeitnehmer und Arbeitnehmerinnen bei der Dauer, Lage und Verteilung ihrer individuellen Arbeitszeit im Rahmen betriebsdemokratischer Entscheidungsstrukturen und -prozesse (§§ 9-11). Schließlich soll die Demokratisierung der betrieblichen Personalplanung und -politik auf der Basis der tariflichen Arbeitszeitbestimmungen und der Arbeitszeitwünsche der Beschäftigten eine quantitativ und qualitativ ausreichende Personalausstattung in den Betrieben gewährleisten (§ 13).

§ 2: Geltungsbereich

1) Dieser Tarifvertrag gilt
   - räumlich...
   - fachlich...
   - persönlich: für alle Beschäftigten im räumlichen und fachlichen Geltungsbereich dieses Tarifvertrages, einschließlich der sogenannten AT- bzw. leitenden Angestellten, die in den Vertretungsbereich des Betriebsrates fallen.
2) Alle Einzelarbeitsverträge sind auf der Basis der nachfolgenden Bestimmungen abzuschließen. Sie sind grundsätzlich unbefristet. Die einzelnen Regelungen dieses Tarifvertrages sind weder finanziell noch auf andere Weise abdingbar.
3) Eine Befristung der Arbeitsverträge ist nur in Ausnahmefällen aus zwingenden sachlichen Gründen oder auf ausdrücklichen Wunsch der Einzustellenden mit Zustimmung des Betriebsrates möglich.

§ 3: Der 6-Stunden-Tag

1) Die regelmäßige tarifliche Normalarbeitszeit beträgt ab dem ... 6 Stunden pro Arbeitstag einschließlich einer kollektiv zu gewährenden Arbeitspause von zusammenhängend 30 Minuten.
2) Allen abhängig Beschäftigten steht innerhalb eines Arbeitszeitblocks eine persönliche Verfügungszeit von 10 Minuten während der Arbeitszeit zu.
3) Auf Antrag eines Viertels einer Gruppe von Arbeitnehmern und/oder Arbeitnehmerinnen steht dieser Gruppe eine kollektive Verfügungszeit von 1 Stunde pro Woche während der Arbeitszeit zu.
4) Die Arbeitszeit der Arbeitnehmer und Arbeitnehmerinnen wird grundsätzlich zusammenhängend abgeleistet. Ausnahmen sind nur auf ausdrücklichen Wunsch der Beschäftigten und mit Zustimmung des Betriebsrates zulässig.
5) Die Verkürzung der Arbeitszeit auf 6 Stunden täglich erfolgt ohne Minderung des vorher gezahlten Monatsentgelts.

§ 4: Wochenend- und Nachtarbeitsverbot

1) Arbeitstage sind die Werktage Montag bis Freitag. Am Wochenende, an gesetzlichen Feiertagen sowie abends und nachts (19 Uhr bis 7 Uhr) dürfen die Arbeitnehmer und Arbeitnehmerinnen grundsätzlich nicht beschäftigt werden.
2) Ausnahmen sind nur zulässig für Arbeiten, die im öffentlichen Interesse oder aus zwingenden betrieblich-technischen Gründen auch an Wochenenden, Feiertagen und/oder abends und nachts geleistet werden müssen. Wochenend-, Feiertags- und/oder Abend- und Nachtarbeit bedarf der Zustimmung der Tarifvertragsparteien. Die gesetzlichen Bestimmungen bleiben davon unberührt.
3) Die Beschäftigten dürfen nicht gegen ihren Willen zur Wochenend-, Feiertags- und/oder Abend- und Nachtarbeit verpflichtet oder wegen ihrer Weigerung diskriminiert werden.
4) Wenn Wochenend-, Feiertags- und/oder Abend- und Nachtarbeit unvermeidbar sind, sind bei der Gestaltung der Arbeits- und Schichtpläne die Belange der betroffenen Arbeitnehmer und Arbeitnehmerinnen bevorzugt zu berücksichtigen.
5) Sämtliche Bestimmungen dieses Tarifvertrages sind auch bei unvermeidbarer Wochenend-, Feiertags- und/oder Abend- und Nachtarbeit analog anzuwenden. Innerhalb einer Woche hat jede/r Arbeitnehmer/in Anspruch auf eine ununterbrochene Ruhezeit von mindestens 60 Stunden.

§ 5: Arbeitszeit und Arbeitsbedingungen

1) Die Beschäftigten haben Anspruch auf Arbeitsbedingungen, die ihr physisches, psychisches und soziales Wohlergehen zumindest nicht beeinträchtigen. Die Arbeitgeber sind insbesondere verpflichtet, alle erforderlichen und möglichen Maßnahmen zur Vermeidung gesundheitsgefährdender Arbeitsbedingungen zu treffen. Kommen sie dieser Verpflichtung nicht nach, haben die betroffenen Beschäftigten das Recht zur Arbeitsverweigerung.
2) Soweit und solange sich Belastungen der körperlichen und/oder geistig-seelischen Gesundheit der Beschäftigten nicht vermeiden lassen, haben die Betroffenen Anspruch auf einen Ausgleich durch besondere Zeitzuschläge. Die Zeitzuschläge bemessen sich nach dem Prinzip der überdurchschnittlichen Anrechnung von Arbeitszeiten unter besonderer Belastung auf die Normalarbeitszeit.
3) Die Festsetzung des Anrechnungsfaktors zwischen 1,1 und 1,5 und die Festlegung der betroffenen Arbeitsplätze erfolgt betrieblich durch eine paritätisch

besetzte Kommission, der neben je drei Vertretern bzw. Vertreterinnen des Betriebsrates und der Geschäftsführung je ein/e Vertreter/in der Tarifvertragsparteien angehören. Jede/r Arbeitnehmer/in hat das Recht, besondere Arbeitsbedingungen geltend zu machen. Betrieblich zu regeln ist auch, ob den betroffenen Arbeitnehmern und Arbeitnehmerinnen zusätzliche bezahlte Erholzeiten innerhalb der Arbeitszeit oder zusätzliche bezahlte Freizeit eingeräumt werden.

4) Das Prinzip der überdurchschnittlichen Anrechnung von Arbeitszeiten unter besonderer Belastung findet auch Anwendung in den Fällen, in denen aus zwingenden Gründen Arbeit in der Zeit von 19 Uhr bis 7 Uhr bzw. am Wochenende und/oder an Feiertagen stattfindet. Die Arbeitszeit der betroffenen Arbeitnehmer/innen ist montags bis freitags in der Zeit von 19 Uhr bis 22 Uhr und am Samstag von 7 bis 18 Uhr mit einem Faktor von 1,5 auf die Normalarbeitszeit anzurechnen. Die übrige Nacht- und Wochenendarbeitszeit wird mit einem Faktor von 2 auf die Normalarbeitszeit angerechnet.

5) Die Modalitäten der Inanspruchnahme der durch die überproportionale Anrechnung unvermeidbarer Nacht- und Wochenendarbeit entstehenden Freizeit durch die Beschäftigten ist betrieblich zu regeln, wobei die Arbeitnehmerwünsche bevorzugt zu berücksichtigen sind.

§ 6: Arbeitszeitreduktion für Eltern und Alleinerziehende

1) Die Organisation der betrieblichen Arbeitszeitsysteme hat insbesondere der Tatsache Rechnung zu tragen, dass auch außerhalb des Betriebs gesellschaftlich notwendige Arbeit stattfindet. Besonderen Beanspruchungen unterliegen Eltern und in noch stärkerem Maße Alleinerziehende von Kleinkindern und Kindern im schulpflichtigen Alter. Den Arbeitszeitwünschen dieser Beschäftigtengruppe ist bevorzugt Rechnung zu tragen.

2) Eltern mit Kleinkindern bis zu 6 Jahren haben Anspruch auf Reduktion ihrer täglichen Arbeitszeit auf 4 bzw. ihrer wöchentlichen Arbeitszeit auf 20 Stunden bei im Übrigen gleichbleibenden Arbeitsbedingungen. Der durch die Arbeitsreduktion entstehende Verdienstausfall wird ihnen für höchstens drei Jahre zu 75% erstattet. Bei Alleinerziehenden verlängert sich die Frist auf sechs Jahre.

3) Eltern bzw. Alleinerziehende von schulpflichtigen Kindern haben Anspruch auf Reduktion ihrer Arbeitszeit auf 5 Stunden täglich bzw. 25 Stunden wöchentlich für längstens 5 (Eltern) bzw. 10 (Alleinerziehende) Jahre mit 75prozentiger Erstattung des dadurch gegenüber der tariflichen Normalarbeitszeit entstehenden Verdienstausfalls.

4) Eltern und Alleinerziehenden dürfen durch die Inanspruchnahme dieser Regelung keinerlei Nachteile entstehen.

5) Zur Erstattung des Verdienstausfalls nach Absatz 2 und 3 bilden die Tarifvertragsparteien dieses Tarifvertrages einen Fonds, an den die Betriebe jährlich x % ihres Umsatzes abführen. Betriebe, die an weibliche Beschäftigte eine geringere Lohnsumme auszahlen als an männliche Beschäftigte und/oder in denen das durchschnittliche Entgeltniveau der weiblichen Beschäftigten niedriger ist als das durchschnittliche Entgeltniveau der männlichen Beschäftigten führen einen höheren Prozentsatz ab. Dieser bestimmt sich wie folgt:

$$\left(\frac{\text{Lohnsumme Männer}}{\text{Lohnsumme Frauen}} + \frac{\text{durchschnittlicher Lohn Männer}}{\text{durchschnittlicher Lohn Frauen}} \times x \right) \div 2$$

Alles Nähere wird im Anhang 1 dieses Tarifvertrages geregelt.

§ 7: Arbeitszeitreduktion für ältere Arbeitnehmer und Arbeitnehmerinnen

Beschäftigte, die das 55. Lebensjahr vollendet haben, haben nach eigenem Wunsch Anspruch auf Reduktion ihrer täglichen Arbeitszeit auf 4 bzw. ihrer wöchentlichen Arbeitszeit auf 20 Stunden bei im Übrigen gleichbleibenden Arbeitsbedingungen. Der durch die Arbeitszeitreduktion entstehende Verdienstausfall wird ihnen bis zum Ausscheiden aus dem Erwerbsleben zu 75% vom Arbeitgeber erstattet.

§ 8: Bezahlte und unbezahlte Freistellung

1) Die Arbeitnehmer und Arbeitnehmerinnen haben das Recht, aus individuellen und familiären Gründen, zur Teilnahme an politischen oder kulturellen Veranstaltungen oder zum Zwecke der Fort- und Weiterbildung eine Freistellung von der Arbeit zu beantragen.
2) In folgenden Fällen ist der/die Beschäftigte unter Fortzahlung des Entgelts von der Arbeit freizustellen:
   - bei Wohnungswechsel (maximal 2 Arbeitstage);
   - bei Todesfällen in der Familie oder im Freundeskreis (maximal 2 Arbeitstage);
   - im zeitlichen Zusammenhang mit der Entbindung der Ehefrau oder Lebenspartnerin (maximal 10 Arbeitstage);

– zur Betreuung oder Pflege kranker Kinder oder Erwachsener, die in häuslicher Gemeinschaft mit dem Arbeitnehmer bzw. der Arbeitnehmerin leben (solange wie es nach ärztlichem Zeugnis erforderlich ist);
– zur Teilnahme an Bildungs- und Fortbildungsmaßnahmen und an politischen, gewerkschaftlichen Veranstaltungen (maximal insgesamt 10 Arbeitstage pro Jahr).

3) Darüber hinaus können die Beschäftigten eine unbezahlte Freistellung von der Arbeit für einzelne oder mehrere Arbeitstage oder auf längere Frist (Sabbaticals) beantragen. Diese Anträge können nur abgelehnt werden, wenn der Freistellung des/der Beschäftigten unüberwindbare Hindernisse gegenüberstehen.

4) Kann ein/e Arbeitnehmer/in aus einsehbaren und nach Meinung des Betriebsrats entschuldbaren Gründen unvorhergesehen nicht am Arbeitsplatz erscheinen, so gilt er/sie, wenn nicht die Fälle von Absatz 2 vorliegen, als für diesen Arbeitstag unbezahlt von der Arbeit freigestellt.

§ 9: Teilzeitarbeit

1) Jeder Arbeitnehmer und jede Arbeitnehmerin hat Anspruch auf Beschäftigung und Entlohnung auf der Basis des tariflichen Arbeitszeitstandards von 6 Stunden täglich. Sofern einzelne Arbeitnehmer oder Arbeitnehmerinnen dies wünschen und die betriebliche Interessenvertretung ihre Zustimmung erteilt, sind bei der Einstellung oder später Einzel-Arbeitsverträge mit einer geringeren Arbeitszeit als der tariflichen und entsprechend niedrigeren Entlohnung abzuschließen. Auf Antrag der Teilzeitbeschäftigten ist das Arbeitsverhältnis innerhalb von einem Jahr nach Antragsstellung in ein Vollzeitarbeitsverhältnis umzuwandeln.

2) Beim Wechsel von Vollzeit- auf Teilzeitarbeit und umgekehrt dürfen den Arbeitnehmern und Arbeitnehmerinnen keine Nachteile hinsichtlich der Eingruppierung, der Arbeitsbedingungen, Aufstiegschancen und Qualifizierungsmöglichkeiten entstehen.

3) Teilzeitbeschäftigte haben anteiligen Anspruch auf alle tariflichen und betrieblichen Leistungen nach Maßgabe ihrer vertraglichen Arbeitszeit. Ihre Arbeitszeit kann pro Arbeitstag (Montag bis Freitag) nicht weniger als zwei und nicht mehr als 6 Arbeitsstunden betragen. Die Bestimmungen dieses Tarifvertrages über Lage und Verteilung der Arbeitszeit der Vollzeitbeschäftigten sind analog anzuwenden. Darüber ist eine Betriebsvereinbarung abzuschließen. Einzelarbeitsverträge mit weniger als 20 Arbeitsstunden pro Woche sind nur zulässig mit Personen, die auf andere Weise eigenständig in das Sozialversicherungssystem einbezogen sind (z.B. Studenten/Studentinnen).

§ 10: Selbstbestimmte Zeiteinteilung

1) Um allen Arbeitnehmern und Arbeitnehmerinnen möglichst weitgehende Selbstbestimmungsmöglichkeiten über Dauer, Lage und Verteilung ihrer individuellen Arbeitszeit im Rahmen der vorstehenden Regelungen einzuräumen, sind den betrieblichen Bedingungen und (vorrangig!) den Arbeitnehmerwünschen angepasste Gleitzeitsysteme zwischen Geschäftsleitung und Betriebsrat zu vereinbaren. Dabei ist allerdings der § 4 dieses Tarifvertrages zu beachten. Im Rahmen von Gleitzeitsystemen muss die tarifliche Arbeitszeit von 6 Stunden täglich im Durchschnitt von 2 Monaten eingehalten werden. Die Höchstarbeitszeit beträgt 8 Stunden pro Tag und 40 Stunden pro Woche. Betrieblich sind unter Mitbestimmung des Betriebsrats zu regeln:
   - Kern- und Rahmenarbeitszeit,
   - Freizeitausgleich von „Arbeitszeitguthaben",
   - Verbot des „Zwangsgleitens" auf Anweisung der Vorgesetzten.

2) Sind Gleitzeitsysteme aus unüberwindbaren betrieblichen Schwierigkeiten nicht realisierbar, so sind die „Festzeitsysteme" im Rahmen der Bestimmungen dieses Tarifvertrages soweit wie möglich nach den Arbeitnehmerwünschen zu gestalten. So ist den Arbeitnehmern z.B. auf Wunsch die Möglichkeit der Vor- und Nacharbeit zugunsten einzelner freier Tage oder einer längeren zusammenhängenden Freizeit im Zusammenhang mit dem Wochenende und/ oder Feiertagen einzuräumen. In solchen und ähnlichen Fällen darf allerdings eine tägliche Arbeitszeit von 8 Stunden und eine wöchentliche Arbeitszeit von 40 Stunden nicht überschritten werden. Im Durchschnitt von 2 Monaten muss die tägliche Arbeitszeit 6 Stunden betragen.

§ 11: Demokratisierung der betrieblichen Arbeitszeitsysteme

1) Die betriebliche Umsetzung und Ausfüllung der vorstehenden Rahmenbedingungen erfolgt unter möglichst weitgehender Beteiligung der Beschäftigten und unter voller Mitbestimmung ihrer betrieblichen Interessenvertretung.

2) Bis spätestens 2 Monate nach Abschluss dieses Tarifvertrages ermittelt die Geschäftsleitung in angemessener Form (außerordentliche Abteilungs- und Betriebsversammlungen während der Arbeitszeit, schriftliche Befragungen) die Arbeitszeitwünsche der Beschäftigten im Rahmen der tariflichen Regelungen. Auf dieser Basis wird ein betriebliches Arbeitszeitsystem erstellt und dem Betriebsrat bis spätestens 3 Monate nach Abschluss dieses Tarifvertrages schriftliche vorgelegt. Dieser prüft die Übereinstimmung mit den tariflichen

Vorgaben und stellt das betriebliche Arbeitszeitsystem in geeigneter Weise (siehe oben) den Beschäftigten zur Diskussion.

3) Der Betriebsrat kann mit Bezug auf abweichende oder nicht berücksichtigte Arbeitnehmerwünsche innerhalb von 6 Wochen Änderungen im betrieblichen Arbeitszeitsystem verlangen.

4) Kommt eine Einigung zwischen Geschäftsleitung und Betriebsrat bis zum Inkrafttreten dieses Tarifvertrages nicht zustande, so beträgt die tägliche Arbeitszeit aller Vollzeitbeschäftigten ab dem ... einheitlich 6 Stunden, einschließlich einer halbstündigen Pause, an den Arbeitstagen Montag bis Freitag unter Beachtung des § 4. Diese Regelung wird so lange aufrechterhalten, bis eine Einigung zwischen Geschäftsleitung und Betriebsrat gefunden ist.

5) Während der Laufzeit dieses Tarifvertrages haben sowohl die einzelnen Beschäftigten als auch die Betriebsräte das Recht auf eigene Initiativen zur Verbesserung und Humanisierung der betrieblichen Arbeitszeitsysteme im Rahmen der geltenden tariflichen Rahmenregelungen. Die Geschäftsführung der einzelnen Betriebe ist verpflichtet, unverzüglich Verhandlungen über die Realisierungsmöglichkeiten von Vorschlägen und Wünschen der Beschäftigten bzw. der Betriebsräte aufzunehmen.

6) Auf Wunsch der Beschäftigten und des Betriebsrates sind abteilungsweise und/oder betriebsübergreifend regelmäßig oder ad hoc (während der Arbeitszeit) tagende Arbeitszeitkommissionen zu bilden, die Lösungs- oder Verbesserungsvorschläge für individuelle, abteilungsspezifische oder betriebliche Arbeitszeitprobleme erarbeiten. Über die Besetzung, die Arbeitsweise und die Modalitäten der Konfliktlösung innerhalb der Arbeitszeitkommission/en bzw. mit der Abteilungs- und/oder Geschäftsleitung ist gegebenenfalls eine Betriebsvereinbarung abzuschließen.

§ 12: Mehrarbeit

1) Die Anordnung von Mehrarbeit über die regelmäßige Arbeitszeit hinaus ist nur
   - in unvorhergesehenen Notfällen,
   - mit Zustimmung des Betriebsrates und
   - an höchstens 20 Arbeitstagen pro Jahr

   zulässig. Die Arbeitszeit einschließlich Mehrarbeit darf 9 Stunden pro Tag und 40 Stunden pro Woche nicht überschreiten.

2) Im Rahmen von Gleitzeitsystemen ist jede auf Anweisung eines/einer Vorgesetzten geleistete Arbeitsstunde, die im persönlichen Arbeitszeitvertei-

lungsplan der einzelnen Beschäftigten nicht vorgesehen war, Mehrarbeit. Zur Feststellung von Mehrarbeit und zur Vermeidung von „grauer", d.h. als solcher nicht erkennbaren Mehrarbeit, kann der/die Arbeitnehmer/in jeweils für bestimmte Zeiträume (eine oder mehrere Wochen) seine/ihre persönlichen Arbeitszeitverteilungspläne dem/der Vorgesetzten und dem Betriebsrat schriftlich vorlegen.

3) Bei Teilzeitarbeit oder Arbeitszeitreduktion nach den §§ 6, 7 und 9 ist jede über die vertragliche Arbeitszeit hinaus angeordnete Arbeitsstunde Mehrarbeit.

4) Niemand darf zur Mehrarbeit gegen den eigenen Willen verpflichtet werden. Aus einer Weigerung dürfen dem/der Arbeitnehmer/in keinerlei Nachteile entstehen. Eine globale arbeitsvertragliche Verpflichtung der Beschäftigten zur Ableistung von Mehrarbeit auf Anordnung ist unzulässig.

5) Mehrarbeit ist grundsätzlich innerhalb von 2 Monaten durch Freizeit im Verhältnis von 1 Mehrarbeitsstunde zu 1,5 „Freistunden" auszugleichen.

§ 13: Arbeitszeit und Personalbedarf

1) Der sich aus den vorstehenden Bedingungen voraussichtlich ableitende Personalbedarf ist dem Betriebsrat unter Hinzufügung aller erforderlichen Unterlagen spätestens 2 Monate nach Abschluss dieses Tarifvertrages schriftlich mitzuteilen.

2) Der Betriebsrat stellt den von der Geschäftsleitung vorgelegten Stellenplan in Abteilungs- und/oder Betriebsversammlungen den Beschäftigten zur Diskussion.

3) Er kann die zusätzliche Einstellung weitere Arbeitnehmer oder Arbeitnehmerinnen verlangen, wenn der von der Geschäftsleitung vorgelegte Stellenplan unzumutbare Leistungsanforderungen und Belastungen für einzelnen oder mehrere Beschäftigte enthält oder wenn die notwendigen Personalreserven zu knapp kalkuliert sind.

4) Kommt die Geschäftsleitung dem Begehren des Betriebsrats nicht nach, so ist ein paritätisch besetzter Ausschuss zu bilden, in dem eine Einigung herbeigeführt wird.

5) Ist auch in diesem Ausschuss eine Einigung nicht möglich, so entscheidet die tarifliche Schlichtungsstelle nach § ... des Manteltarifvertrages vom...

6) Während der Laufzeit dieses Tarifvertrages unterrichtet die Geschäftsleitung den Betriebsrat jährlich bis spätestens zum 31.10. über den Personalbedarf und den Stellenplan für das kommende Kalenderjahr. Die vorstehenden Bestimmungen zur Verfahrensweise bei der Einführung des 6-Stunden-Tages sind analog anzuwenden.

Margareta Steinrücke

Der Kampf um den 6-Stundentag *revisited* – Bilanz und Perspektiven aus der Praxis

Es ist jetzt mehr als ein Vierteljahrhundert her, dass Ingrid Kurz-Scherf (1987) in ihrer Skizze eines phantastischen Tarifvertragsentwurfs[1] den 6-Stundentag gefordert und in allen erdenklichen Aspekten wohl begründet hat. Dieser ausdifferenzierte, jeden Gesichtspunkt und alle Fallstricke der Arbeitszeitverkürzung bedenkende Tarifvertragsentwurf zum 6-Stundentag war ein wichtiger Beitrag zum Kampf um die 35-Stundenwoche in den 1980er Jahren.[2] Mit der Einführung der 35-Stundenwoche sollte nicht nur ein Abbau der Arbeitslosigkeit und der Humanisierung der Arbeit erreicht werden. Insbesondere die Gewerkschaftsfrauen zielten mit dem Kampf um die 35-Stundenwoche überdies auf eine geschlechtergerechte Umverteilung *aller* Formen von Arbeit – das heißt, auf die Umverteilung von Erwerbs-, Haus- und Sorgearbeit zwischen den Geschlechtern. In diesem Zusammenhang war die Frage von großer Bedeutung, ob die 35-Stundenwoche die Form einer täglichen Arbeitszeitverkürzung auf den 7-Stundentag annehmen sollte oder die Form einer Verkürzung durch freie Tage. Während die Gewerkschaftsmänner wegen des dann spürbareren Freizeiteffekts eher für eine blockweise Arbeitszeitverkürzung plädierten, beharrten die Gewerkschaftsfrauen unter Verweis auf die alltäglich anfallenden Arbeiten in Haushalt, Kinderbetreuung und Pflege und die Vordringlichkeit einer Linderung der alltäglichen Zeitnot auf einer täglichen Arbeitszeitverkürzung auf sechs statt nur sieben Stunden. In diesem Kontext hat Ingrid Kurz-Scherf ihren phantastischen Tarifvertragsentwurf zum 6-Stundentag veröffentlicht (Kurz-Scherf 1987). In der Form eines in juristische Paragraphen gepackten Tarifvertrages werden zur zentralen Forderung des 6-Stundentags und allen denkbaren Unteraspekten der Regulierung der Arbeitszeit und Arbeitszeitverkürzung (für Ältere, für Eltern,

---

1 Vgl. in diesem Band S. 200-208.
2 In meinen Augen ist es sogar neben Oskar Negts „Lebendige Arbeit – enteignete Zeit" (Negt 1984) der wichtigste Beitrag zur Debatte um Arbeitszeitverkürzung.

Flexibilisierung, Selbstbestimmung über Arbeitszeit, Teilzeit, Nacht-, Schicht- und Wochenendarbeit etc.) differenziert ausgearbeitete Vorschläge gemacht.

In meinem Beitrag gehe ich der Frage nach, was von den vor mehr als 25 Jahren formulierten Zielen in der Zwischenzeit erreicht worden ist und über welche Aspekte weiterhin gestritten werden muss. Ich zeige darüber hinaus, wie die Thematisierung von Arbeitszeiten in einigen Arbeitszusammenhängen nicht zu den damals erhofften Effekten geführt hat, sondern konträre Folgen hat. Abschließend werde ich mich mit der Frage beschäftigen, wie gegenwärtig die Aussichten sind, das Ziel einer 30-Stundenwoche zu erreichen – diese wäre nach volkswirtschaftlichen Berechnungen diejenige Arbeitszeit, mit der in Deutschland Vollbeschäftigung wieder hergestellt werden könnte.

1 Zum derzeitigen Stand der Arbeitszeitverkürzung

Der Kampf um die 35-Stundenwoche gilt als ein gewerkschaftlicher Erfolg. Tatsächlich aber ist die 35-Stundenwoche bislang nur in drei Branchen tarifvertraglich vereinbart (nämlich Metall, Druck und Verlage sowie Seehäfen), während in allen anderen Branchen die tariflichen Arbeitszeiten zwischen 36 und 42 Wochenstunden liegen.

Bei der Umsetzung der 35-Stundenwoche innerhalb der drei genannten Branchen ist zudem zu berücksichtigen, dass hier die Arbeitszeitverkürzung vielfach in Freischichten statt in 7-Stundentage umgesetzt wurde. In der Metallindustrie sind zudem Möglichkeiten zur Verlängerung der Arbeitszeit (z.B. für bestimmte Teile der Belegschaft oder zur Standortsicherung) vorgesehen. Solche Flexibilisierungsinstrumente sowie die Nicht-Regulierung des Personalausgleichs durch flankierende Vereinbarungen zur Leistungs- und Personalbemessung haben dazu geführt, dass von den möglichen und ursprünglich erhofften Beschäftigungseffekten – d.h. die Schaffung und Sicherung von Erwerbsarbeitsplätzen – durch die 35-Stundenwoche nur etwa die Hälfte der rechnerisch durch die Arbeitszeitverkürzung freigewordenen Stellen(anteile) erreicht wurde.

Die erhofften Beschäftigungseffekte wurden vielmehr durch die damit verbundene Arbeitsverdichtung und Arbeitsintensivierung[3] konterkariert: In vielen Zeitlohn- und Angestelltenbereichen, in denen die Personalbemessung nicht durch vorgegebene Stückzahlen, Akkordsätze, Maschinenbesetzungsstärken oder

---

3 Zusätzlich zu der sowieso kontinuierlich fortschreitenden Arbeitsverdichtung, die Schultheis/Vogel/Gemperle (2010) zufolge die wichtigste Veränderung der Erwerbsarbeitsbedingungen in den letzten 20 Jahren darstellt.

Schichttakte klar definiert ist, wurde in 35 Stunden die gleiche Arbeit erbracht wie zuvor in 40 Stunden. Überdies wurden Arbeitszeitverkürzungen oft durch die Anhäufung von Überstunden, die generelle Zunahme von Arbeitszeitkonten, die Herausnahme von außertariflichen Angestellten aus der Zeiterfassung und die Einführung von sog. Vertrauensarbeitszeit begleitet. Die damit einhergehende Entgrenzung von Arbeits- und Lebenszeit wurde in den letzten Jahren durch den überall und jederzeit möglichen Einsatz von E-Mail und Handys noch verstärkt.

Im Ergebnis ist derzeit ein Auseinanderklaffen von tarifvertraglich vereinbarten (Vollzeit-)Arbeitszeiten (durchschnittlich 37,7 Wochenstunden) und tatsächlich geleisteten (Vollzeit-)Arbeitszeiten (42,1 Wochenstunden) um 4,4 Stunden zu verzeichnen – und die historisch einmalige Situation einer gleichzeitigen Intensivierung (Verdichtung) und Extensivierung (Verlängerung) von Arbeit (vgl. Holst/Seifert 2012; Kümmerling 2013).

Neben der tatsächlichen Wiederverlängerung der (Vollzeit-)Arbeitszeiten ist allerdings in den letzten 15 Jahren auch eine riesige Welle von Arbeitszeitverkürzung zu beobachten, die nur nicht als solche deklariert wird: nämlich die überwiegend von Frauen geleistete Teilzeitarbeit.[4] Diese Form der Arbeitszeitverkürzung bringt allerdings mehrere gravierende Probleme mit sich:

Es handelt sich um eine Arbeitszeitverkürzung ohne Lohnausgleich, die nur in den höheren Einkommensgruppen ein existenzsicherndes Einkommen erzielt. In allen anderen Einkommensgruppen bedeutet Teilzeitarbeit die Abhängigkeit von einem/r (Ehe-)Partner_in oder von staatlichen Leistungen (in Form von aufstockendem Arbeitslosengeld). Zudem hat Teilzeitarbeit auch deshalb eine Lohnabsenkung zur Folge, weil Teilzeitbeschäftigte bei gleicher Tätigkeit ca. 20% niedrigere Stundenlöhne als Vollzeitbeschäftigte erhalten. Vor diesem Hintergrund reicht auch der Rentenanspruch aus einer Teilzeitbeschäftigung in unteren und mittleren Einkommensgruppen nur selten über das Niveau der Grundsicherung im Alter hinaus. So wird die Altersarmut vieler Frauen durch Teilzeitbeschäftigung vorprogrammiert.

Teilzeitarbeit wird in der Regel ohne Personalausgleich gewährt (statistisch werden lediglich ca. 15% der freigewordenen Stellenteile wieder besetzt) und führt zu weiteren Verdichtungseffekten in der Arbeit. Im Teilzeit- und Befristungsgesetz ist zudem kein Rückkehrrecht auf Vollzeit enthalten.

Die enorme Zunahme von Teilzeitarbeit (einschließlich Minijobs) unter Frauen hat dazu geführt, dass zwar die Erwerbsquote von Frauen in den letzten

---

4 In Deutschland arbeiten fast 50% aller erwerbstätigen Frauen in irgendeiner Form in Teilzeit (vgl. BMFSFJ 2011).

Jahren signifikant gestiegen, das Arbeitszeitvolumen aller beschäftigten Frauen aber gleichgeblieben ist. Und sie hat zu einer Polarisierung der Arbeitszeiten zwischen den Geschlechtern geführt: lange Vollzeit mit Überstunden für die Männer; kurze Teilzeit, darunter zunehmend Minijobs, als sehr kurze Teilzeit[5] für die Frauen. Mit etwa 9,4 Stunden Unterschied zwischen den durchschnittlichen Arbeitszeiten der Männer und der Frauen weist die Bundesrepublik Deutschland den größten *Gender Time Gap* in Europa auf. Dieser steht in engem Zusammenhang mit dem deutschen *Gender Pay Gap* von 23%, der seinerseits vom *Gender Pension Gap* von 52% (Deutschland West) bzw. 32% (Deutschland Ost) noch dramatisch übertroffen wird (vgl. BMFSFJ 2011).[6]

Aufgrund dieser mit Teilzeitarbeit verbundenen Phänomene wird in der Arbeitsmarkt- und Geschlechterforschung genauso wie in Gewerkschaften und Gleichstellungspolitik von der 'Teilzeitfalle' für Frauen gesprochen. Ein immer größerer Teil der Frauen arbeitet inzwischen (wie auch die große Mehrheit der in Teilzeit arbeitenden Männer) unfreiwillig in Teilzeit.[7]

Die Verbreitung von Teilzeitarbeit und die damit verbundene Polarisierung der Arbeitszeiten zwischen Männern und Frauen anstelle einer Verkürzung der Normalarbeitszeit für alle hat genau zu der Verfestigung der traditionellen Arbeitsteilung zwischen den Geschlechtern geführt, vor der die Gewerkschaftsfrauen im Kampf um die 35-Stundenwoche gewarnt haben. Zur Vermeidung geschlechtsspezifischer Ungleichheitslagen hat Ingrid Kurz-Scherf (1987) in ihrem phantastischen Tarifvertrag zum 6-Stundentag sehr weitsichtige Überlegungen angestellt. Dazu zählen die definierte Absenkung der Arbeitszeit bei Eltern von Kleinkindern und Kindern im schulpflichtigen Alter (§ 6) sowie für Beschäftigte über 55 Jahren (§ 7) bei jeweils 75% Lohnausgleich sowie die Ausstattung des Rechts auf Teilzeit mit einem Rückkehrrecht auf Vollzeit und dem Schutz vor Benachteiligung bei Lohn und Karrierechancen einschließlich der Beschränkung von Teilzeit unter 20 Wochenstunden/Minijobs auf Studierende und ähnlich selbständig in die Sozialversicherung Einbezogene (vgl. ebd.). Im Unterschied dazu ist in (West-)Deutschland flächendeckend die modernisierte

---

5   Deutschland hat mit durchschnittlich 18 Stunden die kürzesten Teilzeitarbeitszeiten in Europa (vgl. BMFSFJ 2011).

6   Sowohl der *Gender Time Gap* als auch der *Gender Pay Gap* und v.a. der *Gender Pension Gap* sind in Ostdeutschland erheblich kleiner als in Westdeutschland (vgl. dazu weiterführend auch Matuschewski 2010; Kurz-Scherf 1992).

7   Im Schnitt würden sozialversichert teilzeitbeschäftigte Frauen ihre Arbeitszeit gerne um 3 Stunden erhöhen, in Minijobs Beschäftigte sogar um 8 Stunden (vgl. Holst/Seifert 2012).

Versorgerehe (vgl. Pfau-Effinger 1998) mit einem Vollzeit arbeitenden Mann und einer Teilzeit arbeitenden Frau verbreitet. Frauen leisten noch immer im Schnitt drei Viertel der unbezahlten Haus-, Erziehungs- und Pflegearbeit, auch wenn junge Väter sich inzwischen vermehrt um ihre Kinder kümmern. Teilzeit als individuelle und schlecht regulierte Form der Arbeitszeitverkürzung hat also genau die gegenteiligen Effekte von dem, was v.a. die Frauen mit der Forderung nach der 35-Stundenwoche verbunden hatten: nämlich die Basis für egalitäre Geschlechterverhältnisse herzustellen.

Aus diesen Erfahrungen mit Teilzeitarbeit lässt sich deshalb die Lehre ziehen, dass individualisierende Formen der Arbeitszeitverkürzung nicht zielführend sind, sondern dass der Normalarbeitszeitstandard für alle abgesenkt werden muss. Nur wenn es Normalität ist, 30 Stunden zu arbeiten, werden Männer die betrieblichen Hürden und eigenen Ängste (vor den Vorgesetzten, den Kollegen, nicht als vollwertig zu gelten, in der Karriere behindert zu werden) überwinden, die derzeit dazu beitragen, dass insbesondere Männer überlange Arbeitszeiten akzeptieren und als junge Väter sogar die längsten Arbeitszeiten aller Beschäftigtengruppen haben – obwohl eine große Mehrheit der Vollzeit beschäftigten Männer gerne im Schnitt 5 Stunden weniger und 20% von ihnen gerne in Teilzeit arbeiten würden (vgl. Holst/Seifert 2012). Um dem Stigma der Teilzeitarbeit zu entgehen, ist deshalb für eine solche neue Normalarbeitszeit der Begriff 'kurze Vollzeit' dem der 'langen Teilzeit' vorzuziehen (Holtrup/Spitzley 2008, 120ff.).[8]

2 Das Ende gewerkschaftlicher Kampfbereitschaft?

Den Bemühungen um weitere Arbeitszeitverkürzung hat die Agenda 2010 einen großen Rückschlag versetzt. Obwohl ausdrücklich zum Abbau der Massenarbeitslosigkeit entworfen, haben die sog. Hartz-Reformen zu einem riesigen Sektor prekärer Beschäftigungsverhältnisse und einem hohen Anteil statistisch verdeckter und v.a. massenhafter Teilzeit-Arbeitslosigkeit geführt. Durch Veränderungen in der Statistik der Bundesagentur für Arbeit werden alle Arbeitslosen in Weiterbildungsmaßnahmen und sog. Ein-Euro-Jobs, ebenso Arbeitslose, die

---

8 Der Begriff wurde von Helmut Spitzley in die Debatte eingebracht und hat sich inzwischen in Forschung und Politik verbreitet (vgl. Holtrup/Spitzley 2008). So plädiert etwa die Autor_innenkommission des Ersten Gleichstellungsberichts der Bundesregierung (BMFSFJ 2011) für die Vereinbarung und Bereitstellung von Arbeitsplätzen in „kurzer Vollzeit" (ebd., 195) zwischen 30 und 35 Stunden durch Unternehmen und Tarifvertragsparteien.

krank oder im Alter von über 58 Jahren länger als ein Jahr arbeitslos sind, nicht mehr mitgerechnet. Ebenso verfügt das ständig wachsende Heer der geringfügig und unfreiwillig Teilzeit Beschäftigten über kein existenzsicherndes Einkommen und ist in großem Umfang auf aufstockendes Arbeitslosengeld II angewiesen. Über die sog. stille Reserve der Frauen, die sich nach der Elternzeit nicht mehr arbeitssuchend melden, und die wachsende Zahl derer, die genervt aufgegeben haben bzw. sich nicht in die Mühlen der Arbeitslosenverwaltung mit ihren oft demütigenden Prozeduren begeben wollen, wird schon gar nicht mehr gesprochen. Die Tatsache, dass nach einem Jahr Arbeitslosigkeit jede/r, unabhängig von Qualifikation, ausgeübter Tätigkeit und vorherigem Verdienstniveau aus dem mit 60% bzw. 67% Lohnausgleich ausgestatteten ALG I-Bezug heraus- und in den ALG II-Bezug mit unterschiedslos 382 Euro Hilfe zum Lebensunterhalt hineinfällt, führt dazu, dass sehr viele (noch) Beschäftigte Konzessionen machen, angefangen bei Lohnkürzungen, Ausfall von Weihnachtsgeld bis hin zu Arbeitszeitverlängerungen ohne Lohnausgleich. Sie sind überdies nur schwer zu mobilisieren, sich für die Verteidigung ihrer Rechte, geschweige denn die Erkämpfung weiterer Verbesserungen ihrer Arbeitssituation, einzusetzen. Dies wirkt sich auch negativ auf die gewerkschaftliche Kampfbereitschaft von Beschäftigten aus.

Außerdem hat Hartz IV mit dem Zwang, jegliche Arbeit, auch wenn sie weit unter der zuletzt ausgeübten entlohnt wird, anzunehmen, zu einem Absenken des Gesamtlohnniveaus beigetragen.[9] Das hat zur Folge, dass viele Menschen, insbesondere in unteren Einkommensgruppen, häufig Überstunden machen (müssen), um überhaupt ein existenzsicherndes Einkommen zu erreichen. Diese Beschäftigtengruppen reagieren auf Forderungen nach Arbeitszeitverkürzung – solange sie nicht mit einem vollen Lohnausgleich für die unteren Lohngruppen in die Diskussion gebracht werden – meist erst einmal abwehrend, weil sie kürzere Arbeitszeiten automatisch mit (noch) weniger Lohn assoziieren.

Ein weiteres Hindernis für (gewerkschaftliches) Kämpfen um kürzere Arbeitszeiten ist die enorm gestiegene Zahl befristeter Arbeitsverhältnisse im Gefolge der Einrichtung und des Ausbaus der sachgrundlosen Befristung im Teilzeit- und Befristungsgesetz. Berufsanfänger_innen erhalten bereits zu 50% nur noch befristete Stellen (häufig kombiniert mit unfreiwilliger Teilzeit).

All diese Veränderungen, von der Intensivierung und Entgrenzung der Arbeit über die massenhafte Ausbreitung von Teilzeitarbeit und prekärer Beschäftigung

---

9   Durch die Hartz-Reformen ist zudem in Deutschland ein riesiger Niedriglohnsektor entstanden, der mit ca. 23% aller Beschäftigungsverhältnisse der größte Europas ist und fast an den der USA heranreicht.

Der Kampf um den 6-Stundentag revisited

bis hin zum Niedriglohnsektor, machen die Bedingungen eines neuen Kampfes um Arbeitszeitverkürzung noch um einiges schwieriger als vor 30 Jahren. Zwei Bedingungen müssen auf jeden Fall erfüllt sein, um ihn überhaupt mit einer gewissen Aussicht auf Erfolg wieder in Angriff nehmen zu können: Zum einen muss ein voller Lohnausgleich für die unteren und mindestens ein Teillohnausgleich für die mittleren Einkommensgruppen gewährleistet sein. Zum anderen muss es wirksame Regelungen zum Personalausgleich geben, was in manchen Bereichen die Regulierung von Leistungsbemessung, z.B. in Form definierter Ziel-, Zeit- und Personalvorgaben bei Projektarbeit, und die (Wieder-)Einführung von Zeiterfassung voraussetzt. Nur wenn diese Voraussetzungen gegeben sind, können Menschen ihre Ängste vor Lohnverlust und die Skepsis gegenüber Arbeitsverdichtung überwinden und die Vorteile von Arbeitszeitverkürzung für sich und andere (z.B. Zeitwohlstand, Gesundheit, die Chance auf Übernahme nach der Ausbildung für Jugendliche) erkennen und sich für diese einsetzen. Dass das funktionieren kann, zeigen die Erfahrungen mit dem Beschäftigungsförderungs-Tarifvertrag zwischen der IG Metall und dem Metallarbeitgeberverband in Niedersachsen. Hier wurde ein nach Einkommenshöhe gestaffelter Lohnausgleich sowie ein obligatorischer Personalausgleich vereinbart, was zu einer starken Inanspruchnahme von Arbeitszeitverkürzung durch geringer Verdienende, darunter viele Frauen, und die Einstellung einer beträchtlichen Zahl von Arbeitslosen geführt hat (vgl. Arbeitnehmerkammer Bremen 2012).

3 Gesellschaftliche Veränderungen: Neue Triebkräfte für die Arbeitszeitverkürzung?

Obwohl also die Durchsetzung von kürzeren Normalarbeitszeiten durchaus mit schwerwiegenden Hindernissen und Blockaden konfrontiert ist, gibt es doch auch eine Reihe gesellschaftlicher Tendenzen, die starke Triebkräfte in Richtung Arbeitszeitverkürzung darstellen:

Zunächst einmal gibt es eine deutliche Zunahme psychischer Belastungen und psychosomatischer Erkrankungen in Folge der gleichzeitigen Intensivierung, Verlängerung und Entgrenzung von Arbeit. Immer mehr Menschen halten diesen Druck nicht mehr aus und werden krank. Die Krankenkassen konstatieren eine Zunahme von psychisch bedingten Ausfallzeiten von bis zu 60% in den letzten fünf Jahren (Meyer/Weirauch/Weber 2012, 291). Dies verursacht nicht nur hohe Kosten, sondern neben all dem Leid für die Betroffenen und ihre Angehörigen sind häufig auch Kolleg_innen davon betroffen, die bei (zumeist auch längeren) krankheitsbedingten Ausfällen die Arbeit der/des Ausfallenden mitübernehmen müssen und dann teilweise ihrerseits unter (zu) starken Belastungen leiden. Die IG Metall fordert deshalb eine Anti-Stressverordnung, die auch eine Wiedereinhegung entgrenzter Arbeit und den Abbau ausufernder Arbeitszeiten in Form von Überstundenbergen und verfallenden Plusstunden auf Arbeitszeitkonten zum Gegenstand hätte (vgl. Gute Arbeit 2013, 11ff.) – eine Forderung, die inzwischen sogar der Bundesrat an die Bundesregierung gestellt hat (vgl. Bundesrat 2013).

Die zweite Triebfeder zur Veränderung von Arbeitszeitregelungen ist das wachsende Bedürfnis nach Vereinbarkeit von Familie und Beruf: Über 90% der 25- bis 39-Jährigen finden Maßnahmen zur Vereinbarkeit von Familie und Beruf ebenso wichtig wie die Gehaltshöhe (BMFSFJ/IfD 2010). Vor diesem Hintergrund fordern verschiedene Familienforscher_innen und Politiker_innen wie z.B. die damalige SPD-Geschäftsführerin und jetzige Arbeitsministerin Andrea Nahles die 30-Stundenwoche für berufstätige Eltern (Süddeutsche Zeitung 2012).

Dazu kommt drittens die normative Orientierung an geschlechtsspezifischer Gleichberechtigung. Eine echte Chance auf Gleichverteilung sämtlicher Arbeit, d.h. sowohl der bezahlten Erwerbs- wie der unbezahlten Haus- und Sorgearbeit zwischen den Geschlechtern, bestünde erst, wenn eine kurze Vollzeit um die 30 Stunden oder der von Ingrid Kurz-Scherf (1987) propagierte 6-Stundentag für Männer und Frauen zur neuen Vollzeitnorm würde. Mit einem 6-Stundentag (kombiniert mit einem Rechtsanspruch auf sechs Stunden Kinderbetreuung für Kinder ab drei Monate bis 14 Jahre) als Normalarbeitszeit könnten Frauen genauso erwerbstätig sein und Karriere machen wie Männer – und hätten Männer endlich genug Zeit, sich in relevantem Umfang an der Haus- und Sorgearbeit zu beteiligen. Deshalb sehen auch die Autor_innen des Ersten Gleichstellungsberichts der Bundesregierung (BMFSFJ 2011) in der Neuverteilung der Arbeit einen entscheidenden Schlüssel zur Herstellung von Geschlechtergerechtigkeit und plädieren für die Schaffung von Arbeitsplätzen mit kurzer Vollzeit zwischen 30 und 35 Stunden durch Unternehmen und Tarifparteien. Jutta Allmendinger (2012) fordert ganz dezidiert, die 32-Stundenwoche zur neuen *Normalarbeitszeit* zu machen – für Männer *und* Frauen, weil nur so endlich gleichberechtigte Teilhabe von Männern und Frauen an Geld, Macht und Anerkennung herstellbar sei, und wir alle mehr Zeit für Kinder, Pflegebedürftige, Freundinnen und Freunde und uns selbst brauchen.

Im Kontext von Arbeitszeitverkürzung spielt auch der demografische Wandel eine große Rolle. Die Menschen werden immer älter, und auch die Belegschaften altern und das Rentenalter wird heraufgesetzt: Die vielen älteren Beschäftigten brauchen altersgerechte Arbeitszeiten, z. B. ab 55 Jahren das Recht auf 50% der Normalarbeitszeit mit einem weitgehenden Lohnausgleich, wie es ursprünglich die Altersteilzeit vorgesehen hatte und wie es auch Ingrid Kurz-Scherf (1987) in ihrem phantastischen Tarifvertrag (§ 7) vorschlägt. Die starke Nutzung der geförderten Altersteilzeit und die vielen Stimmen, allen voran der IG Metall, zu deren Wiedereinführung sind ein Indiz für einen starken Bedarf. Gleichzeitig brauchen die vielen Jugendlichen, die nach der Ausbildung nicht übernommen werden (nämlich etwa ein Drittel aller Ausgebildeten), dringend die so eröffnete Beschäftigungsbrücke. Nicht zufällig hat sich die ver.di-Jugend die Forderung nach der 30-Stundenwoche als Bedingung der Möglichkeit einer Übernahme aller ausgebildeten Jugendlichen auf die Fahne geschrieben.

Um aber überhaupt das Rentenalter gesund und arbeitsfähig erreichen zu können (zur Zeit erreichen nur ca. 50% aller Erwerbstätigen das gesetzliche Rentenalter von 65 Jahren, wie viele das von 67 Jahren erreichen werden, ist ungewiss), brauchen wir altersgerechte Arbeitszeiten, d.h. Arbeitszeiten, die über ein ganzes Arbeitsleben hinweg nur so lang sind, dass die Menschen gesund bleiben. Dies ist derzeit offensichtlich nicht der Fall, wie die rasant gestiegene Zahl psychisch bedingter Arbeitsunfähigkeitsfälle und die konstant hohe Zahl von Erwerbsunfähigkeitsverrentungen belegen. Aus arbeitsmedizinischen Untersuchungen ist bekannt, dass Arbeitszeiten ab acht Stunden aufwärts pro Tag ein signifikant höheres Risiko für Arbeitsunfälle und Berufserkrankungen bergen (vgl. Nachreiner 2012).

Auch der Fachkräftemangel enthält objektiv Anreize, kürzere Arbeitszeiten anzubieten: neben den (hochqualifizierten) Frauen, die kürzere Normalarbeitszeiten aus Gründen der Gleichstellung und der Vereinbarkeit von Familie und Beruf wollen, bilden ältere Beschäftigte die zweite große Fachkräftereserve. Wer sie mit ihrem in langen Jahren erworbenen *know-how* länger in den Betrieben halten will, muss ihnen kürzere Arbeitszeiten anbieten.

Letzter Antriebsfaktor für die Realisierung kürzerer Normalarbeitszeiten könnte die sog. Generation Y (ausgesprochen wie *Why*) sein. Damit sind die jungen Leute gemeint, die jetzt eine Ausbildung oder ein Studium hinter sich haben und sich in ihrer Berufstätigkeit nicht mehr all den Zeitzwängen aussetzen wollen, die sie bei ihren Eltern erlebt haben. Sie wollen mehr Zeit für sich, für Familie und Freunde, und scheinen nicht mehr umstandslos bereit, tradierte Langzeitarbeitsstrukturen in den Betrieben hinzunehmen (vgl. Hergert/Stratmann 2013; Eilers 2012).

Eine weitere Triebkraft könnte die in den letzten zwei Jahren auf europäischer Ebene enorm gestiegene Arbeitslosigkeit, insbesondere unter Jugendlichen, sein.[10]

---

10 In den Ländern Südeuropas betragen die Jugendarbeitslosigkeitsquoten zwischen 40 und 60%.

Wenn nicht eine ganze Generation in Perspektivlosigkeit und Verzweiflung versinken soll, was fatale Folgen wie zunehmenden Rechtspopulismus und Rechtsextremismus haben könnte, müssen auf europäischer Ebene Lösungen entwickelt werden. Dazu gehören Ansätze zum Wirtschaftsaufbau, wie z.B. der DGB-Vorschlag für einen Marshallplan für Südeuropa sowie eine generationengerechte Verteilung der vorhandenen Arbeit – was wiederum eine drastische Arbeitszeitverkürzung in ganz Europa und gerade in den Ländern Südeuropas voraussetzt. Ohne eine solche Umverteilung der vorhandenen Arbeit sind Angebote wie die auf dem EU-Gipfel im Juli 2013 beschlossene Jugendgarantie (nach der jede/r Jugendliche in Europa vier Monate nach Abschluss der Ausbildung ein Arbeitsplatz- oder Weiterbildungsangebot erhalten soll) nur leere Versprechen.

An diese nur knapp skizzierten gesellschaftlichen Entwicklungen könnten die Gewerkschaften anknüpfen, um kürzere Arbeitszeiten zu erkämpfen. Arbeitszeitverkürzung war neben Lohnerhöhung immer das wichtigste Kampfziel der Gewerkschaften. Allerdings ist in den letzten Jahren von den Gewerkschaften wenig in Richtung kürzere Normalarbeitszeit unternommen worden – auch wenn es eine Unzahl betrieblicher und tarifvertraglicher Formen von insbesondere beschäftigungssichernder Arbeitszeitverkürzung gibt. Dies hängt sicherlich mit dem bereits beschriebenen Druck der anhaltenden Massenarbeitslosigkeit, der Ausbreitung prekärer Beschäftigung und den demobilisierenden Folgen der Hartz-Reformen zusammen, aber auch mit dem Einfluss neoliberaler Propaganda und Standortideologie (von denen auch Gewerkschafter_innen sich nicht immer freigehalten haben) sowie mit den nicht aufgearbeiteten negativen Erfahrungen mit Arbeitszeitverkürzung und -intensivierung. Welche möglichen neuen Ansätze und Bündnisse lassen sich vor diesem Hintergrund für eine verstärkte Wiederaufnahme der Frage der Arbeitszeitverkürzung ausmachen?

4 Neue Bündnisse für kürzere Arbeitszeiten

Insbesondere ver.di hat auf dem Gewerkschaftstag im Herbst 2011 eine ganze Reihe sehr weitgehender Beschlüsse zur Arbeitszeitverkürzung gefasst, denen zufolge zunächst innerhalb von ver.di eine Kampagne zu Diskussion und Durchsetzungsmöglichkeiten von Arbeitszeitverkürzung entwickelt werden soll. Die tarifpolitische Grundsatzabteilung von ver.di ist dabei, die vorhandenen Potentiale in ver.di mit Blick auf eine solche Kampagne zu bündeln. Die ver.di-Jugend hat sich die 30-Stundenwoche als Voraussetzung für die Übernahme nach der Ausbildung auf die Fahnen geschrieben, und viele ver.di-Frauenorganisationen setzen sich mit der Forderung einer geschlechtergerechten Umverteilung von

Erwerbs-, Haus- und Sorgearbeit auseinander. Auch in vielen ver.di-Seminaren ist Arbeitszeitverkürzung Thema.

Aber auch in der IG Metall wird am Thema Arbeitszeitverkürzung gearbeitet. Neben Forderungen auf dem IG Metall-Gewerkschaftstag im Herbst 2011 in diese Richtung arbeitet die Abteilung Tarifpolitik zusammen mit der Abteilung Leistungspolitik beim Hauptvorstand der IG Metall schon seit einiger Zeit an der Entwicklung von realistischen Konzepten der Arbeitszeitverkürzung (vgl. Schwitzer et al. 2010; Wagner 2013).

Auch die Abteilung Frauen-, Gleichstellungs- und Familienpolitik beim DGB-Bundesvorstand macht sich für eine Wiederaufnahme der Diskussion um Arbeitszeitverkürzung in den deutschen Gewerkschaften stark. Sie organisierte im September 2012 zum Auftakt eine Tagung für Gewerkschaftsfunktionär_innen unter dem Titel „Arbeitszeit aus gleichstellungspolitischer Sicht" und gab ebenfalls im September 2012 den gleichlautenden Infobrief für alle DGB-Frauen mit Informationen zu verschiedenen Aspekten von Arbeitszeit und Arbeitszeitverkürzung heraus (vgl. DGB 2012).

Die Erfolgsaussichten einer Wiederaufnahme des Kampfes um Arbeitszeitverkürzung durch die Gewerkschaften mit der Perspektive einer kurzen Vollzeit (um die 30 Wochenstunden) sind dabei allerdings zentral von einem erkennbaren Willen der Gewerkschaftsvorstände abhängig. Die Orientierung an Arbeitszeitverkürzung aus all den guten Gründen wie Abbau von Arbeitslosigkeit und prekärer Beschäftigung, Gesundheit, Gleichberechtigung, Vereinbarkeit von Familie und Beruf, Zeitwohlstand, aber auch die mittel- und langfristige Stärkung der Handlungsmacht der Gewerkschaften selbst muss dabei die allgemeine Grundlage darstellen; konkrete Tarifforderungen sind erst sehr viel später und in jedem Tarifgebiet spezifiziert aufzustellen. Bis es zu konkreten Tarifforderungen nach kürzeren Arbeitszeiten kommen kann, bedarf es eines langfristig angelegten Aufklärungs- und Diskussionsprozesses unter den Gewerkschaftsmitgliedern, angefangen bei Artikeln in den Gewerkschaftszeitungen über Seminare in der gewerkschaftlichen Bildungsarbeit bis hin zu Diskussionen in gewerkschaftlichen Gremien und Gruppen. Auch die Erkämpfung der 35-Stundenwoche in Metall- und Druckindustrie in den 1980er Jahren hatte einen solchen langen und intensiven innergewerkschaftlichen Vorlauf.

Allerdings können die Gewerkschaften den Kampf um kürzere Arbeitszeiten nicht alleine wieder aufnehmen. Menschenwürdige, auskömmliche, sozial- und gesundheitsverträgliche Arbeitszeiten sind ein Anliegen, das letztlich jeden Menschen in dieser Gesellschaft betrifft. Deswegen sollten sich die Gewerkschaften in dieser Frage mit anderen Bündnispartner_innen zusammenschließen, die aus den verschiedensten Gründen ein Interesse an Arbeitszeitverkürzung haben: die Erwerbsloseninitiativen zum Abbau der Arbeitslosigkeit; die Wohlfahrtsverbände zur Bekämpfung der Armut (Arbeitslosigkeit ist nach wie vor Armutsursache Nummer eins); Frauenorganisationen zur Herstellung einer geschlechtergerechten Verteilung von Erwerbs-, Haus- und Sorgearbeit; für Familien tätige Einrichtungen, v.a. Kitas und Schulen, zur Schaffung von Arbeitszeiten, die Berufstätigen genug Zeit lassen, sich um Kinder und pflegebedürftige Angehörige zu kümmern; Umweltverbände zum Klimaschutz durch weniger umweltverschmutzende Industriearbeit; Krankenkassen und Ärzteorganisationen zur Vermeidung von insbesondere psychischen Erkrankungen infolge von zu langen und intensiven Arbeitszeiten; Arbeitsverwaltungen zur Herstellung realistischer Vermittlungschancen für Arbeitslose durch Umverteilung von Arbeit; Jugendorganisationen zur Verhinderung von Jugendarbeitslosigkeit und Perspektivlosigkeit für eine ganze Generation; Schwestergewerkschaften in anderen Ländern Europas, der Europäische Gewerkschaftsbund, die *International Labour Organisation* (ILO) zur Entwicklung einer gemeinsamen Strategie der Arbeitszeitverkürzung gegen die explodierende Arbeitslosigkeit in Europa; soziale Bewegungen und linke Parteien, die kürzere Arbeitszeiten als Voraussetzung für politische Beteiligung und die Erkämpfung eines anderen Lebens brauchen.[11]

Seit gut zwei Jahren macht die Initiative „Arbeitszeitverkürzung jetzt!", gegründet von Mitgliedern der attac-AG ArbeitFairTeilen und der Alternativen Memorandumsgruppe, es sich zur Aufgabe, alle zusammenzubringen, die an einer gerechten Umverteilung von Arbeit mit dem Ziel einer kurzen Vollzeit für alle interessiert sind, um Argumente für den Kampf um solche guten Arbeitszeiten zu liefern und damit einen Beitrag zum Zustandekommen einer breiten gesellschaftlichen Diskussion für einen neuen Anlauf zur Arbeitszeitverkürzung zu leisten.

Der Aufruf „ArbeitFairTeilen jetzt! Schluss mit prekärer Arbeit, kürzer arbeiten – besser leben", in dem alle guten Gründe für Arbeitszeitverkürzung (bzw. für unfreiwillig Teilzeit Beschäftigte: Arbeitszeitverlängerung) bzw. Arbeitsumverteilung in knapper und für alltägliche Diskussionen tauglicher Form versammelt sind,[12] hat in großer Zahl Verbreitung für gewerkschaftliche, politische und

---

11 Einen aktuellen Versuch, solche verschiedenen Bündnispartner_innen zusammenzubringen, stellt das von ver.di, attac, Wohlfahrtsverbänden und vielen anderen organisierte Bündnis UmFairTeilen dar.
12 Zur Auseinandersetzung mit den verschiedenen Argumenten Pro und Kontra Arbeitszeitverkürzung im Betrieb hat die Bremer Arbeitszeitinitiative (2011) (aus DGB, Einzelgewerkschaften, Arbeitnehmerkammer, KDA, KAB und attac) ein „ABC der Arbeitszeitverkürzung" herausgegeben, in dem im Postkartenformat zu

alltägliche Diskussionen und Veranstaltungen gefunden. Daneben hat vor allem der offene Brief von 100 Wissenschaftler_innen und Gewerkschafter_innen zur 30-Stundenwoche an die Vorstände von Gewerkschaften, Kirchen, Verbände und Parteien für Aufsehen gesorgt und die Debatte um Arbeitszeitverkürzung wieder in den Fokus der öffentlichen Aufmerksamkeit gerückt (Offener Brief 2013).

Außerdem gibt es innerhalb von attac eine Initiative, die die Frage der Arbeitszeitverkürzung als Mittel der Krisenbekämpfung, insbesondere der Massenarbeitslosigkeit in Südeuropa, auf europäischer Ebene auf die Tagesordnung bringen möchte.[13] Die Vorbereitung einer Kampagne, die möglichst viele Bündnispartner_innen, angefangen bei Gewerkschaften und Kirchen über Umwelt- und Wohlfahrtsverbände bis zu Frauenorganisationen und Parteien (mit sozialem Programm) in Deutschland und den anderen europäischen Ländern einbeziehen soll, ist im Gange.

Diese Initiativen greifen die von den Gewerkschaftsfrauen, aber auch anderen Frauengruppen (die Arbeitsgemeinschaft sozialdemokratischer Frauen ASF z.B. hat Anfang der 1990er Jahre als erste Frauengruppe die 30-Stundenwoche gefordert) angestoßene und von Ingrid Kurz-Scherf mit ihrem phantastischen Tarifvertragsentwurf zum 6-Stundentag 1987 in eine Form gegossene Debatte um eine gerechte Verteilung von Arbeit (zwischen den Geschlechtern, zwischen Beschäftigten und Arbeitslosen, zwischen Jung und Alt) auf. Sie versuchen, Forderungen nach Arbeitszeitverkürzung unter den heutigen veränderten Bedingungen und unter Verarbeitung bereits gemachter Erfahrungen in praktikable Vorschläge und konkrete Utopien umzusetzen – ganz im Sinne von Ingrid Kurz-Scherfs Motto „Nur noch Utopien sind realistisch" (1992). Also: seien wir realistisch – versuchen wir das (scheinbar) Unmögliche!

Literatur

Allmendinger, Jutta, 2012: Interview mit Jutta Allmendinger: „32 Stunden sind genug". http://www.brigitte.de/frauen/job/jutta-allmendinger-1149815/ (Download: 28.01.13).

Arbeitnehmerkammer Bremen (Hg.), 2012: Weniger ist mehr – Aktuelle Modelle gelungener Arbeitszeitverkürzung. Bremen.

---

jedem Buchstaben ein Stichwort argumentativ entfaltet wird (vgl. www.bremerarbeitszeitinitiative.de).

13 Im April 2013 wurde die Forderung „30-Stundenwoche für Europa – bei vollem Lohn- und Personalausgleich" auf Initiative der attac-BundesAG ArbeitFairTeilen in den Forderungskatalog von attac mit aufgenommen.

Badura, Bernhard/Ducki, Antje/Schröder, Helmut/Klose, Joachim/Myer, Markus (Hg.), 2012: Fehlzeitenreport 2012: Gesundheit in der flexiblen Arbeitswelt: Chancen nutzen, Risiken minimieren. Berlin, Heidelberg.

Bremer Arbeitszeitinitiative (Hg.), 2011: ABC der Arbeitszeitverkürzung. Bremen.

BMFSFJ/IfD, 2010: Monitor Familienleben 2010. Berlin.

BMFSFJ, 2011: Neue Wege – gleiche Chancen. Gleichstellung von Frauen und Männern im Lebensverlauf. Erster Gleichstellungsbericht. http://www.bmfsfj.de/RedaktionBMFSFJ/Broschuerenstelle/Pdf-Anlagen/Erster-Gleichstellungsbericht-Neue-Wege-Gleiche-Chancen,property=pdf,bereich=bmfsfj,sprache=de,rwb=true.pdf (Download: 11.01.14).

Bundesrat, 2013: Entwurf einer Verordnung zum Schutz vor Gefährdungen durch psychische Belastung bei der Arbeit, Drucksache 315/13, 24.04.2013.

DGB (Hg.), 2012: Arbeitszeit aus gleichstellungspolitischer Sicht. Frau geht vor. Info-Brief Nr. 3, September 2012, Berlin, 2-25.

Eilers, Silke, 2012: Die „Generation Y" – Vorstellungen und Erwartungen an die Arbeitswelt. Zeitpolitisches Magazin 21, Dezember 2012, 7-8.

Gute Arbeit 2013, Heft 6, 11-13.

Hergert, Stefanie/Stratmann, Klaus, 2013: Generation anspruchsvoll. Handelsblatt, 08.08.2013, 4-5.

Holst, Elke/Seifert, Hartmut, 2012: Arbeitszeitpolitische Kontroversen im Spiegel der Arbeitszeitwünsche. In: WSI Mitteilungen, 65. Jg., Heft 2, 1-11.

Holtrup, André/Spitzley, Helmut, 2008: Kürzer arbeiten – besser für alle. „Kurze Vollzeit" und „Vollbeschäftigung neuen Typs". In: Zimpelmann, Beate/Endl, Hans L. (Hg.): Zeit ist Geld. Hamburg, 111-139.

Kümmerling, Angelika, 2013: Arbeit und Leben in Europa. Arbeitszeit und Work-Life-Balance aus einer Lebensphasenperspektive. In: AQ-Report 2/2013. Duisburg-Essen.

Kurz-Scherf, Ingrid, 1987: Der 6-Stunden-Tag. Skizze eines phantastischen Tarifvertragsentwurfs. In: Kurz-Scherf, Ingrid/Breil, Gisela (Hg.): Wem gehört die Zeit. Ein Lesebuch zum 6-Stunden-Tag. Hamburg, 300-305.

Kurz-Scherf, Ingrid, 1992: Nur noch Utopien sind realistisch. Feministische Perspektiven in Deutschland. Bonn.

Matuschewski, Anke, 2010: Rückwanderung – ein Beitrag zur Regionalentwicklung in Ostdeutschland. In: Blick in die Forschung. Mitteilungen der Universität Bayreuth, Nr. 28, 1-4.

Meyer, Markus/Weirauch, Henriette/Weber, Fabian, 2012: Krankheitsbedingte Fehlzeiten in der deutschen Wirtschaft im Jahr 2011. In: Badura, Bernhard/Ducki, Antje/Schröder, Helmut/Klose, Joachim/Myer, Markus (Hg.): 291-467.

Nachreiner, Friedhelm, 2012: Zum Zusammenhang von langer Arbeitszeit und Häufigkeit betriebsbedingter Unfälle und Erkrankungen. In: Arbeitnehmerkammer Bremen (Hg.), 2009: Mehr arbeiten – weniger leben? Auswirkungen von Arbeitszeitverlängerung auf die Lebenswelt. Bremen, 23-37.

Der Kampf um den 6-Stundentag revisited

Süddeutsche Zeitung, 27.12.2012: Nahles fordert 30-Stunden-Woche für junge Eltern. http://www.sueddeutsche.de/politik/spd-vorschlag-zur-vereinbarkeit-von-familie-und-beruf-nahles-fordert-stunden-woche-fuer-junge-eltern-1.1559721 (Download: 11.01.14).

Negt, Oskar, 1984: Lebendige Arbeit, enteignete Zeit. Frankfurt/M.

Offener Brief, 11.02.2013: „30-Stunden-Woche fordern". http://www.labournet.de/politik/alltag/az/azverk/30-stunden-woche-fordern-ohne-arbeitszeitverkurzung-nie-wieder-vollbeschaftigung/ (Download: 11.01.14).

Pfau-Effinger, Birgit, 1998: Arbeitsmarkt- und Familiendynamik in Europa – zum theoretischen Rahmen für die vergleichende Analyse. In: Geissler, Birgit/Maier, Friederike/Pfau-Effinger, Birgit (Hg.): FrauenArbeitsMarkt. Berlin, 177-196.

Schwitzer, Helga/Ohl, Kay/Rohnert, Richard/Wagner, Hilde, 2010: Zeit, dass wir was drehen. Perspektiven der Arbeitszeit- und Leistungspolitik, Hamburg.

Schultheis, Franz/Vogel, Berthold/Gemperle, Michael (Hg.), 2010: Ein halbes Leben. Biografische Zeugnisse aus einer Arbeitswelt im Umbruch. Konstanz.

Wagner, Hilde, 2013: Gewerkschaftliche Arbeitszeitpolitik heute: „Zeit, dass wir was drehen!". Sozialismus Heft 5, 37-43.

Joachim Beerhorst

Gewerkschaften als Akteure emanzipatorischer Arbeitspolitik?

1 Dialektik der Arbeit, Gewerkschaften und Emanzipation

Arbeit ist eine widersprüchliche Kategorie – mit ihr gewinnt der Mensch, individuell wie gesellschaftlich, sich selbst, durch sie kann er sich, individuell wie gesellschaftlich, verfehlen oder abhanden kommen. Arbeit als Lohnarbeit mit dem Ziel ihrer Verwertung potenziert diese Widersprüche. Es ist ein Verdienst von Ingrid Kurz-Scherf und der von ihr inspirierten Forschung, dies herauszustellen und zum Bezugspunkt ihrer spezifischen Perspektive, der Konstruktion von Geschlechterverhältnissen über Arbeit, zu machen. Sie geht aus von

> „Arbeit als einem Medium der Vergesellschaftung ebenso wie der Individualisierung der modernen Lebensweise; es geht um die Bedeutung von Arbeit als Quelle individuellen und gesellschaftlichen Reichtums, aber auch um den Anteil der Arbeit an der Zerstörung natürlicher Lebensgrundlagen, um Arbeit als Medium der sozialen Teilhabe ebenso wie der sozialen Ungleichheit, um Arbeit als eine soziokulturelle Norm, deren Verletzung oder Verfehlung gravierende Konsequenzen nach sich zieht. [...] Es geht um das Verhältnis zwischen 'Kapital' und 'Arbeit' auf betrieblicher Ebene, in den unterschiedlichen Wirtschaftssektoren, in den nationalen Wirtschaftsordnungen und im globalen Maßstab" (Kurz-Scherf 2004, 24).

Aus diesen Widerspruchskonstellationen können Motive und Aktivitäten erwachsen, die die entwicklungsfördernden Seiten der Arbeit stärken und entfremdende Bedingungen zurückdrängen wollen. Dadurch wird die Arbeit politisiert – aus der Begriffsdialektik (Widerspruch) wird Realdialektik (Widersprechen). Ingrid Kurz-Scherf postuliert daher, „die Politisierung der Arbeit insofern voranzutreiben, dass Arbeit selbst als eine Form des politischen Handelns begriffen und dementsprechend gestaltet wird" (ebd., 31; vgl. auch Scheele 2008; Beerhorst 2005). Emanzipatorisch ist diese Politisierung in dem Maße, wie es gelingt, die Fremdbestimmung in der Arbeit zu überwinden oder aufzuheben.

Entscheidender Akteur der Arbeitspolitik sind die Gewerkschaften: Aus dem Konfliktverhältnis zwischen Lohnarbeit und Kapital hervorgegangen und in ihm wurzelnd, ist die Politisierung der Arbeit ihr Entstehungs- und Daseinsgrund. Mit der Bestimmung als Organisationen der Politik um Arbeit sind deren Ziele,

Inhalte, Reichweite und Formen allerdings nicht festgelegt – sie wandeln sich mit den sozialen und ökonomischen Bedingungen, mit der Funktion und dem Selbstverständnis gewerkschaftlichen Handelns. In welchem Sinn die gewerkschaftliche Arbeitspolitik emanzipatorisch ist, gilt es zu untersuchen.

Dafür bieten sich fünf Perspektiven an, unter denen die Arbeit als Lohnarbeit zu betrachten ist: (1) Einkommen, (2) Arbeitszeit, (3) Arbeitsprozess, (4) Arbeitsprodukt/Arbeitsgegenstand, (5) demokratische Beeinflussung und Kontrolle. Zunächst ist festzuhalten, dass es auf allen diesen Feldern interessenpolitisch darum geht, die Alleinverfügung des Kapitals zu beschränken und die subalterne Position der Arbeitenden zu verändern – damit hat die Existenz von Gewerkschaften und gewerkschaftliche Arbeitspolitik in sich eine emanzipatorische Bedeutung. Wie weitgehend Emanzipation aber gedacht und bewusst betrieben werden soll oder kann, ist theoretisch, konzeptionell-strategisch und praktisch-politisch in den Gewerkschaften selbst und in der wissenschaftlichen Perspektive auf sie umstritten. Letztbezug dieser unterschiedlichen Konzeptionen ist die Frage der Gestaltbarkeit, der Grenzen und der Transformation der kapitalistischen Wirtschaftsweise mit ihrer Funktionalisierung des Arbeitsvermögens als Ware, theoretisch gefasst unter der Kategorie „Doppelcharakter der Gewerkschaften" (Zoll 1982): Beschränkt sich das Ziel der Gewerkschaften auf die „Hebung der Klassenlage", oder sind die sozialen Auseinandersetzungen vermittelbar mit dem Ziel der „Aufhebung der Klassenlage"?

Näher untersucht werden im Folgenden die arbeitspolitischen Felder *Prozess, Produkt* und *Demokratie*. Grundlage der folgenden Analyse sind gewerkschaftliche Strategiepapiere und Handlungshilfen, die auf eine im weitesten Sinne arbeitspolitische Praxis zielen – nicht die unmittelbaren Praxisformen selbst. Allerdings ist auch der strategisch-konzeptionelle Diskurs eine mittelbare Form von Praxis – sein arbeitspolitisches Probehandeln gibt Aufschluss über Absichten und Möglichkeiten.[1]

1.1 Der Arbeitsprozess: Projekt und strategisches Feld „Gute Arbeit"

Die deutsche Arbeiterbewegung – die kommunistische wie die sozialdemokratische und gewerkschaftliche – hat es in ihrer Geschichte nicht nur nicht vermocht,

---

1 Bei der Analyse ist allerdings auffallend, dass Konzepte und Handlungshilfen zur Arbeitsgestaltung die Geschlechterfrage so gut wie nie thematisieren. Zwar werden Entgeltungleichheit und sozial unverträgliche Arbeitszeiten, die besonders Frauen betreffen, durch eigene Interessenkommunikation und Kampagnen angegangen. Die Arbeitsorganisation im engeren Sinn wird aber durchgängig geschlechtsunspezifisch betrachtet.

einen emanzipatorischen Arbeitsbegriff zu entwickeln und zum Gegenstand praktischer Interessenkämpfe zu machen, sondern ist – mit dem Bruchpunkt der Taylorismusdebatte um 1910 und dem Kulminationspunkt in der Weimarer Republik – von einem Verständnis von der Rationalität des Produktionsprozesses gekennzeichnet, das im Kern mit dem der bürgerlichen Arbeitswissenschaft weitgehend identisch ist (Beerhorst 2005, 159f.). Dies ändert sich zwar in den 1970er und 1980er Jahren, in denen die Gewerkschaften ihren Blick auf Arbeit und ihre Gestaltungspolitik erweitern: durch ihre aktive Beteiligung an staatlich geförderten betrieblichen Projekten zur Humanisierung der Arbeit, durch tarifpolitische Beschränkungen tayloristischer Arbeitsorganisation mittels Festlegung von Mindest-Takt- und Erholzeiten, durch die Einrichtung von Technologieberatungsstellen und Fachabteilungen zur Unterstützung der Interessenvertretungen bei der Einführung neuer Produktionskonzepte, durch Gründung und Unterstützung von Arbeitskreisen zu alternativer Fertigung und Produktkonversion, wodurch in krisenbedrohten Unternehmen auch der Gegenstand der Arbeit, ihr Sinn und Nutzen, auf die arbeitspolitische Tagesordnung geraten. Diese Ansätze werden in den 1990er Jahren aber nicht weiterverfolgt, sie bilden sich unter den Bedingungen der wirtschaftlichen, gesellschaftspolitischen und organisationsbezogenen Schwächung gewerkschaftlicher Machtquellen sogar zurück, so dass die 1990er als ein arbeitspolitisch verlorenes Jahrzehnt gelten.

Seit der Mitte der nachfolgenden Dekade werden aber – insbesondere von der IG Metall, aber teilweise auch von anderen Gewerkschaften und vom DGB – Ansprüche, Konzepte und Projekte entwickelt, die die Organisation von Arbeit, ihren Gegenstand und ihre gesellschaftliche Einbettung neu politisieren. Projekt- und Kampagnentitel hierfür sind u.a. „Gute Arbeit", „Gemeinsam für ein gutes Leben", „Besser statt billiger", „Anpacken statt abwarten", „Demokratisierung der Wirtschaft, Demokratisierung der Arbeit". Ausgelöst durch immer neue Reorganisationsprozesse und veränderte Steuerungsmodelle in den Betrieben, erhöhten Wettbewerbsdruck und kostenorientierte Unternehmensstrategien sowie die Ursachen und Folgen der Krise des Finanzmarktkapitalismus sind diese gewerkschaftlichen Ansätze auch Ausdruck einer bewussten Revitalisierungspolitik: auf wirtschaftliche und gesellschaftliche Entwicklungen nicht lediglich defensiv zu reagieren, sondern die gewerkschaftliche und gesellschaftliche Zukunft durch die strategische Wahl von Zielen und Mitteln aktiv zu gestalten.

Als exemplarisch für diese Neubelebung der Arbeitspolitik kann die systematische Thematisierung von „guter Arbeit" in einzelnen Gewerkschaften und durch den DGB gelten. In der IG Metall wurde das Handlungsfeld „Gute Arbeit" durch Diskussionen und Aufträge des Gewerkschaftstages 2007 zu einer mit personellen und finanziellen Ressourcen – so der Einrichtung eines eigenen Funktionsbereichs Gesundheitsschutz und Arbeitsgestaltung – ausgestatteten Daueraufgabe. Die ursprünglich drei inhaltlich-strategischen Schwerpunkte des Projektes – die Ent- und Begrenzung von *Arbeitszeit* und Leistungsdruck, die Durchsetzung *alternsgerechter Arbeitsbedingungen* und ihr Zusammenhang zu Lernen und Weiterbildung, die Verbesserung und *Entprekarisierung* von unsicheren und marginalisierten Beschäftigungsverhältnissen – sind mittlerweile durch einen vierten Schwerpunkt ergänzt worden: die menschengerechte Gestaltung von *Arbeitsorganisation und Arbeitsumwelt*. Während zu den drei ersten Feldern relativ ausgearbeitete Kriterien und Handlungskonzepte sowie objektivierbare Erfolge (z.B. Betriebsvereinbarungen zur Regulierung entgrenzter Arbeitszeiten, tariflich vereinbarte Branchenzuschläge und erweiterte Betriebsratsrechte bei Leiharbeit) vorliegen, ist der neue Schwerpunkt Arbeitsorganisation konzeptionell noch nicht sehr weit entwickelt.

Aufschluss über die Ziele, die hier verfolgt werden, geben Handreichungen und Arbeitsmaterialien, mit denen betriebliche Interessenvertreter sowie die hauptberuflichen Akteure in der gewerkschaftlichen Betriebs- und Bildungsarbeit darin motiviert und unterstützt werden sollen, die unternehmensseitig – gegenwärtig unter dem Paradigma „Ganzheitliche Produktionssysteme" – ausgelösten Reorganisationsprozesse der Arbeit nach eigenen Kriterien zu bewerten und zu beeinflussen (vgl. IG Metall 2011a; DGB-Index Gute Arbeit 2013). Diese Handlungsorientierungen gehen über die Verteidigung eines arbeitsbezogenen Status quo hinaus und weisen mit den Kriterien Entwicklung, Sinn, Autonomie in der Arbeit und einer Veränderung der Kräfteverhältnisse bei ihrer Gestaltung in eine emanzipatorische Richtung. Bei ihrer konzeptionellen und praktischen Konkretisierung wird man die widersprüchlichen Ansätze, Erfahrungen, offenen Fragen und emanzipatorischen Potenziale zur Gruppenarbeit (Beerhorst 2005, 164f.) ebenso einzubeziehen haben wie die der weiter unten erörterten neueren Beteiligungskonzepte. Mit der Kategorie 'Sinn' ist jedenfalls die Perspektive erweitert: über den Prozess der Arbeit hinaus auf ihren Gegenstand und ihre Resultate.

1.2 Das Arbeitsprodukt: Arbeit und Innovation

Angesichts der ökologischen Bedrohungen, die aus dem System kapitalistisch verfasster Arbeit und Wirtschaft erwachsen, hat Ulrich Beck bereits vor Jahren konstatiert, dass

> „[...] der Arbeiterbewegung nun zum Verhängnis [wird], was in einer früheren historischen Entwicklung zur Voraussetzung ihrer gesellschaftlichen Existenz werden

musste: die Abkopplung vom Produkt, die legendäre, vom System der Lohnarbeit aufgezwungene und historisch eintrainierte 'Gleichgültigkeit', die im Arbeitsvertrag delegierte Frage nach dem sozialen Sinn und Nutzen des Arbeitsergebnisses und damit der eigenen Arbeitskraft" (Beck 1988, 245f.).

Gleichgültig ist den Gewerkschaften das Arbeitsprodukt heute nicht – wenn sie es thematisieren, so erfolgt dies jedoch in erster Linie unter dem Gesichtspunkt der Sicherung des Arbeitsplatzes, erst in zweiter Linie aus ökologischen Gründen. Nur selten erhält ökologisch motivierte Produktkritik den Vorrang. Hierin kommt der angesprochene Doppelcharakter der Gewerkschaften zum Ausdruck: einerseits „systemkritische", an grundsätzlichen Werten und Zielen orientierte Motive zu bewahren und zu artikulieren, andererseits primäre, auf Einkommensquelle und Einkommenshöhe gerichtete – also 'systemimmanente' – Interessen zu vertreten, die die unmittelbaren Motive bestimmen. Gleichwohl ist in jüngerer Zeit – nachdem der ökologische Diskurs in den Gewerkschaften seit den 1990er Jahren stagnierte oder gar regredierte – eine Aufwertung der ökologischen Argumentation und eine Verbindung von gegenwärtigen und langfristigen Interessen zu verzeichnen. Deutlich wird dies an gewerkschaftlichen Positionen und Beiträgen zum ökologischen Umbau der Industrie, die sich nicht nur auf der *programmatischen* Ebene an die Mitgliedschaft und an die Öffentlichkeit richten, sondern – mit Bildungsmaterialien und Arbeitshilfen – auf die *unmittelbare Handlungsebene,* an die Akteure in den Betrieben.

Ein Ansatzpunkt ist die Erhöhung der Ressourceneffizienz: Da „die Belastungsgrenze der Erde [...] bezogen auf den ökologischen Fußabdruck bereits um 30% überschritten" und auch die ökonomische Stabilität durch die Verknappung von Rohstoffen gefährdet ist (IG Metall 2009, 9), gehört „die Senkung der Kosten für Material, Wasser, Flächen und Energie in den Unternehmen [...] zu den zentralen Zukunftsaufgaben einer ökologischen Industriepolitik" (ebd., 5). Gewerkschaften betrachten sich selbst als deren Promotoren und Vermittler, denn „Betriebsräte und Beschäftigte verfügen über praxisnahe Fachkenntnisse, sie kennen Management- und Produktionsprozesse, aber auch die Produkte von der Pike auf und haben damit ein umfangreiches Wissen, wenn es darum geht, Einsparpotenziale [...] umzusetzen und innovative Produkte und Prozesse zu gestalten" (ebd., 25). Sehr genau beschreiben die Arbeitshilfen, was Betriebsräte zum Thema machen sollten, welche rechtlichen und interessenpolitischen Möglichkeiten sie haben, wie sie – im Konsens oder im Konflikt – vorgehen und welche Instrumente sie nutzen können. Identifiziert werden als Haupt-Handlungsfelder der jeweilige Produktzyklus mit seinen Material- und Energiesparpotenzialen; die Einbeziehung der externen vor- und nachgelagerten Prozesse (Rohstoffbe-

Gewerkschaften als Akteure emanzipatorischer Arbeitspolitik? 229

schaffung, Logistik, Entsorgung), also der Wertschöpfungskette; schließlich die „Veränderung in den Köpfen", der Anstoß zur Auseinandersetzung mit Produktions- und Konsummustern, u.a. durch Integration der Thematik in die betriebliche Aus- und Weiterbildung (ebd., 17, 50). Betriebsräte sollen sich auf diesem Feld als Initiator, Ideengeber und Motor verstehen (39), die Gewerkschaft unterstützt sie dabei mit fachlicher Beratung durch eigene Experten (Wetzel 2013, 16).

Dieses arbeitspolitische Eintreten für einen effizienteren Umgang mit den natürlichen Produktivkräften hat auch eine hohe ökonomische Rationalität und ist daher nicht nur vereinbar mit langfristiger Kapitalverwertung, sondern – in einer aufgeklärten Perspektive – ihre Voraussetzung. Es birgt aber in dreifacher Hinsicht ein emanzipatorisches Moment: Zum einen ist unter den Bedingungen von Konkurrenz und Kurzfristorientierung der Unternehmen eine ökologische Ressourcenökonomie kein Selbstläufer, sie bedarf sozialer Anstöße und Kontrolle; zum anderen setzt dieses Konzept auf die Einbeziehung und Aktivierung der unmittelbaren Produzenten bei der Auseinandersetzung mit einer bisher vernachlässigten Dimension ihres Arbeitshandelns und integriert damit abgespaltene Bereiche zu einer vollständigeren Arbeitssituation; dies ist – zum dritten – ein Schritt zu einer veränderten gesellschaftlichen Praxis, die aus selbsterzeugter Naturgewalt herausführen kann.

Mit der Kategorie „Langlebigkeit" ist zudem ein Kriterium angesprochen, das über die Produktionsverfahren auf das Arbeitsprodukt greift – auch dieses muss sich, nimmt man die gewerkschaftlichen Positionen ernst, sozial und ökologisch qualifizieren. Wie dieser Anspruch umgesetzt wird, lässt sich an der Thematisierung des Produkts erörtern, das typisch für den 'Fordismus' ist, das also einer ganzen kapitalistischen Epoche den Namen gab und nach wie vor Hauptquelle wirtschaftlicher Prosperität und industriegewerkschaftlicher Organisationsmacht ist – am Automobil. Das Konzept der branchenzuständigen IG Metall gibt hierüber Aufschluss (IG Metall 2011b).

Ausgangspunkt ist die Diagnose, dass „hohe Wachstumszahlen, enorme Klimaprobleme, steigende Mobilitätskosten und vieles mehr [...] unsere heutige Mobilität in Frage [stellen] und zeigen [...]: Wir können unser Verkehrs- und Mobilitätssystem nicht so ohne weiteres fortschreiben" (ebd., 21). Die praktizierten Ansätze zur ökologischen Optimierung des Verkehrsträgers Automobil werden zwar begrüßt, aber wegen des Rebound-Effekts für unzureichend erklärt: „Zwar sinken die spezifischen Emissionen pro motorisiertem Fahrzeug, aber der stetige Anstieg der zugelassenen Fahrzeuge und der zurückgelegten Kilometer, insbesondere im Güterverkehr, machen die fahrzeugbezogenen Effizienzgewinne wieder zunichte" (ebd., 28). Demgegenüber geht es darum, das Mobilitätsverhalten zu verändern, den Verkehr insgesamt zu verringern und möglichst viele Menschen davon zu überzeugen (ebd., 22). Zugleich mit dieser Änderung *mentaler* Infrastrukturen geht es um die Entwicklung *realer* Infrastrukturen – um den Aufbau integrierter Verkehrssysteme: die Ausbreitung umweltfreundlicher Verkehrsträger, die Stärkung des öffentlichen Personennahverkehrs, eine Städteplanung, die Wohn- und Arbeitsorte zusammenführt und dadurch Wege verkürzt oder vermeidet, die Vernetzung der einzelnen Verkehrsträger zu einem Gesamtsystem (ebd., 23, 26). Dadurch behält das Auto zwar eine Bedeutung, aber eine herabgesetzte – quantitativ wie kulturell. Dieser Konsequenz wird nicht ausgewichen, und deshalb die für eine Arbeitnehmerorganisation naheliegende Frage gestellt: „Was passiert mit den Beschäftigten, die nach dem Umbau der Verkehrs- zu einer Mobilitätswirtschaft keinen neuen Arbeitsplatz finden?" (ebd., 22). Ausgesprochen ist damit, dass die Gewerkschaftsprogrammatik auf einen Verlust bisheriger Arbeitsplätze in der Automobil- und Zulieferindustrie, auf einen Zielkonflikt gewerkschaftlicher Interessenvertretung also, hinausläuft – eine für ein gewerkschaftliches Positionspapier bemerkenswerte Klarheit. Drei Wege zur Bewältigung dieser Widerspruchskonstellation werden genannt: wirtschafts- und gesellschaftspolitisch die Verständigung auf „einen umfassenden gesellschaftlichen Zielkatalog (ökonomisch, ökologisch, sozial, kulturell)" (ebd., 23); seitens des Staates Initiativen, um „den Beschäftigten dauerhafte Beschäftigungsperspektiven über gesicherte Übergänge in neue Beschäftigung und lebenslanges Lernen zu gewährleisten" (ebd., 25); für die Automobilindustrie eine strategische Neuausrichtung – die Umorientierung „von einem reinen Verkehrsmittelproduzenten hin zu einem integrierten Mobilitätsdienstleister" (ebd., 25). Auf der programmatischen Ebene, soviel ist erkennbar, wird einer distanzlosen, nur auf unmittelbare Arbeitsplatzinteressen gerichteten Identifikation mit dem Branchenprodukt die Perspektive der ökologischen Verträglichkeit, des sozialen Nutzens und der beschäftigungspolitisch akzeptablen Übergänge entgegengesetzt. Wie weit diese Orientierung durchgehalten und konkretisiert, von den Betroffenen angenommen und von den Adressaten umgesetzt wird, lässt sich allerdings nur in der Praxis prüfen.

Auf diese direkte Handlungsebene zielt ein zugleich pragmatischer wie strategischer Ansatz, der – aus einer Defensive heraus – unter dem Leitmotiv „Besser statt billiger" gewerkschaftliche Gestaltungs- und Organisationsmacht zurückgewinnen will. Unternehmerischen Angriffen auf das Lohnniveau, auf die Arbeitszeiten und die Arbeitsplätze, die – vorgeblich oder real – Wettbewerbsfähigkeit auf den Märkten erhöhen oder erhalten sollen, wird auf der betrieblichen

Ebene eine Alternative entgegengesetzt: Erhalt und Sicherung von Arbeitsplätzen nicht durch Kostensenkung, sondern durch Verbesserung von Produktionsprozessen und Produkten. Dieser Ansatz lässt sich sowohl anlassbezogen – bei Verlagerungs- oder Schließungsdrohungen, bei Unterschreiten von Tarifnormen oder Tarifflucht – wie auch als vorausschauende Betriebsratspolitik, der es um Unternehmensentwicklung und Erhalt der Tarifbindung geht, anwenden.

Erste Analysen dieser Vorgehensweise konstatieren, dass sie für die Entwicklung eines Typs „strategischer Interessenvertretung" durch Betriebsräte und Gewerkschaften geeignet ist und genutzt wird – als Verbindung von fachlicher Kompetenz („besser") und interessenpolitischer („statt billiger") Haltung (Lehndorff 2012, 207ff.), begleitet zumeist von einer Stärkung gewerkschaftlicher Organisationsmacht durch aktive Einbeziehung der Beschäftigten und ihrer positiven Wirkung auf Mitgliederbindung und Mitgliedergewinnung. Der Tendenz, die bisher überbetriebliche tarifliche Normgestaltung durch Tarifabweichung und Tarifflucht auf die betriebliche Ebene zu verlagern („Verbetrieblichung der Tarifpolitik"), stellt dieser Ansatz ein Konzept zu ihrer Verhinderung, Begrenzung oder Gestaltung an die Seite – die „Vergewerkschaftlichung der Betriebspolitik", nämlich „den überbetrieblichen Interessenvertretungs-Anspruch der Gewerkschaft im Betrieb unmittelbar zur Geltung zu bringen" (ebd., 218).

Die pragmatische Auseinandersetzung mit Arbeitsprozessen, Produktionsverfahren und Produkten ist das offene Tor für eine Thematisierung weiterreichender Ziele wie humanere Arbeit, verantwortliche Ressourcennutzung und veränderte Produkte, die sich der Marktlogik nicht unterordnet: „Besser statt billiger ist kein wertfreier Ansatz der Innovationsförderung. [...] Innovationen müssen daran gemessen werden, ob sie zu gesellschaftlichem Fortschritt beitragen. [...] Für uns hat die Qualität von Arbeit Vorrang vor der Wirtschaftlichkeit" (Wetzel 2009, 8f.) – dieses aktualisierte Ursprungsmotiv der Arbeiterbewegung ist elementarer Bestandteil und Voraussetzung emanzipatorischer Arbeitspolitik.

1.3 Arbeit und Demokratie: Beteiligung, Demokratie in der Arbeit, Demokratisierung der Wirtschaft

Ein Anspruch und eine Selbstverpflichtung ziehen sich durch alle jüngeren Veröffentlichungen und Materialien zur gewerkschaftlichen Arbeitspolitik: die Beteiligung der Mitglieder und der Beschäftigten an den sie betreffenden Angelegenheiten. „Die Beteiligung der Mitglieder der IG Metall muss stärker in der gewerkschaftlichen Arbeit verankert werden" heißt es z.B. im Thesenpapier zu einer vom Vorstand einberufenen zentralen Beteiligungskonferenz (IG Metall

2013b, 14). Und weiter: „Beteiligung im Verständnis der IG Metall bedeutet mitreden, mitentscheiden und mitverantworten. Dies hat notwendigerweise Auswirkungen auf Anforderungen und Arbeitsweisen in der gewerkschaftlichen Arbeit. Ziel ist eine politische Kultur, in der Mitgliederbeteiligung zu einem selbstverständlichen Kernbestandteil der gewerkschaftlichen Praxis wird" (ebd.). Beteiligung wird begriffen einerseits als aktive Teilhabe an der Willensbildung, an der Definition von Interessen, andererseits als persönliches Engagement bei ihrer Durchsetzung – und drittens, als Bedingung für beides, die umfassende Information über interessenpolitische Konstellationen und Prozesse.

Verhandlungsführung durch stellvertretende Interessenwahrnehmung der Repräsentanten ohne aktiven Unterbau auf Seiten der Repräsentierten stößt auf Grund veränderter Kräfteverhältnisse in den Betrieben zunehmend an Grenzen – „die Frage 'Wie baue ich Konfliktfähigkeit auf?' wird immer mehr zu einem elementaren Bestandteil von Basis-Erfahrungswissen von Betriebsräten" (Lehndorff 2012, 220). Ähnliches gilt für die gewerkschaftliche Organisationsmacht selbst: Das Motiv, Gewerkschaftsmitglied zu werden und zu bleiben, bedarf der lebendigen und stets erneuerten kognitiven und emotionalen Erfahrung des Sinns gewerkschaftlichen Zusammenschlusses und Handelns – dies ist der Kerngedanke des von amerikanischen und britischen Gewerkschaften übernommenen *Organizing*-Ansatzes.

Hinzu kommt, dass Interessenlagen durch das Anwachsen neuer Berufsgruppen und Beschäftigungstypen, durch den Wandel von Arbeitnehmermilieus und durch unterschiedliche Formen der Subjektivierung von Arbeit (Beerhorst 2005, 161ff.) differenzierter und vieldeutiger werden – Interessen sind nicht einfach vorauszusetzen, sondern sozial-kommunikativ zu entwickeln und zu vermitteln.

Beteiligung hat also nicht nur eine instrumentelle Funktion, sie ist mehr als Mittel zum gewerkschaftlichen Zweck. Sie ist als Neubestimmung des Verhältnisses von Repräsentanten und Repräsentierten, als Form direkter Demokratie, als Erfahrung der Selbstermächtigung und – dies das überschießende Motiv des *Organizing* – als Element sozialer Bewegung ein emanzipatorischer Wert an sich. Sie zielt auf eine Demokratisierung der Gesellschaft – und als deren Grundlage auf die Demokratisierung der Arbeit: „Was wir brauchen, ist ein individuelles Beteiligungsrecht der Beschäftigten für alle Fragen ihrer Arbeitssituation. Damit grenzen wir uns bewusst von unternehmerischen Beteiligungsansätzen ab, die darauf aus sind, Kreativitätspotenziale einseitig abzuschöpfen" (IG Metall 2013b, 9).

Ein solcher Beteiligungsanspruch stellt nicht nur gesellschaftliche und betriebliche Verfügungsverhältnisse in Frage, sondern auch die in der eigenen Organisation: Beteiligung „stellt allerdings andere und zusätzliche Anforderungen und ändert die Rolle der Betriebsräte, Vertrauensleute und Hauptamtlichen" (ebd.) – genauer: „Ein Kulturwandel ist erforderlich. Beteiligungsorientierung erfordert es, ergebnisoffene Prozesse zuzulassen, die eigene Position zu hinterfragen – und insgesamt mehr Einflussmöglichkeiten der Mitglieder zuzulassen" (IG Metall 2013a, 5). Die selbstkritische Frage – beantwortet mit einem mehrjährigen Multiplikatoren- und Transferprogramm „Beteiligung" – lautet: „Wer sorgt für diesen Kulturwandel?" (ebd.)

Objektive und subjektive Anknüpfungspunkte für Akteure dieses Wandels finden sich in den Belastungserfahrungen betrieblicher Arbeit. Enge Budget- und Zeitvorgaben, Reduktion der Arbeitskosten und zu geringe Personalbemessung in privaten Unternehmen und im öffentlichen Dienst sind Kennzeichen von Arbeitsbedingungen, deren Veränderung die aktive Beteiligung der Betroffenen ermöglicht und erfordert.

Beispielhaft dafür ist der mobilisierende Einsatz des „DGB-Index Gute Arbeit": Die Vereinte Dienstleistungsgewerkschaft nutzt dieses Instrument, um die Analyse, Kritik und Verbesserung der Arbeitssituation durch Mitglieder und Beschäftige anzuregen oder zu systematisieren (ver.di 2011). Schriftliche, mündliche oder elektronische Befragungen, Wandzeitungen, betriebliche Arbeitsberichterstattung, Gesundheitszirkel – seit 2007 mit ca. 40.000 Befragten und ca. 80.000 Beteiligten insgesamt – bringen die eigenen Angelegenheiten zum Sprechen, stellen betriebliche Öffentlichkeit her und geben Impulse für die Interessenwahrnehmung.

Eine solche Herangehensweise, die man als „Arbeitspolitik von unten" bezeichnen könnte, reagiert auf veränderte Modelle von Steuerung und Arbeitsorganisation in den Unternehmen. Da das 'industrielle Paradigma' des Fordismus – die tayloristische Trennung von anordnender und ausführender Arbeit, die Betrachtung der Subjektivität des Arbeiters als Feind – technischen, wirtschaftlichen und sozialen Bedingungen der Kapitalverwertung nicht mehr entspricht, erhält das lebendige Arbeitsvermögen eine andere Bedeutung: Zurückgehaltene Kompetenzen sollen freigesetzt, Leistungs- und Verantwortungsmotive durch höhere Eigenständigkeit und Selbstorganisation in die Pflicht genommen werden. 'Beteiligung' ist also zunächst ein Managementkonzept, um die Kontrolllücken des Arbeitsvertrags zu schließen – äußeres und inneres 'Unbeteiligtsein' kann man sich nicht mehr leisten. Dabei ist der Rahmen klar bestimmt: Die Organisation, die Aufteilung, die Zeiten der Arbeit können Einzelne und Gruppen zum Teil selbst regeln – die Abgabefristen, die Budgets, die Personalbemessung, die Renditevorgabe sind vom Management gesetzt. Trotz dieser Grenzen und trotz des instrumentellen Charakters von 'Beteiligung' („Herrschaft durch Autonomie") haben Informations-, Mitsprache- und Mitgestaltungsangebote in der Arbeitsorganisation eine hohe Attraktivität für die Beschäftigten und bergen das Potenzial arbeitspolitischer Erweiterung – Gewerkschaften und die betriebliche Interessenvertretung wären schlecht beraten, warnend abseitszustehen, statt sie aufzunehmen, mit eigenen Inhalten zu füllen und über sich hinauszutreiben. Die hohe Bedeutung, die der Beteiligung der Betroffenen mittlerweile in allen gewerkschaftlichen Konzepten – Gute Arbeit, Arbeit und Innovation, Mitgliederbindung – zukommt, zeigt, dass sie als strategisches Mittel und emanzipatorischer Wert angenommen und durch eigene Initiativen praktisch werden soll.

Das überschießende Potenzial neuer, vom Management eingeräumter und gewerkschaftlich genutzter Beteiligungsformen besteht insbesondere darin, dass mit ihnen bisher ausgeklammerte Themen auf die arbeitspolitische Tagesordnung geraten können, die die Voraussetzungen der Produktion einschließen und den Radius der Mitbestimmung ausweiten:

> „Wo nicht mehr klassische Kommandosysteme tonangebend sind, wo stattdessen mit Kennziffern, Kundenvorgaben und Markt-/Konkurrenzbenchmarks gesteuert wird, [...] beginnt die Auseinandersetzung um die Festlegung der Rahmenbedingungen und damit der Verteilung der Investitionsmittel: um erforderliche Personalressourcen, Budgets, Zeitkontingente; mehr noch: um die Konditionen der Auftragsvergabe wie um die Konditionen der zu bearbeitenden Aufträge. Die Unternehmenspolitik ist damit kein apartes Feld des Managements mehr, sondern wird zum Gegenstand der Interessenvertretung der abhängig Beschäftigten" (Detje/Sauer 2012, 64).

Damit rücken zwei Dimensionen gewerkschaftlicher Politik zusammen, die bislang eher schwach verbunden sind: die Gestaltung der konkreten Arbeitsprozesse und die wirtschaftliche Mitbestimmung über Investitionen und Produktionsbedingungen. Ersteres ist rechtlich das Feld der Betriebsverfassung, interessenpolitisch das der Selbst- und Stellvertretung in den täglichen betrieblichen Auseinandersetzungen; letzteres unterliegt juristisch dem Gesellschaftsrecht, interessenpolitisch überwiegend den Repräsentanten in Wirtschaftsausschüssen, Aufsichtsräten und Vorständen. Diese institutionalisierte und repräsentative Form von Mitbestimmung ist einerseits eine Bastion gewerkschaftlicher Gegenmacht. Sie bleibt als institutionalisierte Macht andererseits aber unterhalb ihrer innerbetrieblichen und gesellschaftlichen Möglichkeiten, wenn sie sich nicht auf die aktive Einbeziehung der Arbeitenden und den wirtschaftsdemokratischen Horizont gründet, aus dem sie geschichtlich hervorgegangen ist.[2]

---

2 Insbesondere die deutsche Arbeiterbewegung hat eine Reihe von Konzepten zur Demokratisierung der Wirtschaft entwickelt – von der „constitutionellen Fabrik" Legiens

Eine stärkere Bindung und Mobilisierungskraft dürfte die institutionalisierte Unternehmensmitbestimmung in dem Maße entwickeln, wie ihre Verfahrensweisen, Ziele und Resultate mit den Beschäftigten rückgekoppelt und für sie mitvollziehbar und erfahrbar sind. Dies gilt umso mehr, wenn die gegebenen Formen der Partizipation ausgeweitet werden sollen. Die gegenwärtigen Diskussionen und Initiativen zu einer Neubelebung und Weiterentwicklung wirtschaftsdemokratischer Motive, mit der die Gewerkschaften eine entscheidende emanzipatorische Dimension zurückgewinnen würden, dürften nur dann auf Resonanz stoßen, wenn diese Zusammenführung gelingt: Eine Erweiterung von Wirtschaftskontrolle nach oben, über das Einzelunternehmen hinaus, ist gebunden an eine Erweiterung der Mitbestimmung von unten. Die dargestellten Postulate im gewerkschaftlichen Diskurs über 'Beteiligung' stellen diesen Zusammenhang immerhin her – Demokratisierung der Wirtschaft gründet in einer Demokratisierung der Arbeit.

Deren Kernmotiv besteht darin, dass die subalterne Stellung der Menschen im Arbeitsprozess, die Ausrichtung der gesellschaftlichen Arbeit am Kapitalprofit und die primäre Regulierung der Ökonomie über die Gesetze privatwirtschaftlicher Marktprozesse den sozialen Interessen und der menschlichen Würde und Vernunft nicht entsprechen. Solange und in dem Maße, wie Gewerkschaften diesen Zusammenhang zum Gegenstand nicht nur theoretisch-konzeptioneller, sondern *tätiger* Kritik machen, werden sie Akteure emanzipatorischer Arbeitspolitik sein, bleiben oder werden.

2 Anspruch und Wirklichkeit – emanzipatorische Arbeitspolitik als offenes Feld

Hierin liegt allerdings eine Grenze strategischer Diskurse und ihrer Analyse: Über ihren Einfluss auf das konkrete Handeln von gewerkschaftlichen Akteuren und von Interessenvertretungen geben sie keinen Aufschluss. Daher sollen – auch, um idealistischen Überhöhungen zu entgehen – einige Überlegungen zum Verhältnis von Theorie und Praxis, von Entwurf und Wirkung den Abschluss bilden.

(1900) über die gleichberechtigte Unternehmenskontrolle als Übergangsforderung der revolutionären Obleute der Metallbetriebe Berlins (1919) und die Programmatik der Wirtschaftsdemokratie (1928) bis zu Gemeinwirtschaft (1949), Wirtschafts- und Sozialräten (1970), Konversionsarbeitskreisen und gemeinwohlorientierter Vergesellschaftung der Stahlindustrie (1985). Sie zielen darauf, die ökonomisch-soziale Herrschaft des Kapitalprinzips zurückzudrängen und zu kontrollieren – und, in ihren radikaleren Ausprägungen, zu überwinden (vgl. Beerhorst 2004).

Die Gestaltung auf der *Prozessebene* von Arbeit ist gekennzeichnet durch die strukturelle Machtasymmetrie von Arbeit und Kapital und die ökonomische Instrumentalisierung der Arbeitskraft. Trotz aller Ansätze und Postulate einer „eigensinnigen" Arbeitspolitik (Sauer 2007, 211ff.) bleibt sie eingebunden in den strukturellen Widerspruch von Eigensinn und Rentierlichkeit und die mit ihm einhergehenden Kompromissbildungen. Denn die Arbeitenden sind nicht nur objektiv, sondern durch den 'stummen' oder beredten Zwang der ökonomischen Verhältnisse zum großen Teil auch subjektiv variabler Bestandteil des Kapitalverhältnisses. Humanisierende und emanzipatorische Veränderungen der Arbeitsorganisation müssen, solange nicht das Kapitalverhältnis als solches in Frage steht, das dominierende Rentabilitätsinteresse berücksichtigen. Ob man dieses marktvermittelte Rentabilitätsmotiv unkritisch zur Orientierungsgröße und antizipierten Grenze eigener Forderungen macht oder lediglich als widerständigen Rahmen nimmt oder enge Definitionsgrenzen durch erweiterte Produktivitäts- und Innovationsvorstellungen zu versetzen sucht – darin unterscheiden sich interessenpolitische Herangehensweisen an betriebliche Arbeitsgestaltung. Diese Strategiewahl der betrieblichen Akteure – Betriebsräte, Vertrauensleute, Aktivenkerne, externe Berater, gewerkschaftliche Betriebsbetreuer – hängt ab von politischen Haltungen und Ansprüchen, Erfahrungen, inhaltlichen und sozialen Kompetenzen, von der Unternehmenskultur und dem Typus des Betriebsratshandelns (vgl. Kotthoff 1994, 275ff.).

Da die Betriebsräte in Großunternehmen zu einem hohen Teil gewerkschaftlich organisiert sind und zugleich als gewerkschaftliche Vertrauensleute betrachtet und angesprochen werden, dürften die arbeitspolitischen Positionen und Handlungshilfen der Gewerkschaften bei den Hauptakteuren bekannt sein und in die betrieblichen Reorganisationsprozesse als Orientierungsgröße einfließen. Viele Schilderungen und Beobachtungen der Interessenvertretungsarbeit deuten darauf hin, dass die betrieblichen Akteure in den arbeitspolitischen Auseinandersetzungen kompetenter und handlungsfähiger geworden sind. Über die jeweiligen Strategien, über die Gewichte im Spannungs- und Konfliktfeld von Rationalisierung und Humanisierung, über die Qualität von Beteiligungsprozessen und Kompromissen kann nur empirische Analyse Aufschluss geben.

Hinsichtlich der *Produktseite* von Arbeitspolitik ist die Lücke zwischen gewerkschaftlicher Programmatik und ihrer praktischen Bedeutung größer. Der soziale Gebrauchswert und die ökologische Verantwortbarkeit des Produkts der Arbeit sind in den Konzepten, darauf wurde bereits hingewiesen, immer bezogen auf das Arbeitsplatzinteresse – sie sind gleichsam gebundene Motive. Das ist nicht verwunderlich, denn die unmittelbare Funktion der Gewerkschaften ist die Sicherung der Quelle und der Höhe des Einkommens aus abhängiger Arbeit. Daran werden weitergehende Motive gemessen, dadurch werden sie zunächst auch begrenzt, konzeptionell wie praktisch. Dennoch: Die soziale und ökologische Dimension des Arbeitshandelns ist weder, wie gezeigt, den Gewerkschaften noch den Arbeitenden – denn letztere sind eben nicht nur das – gleichgültig (so schon Heine/Mautz 1988). In der Automobilindustrie beispielsweise gibt es bei den Interessenvertretern und in den Belegschaften angesichts weltweiter Überkapazitäten ein waches Bewusstsein von den ökonomischen und ökologischen Grenzen des konventionellen Wachstums, und die Betriebsräte sind (auch wenn mangelnde Kapazitätsauslastung die Automobilproduktion in Deutschland, abgesehen von Opel und Ford, gegenwärtig kaum trifft) aktiv – zum Teil treibende – Beteiligte bei der Entwicklung neuer Antriebstechniken und Nutzungsformen durch das Management. Diese Aktivitäten haben allerdings zur Voraussetzung, dass Forschung und Entwicklung im weltweiten Konzernverbund überhaupt in Deutschland stattfinden. Auch dort, wo dies der Fall ist, gibt es Varianten des produktpolitischen Engagements innerhalb und außerhalb der Unternehmen durch Betriebsräte: eher defensiv – i.S. der zeitlichen Streckung von Umweltauflagen; eher offensiv – i.S. veränderter Technologien und Verkehrskonzepte und einer stärkeren Ausbalancierung von Arbeit und Ökologie.

Bei akuten, bestandsgefährdenden Unternehmens- oder Branchenkrisen dominiert jedoch nach wie vor eindeutig das Interesse am Erhalt der Arbeitsplätze – das soziale Wenn und ökologische Aber (und auch das Bekenntnis zur grenzüberschreitenden Solidarität) werden in den Hintergrund gedrängt (ohne jedoch gänzlich zu verschwinden – als mahnende Motive bleiben sie in der Welt).

Um dieser ‚Standortfalle' zu entgehen, bedürfte es neben den Instrumenten und Postulaten zur betrieblichen Krisenprävention und ökologischen Umsteuerung einer gewerkschaftlichen und politischen Koordinierung der Branchenentwicklung (einschließlich einer differenzierten Politik der Arbeitszeitverkürzung) und einer Industriepolitik auf europäischer Ebene (wie sie zur Bewältigung des Strukturwandels der Stahlindustrie im Rahmen der Europäischen Gemeinschaft für Kohle und Stahl in den 1980er Jahren ansatzweise praktiziert wurde). Dadurch ließen sich Überkapazitäten sozialverträglich – mit weniger bedrohlichen Betriebsschließungen und standortfixierten Abwehrreaktionen – steuern, und das „Share the pain", das in ruhigeren Zeiten bei Opel/General Motors im Rahmen der grenzüberschreitenden Gewerkschaftskooperation zur ausgeglichenen Kapazitätsreduktion an den europäischen Produktionsstandorten verabredet wurde (vgl. Bartmann/Blum-Geenen 2006; Bartmann 2013), könnte sich als eine strategische Orientierung bewähren, die Bestand hat und nicht nur den

Schmerz teilt, sondern auch die Erfahrung und die Perspektive souveräneren Handelns und sicherer Arbeit. Solange es an europäischer Koordinierung und einer sozial-ökologischen Industriepolitik mangelt, werden Belegschaften, Betriebsräte und Gewerkschaften dem konkurrenzvermittelten Widerstreit zwischen kurzfristigen und langfristigen Interessen, zwischen dem unmittelbaren Erhalt von Arbeitsplätzen und dem Erhalt und der Herstellung lebenswerter Umweltbedingungen, nicht entkommen. Die Gewerkschaften agieren auf beiden Ebenen, sie verkörpern diesen Widerstreit in sich. Indem sie ihn nicht einseitig auflösen, sondern annehmen, austragen und sich selbst verpflichten, vermitteln sie gesellschaftliche Fragen mit dem Bereich der gesellschaftlichen Arbeit und umgekehrt. Als ökologische Akteure sind sie daher nicht zu über-, aber auch nicht zu unterschätzen.

Die konzeptionellen Ansätze zur *Demokratisierung der Arbeit und der Wirtschaft* schließlich finden ihre mögliche Begrenzung in dem, was die Subjekte davon annehmen und was die Organisationen damit wollen. Erweiterte Formen der Beteiligung an gewerkschaftlicher oder betrieblicher Willensbildung treffen auf hohe Akzeptanz, wenn sie sich auf unmittelbare Interessen und Anlässe beziehen; ein verallgemeinertes Motiv des Dabeiseins in der ersten Person allerdings ist nicht die Regel. Daher wird gewerkschaftliche Arbeitspolitik den Modus „Stellvertretung" nicht durch den Modus „Selbstvertretung" ersetzen, sondern nur – bei Stärkung des letzteren – doppelgleisig verfahren können (und damit auch die Stellvertretung verändern). Wie weit sich dies in den Gremien und bei den Stellvertretern in Betriebsräten und Gewerkschaften durchsetzt (oder ob Beteiligung lediglich zur Legitimation bereits gefällter Entscheidungen instrumentalisiert wird), muss sich angesichts von damit verbundenen Kontroll- und Statusverlusten erweisen. Und auch Weiterungen in Richtung Demokratisierung der Wirtschaft sind einerseits davon abhängig, ob ihr Wert und ihr Nutzen für ihre Adressaten erfahrbar ist, andererseits davon, wie weit die ursprünglichen kapitalismuskritischen Motive der Wirtschaftsdemokratie durch die Gewerkschaften erneuert und weiterentwickelt werden (oder in einen kräfteverschobenen Neokorporatismus münden).

All das ist nicht entschieden. Konzeptionell – gemessen an ihren Ansprüchen, Selbstverpflichtungen und Handlungsorientierungen – sind die Perspektiven emanzipatorischer gewerkschaftlicher Arbeitspolitik nicht schlecht. Ihre Vermittlung mit einer arbeitspolitischen Realität, die allzu oft anders aussieht, ermöglicht Widerspruch und Bewegung – die Entwicklung ist offen.

Literatur

Bartmann, Martin, 2013: „Share the pain" erzwingt Alternativen. In: Mitbestimmung. Das Magazin der Hans-Böckler-Stiftung. 59. Jg. Heft 5, 63.

Bartmann, Martin/Blum-Geenen, Sabine, 2006: General Motors Europe: The challenge of the 'solidarity pledge'. In: Mitbestimmung. Das Magazin der Hans-Böckler-Stiftung. 52. Jg. Heft 8, 37-40.

Beck, Ulrich, 1988: Gegengifte. Die organisierte Unverantwortlichkeit. Frankfurt/M.

Beerhorst, Joachim, 2005: Objekt und Subjekt – Von den Möglichkeiten und Schwierigkeiten gewerkschaftlicher Arbeitspolitik. In: Kurz-Scherf, Ingrid/Correll, Lena/Janczyk, Stefanie (Hg.): In Arbeit: Zukunft – Die Zukunft der Arbeit und der Arbeitsforschung liegt in ihrem Wandel. Münster, 156-171.

–, 2004: Demokratisierung der Wirtschaft – theoretische Desiderate und politische Erinnerung. In: Beerhorst, Joachim/Demirovic, Alex/Guggemos, Michael (Hg.): Kritische Theorie im gesellschaftlichen Strukturwandel. Frankfurt/M., 354-383.

DGB-Index Gute Arbeit, 2013: Gute Arbeit! Wie durch den DGB-Index die Qualität der Arbeitsbedingungen im Betrieb ermittelt und verbessert wird. http://www.dgb-index-gute-arbeit.de/downloads/publikationen/data/betriebsflyer_dgb_einzel_neu.pdf (Download: 19.03.14).

Detje, Richard/Sauer, Dieter, 2012: Vom Kopf auf die Füße stellen. Für eine arbeitspolitische Fundierung wirtschaftsdemokratischer Perspektiven. In: Fricke, Werner/Wagner, Hilde (Hg.): Demokratisierung der Arbeit – Neuansätze für Humanisierung und Wirtschaftsdemokratie. Hamburg, 56-85.

Heine, Hartwich/Mautz, Rüdiger, 1988: Haben Industriefacharbeiter besondere Probleme mit dem Umweltthema? In: Soziale Welt. 39. Jg. Heft 2, 123-143.

IG Metall, 2013a: Schlussfolgerungen aus der Konferenz „Mehr Beteiligung wagen" – Arbeitsprogramm 2013-2015 (unveröff.).

–, 2013b: Dokumentation der Konferenz „Mehr Beteiligung wagen". Frankfurt/M.

–, 2011a: Ganzheitliche Produktionssysteme menschengerecht gestalten – Risiken erkennen – Chancen nutzen. Frankfurt/M.

–, 2011b: Mobilität und Arbeit – Anforderungen an den Industriestandort Deutschland. Frankfurt/M.

–, 2009: Ressourceneffizienz erhöhen und Arbeitsplätze sichern. Ein Leitfaden für Betriebsräte (zusammen mit Bundesministerium für Umwelt, Naturschutz und Reaktorsicherheit und Wuppertal-Institut für Klima, Umwelt, Energie). Frankfurt/M.

Kotthof, Hermann, 1994: Betriebsräte und Bürgerstatus – Wandel und Kontinuität betrieblicher Mitbestimmung. München und Mering.

Kurz-Scherf, Ingrid, 2004: „Hauptsache Arbeit?" – Blockierte Perspektiven im Wandel von Arbeit und Geschlecht. In: Baatz, Dagmar/Rudolph, Clarissa/Satilmis, Ayla (Hg.): Hauptsache Arbeit? Feministische Perspektiven auf den Wandel von Arbeit. Münster, 24-46.

Lehndorff, Steffen, 2012: „Besser statt billiger": Demokratisierung der Arbeit als Flucht nach vorn. In: Fricke, Werner/Wagner, Hilde (Hg.): Demokratisierung der Arbeit – Neuansätze für Humanisierung und Wirtschaftsdemokratie. Hamburg, 203-221.

Sauer, Dieter, 2007: Vermarktlichung und Politik – Arbeitspolitik unter den Bedingungen Indirekter Steuerung. In: Gerd, Peter (Hg.): Grenzkonflikte der Arbeit – Die Herausbildung einer neuer europäischen Arbeitspolitik. Hamburg, 201-217.

Scheele, Alexandra, 2008: Arbeit als politisches Feld. Politikwissenschaftliche Perspektiven für die feministische Arbeitsforschung. Münster.

Ver.di – Vereinte Dienstleistungsgewerkschaft, 2011: Daten zu Taten. Gemeinsam für gute Arbeit! Wie Beschäftigte ihre Arbeitsbedingungen beurteilen und verändern. Berlin.

Wetzel, Detlef, 2013: Energiewende gestalten – Herausforderungen für eine innovative Betriebspolitik. Referat auf der Konferenz „Arbeit und Innovation: Material- und Energieeffizienz – Handlungsmöglichkeiten für betriebliche Interessenvertretungen" am 13.02.2013 (unveröff.).

–, 2009: Gegenwärtige arbeitspolitische Herausforderungen sowie Schwerpunkte und Planungen der IG Metall – Besser statt billiger als betriebspolitisches Konzept. Vortrag vor dem Arbeitskreis Arbeitspolitik am 25.9.2009 (unveröff.).

Zoll, Rainer, 1982: Der Doppelcharakter der Gewerkschaften. Frankfurt/M.

Stefan Schoppengerd

Kein Ding
Klassen und ihre Kämpfe vor dem Hintergrund feministischer Kritik

> Nichts ist für einen Marxisten unzulässiger
> und gefährlicher, als einen verdinglichten
> Begriff der Arbeiterklasse zu benutzen.
> *Herbert Marcuse im Gespräch mit Hans
> Magnus Enzensberger, Marcuse 1975b, 54*

1 Einleitung

„Es herrscht Klassenkampf, richtig, aber es ist meine Klasse, die Klasse der Reichen, die diesen Kampf führt, und wir gewinnen." Dieses Zitat der „Investorenlegende" Warren Buffet aus einem Interview mit der New York Times im November 2006 kursierte in Folge des globalen Kriseneinbruchs 2008 auf Flugblättern und Blogs der antikapitalistischen Protestszene, die dazu auffordern wollte, den von Buffet geworfenen Fehdehandschuh aufzunehmen und in den 'Klassenkampf von unten' einzutreten. Tatsächlich bietet der Verlauf der und die politischen Reaktionen auf diese Krise einiges an starken Indizien, dass die von Buffet gebotene Beschreibung der Zeitläufte so falsch nicht ist: 'Bankenrettung' und ein weitreichender, dauerhafter Rückbau von ArbeitnehmerInnenrechten stehen nebeneinander; die europäische „Postdemokratie" (Colin Crouch) wird mit Sixpack, Fiskalpakt usw. weiter verfestigt (vgl. Busch et al., 2012).

Nicht nur, weil die Dramatik dieser Situation in Deutschland – im Unterschied zu Griechenland und Spanien beispielsweise – für viele nicht im Alltag spürbar ist, gibt es nachvollziehbare Gründe für eine skeptische Distanz gegenüber der strategischen Ausrichtung auf 'Klassenkampf'. FeministInnen haben schon lange deutlich gemacht, dass eine Reduktion gesellschaftlicher Herrschaftsverhältnisse auf das Verhältnis zwischen Kapital und Arbeit wesentliche Elemente der ökonomischen Basis ausklammert – jene Formen von Arbeit und gesellschaftlicher Reproduktion nämlich, die nicht die Form warenproduzierender Lohnarbeit haben – und dass auch die Erwerbsarbeit nicht geschlechtsneutral strukturiert ist. Erschwerend hinzu kommen die historischen Erfahrungen der Frauenbewegung mit Fraktionen einer klassenkampforientierten Linken, die – unter Berufung auf Mao Tse-tungs Schrift *Über den Widerspruch* (oder einen geeigneten Kalenderspruch aus der *Mao-Bibel*) – patriarchale Verhältnisse als Nebenwiderspruch und feministische Bestrebungen als Ablenkung von den eigentlichen politischen Notwendigkeiten abtun wollten. Die Berufung auf den Klassenkampf war hier zugleich Instrument des Antifeminismus.

Damit hat sich allerdings auch aus feministischer Sicht keineswegs jedwede Beschäftigung mit dem Klassenbegriff erledigt. So gibt es derzeit im feministischen Diskurs wieder vermehrt Positionen, die eine Auseinandersetzung mit dem Klassenbegriff betreiben (so v.a. in der Debatte um Intersektionalität, s.u.) oder implizit nahe legen, weil ihr Interesse den ökonomischen Strukturen von Herrschaft gilt. Letzteres ist bei TheoretikerInnen der Fall, die im weitesten Sinn in der Tradition eines materialistischen, sozialistisch orientierten Feminismus stehen, und die sich um die Entwicklung gleichermaßen greifbarer wie radikaler Perspektiven gesellschaftlicher Veränderung bemühen: Emanzipation ist hier um eine Reorganisation der materiellen, arbeitsteiligen Reproduktion der Gesellschaft zentriert. Eine programmatische Forderung, die in diesem Zusammenhang stets wiederkehrt, ist die Reduktion der Bedeutung von Erwerbsarbeit, Teilzeit für alle, oder kurz: Arbeitszeitverkürzung (s. Steinrücke in diesem Band).

Wenn es der ArbeiterInnenbewegung in der Vergangenheit gelungen ist, die Forderung nach Arbeitszeitverkürzung auf die Tagesordnung zu setzen, stieß sie stets auf heftige Gegenwehr. Angesichts einer weiter verschärften globalen Standortkonkurrenz gibt es keinen Grund davon auszugehen, dass dies in Zukunft anders sein wird: Die Vorstellung, dass Lebenszeit besser, individuell wie gesellschaftlich sinnvoller verbracht werden kann, wenn sie nicht der Erwerbsarbeit allein gewidmet ist, und dass dies sogar eine Notwendigkeit ist, wenn Gleichheit der Geschlechter möglich werden soll, hat mächtige GegnerInnen unter denen, die von der fremdbestimmten Lohnarbeit im Dienste der Mehrung von Kapital profitieren. Ohne klassenkämpferischen Aktionismus kann diese Vorstellung nicht Wirklichkeit werden.

Was nun? Einerseits ist der Klassenbegriff mit androzentrischen Ausblendungen und politischem Autoritarismus assoziiert, andererseits drängt er sich spätestens dann auf, wenn die Frage nach möglichen Subjekten herrschaftskritischer, emanzipatorischer Praxis gestellt wird.

Ich möchte im Folgenden verschiedene theoretische Positionen daraufhin betrachten, was sie zur Entwicklung eines Klassenbegriffes beitragen können, der nicht in die genannten Fallen tappt. Als Beispiel aus dem aktuellen feministischen Diskurs ist eine Auseinandersetzung mit der bereits erwähnten Diskussion um Intersektionalität naheliegend (Abschnitt 2). Diese unterscheidet sich von Modellen der Beschreibung von Diversität und Differenz zwar durch ihre herrschaftskritische Intention und trägt dem Anspruch Rechnung, Ungleichheit nicht eindimensional und reduktionistisch zu betrachten. In diesem Zuge findet aber zugleich eine Einschränkung auf individuelle Diskriminierungserfahrungen statt, die im Hinblick auf kollektive Handlungsperspektiven äußerst unbefriedigend ist. In den darauf folgenden Abschnitten betrachte ich deswegen die Beiträge von zwei Vertretern eines undogmatischen, subjektorientierten Marxismus aus der Mitte des letzten Jahrhunderts auf die darin angelegten Anschlusspotentiale für kritischen Feminismus: *Herbert Marcuse* hat in seinen theoretischen Arbeiten wie in seinen politischen Interventionen zwar einerseits darauf bestanden, dass die Befreiungsabsichten der Linken nicht ohne ArbeiterInnenbewegung zu verwirklichen wären; andererseits sei der Kampf darum gerade auch ein Ringen um die Veränderung von Bedürfnisstrukturen, Wünschen und Hoffnungen – so dass er nicht zuletzt auf die Frauenbewegung große Stücke setzte (Abschnitt 3). Von *Edward P. Thompson* ist zu lernen, wie die *working class* als ein sich in der widerständigen Praxis selbst schaffendes Kollektiv verstanden werden kann, dessen konkrete Gestalt nicht von theoretischen Ableitungen, sondern von den beteiligten Subjekten geformt wird (Abschnitt 4). Anhand dieser Überlegungen plädiere ich abschließend für eine Perspektive auf soziale Ungleichheiten, die auch die Weiterentwicklung des Widerstands gegen diese Ungleichheiten im Blick behält.

2 Intersektionalität

In der feministischen Wissenschaft bzw. den Gender Studies steht der Begriff Intersektionalität in einer Traditionslinie zur Debatte um Differenzen zwischen Frauen, die v.a. die feministische Grundlagendiskussion in den 1990er Jahren bestimmt hat (vgl. Knapp 2005, 68). Katharina Walgenbach definiert Intersektionalität wie folgt:

> „Unter Intersektionalität wird [...] verstanden, dass soziale Kategorien wie Gender, Ethnizität, Nation oder Klasse nicht isoliert voneinander konzeptualisiert werden können, sondern in ihren 'Verwobenheiten' oder 'Überkreuzungen' (*intersections*) analysiert werden müssen. Additive Perspektiven sollen überwunden werden, indem der Fokus auf das *gleichzeitige Zusammenwirken* von sozialen Ungleichheiten gelegt wird. Es geht demnach nicht allein um die Berücksichtigung mehrerer sozialer Kategorien, sondern ebenfalls um die Analyse ihrer *Wechselwirkungen*" (Walgenbach 2012, 1; Herv. i.O.).

Die Absicht dieser Bemühungen ist die Analyse von „Macht-, Herrschafts- und Normierungsverhältnisse[n]" (ebd., 2). Darin besteht auch der wesentliche Unterschied zu Konzepten wie *Diversity* oder *Heterogenität* (vgl. ebd., 23). In der Tat gilt das Interesse zwar dem Ergründen einer Vielzahl von Differenzkategorien. Im Unterschied zu den managementorientierten Diversity-Konzepten wird aber nicht danach gefragt, wie Humanressourcen durch die 'Anerkennung der Vielfalt' geborgen werden könnten, sondern nach den Diskriminierungen auf der Grundlage dieser Kategorien. Dabei wird vor allem auch das interdependente Zusammenwirken der Kategorien in den Blick genommen. Im Vergleich von Intersektionalität und Diversity stellt die (Nicht-)Verwendung des Klassenbegriffes einen guten Indikator für die Frage dar, wie weit es mit den kritischen Absichten jeweils her ist: Während Geschlecht und 'Rasse' sich im Rahmen von Diversity-Konzepten offenbar recht problemlos auf Fragen von kultureller Prägung, Persönlichkeitsmerkmalen und den tolerant-wertschätzenden Umgang miteinander engführen lassen, ist das bei Klassenunterschieden schwieriger. Das liegt darin begründet, dass die Thematisierung von Klasse auf die zugrunde liegenden Produktionsverhältnisse verweist. Die Überwindung von darauf bezogenen Ungleichheitsstrukturen erfordert Maßnahmen, die Nancy Fraser unter dem Begriff der Umverteilung subsumiert: Einkommensumverteilung, Neuorganisation der Arbeitsteilung, Demokratisierung von Investitionsentscheidungen, Veränderung ökonomischer Grundstrukturen (vgl. Fraser 2001, 30): „Das Letzte, was [das Proletariat] braucht, ist jedenfalls die Anerkennung seiner Differenz" (ebd., 36).

Richtet sich der analytische Blick also affirmativ auf *Verschiedenartigkeit* statt auf *Ungleichheit*, so

> „zerfällt die Triade von *Race, Class, Gender*. Da der Klassenbegriff sich gegen Kulturalisierung und Vereigenschaftlichung ein Stück weit sperrt, ist es nicht überraschend, dass es Kategorien ethnischer Vielfalt, *Gender* und *Race* sind, die diese Operation am ehesten überstehen" (Knapp 2005, 70).

Obschon im Intersektionalitätsdiskurs demgegenüber an einem herrschaftskritischen Impetus festgehalten wird, macht sich hinsichtlich der Formulierung herrschaftskritischer (Handlungs-)Perspektiven die Herkunft aus dem juristischen Antidiskriminierungsdiskurs einschränkend bemerkbar. Dies ist dann der Fall, wenn das Interesse vorrangig der Analyse von Diskriminierungserfahrungen von Individuen auf Mikro- und Mesoebene gilt. So arbeitet Kimberlé Crenshaw, 'Erfinderin' der *Intersectionality*, die Unmöglichkeit heraus, dass schwarze Arbeiterinnen eine besondere Diskriminierung als schwarze Frauen geltend machen – also ihre spezifische Benachteiligung im eindimensional operierenden Anti-

Kein Ding 245

diskriminierungsrecht nicht artikulierbar ist (vgl. Crenshaw 1989). Auf dieser Ebene lässt sich keine Aussage darüber treffen, welche gesellschaftlichen Verhältnisse die sich überlappenden Kategorien der Diskriminierung konstituieren (vgl. Klinger 2012). Außerdem tendiert die politische Absicht der Bekämpfung von Diskriminierung hier dazu, Macht und Herrschaft als diskriminierende Barrieren für vollumfängliche Teilhabe zu fassen, anstatt sie in den grundlegenden Organisationsmustern der gesellschaftlichen Reproduktion zu verorten. Cornelia Klinger formuliert zugespitzt:

„Statt in einem Herrschaftsverhältnis zu stehen, statt durch eine 'Herrschaft' unterdrückt, ausgebeutet, marginalisiert oder exkludiert zu werden, sehen sich die Unterdrückten, Ausgebeuteten, Marginalisierten und Ausgeschlossenen mit der Norm und Normalität einer grundsätzlich gerecht eingerichteten und hauptsächlich richtig funktionierenden Gesellschaft konfrontiert, der gegenüber sie als mit einem spezifischen Problem behaftet zu sein scheinen, mit einer Art […] 'Behinderung', einem *'handycap'*, das es mit wohlfahrtsstaatlich-sozialtechnologischen Mitteln zu bearbeiten gilt, sofern es nicht letztlich doch als Schicksal an- und hingenommen werden muss" (Klinger 2012, o.S.).

Hinsichtlich der politischen Perspektiven geht diese Tendenz einher mit einer Vertiefung der Trennung von akademischer und politisch-praktischer Herrschaftskritik: Die Intersektionalitätsdiskussion verbleibt größtenteils im akademischen Bezugsrahmen; angestrebt wird die Erarbeitung eines Forschungsparadigmas, das die beschreibende Analyse des Zusammenwirkens von Ungleichheitskategorien ermöglicht. Die wesentlichen Vorläuferpositionen der Intersektionalitätsdiskussion, der US-amerikanische *Black Feminism* (vgl. Combahee River Collective 1977) und die *triple oppression*-Debatte, waren demgegenüber auf einen anderen Fluchtpunkt ausgerichtet, nämlich adäquate Artikulations- und Organisationsformen eines emanzipatorischen Widerstands zu finden, der sich nicht im Kampf gegen ein Herrschaftsverhältnis der Stabilisierung anderer Verhältnisse schuldig macht. Diese Frage nach der Möglichkeit kollektiven emanzipatorischen Handelns ist unter der Überschrift Intersektionalität allerdings deutlich in den Hintergrund getreten.

Was lässt sich an diesem Punkt für die Antwort auf die Frage nach einem angemessenen Klassenbegriff festhalten? Im Intersektionalitätsdiskurs findet sich ein Klassenbegriff, der der Kritik an einer Reduktion von Herrschaftsverhältnissen auf das Verhältnis zwischen Kapital und Arbeit Rechnung trägt. Im Mittelpunkt des Interesses stehen die Überlagerungen, Verknüpfungen und Kreuzungen verschiedener Achsen der Ungleichheit. Dabei tendiert die Diskussion aber dahin, Herrschaft als individuell erfahrene Diskriminierung auszubuchstabieren. So geraten nicht nur die Strukturen gesellschaftlicher Reproduktion aus dem Blick, die diese unterschiedlichen Herrschaftsverhältnisse konstituieren (vgl. Soiland 2012; Klinger 2012), sondern es wird auch keine Perspektive für kollektive widerständige Praxis formuliert. Bezogen auf den Klassenbegriff wird, mit anderen Worten, die Möglichkeit emanzipatorischen Handelns *als Klasse* ausgeklammert.

Lässt sich diese Dimension (zurück-)gewinnen, ohne zugleich die einleitend genannten gesellschaftstheoretischen und politisch-strategischen Fehler zu wiederholen? Werfen wir einen Blick auf zwei Vertreter eines dissidenten Marxismus, deren sozialrevolutionäres Denken der Subjektivität der Beteiligten einen zentralen Stellenwert beimisst: Herbert Marcuse und E.P. Thompson.

3 Herbert Marcuse

Die Beschäftigung mit dem Klassenbegriff bei Herbert Marcuse führt schnell zu der ernüchternden Feststellung, dass sich die Zeitdiagnose einer Einbindung und Befriedung der ArbeiterInnenbewegung wie ein roter Faden durch sein Werk zieht. Schon die Überschrift der Vorrede in seinem 1964 erstmals veröffentlichtem Essay *Der eindimensionale Mensch* (Marcuse 1998) verheißt die „Paralyse der Kritik" und „eine Gesellschaft ohne Opposition" (ebd., 11). In diesem Buch, das wenig später zu einem der Bestseller unter rebellierenden StudentInnen werden sollte, beschreibt Marcuse die westlichen Industriegesellschaften der Nachkriegszeit als soziale Gefüge, die zwar einerseits den ökonomischen Irrsinn der kapitalistischen Produktionsweise aufrechterhalten und dabei die Kluft zwischen dem, was an substantiellem menschlichem Glück möglich wäre, und dem, was gelebte Wirklichkeit ist, beständig vertiefen. Andererseits schwindet die Hoffnung auf Befreiung von dieser Irrationalität des gesellschaftlichen Ganzen bzw. die Hoffnung auf die Verwirklichung der Vernunft in der sozialen Praxis – der kritischen Theorie scheint ihr Adressat abhanden gekommen zu sein.

Dafür ist nicht nur entscheidend, dass die Lohnabhängigen über ein Akkumulationsmodell in die erweiterte Reproduktion des Kapitals einbezogen werden, welches sich auf die Ausweitung des Massenkonsums gründet – dass also nicht die Verelendung voranschreitet, sondern in einem vergleichsweise kurzen Zeitraum eine unübersehbare Anhebung des allgemeinen Lebensstandards stattfindet, Autos und Haushaltsgeräte für immer mehr Menschen erschwinglich werden und kulturelle Erzeugnisse wie Musikaufnahmen, Filme und Bücher als preiswerte Massenware gehandelt werden. Diese Entwicklung bildet die materielle Basis für die deutlich unheimlichere Beobachtung Marcuses, dass nämlich dort, wo sich

Wünsche, Bedürfnisse, Begierden äußern – in den kulturellen Überbauten –, kaum noch jener Überschuss erkennbar ist, der eigentlich die wichtigste Funktion der Wissenschaft und der Kunst sein sollte: das Überschreiten der Grenzen des Bestehenden in sublimierter Form, um das Bewusstsein der Möglichkeit dieser Überschreitung am Leben zu erhalten, bis sie Wirklichkeit wird. Mit einer Kultur, die bloß das wiederholt, was sowieso schon der Fall ist, geht eine Wissenschaft einher, die um möglichst exakte empirische Beschreibung bemüht ist, ohne nach den noch unverwirklichten Möglichkeiten gesellschaftlichen Zusammenlebens zu fragen. Die „Eindimensionalität", die Marcuse ausmacht, ist nicht bloß oberflächliche Kritik einer konsumzentrierten Lebensweise; es ist, wie Marcuse mit Freud formuliert, die Triebstruktur der Einzelnen, die an die repressive Lebensweise von entfremdeter Arbeit und Kleinfamilie gebunden ist.

Obwohl Marcuse also an einer Geschichtsauffassung festhält, nach der die Entwicklung der gesellschaftlichen Produktivkräfte Möglichkeiten der Befreiung schafft, die innerhalb kapitalistischer Verhältnisse unverwirklicht bleiben müssen, distanziert er sich von der Vorstellung, dass die Entwicklung des Kapitalismus auch zwangsläufig ein klassenbewusstes Proletariat hervorbringt, welches das Subjekt dieses Befreiungsaktes sein muss und wird. Schon in seiner 1941 erschienenen Monographie „Vernunft und Revolution" hatte er sich gegen entsprechende Marx-Lesarten gewandt und stattdessen in der Auseinandersetzung mit Frühschriften und Kapital den subjektiven Faktor und die Notwendigkeit politischer Intervention für die Bildung einer kämpferischen Klasse betont. Die Aussichten dafür, dass dies in naher Zukunft gelingen könnte, beurteilte er schon in einem 1954 verfassten Nachwort zu diesem Buch als sehr schlecht:

> „Die fortschreitende Verwaltung reduziert das Maß, in dem die Individuen noch 'bei sich' und 'für sich' sein können und überführt sie in totale Objekte ihrer Gesellschaft. Die Entwicklung des Bewusstseins wird zum gefährlichen Vorrecht von Außenseitern. Der Bereich, in dem ein individuelles oder gemeinschaftliches Transzendieren möglich war, wird auf diese Weise ausgeschaltet. Mit ihm das Lebenselement von Opposition" (Marcuse 1962, 372).

Das angesprochene Außenseitertum ist gleichwohl nicht bedeutungslos. Das zitierte Nachwort schließt mit der Feststellung, die „totale Mobilisierung der Gesellschaft gegen die endgültige Befreiung des Individuums" zeige, „wie real die Möglichkeit dieser Befreiung ist" (ebd., 374). Diese Wendung der Feststellung von Ausweglosigkeit in ein Motiv der Hoffnung findet sich auch angesichts der Rebellionen Ende der 1960er Jahre wieder, in denen solche Außenseiter als soziale Bewegungen auftreten. Herbert Marcuse hat die Rolle als intellektuelle Vaterfigur der StudentInnenbewegung offenbar – im Unterschied zu Horkheimer und

Adorno – nicht ungern gespielt. Neben den antikolonialen Befreiungsbewegungen war diese Bewegung in seinen Augen zwar kein Ersatz für die domestizierte revolutionäre ArbeiterInnenbewegung, barg aber immerhin das Potential, soziale Konflikte zu initiieren, die die uneingelösten Versprechen der bürgerlichen Gesellschaft sichtbar machten. Ungewöhnlich für einen marxistischen Intellektuellen in den 1970er Jahren maß er dabei der Frauenbewegung eine herausragende Bedeutung bei. Von einer besseren Gesellschaft könne nur die Rede sein, wenn sie das Ergebnis qualitativer Veränderungen sei (statt lediglich eine quantitative Umverteilung zu gewähren). Gegen die aggressive Leistungsethik des Kapitalismus sei daher ein Vorrang spezifisch femininer Qualitäten zu erstreiten: „Rezeptivität, Sensitivität, Gewaltlosigkeit, Zärtlichkeit usw." (Marcuse 1975a, 13). Entsprechend verlange eine andere Gesellschaft nicht nur andere Institutionen, sondern auch andere Persönlichkeitsstrukturen von Männern und Frauen – ebenso wie umgekehrt diese persönliche Veränderung nur in einer anderen ökonomischen Ordnung zu machen sei. Das ist die spezifische Bedeutung eines 'feministischen Sozialismus' aus Sicht Marcuses.

Dies verweist auch auf einen klügeren Umgang mit den Problemen, die mit dem einleitend angesprochenen Haupt- und Nebenwiderspruchs-Schematismus auf falsche Art angegangen worden sind: Die Thematisierung von Herrschaft im Geschlechterverhältnis und der Nachweis, dass eine sozialistische Ökonomie nicht zwangsläufig frei ist von Frauenunterdrückung, wird nicht als Schwächung der nötigen 'Einheit' oder dergleichen rezipiert, sondern im Gegenteil als notwendige Konkretisierung einer neuen Qualität von Gesellschaft. In Gestalt der Frauenbewegung ist diese Perspektive auch als kollektive Akteurin in der politischen Praxis präsent.

Die grundsätzlich positive Bezugnahme auf die Gesamtheit der Neuen Sozialen Bewegungen hinderte Marcuse nicht, die Praxis und die Selbstdeutungen der Bewegungen zu kritisieren. Zum einen mahnte er wiederholt, nicht in Selbstüberschätzung zu verfallen und zu glauben, aus eigener Kraft unmittelbar eine revolutionäre Entwicklung initiieren zu können. Zum anderen übte er heftige Kritik an autoritär-dogmatischen Varianten der Hinwendung linker StudentInnen zur ArbeiterInnenklasse, bei denen verschiedene Gruppierungen sich selbst als revolutionäre Avantgarde imaginierten, die, ausgestattet mit dem Wissen über die 'objektiven Interessen' 'des Proletariats', eine revolutionäre Bewegung schaffen und anführen wollten: „[...] nichts hat den marxistischen Gruppen in der Neuen Linken mehr geschadet als ihre Sprache verdinglichter und ritualisierter Propaganda, welche das revolutionäre Bewusstsein, dass sie entwickeln sollte, schon voraussetzt" (Marcuse 1975b, 45).

Aus Herbert Marcuses Verwendung des Klassenbegriffes ist also zweierlei zu lernen: Erstens eine begründete Abneigung gegen holzschnittartige Modelle, in denen die Auseinandersetzung mit den Lebensrealitäten und dem Wünschen und Wollen der Subjekte ersetzt wird durch die Projektion theoretischer Konzepte, die nicht zur Kenntnis nehmen, dass die kapitalistischen Gesellschaften teilweise eine andere Entwicklung genommen haben als von Marx angenommen. Zweitens ein Verständnis von kritischer Theorie, das um die Folgenlosigkeit ausschließlich theoretischer Herrschaftskritik weiß: Die kritische Theorie muss ihren an der Differenz zwischen dem Gegebenen und dem Möglichen ansetzenden Dissens mit den gesellschaftlichen Verhältnissen unter Bezugnahme auf gesellschaftsverändernde Praxis artikulieren. Kritische Theorie ist so mit Marx die „Selbstverständigung [...] der Zeit über ihre Kämpfe und Wünsche" (Marx 1976, 346). So erklärt sich der ständige Versuch, den konstatierten Sackgassen emanzipatorischer Bestrebungen zum Trotz jene marginalen sozialen Kräfte aufzuspüren, deren Handeln auf Risse im Gebilde der eindimensionalen Gesellschaft hinweist.

4 Edward Palmer Thompson

Obwohl der 1924 geborene Historiker Edward P. Thompson 26 Jahre jünger ist als Herbert Marcuse, finden sich doch interessante Parallelen in ihren politischen Biographien und in ihrer Haltung als kritische Intellektuelle. Vor allem ist ihre Distanz zum Lehrbuchmarxismus der Sowjetunion zu nennen und die Kritik an verwandten Positionen in der westlichen Linken. In Thompsons Werdegang lässt sich dies an einem markanten Datum festmachen: War er während des Zweiten Weltkriegs ob ihrer antifaschistischen Ausrichtung Mitglied der Kommunistischen Partei Großbritanniens geworden, so trat er 1956 – dem Jahr des 20. Parteitages der KPdSU und des sowjetischen Einmarsches in Ungarn – wieder aus, ohne darüber zum Antikommunisten zu werden. Ähnlich wie im Denken Marcuses waren es die Ähnlichkeiten der Herrschaftsausübung in Ost und West und ihrer Ausprägungen in der Wissenschaft, die ihn zum Kritiker des linken Dogmatismus werden ließen:

> „Thompson sah eine Parallele zwischen den Methoden und Weltanschauungen von Soziologen wie Talcott Parsons und denen der Stalinisten. Beide Gruppen reduzierten seiner Meinung nach Individuen auf Statistiken, beteten einen abstrakten Begriff des historischen Fortschritts an, sahen Geschichte als eine Teleologie ansteigender Stufen, und hatten eine unreflektiert zuversichtliche Einstellung zum modernen Staat und seinen bürokratischen Auswüchsen" (Hamilton 2011, 220; Übersetzung StS).

E.P. Thompson wurde nach seinem KP-Austritt zu einer der bedeutendsten Figuren der Neuen Linken in Großbritannien; u.a. war er einer der Wegbereiter und Gründer der Zeitschrift *New Left Review*. Sein Verhältnis zu den studentischen Protestbewegungen war gleichwohl weniger gut als jenes von Marcuse. Ende der 1960er Jahre bestimmten jüngere Leute die Debatten der *New Left*. Thompson warf ihnen einen selbstgenügsamen Theoretizismus vor und ging zu dem Redaktionskreis der Zeitschrift auf Distanz. Der Protestkultur stand er skeptisch gegenüber,[1] und er spielte in den 1960er und 1970er Jahren keine direkte Rolle als Stichwortgeber der Neuen Sozialen Bewegungen.

Dennoch vertrat er in den Diskussionen der akademischen Linken weiter mit Verve seine antiautoritäre Programmatik. Besonders scharf attackierte er den französischen marxistischen Strukturalismus und namentlich den unter zeitgenössischen Marxisten einflussreichen Louis Althusser; Thompsons Buch *Das Elend der Theorie* von 1978 (deutsch 1980) ist eine böse Polemik gegen ein geschlossenes Theoriemodell, das mit absolutem Wahrheitsanspruch vorgetragen wird.[2] Darin schrieb er:

> „Ich höre mich vielleicht bitterer an als ich wirklich bin. Ich glaube, dass tatsächlich viele Energien und Fähigkeiten in jenen Fässern mit eingelegten Marxismen stecken, die reihenweise auf den Fluren der Technischen Hochschulen und Universitäten herumstehen. Durch einen harten und erbitterten Schlag gegen die Althusser'schen Spundzapfen hoffe ich, etwas Energie freizulassen. [...] Jene massiven und unbeweglichen 'Strukturen' unserer heutigen Zeit erweisen sich vielleicht gegenüber menschlichem Handeln als verletzlicher, als die Marxismen annehmen. Und sollte es einigen Köpfen gelingen freizukommen, dann hoffe ich, dass sie Marx mitbringen" (Thompson 1980b, 256).

Menschliches Handeln, das nicht bloß der Vollzug objektiver Gesetzmäßigkeiten ist und das nicht einfach durch Strukturen determiniert ist: Das ist auch das Thema von Thompsons wissenschaftlichem Hauptwerk *The making of the English*

---

1 So schrieb er über die linken StudentInnen: „Ich bin bekannt für Beschwerden darüber, dass junge Leute nicht ein Semester in einer streng disziplinierten Organisation ableisten, wie im Offizierstrainingscorps oder in der Kommunistischen Partei Großbritanniens. Die Jugend, wenn sie sich selbst überlassen bleibt, neigt dazu, sehr behaart zu werden, bis zur Mittagszeit im Bett zu liegen, Seminare zu verpassen, sich mehr um den Stil als um die Konsequenzen von Aktionen zu sorgen, und verschiedene Sünden eines selbstgerechten politischen Purismus und intellektueller Arroganz zu begehen, die vielleicht in einem anderen Buch aufgegliedert werden können" (zit.n. Hamilton 2011, 126; Übersetzung StS).

2 Zugleich ist der Titel eine Anspielung auf das Werk von Karl Marx, der in *Das Elend der Philosophie* Pierre-Joseph Proudhons *Philosophie des Elends* heftig kritisiert hatte.

Kein Ding

Working Class von 1963 (deutsch 1987), mit dem er seinen Ruf als herausragender Sozialhistoriker begründete. Das Buch ist 'Geschichte von unten' – gegen die dominante 'Geschichte der großen Männer'. Es behandelt auf über tausend Seiten die Herausbildung von Klassenbewusstsein in den englischen Unterschichten um die Wende vom 18. zum 19. Jahrhundert. Klasse erweist sich als ein vielfältiges Gebilde, das Thompson in seinen unterschiedlichen Facetten lebendig werden lässt. So lassen sich bei der Lektüre z.B. Prediger kennenlernen, die in religiösen Metaphern einem 'Volksradikalismus' Ausdruck verleihen, der einfache Vorstellungen von Solidarität und Gerechtigkeit vertritt; solche Bewegungen behandelt Thompson in ihrer Ambivalenz, einerseits rückwärtsgewandt zu erscheinen, andererseits Ideale einer demokratischen Gesellschaftsordnung zu vertreten, die deutlich fortschrittliche Züge trägt. Auch militante Bewegungen wie die ludditischen Maschinenstürmer waren Thompsons Analyse zufolge nicht bloß von antimodernistischem Furor getrieben, sondern gingen planvoll und diszipliniert gegen bestimmte Eigentümer von Manufakturen und Fabriken vor. Ähnlich widersprüchlich stellt sich so auch der Prozess der Frauenemanzipation dar, der mit der Verallgemeinerung industrieller Erwerbsarbeit einherging. Über eine Region, in der viele Arbeitskämpfe von Frauen stattfanden, heißt es:

„Der Radikalismus der Arbeiterinnen aus dem Norden resultierte aus der Sehnsucht nach einem verlorenen Status und der Verteidigung der neuentdeckten Rechte. [...] [T]raditionelle Beziehungen zwischen Mann und Frau, Eltern und Kindern wurden zerstört und der Unterschied zwischen 'Leben' und 'Arbeit' vertieft. Es sollte ein volles Jahrhundert dauern, bis diese Differenzierung sich in Form arbeitssparender Geräte auch für den Haushalt der Arbeiterfrau auszahlte. In der Zwischenzeit wurde die Familie jeden Morgen durch die Fabrikglocke roh auseinandergerissen, und die Mutter, die gleichfalls Lohnempfängerin war, hatte oft das Gefühl, von der häuslichen wie von der industriellen Welt den schlechtesten Teil abbekommen zu haben" (ebd., 445).

Kultur und Wertmaßstäbe der entstehenden ArbeiterInnenklasse speisen sich also auch aus religiösen Überlieferungen und aus der im Schwinden begriffenen Sozialordnung des feudalistischen Paternalismus. Dennoch sind ihre Handlungen nicht rückwärtsgewandt, wie Thompson betont, denn sie führen bei aller Berufung auf alte Sitten eine entscheidende Neuerung ein: Sie selbst greifen handelnd, als politische Subjekte, mit direkten Aktionen in den Lauf der Dinge ein (Thompson 1980a, 88).

Die Entstehung einer selbstbewussten und im Sinne ihrer gemeinsamen Interessen handlungsfähigen ArbeiterInnenklasse ist demnach ein Prozess, bei dem sich zwar gewisse *Logiken* identifizieren lassen, der aber nicht durch *Gesetzmäßigkeiten* bestimmt ist (vgl. Cubela 2013), sondern durch das Handeln der beteiligten Subjekte auf Grundlage geteilter *Erfahrung*. Dieser Begriff der Erfahrung ist zentral für Thompsons Verständnis der Vermittlung objektiver Lebensbedingungen mit der subjektiven Seite der Interpretation dieser Bedingungen, die entscheidend dafür ist, sich zu diesen Bedingungen widerständig zu verhalten. In diesem Sinn ist die Entstehung der Klasse eine Reaktion auf die Durchsetzung kapitalistischer Verhältnisse. „Im Widerstand gegen ihre Arbeit und ihre Herren" (ebd.: 479) schafft die Klasse sich selbst, und sie folgt dabei selten exakt den Vorstellungen der TheoretikerInnen. Entsprechend entzieht sie sich einer endgültigen Definition:

> „Wenn wir von *einer* Klasse sprechen, dann denken wir an einen sehr lose definierten Zusammenhang von Menschen, die dieselbe Anhäufung aus Interessen, sozialen Erfahrungen, Traditionen und Wertsystemen teilen, die dazu *neigen*, wie eine Klasse zu *handeln*, sich selbst in ihren Handlungen und ihrem Bewusstsein im Verhältnis zu anderen Gruppen klassenmäßig zu bestimmen. Aber Klasse ist kein Ding, sondern ein Geschehen" (ebd., 963).

Klasse ist bei Thompson also kein monolithischer Block, kein „schlafender Riese, der nur geweckt werden muss" (Kirsche 2013, 14), und sie ist nicht homogen; sie konstituiert sich im Denken und Handeln, wo gemeinsame Interessen artikuliert werden, die durch die Interpretation gemeinsamer Erfahrung gebildet werden. Die Positionierung in der Sozialstruktur ist zwar maßgeblich für Erfahrungen von Arbeit und Ausbeutung – dies ist die objektive Seite des Klassenbegriffs bei Thompson –, gleichwohl bedarf es komplexer und kontingenter kultureller Vermittlungen, damit die gemeinsame Erfahrung einer subalternen Positionierung als Begründung für gemeinsames Handeln mit dem Ziel der Änderung gesellschaftlicher Verhältnisse gedeutet wird. Mit diesem Verständnis von Klassenbildung lässt sich kein avantgardistisches Politikmodell begründen. Es ist aber, das darf auch nicht übersehen werden, keine Verabschiedung intellektueller Anstrengung und theoretisch-politischer Arbeit. So handelt *Die Entstehung der Arbeiterklasse* über weite Strecken von der zentralen Bedeutung radikaler Schriften, die zur Zirkulation widerständigen Wissens beitrugen.

5 Schluss

Marcuse und Thompson stehen auf unterschiedliche Weise dafür, die Subjektivität der beteiligten Menschen ernst zu nehmen, statt die Individuen bloß als Exemplare ihrer Klasse zu betrachten. Diese Sicht schließt auch ein, dass nicht mit Sicherheit bestimmbar ist, wo sich Widerspruch innerhalb der mehrfach widersprüchlichen Verhältnisse artikuliert: Es kann der Interessengegensatz von Kapital und Arbeit im Betrieb sein; ebenso aber beispielsweise der Konflikt um den öffentlichen Raum oder die Unverträglichkeit von Erwerbsarbeit mit anderen (familiären, sozialen, politischen) Bedürfnissen.

So verstanden, erweisen die Ansätze von Marcuse und Thompson sich als offen für die vom Intersektionalitätsansatz fokussierten Überlagerungen von Ungleichheitsverhältnissen. Dies bedarf aber vor dem Hintergrund feministischer Kritik der weiteren Ausarbeitung: Marcuse behandelt den Zusammenhang von Arbeit und Emanzipation vor allem unter dem Aspekt der Entfremdung in der Erwerbsarbeit und bleibt in diesem Punkt einem verkürzten Arbeitsbegriff verhaftet. Zu den Mosaiksteinchen, die bei Thompson das Bild der ArbeiterInnenklasse ergeben, zählen zwar auch die Erfahrungen und Handlungen der Frauen dieser Klasse; Punkte, die neben der Arbeitsteilung für die Struktur der Geschlechterverhältnisse wichtig sind, werden wiederholt gestreift (Kindererziehung, Sexualmoral, Beteiligung oder Ausschluss von Frauen aus der politischen Öffentlichkeit). Die Umkämpftheit der Geschlechterverhältnisse in der Neuzeit, die Konstitution der Trennung von öffentlich und privat als Pfeiler der bürgerlichen Gesellschaft sind aber nicht Thompsons zentrales Thema. Entsprechend wird die soziale Erfahrung nicht systematisch daraufhin betrachtet, inwiefern sie geschlechtsspezifische Ausprägungen annimmt – was aber nötig wäre, um etwa die widersprüchlichen Erfahrungen mit den ins Private verbannten Sorgetätigkeiten als Ressource politischer Mobilisierung begreifen zu können (jene Aspekte sog. Reproduktionsarbeit, die bei Herbert Marcuse als „feminine Qualitäten" auftauchen, und die in der feministischen Diskussion unter dem Schlagwort der Care-Ökonomie erneut zum Gegenstand und Bezugspunkt gesellschaftskritischer Perspektiven geworden sind). Vor dem Hintergrund der postmodernen Kritik essentialistischer Geschlechtskonzeptionen würde dies vermutlich heute anders ausbuchstabiert werden – allerdings war schon bei Marcuse der entscheidende Punkt, dass geschlechtstypische Charaktereigenschaften nicht in der Biologie, sondern in den sozialen Verhältnissen begründet sind.

Lässt sich nun aber, um den Faden vom Anfang wieder aufzunehmen, auf eine Weise von Klassenkämpfen reden, die nicht die „ritualisierte und verdinglichte Propaganda" wiederholt, der Marcuse sich entgegenstellte? Eine Weiterarbeit an diesem Problem bräuchte nicht nur theoretische Vorüberlegungen, sondern auch Anhaltspunkte in der gesellschaftspolitischen Gegenwart, die es erlauben, Klasse mit E.P. Thompson nicht als „Ding" festzuschreiben, sondern als lebendiges „Geschehen" zu betrachten. Solche Punkte gibt es, sogar in Deutschland.

Ohne hier eine gründliche Analyse dieses Konflikts leisten zu können, möchte ich als Beispiel auf die Tarifrunde im deutschen Einzelhandel 2013/14 verweisen.

In dieser scheinbar 'ganz normalen' gewerkschaftlichen Auseinandersetzung verbergen sich interessante Erfahrungen und Lernprozesse des Widerstands: Der Einzelhandel ist eine Branche, die von prekärer Beschäftigung und den damit einhergehenden Erschwernissen für gewerkschaftliche Organisierung geprägt ist (Befristung, Teilzeit, Niedriglohn). Damit ist er auch eine typische Frauenbranche. In der nun beendeten Tarifrunde ist es den Beschäftigten offenbar (mit regionalen Unterschieden) in ungeahnt erfolgreicher Weise gelungen, Formen des Protests und des Ausstands zu finden, die auf diesem unwegsamen Terrain praktikabel und leidlich erfolgreich sind. So artikuliert sich eine lebendige ArbeiterInnenbewegung an Orten, die nicht gerade als traditionelle Gewerkschaftshochburgen bekannt sind. Ein Betriebsrat berichtet:

> „Die Belegschaft bei H&M ist größtenteils weiblich, jung und hat Migrationshintergrund. Das ist offensichtlich die beste Mischung für einen erfolgreichen Streik! In unserer Filiale stehen knapp 50 Kolleginnen und Kollegen bei Wind und Wetter draußen vor der Tür und sind zu jeder Schandtat bereit. Bei den jüngeren dauert es etwas länger, sie vom Streik zu überzeugen, aber sind sie einmal losgelassen, sind sie nicht mehr zu bremsen. Der aktuelle Streik lebt hauptsächlich von diesen Frauen. [...] Wer wissen will, wie eine emanzipierte Arbeiterinnenklasse aussieht, der möge zu H&M in die Berliner Friedrichstraße kommen" (Flakin 2013, 8).

Ich will das Beispiel nicht überstrapazieren. Gegenüber den im Hauptteil dieses Textes angesprochenen, allgemein gehaltenen Emanzipationskonzepten droht ein solcher Kampf um kleinere Verbesserungen von Arbeitsbedingungen schnell unzulänglich und unbefriedigend auszusehen, weil er weit davon entfernt ist, es mit den Warren Buffets dieser Welt aufzunehmen. Oder schleicht sich hier wieder die Erwartung ein, die Realität habe sich der Theorie zu fügen? Auch wenn in solchen Momenten sozialer Bewegung gemeinsame Handlungs- und Durchsetzungsfähigkeit erfahrbar sind, ist damit ja noch nicht ausgemacht, ob diese zu Elementen einer Rekonfiguration gesellschaftlicher Opposition in einem grundsätzlichen Sinn werden. Es kann dennoch festgehalten werden: Auch ohne fragwürdige Proletariats-Idealisierungen zu reproduzieren, lohnt es sich danach Ausschau zu halten, wo Erfahrungen der Klassenlage nicht nur als Kategorie von Diskriminierung und Ausschluss verarbeitet werden, sondern in gemeinsame widerständige Praxis münden. Mit hinreichend unvoreingenommenem Blick kann dann eine ArbeiterInnenklasse entdeckt werden, die nicht nur geschlechtlich, sondern auch kulturell, sexuell und ethnisch vielfältig ist – und die bei ihren Aktionen auch in dieser Vielfalt sichtbar wird. So hat *Diversity* einen emanzipatorischen Sinn. Dies durch einen verdinglichten, androzentrischen Klassenbegriff zu verdecken, statt einen demokratischen Umgang mit konfliktträchtigen (identitären und politischen) Differenzen zu erarbeiten, wäre eine Wiederholung früherer Dummheiten. Offen bleiben muss dabei nicht nur, wie genau die Beteiligten dies gestalten werden, sondern auch, ob dadurch mittelfristig der Resonanzraum für eine Gesellschaftskritik größer wird, die über Gleichberechtigungs- und Teilhabeanliegen hinaus auf eine demokratische sozial-ökologische Transformation abzielt. Keine historische Gesetzmäßigkeit garantiert das – die Möglichkeit aber besteht. Grund genug, dem Imperativ auf dem Grabstein Marcuses Folge zu leisten: „Weitermachen!"

Literatur

Busch, Klaus/Hermann, Christoph/Hinrichs, Karl/Schulten, Thorsten, 2012: Eurokrise, Austeritätspolitik und das Europäische Sozialmodell. Wie die Krisenpolitik in Südeuropa die soziale Dimension der EU bedroht. Friedrich Ebert Stiftung. http://library.fes.de/pdf-files/id/ipa/09444.pdf (Download: 10.02.14).

Combahee River Collective, 1977: The Combahee River Collective Statement. http://circuitous.org/scraps/combahee.html (Download: 10.02.14).

Cubela, Slave, 2014: Klasse gemacht! Zum 50. Jahrestag der Erstausgabe von The making of the english working class. In: Slave, Cubela (Hg.): Klasse gemacht! Beiträge zur Aktualität der Klassentheorie. Wien (im Erscheinen).

Crenshaw, Kimberlé, 1989: Demarginalizing the Intersection of Race and Sex: A Black Feminist Critique of Antidiscrimination Doctrine. In: The University of Chicago Legal Forum, 139-167.

Flakin, Wladek, 2013: „Unser Streik lebt besonders von den Frauen". Interview mit Jan Richter. junge welt, 11.12.2013, 8

Fraser, Nancy, 2001: Die halbierte Gerechtigkeit. Schlüsselbegriffe des postindustriellen Sozialstaats. Frankfurt/M.

Hamilton, Scott, 2011: The Crisis of Theory: E.P. Thompson, the New Left and Postwar British Politics. Manchester.

Kirsche, Gaston, 2013: Die Kinder von Mao und Spätzle. express – Zeitung für sozialistische Betriebs- und Gewerkschaftsarbeit. Nr. 5/2013, 14.

Klinger, Cornelia, 2012: Für einen Kurswechsel in der Intersektionalitätsdebatte. http://portal-intersektionalitaet.de/theoriebildung/schluesseltexte/klinger/(Download: 10.02.14).

Knapp, Gudrun-Axeli, 2005: „Intersectionality" – ein neues Paradigma feministischer Theorie? Zur transatlantischen Reise von „Race, Class, Gender". In: Feministische Studien. Heft 1, 68-92.

Marcuse, Herbert, 1998: Der eindimensionale Mensch. Studien zur Ideologie der fortgeschrittenen Industriegesellschaft. München.

–, 1975a: Marxismus und Feminismus. In: Marcuse, Herbert: Zeit-Messungen. Frankfurt/M., 9-20.

–, 1975b: USA: Organisationsfrage und revolutionäres Subjekt. In: Marcuse, Herbert: Zeit-Messungen. Frankfurt/M., 51-69.

–, 1962: Vernunft und Revolution. Hegel und die Entstehung der Gesellschaftstheorie. Neuwied.

Marx, Karl, 1976: Briefe aus den Deutsch-Französischen Jahrbüchern. In: Marx-Engels-Werke (MEW) Bd. 1. Berlin, 337-356.

Soiland, Tove, 2012: Die Verhältnisse gingen und die Kategorien kamen. http://portalintersektionalitaet.de/theoriebildung/schluesseltexte/soiland/(Download: 10.02.14).

Thompson, Edward Palmer, 1987: Die Entstehung der englischen Arbeiterklasse. Zwei Bände. Frankfurt/M.

–, 1980a: Plebeische Kultur und moralische Ökonomie. Aufsätze zur englischen Sozialgeschichte des 18. und 19. Jahrhunderts. Frankfurt/M., Berlin, Wien.

–, 1980b: Das Elend der Theorie. Zur Produktion geschichtlicher Erfahrung. Frankfurt/M.

Walgenbach, Katharina, 2012: Intersektionalität – Eine Einführung. http.//portal intersektionalitaet.de/theoriebildung/schluesseltexte/walgenbach-einfuehrung/ (Download: 10.02.14).

Halina Bendkowski
Feminismus auf der Parkbank

Eine Festschrift soll etwas feiern – meistens die Pensionierung. Ob die zu Pensionierenden sich darauf freuen? Meistens nicht, wie ich von vielen emeritierten ProfessorInnen weiß. Aber wenn sie dann, wie Ingrid Kurz-Scherf später – auf einer Parkbank –, in dieser Festschrift lesen können, warum sie von wem wie geschätzt worden sind, kommt vielleicht doch ein wenig Freude auf ...? Dazu möchte ich persönlich beitragen, wenngleich das Thema, über das ich schreibe, nicht dazu beiträgt.

Also gleich zur Sache, im Jahre 2014:
Wo keine Kritik ist, sucht man soziale Bewegungen vergeblich – könnte ein Merksatz sein. Aber stimmt das?

Man kann die Beschwörung des Krisenhaften der Kritik schon nicht mehr hören oder gar davon lesen. Dabei ist das Problem nicht, dass die Kritik ausbleibt, sondern dass auf die Kritik nichts folgt. Der Feminismus gibt sich mehr und mehr analytisch, aber entspricht oder befördert keine Bewegung mehr. Mit anderen Worten: Wie dem Postfeminismus der Feminismus abhanden gekommen ist, so auch der Kritik die LeserInnen. Das hat viele Gründe, der entscheidende ist wahrscheinlich Ermüdung – Ermüdung einer Generation, die sich lange noch auf '68' bezog und die Geschichte verändern wollte. Das ist ihr auch gelungen, wenngleich gegen '68'.

Etliche Feministinnen unserer Generation, d.h. Ingrid Kurz-Scherfs und meiner (...1949...), haben genug von all den immer wieder richtigen Analysen, die von einer Bewegung vielleicht sogar aufgegriffen werden, aber die Praxis nicht verändern.

Über Generationen – seit der Aufklärung – blieb der Feminismus ein hin und wieder literarisch aufscheinendes Phänomen, was vor allem die damaligen Kritiker als so absonderlich darstellten, dass Rebecca Wests klassisch gewordene Formulierung von 1913 immer wieder zu überraschen schien: „Ich selbst konnte nie bis ins einzelne feststellen, was Feminismus ist: ich weiß nur, dass ich dann als Feministin abgestempelt werde, wenn ich Meinungen vertrete, die mich von einer Prostituierten oder einer Fußmatte unterscheiden."

Wir jungen Frauen in den 1970ern und 1980ern – selbst erleuchtet durch die inter/nationale feministische Aufbruchsliteratur – machten Ernst damit, überall als Feministinnen verstanden zu werden, und lernten selber viel mehr, als wir umsetzen konnten. Die Zeit damals war eine Art hegemonial-feministische Hochzeit. Jede Kritik wurde kritisch aufgenommen und weitergeführt. Die Frauenbewegung – und andere soziale Bewegungen: die Friedensbewegung, die Ökologiebewegung – diktierte den Grünen das Parteiprogramm, bestimmte gesellschaftspolitische Debatten. Bis 1989 dachten wir: Es geht voran, es wird besser – dann jedoch kam die Zäsur. 1989 leitete der Mauerfall eine großartige Überwindung des Kalten Krieges ein. Für die Entwicklung der Geschlechterdemokratie im Westen jedoch wurden die Karten wieder 'alt' aufgemischt. Die Neoalliierten aus Ost und West praktizierten eine Wiedervereinigung, die ohne eine neue Verfassung auskommen wollte. Parallel gab es für kurze Zeit eine Initiative, das „Kuratorium für einen Demokratisch Verfassten Bund Deutscher Länder", wo sich hauptsächlich BürgerrechtlerInnen aus der DDR und sie unterstützende Frauen und Männer aus der BRD zusammenfanden, um unter anderem z.b. Frauenrechte in der neuen Verfassung zu garantieren: Gleichstellung der Frauen, Selbstbestimmungsrecht bei Schwangerschaftsabbruch, Anerkennung nichtehelicher Lebensgemeinschaften, Diskriminierungsverbot für jedwede sexuelle Orientierung.

Diejenigen, die sich heute zu Demonstrationen treffen und sich in unendlichen Sitzungen darauf vorbereiten, mit und ohne Genossen, werden wahrscheinlich genug von uns und unseren Erfolgen gehört haben? Und uns deswegen nun die Misserfolge bitter vorhalten? Nur zu.

Aber in der Tat, die Nachhaltigkeit unserer gesellschaftlichen Erfolge muss kritisch beäugt werden. Ich werde dies im Folgenden an einigen Beispielen erörtern.

Beispiel 1: Eine kurze Bilanz von einigen Schlüsselthemen der Frauenbewegung

Schlüsselthema ökonomische Unabhängigkeit

Immer noch verdienen Frauen 23% weniger als die Männer, die Altersarmut von Frauen wird hingenommen wie ein alter Ladenhüter. Alle Parteien bedauern das, aber es werden keine Verbesserungen vorgenommen oder gar realisiert.

Schlüsselthema Abtreibung

Die Abtreibungsdebatte ist ungelöst abgetrieben, aber in paternalistischer Fürsorge; man behält sich vor, bei Bedarf auch wieder strenger mit den Frauen zu

Feminismus auf der Parkbank 259

verfahren, wenn diese gar zu 'leichtfertig' Schwangerschaften abbrechen. Noch immer sollen eher die ungewollten Kinder für die Unfähigkeit oder Unverantwortlichkeit von sexuell Aktiven büßen und geboren werden müssen, anstatt dass potentiell Kindern versprochen wird, nur erwünscht auf die Welt zu kommen. So bleibt uns die Erbsünde auch säkular erhalten. Wir von der Berliner FrauenfrAKTION haben beim 90. Katholikentag (Wie im Himmel so auf Erden) in Berlin 1990 T-Shirts mit folgender Aufschrift getragen: „Freie Frauen für frohe Kinder – § 218 streichen".

Schlüsselthema Geschlechterrollen

Wenn man mit dem Spielzeugmarkt für Kinder konfrontiert wird, könnte man schier darüber verzweifeln, wie geschlechterstereotyp weiterhin rosa und blau die Grenzen für Mädchen und Jungen markieren.

Schlüsselthema Gewalt

Ob die Gewalt gegen Frauen zu- oder abgenommen hat, vermag niemand wirklich zu beweisen. Und so drehen sich die Debatten im Kreise und niemand wundert sich mehr, wenn im sonnabendlichen TV-TATORT zunehmend die Frauen die Mörderinnen geben. Der statistischen Realität widersprechend, möchte man schon an ein kollektives Wunschdenken glauben: Sind Mörderinnen zur Strafe erwünscht? Noch heute wird das expressionistische Theaterstück Oskar Kokoschkas von 1907 („Mörder – Hoffnung der Frauen") gespielt – und bitte wie verstanden? KulturkritikerInnen, bitte übernehmen Sie!

Ich weiß, diese kurze Bilanz hebt nicht die Laune.

Beispiel 2: Antifeminismus im Aufschwung

Noch schlimmer ergeht es einem, wenn man im Internet zum Feminismus googelt. Feminismus ist darin mächtig des Teufels, eine Verschwörung des gemeinen und eine gegen den guten Menschenverstand. Allerdings scheint dem Feminismus hier eine Bedeutung zugeschrieben zu werden, die man ihm selbst gar nicht zugetraut hätte. Hier in der Weite des digitalen Universums sitzen Männer und wohl auch Frauen an den Computern, die im Feminismus ihr Feindbild pflegen. Das Geschlechtliche der Geschlechterfragen – das Realgeschlechtliche, das Sexuelle – scheint sie aus der Reserve ihrer Vereinsamung vor dem PC zu locken. Sie wittern überall die Macht eines Feminismus, der sie unterdrückt, und wüten dagegen an – ohne aber unterscheiden zu können, dass die Schmach nur virtuell ist.

Wer hätte sich einen solchen, vermeintlich übermächtigen Feminismus jemals vorstellen können? Dagegen nehmen sich die wenigen pro-feministischen Sites ziemlich harmlos aus, was die Auseinandersetzung mit den Phantomen und mit dem Phantasma der Herrschaft von Frauen betrifft.

Beispiel 3: Repräsentation von Frauen

Sexistisches Männerbild

Die Linke, ob parteilich oder autonom, hat sich mit ihren sexistischen *undergrounds* (siehe Internet) nie kritisch beschäftigt. Das passt auch nicht zu ihrem straffen Männerbild, das weder links noch rechts in Frage gestellt worden ist. Dieses Männerbild zeigt sich generell unangefochten, wenn es um Sport, Spiel und Spannung geht. Wie könnte sonst die Fußballrhetorik die politische Sprache so verbreitet und dominant erobert haben? Hierbei zeigt sich die wahre Volksallianz, welche keine Geschlechter oder Parteien kennt, sofern es um Männerfußball geht. Jedes Fußballspiel dient der lokal-patriotischen bis national-chauvinistischen Erbauung und bleibt doch der heteronormativen Kritik entzogen.

Die „Fremdheit der Politik" (Schöler-Macher)

Die sich in der Politik (wie im Fußball) straff anpassenden Frauen können deswegen so leicht niedergehalten werden, weil ihre Überanpassung genauso übel aufgenommen wird wie die Unfähigkeit mancher im Kontext, wie un/kritisch auch immer mitzuspielen. Jüngstes Beispiel bei der SPD ist Andrea Nahles oder auch Renate Künast bei den GRÜNEN. Sie vermeiden es nach einem beispielhaften Aufstieg aus ihren Reihen, sich durch Kalauern weiter angreifbar zu machen. Das wird ihnen aber – anders als den Männern – nicht honoriert. Claudia Roth dagegen, ein konventioneller Typus von Weiblichkeit in der Politik, schaffte es, mit ihrer Performance beim Rennen um einen Sitz auf der Bundestagspräsidentenbank mit Erfolg dabei zu bleiben – obwohl sie ohne Unterlass von den Medien lächerlich gemacht wird. Das bedeutet immer noch: Im Gegensatz zu hart gewordenen Männern bekommen hart gewordene Frauen in der Politik die rote Karte (sic!).

Das weiter aufzuklären überlasse ich den interessierten LeserInnen, die nur noch über das 'fiktive Geschlecht' von Judith Butler nachdenken.

Feminismus auf der Parkbank 261

Feminisierung der Politik – aber ohne Feminismus

Noch eine Bemerkung zur mächtigsten Frau der Welt, die, wie uns die Ranking-Listen inter/nationaler Medien berichten, Angela Merkel heißt und die uns nun schon seit über acht Jahren als Bundeskanzlerin hier in Deutschland repräsentiert. Im Ausland wird man als Deutsche häufig beglückwünscht zu Angela Merkel und weiß nicht, wie man reagieren soll.

Da sich viele politische Analysen darin bescheiden, beim Phänomen Angela Merkel mit 'MUTTI'-Fantasien zu operieren, sagen die Kritiker eigentlich mehr über sich selbst als 'Söhne' aus als über Angela Merkel. Die lamentierenden 'Söhne' sind häufig sogar älter als die von ihnen attackierte 'Mutti'. Was sie nicht verstehen, ist aber ganz einfach zu erklären: Angela Merkel ist die Erholung von der Anstrengung ihrer Vorgänger als Alphanummern. Gerhard Schröder (SPD) und Joschka Fischer (GRÜNE), die sich durchaus sichtbar geschmeichelt von den Medien als Alphatiere beschrieben wussten und auch als solche inszenierten, besiegelten damit jedoch auch ihr unerwartetes Ende. Mit dem Wechsel zu Angela Merkel vollzog sich ja, nennen wir es ruhig so, eine Feminisierung in der Politik, die sich explizit nicht dem Feminismus verpflichtet fühlt, aber von der Frauenbewegung profitierte. Das machte es ihr auch leicht, die Agenda 2010 ohne viel Aufhebens mit *soft skills* fortzuführen. Rot-Grün hatte zuvor die TINA-Strategie (*there is no alternative*) gegen die eigene Basis durchgesetzt. So viel zum selbst verschuldeten Ende grüner Alternativen sozialer Politik. Das hätte sich die CDU zuvor niemals mehr erlauben können, die Frauen in die Abhängigkeit von Bedarfsgemeinschaften zurückzudrängen, ohne dafür von einer Opposition vorgeführt zu werden. So hat schließlich die Fortsetzung der marktradikalen Politik mit einer Kanzlerin an der Spitze inhaltlich nichts mit Feminismus zu tun; aber ästhetisch schon, denn es verändert die Wahrnehmung von Frauen, weil erst durch Angela Merkels Besetzung als Kanzlerin diese Position in Deutschland alltagstauglich wird. Die veränderte Repräsentation von Frauen in der Politik ist also teils nur eine Performance.

Frauenquoten in der Wirtschaft

Performance findet auch in der Wirtschaft statt, die sich den Begriff aus der Theaterwelt angeeignet hat. In den Medien wurde die Forderung nach 30% Frauen in den Chefetagen als großer Durchbruch der schwarz-roten Koalitionsgespräche gehypt. Auch ich habe diese Forderung meiner politischen Freundinnen schon mehrfach unterschrieben, jedoch ohne weitere Hoffnung, dass diese Chef-Frauen in spe sich dann auch für 30% mehr Lohn für Frauen und Männer in sog. Frauenberufen stark machen werden. Das ist wahrscheinlich nicht nur meine realistisch zu erwartende Enttäuschung.

Feminismus als Beruf?

Wenn linke Feministinnen von einst zusammenkommen, dann klingt das informelle Sprechen über den Feminismus anders als in den akademischen oder journalistischen Veröffentlichungen. Viele im Prekariat Gelandete sind frustriert und ihre im Aufbruch der Frauenbewegung eingeübte Frustrationstoleranz hat jede emanzipatorische Hoffnung dahinfahren lassen. In der Enttäuschung über den ausgebliebenen Fortschritt stellt sich die unterschiedliche Klassenlage radikal entsolidarisierend dar. Dabei ist hier nicht der antagonistische Klassenwiderspruch gemeint, sondern simpel die Frage aufgeworfen, wer es geschafft hat, im ökonomisch abgesicherten System von Universitäten, Instituten oder dauerfinanzierten Jobs bei der Presse oder im Sozialen zur Ruhe gekommen zu sein, um kritisch denken zu können, wenn sie denn wollen.

Beispiel 4: Die Gewerkschaften

Mit einer feministischen Kritik an der politischen Ökonomie haben sich nicht nur die deutschen Gewerkschaften nicht beschäftigen wollen. Auch die inter/nationalen Wirtschaftswissenschaften haben die 'natürliche Care-Ökonomie' der Nichtbeachtung und somit Nichtberechnung unterworfen. Dadurch zählt die Lebenswirklichkeit von Frauen in der Fürsorge auch heute nicht.

In den 1980er Jahren reagierten die Gewerkschaften auf feministische Kritiken und Forderungen gedankenlos und plump anti-feministisch. Genauso gedankenlos stellen sie sich heute dar, allerdings pro-feministisch – jedoch ohne Konzept und Entwicklung oder gar mit (feministischem) Eigensinn.

Ich bitte um Entschuldigung, wenn ich aktuelle Initiativen von Personen oder Gruppen, die sich um geschlechtergerechte Konzepte in den Gewerkschaften bemühen, übersehen sollte. Wir Feministinnen damals sind überall hingegangen, wo andere Feministinnen wie Ingrid Kurz-Scherf auftraten, um sie zu unterstützen, weil es uns um die Sache und um uns ging. Sie hatte die männerbündischen Traditionen in den Gewerkschaften und ihre Unfähigkeit, die systematisch bedingte Geschlechtertrennung in der Arbeit und die daraus entstehenden Folgen für das soziale Leben zu erkennen, schon früh thematisiert und kritisiert. Leider haben die Gewerkschaften es nicht verstanden, daraus ein gesamtgesellschaftliches Anliegen aus ArbeitnehmerInnensicht zu entwickeln.

Beispiel 5: Partnerschaft

Frauen wie Männer zahlen weiterhin den Preis einer unerledigten Demokratisierung. Die Frauen arbeiten zu viel zu Hause nebenher und verdienen zu wenig für ihre Arbeit in der Erwerbswelt, die Männer arbeiten zu viel außer Haus und sind im Haushalt und in der Fürsorge nicht präsent genug. Das wissen wir seit Jahrzehnten, und so weit hat tatsächlich der Feminismus Wirkung gezeigt: Das Ideal der Partnerschaft will mehr und mehr erlebt werden. 85% aller jungen Leute beiderlei Geschlechts wünschen sich gleichberechtigte Beziehungen. Umso größer ist natürlich die Enttäuschung, wenn durch den Zwang der Verhältnisse Generation um Generation diese Chance zur Partnerschaft verunmöglicht wird.

Die Beschwörung des feministischen Eigensinns

So steht es also um die Nachhaltigkeit unserer gesellschaftlichen Erfolge. Wie ist diese Bilanz zu bewerten?

Aus dem historischen Kampf für Gleichberechtigung schafften wir es tatsächlich, eine Gleichheit der Chancen zu inszenieren. Mehr oder weniger waren Frauen, selbst wenn sie sich nicht Feministinnen nennen wollten, überall auf dem Weg, sichtbar in Männerdomänen zu werden. Die Pilotin wie die Professorin beanspruchte auf ihrem Höhenflug, nicht von Konventionen behindert zu werden. Die wirkungsmächtigen Konventionen in Frage zu stellen und abzuschaffen, war und bleibt die Aufgabe der feministischen Kritik nicht nur im Bereich der Höhenflüge. Das Landen in der Realität, in den sog. utopischen Niederungen der Ebene, für einen schöneren Alltag, blieb das Thema weiteren emanzipatorischen Denkens von Feministinnen wie Ingrid Kurz-Scherf.

Ich habe Ingrid Kurz-Scherf, tatsächlich mit feministischem Eigensinn agierend, Mitte der 1980er Jahre kennen und schätzen gelernt, als sie als hochrangige Gewerkschaftsfrau die Gewerkschaften auf die Notwendigkeit des Feminismus immer im Zusammenhang mit Arbeitszeitverkürzung hinwies. Sie hat immer gewusst und gefordert, dass die generelle Arbeitszeitverkürzung das Potential zur Emanzipation hätte, um uns von den Geschlechterstereotypen zu befreien und zur Gestaltung der Gesellschaft beizutragen. Die damalige Reaktion der Gewerkschaften war so hölzern und unverschämt anti-emanzipatorisch, dass es nicht nur Ingrid Kurz-Scherf die Tränen in die Augen trieb.

Wenn man heute die Suchmaschinen mit „feministischer Eigensinn" zum Suchen auffordert, wird man zu Ingrid Kurz-Scherf geleitet. Ökonomisch gesprochen ist sie damit ein Branding, ein Markenzeichen, wie Wikipedia weiß:

„Branding steht für:
- Brandzeichen, in die Haut gebranntes Zeichen zur Erkennung von Pferden oder Rindern
- Skarifizierung, Einbringen von Ziernarben in die Haut
- den Aufbau und die Weiterentwicklung einer Marke, siehe Markenführung
- den Aufbau einer *Brandingmarke* (also die Übertragung einer Marke auf neue Produkte oder Produkte, die nicht ursprünglich mit dieser ausgezeichnet waren), siehe Markentransfer."

Ob damit aber ein Markentransfer zu mehr feministischem Eigensinn, wie von Ingrid Kurz-Scherf immer wieder gefordert, gewünscht und erhofft, erfolgt ist, vermag ich nicht zu beurteilen.

Wie weit reicht zum Beispiel der von Ingrid Kurz-Scherf beschworene feministische Eigensinn in Marburg?

UNICUM, eine „Karrierebörse für Schüler, Studenten und Berufseinsteiger", hat – u.a. in Marburg – sexistisch bedruckte Werbetüten an Studierende verteilt. Immerhin – aus den Beschwerden der Marburger Studentinnen, dass ihnen Sexismus in Geschenktüten zugemutet wurde, hat sich über Marburg hinaus eine universitär-studentische Debatte über die sexistische Kommerzialisierung von Universitäten auch an anderen Orten ergeben – diese Art von Kommerzialisierung wird von kreativen Händlern und deren Konsumenten gerne als Freiheit beschworen. Dagegen wurde seit den 1990er Jahren der Feminismus in global agierenden internationalen *corporations* als Benimmknigge im *code of conduct* aufgenommen, simpler Sexismus der Marke UNICUM wird dort nicht mehr toleriert und gilt als uncool. Warum Marburg trotz Universität und GendA und Genderkompetenz – und trotz seiner protestierenden Studentinnen – im aktuellen Genderranking das Schlusslicht der deutschen Städte bildet, ist kein universitäres Thema, aber ein politisches schon.

Ingrid Kurz-Scherf gehört zu denjenigen, die es geschafft haben, das kritische feministische Denken zum Inhalt ihrer Arbeit zu machen und beizubehalten. Ich sehe sie mit einem Gastvortrag an der Universität Oldenburg angekündigt: „Vielfachkrise als Systemkrise – Analyse mit feministischem Eigensinn". Das stelle ich mir anstrengend vor, die Vielfachkrise als Systemkrise zu bekämpfen, weil man mit seiner Kritik immer moderner werden muss, während das Umgebungswissen an der Marburger Universität schlicht nicht reichte, die Verteilung von Sexismus in Tüten durch UNICUM undenkbar zu machen.

Feminismus auf der Parkbank

Ich weiß, der feministische Eigensinn nur als *Label* wird Ingrid Kurz-Scherf nicht reichen, auch oder gerade weil sie damit zumindest als *Branding* (bisher) allein im weltweiten Netz steht. Solange Feminismus nur als Performance oder Benimm-Knigge, ohne politischen Transformationsanspruch in der Gesellschaft ankommt, wird die von aller Revolutionsrhetorik ermüdete Gesellschaft mehr Kombattantinnen wie Ingrid Kurz-Scherf brauchen.

Was mein Bild von Ingrid Kurz-Scherf besonders prägt, ist ihre Verzweiflung, nie genug zu schaffen. Das ist sehr anstrengend und widerspricht dem guten Leben, wofür sie sich so stark macht. Je mehr Menschen nun darüber reden, desto schwieriger scheint es zu sein. Es werden andere, jüngere weitermachen wollen – müssen. Viele sind auch ihre StudentInnen, die diese Festschrift studieren werden. Wir sind ihnen mehr Zuversicht schuldig, als ich es hier bisher geleistet habe. Trotz der an den emanzipatorischen Ansprüchen der Frauenbewegung gemessenen Misserfolge, um die ich mich nicht vorbeischreiben konnte, bleibt festzustellen, dass es in der Frauenbewegung viele gab und gibt, die wie Ingrid Kurz-Scherf sich bemüh(t)en, die Reservate der Männlichkeit zum Nachdenken über Geschlechterfragen herauszufordern. So bewegend war die neue Frauenbewegung, die nun in Rente geht, schon. Dass Ingrid Kurz-Scherf darüber hinaus ihren Auftrag darin sieht, eben mit feministischem Eigensinn die kapitalistischen und androzentrischen Spielregeln so zu verändern, dass das Gute Leben für alle attraktiv wird, dafür sollten wir sie mir Echo und Nachhall feiern.

Cheers, Prost, Santé!
Zum Wein/en darüber gibt es viel Platz auf der Parkbank des Feminismus.

Autorinnen und Autoren

Auth, Diana, Dr. phil., Vertretung der Professur für Vergleichende Gesundheits- und Sozialpolitik am Institut für Wirtschaftslehre des Haushalts und Verbrauchsforschung der Justus-Liebig-Universität Gießen. Arbeitsschwerpunkte: Vergleichende Wohlfahrtsstaatsforschung, Geschlechterverhältnisse und Wandel der Arbeitsgesellschaft, Arbeitsmarkt-, Sozial- und Familienpolitik.

Beerhorst, Joachim, Dr. phil., Diplom-Sozialwissenschaftler, Leiter des Ressorts Personalentwicklung/Aus- und Weiterbildung für Hauptamtliche beim Vorstand der IG Metall, Lehrbeauftragter an der Europäischen Akademie der Arbeit und der Global Labour University zum Themenbereich Theorie und Praxis der Gewerkschaften.

Bendkowski, Halina, Soziologin, Feministin, Aktionsforscherin, seit den 1980ern auch Männerforscherin. Initiatorin der Debatte zur Geschlechterdemokratie/'Test the West'. Z.Zt. in Vorbereitung einer US-Konferenz in Boston: *A Revolutionary Moment. Women's Liberation in the late 1960s and early 1970s*; dazu eigener Beitrag: *US Influence on the Women's Liberation Movement in Germany.*

Funder, Maria, Dr. phil., Professorin für Soziologie an der Philipps-Universität Marburg, Fachbereich 03 Gesellschaftswissenschaften und Philosophie, Institut für Soziologie, Arbeitsbereich „Soziologie der Wirtschaft und Arbeit". Arbeits- und Forschungsschwerpunkte: Arbeits- und Industriesoziologie, Wirtschaftssoziologie, Industrielle Beziehungen, Organisations- und Genderforschung.

Graf, Julia, Dr. phil., Politikwissenschaftlerin, promovierte an der Philipps-Universität Marburg im von der Hans-Böckler-Stiftung geförderten Promotionskolleg und war dort zuvor auch wissenschaftliche Mitarbeiterin am Institut für Politikwissenschaft. Seit 2013 ist sie beim ver.di Bildungswerk Hessen beschäftigt und berät zu den Schwerpunkten Work-Life-Balance, Gesundheitsmanagement und Arbeitszeiten. Ihre weiteren Arbeitsschwerpunkte: Prekäre Arbeits- und Lebensverhältnisse, Feministische Theorie, Arbeitsmarkt- und Sozialpolitik.

Haug, Frigga, Dr. phil. habil., bis 2001 Professorin für Soziologie an der Hamburger Universität für Wirtschaft und Politik. Gastprofessuren in Kopenhagen, Innsbruck, Klagenfurt, Sydney, Toronto, Durham (USA). Sie ist Mitbegründerin der Berliner Volksuni; Vorsitzende des InkriT, Berliner Institut für Kritische Theorie; Mitherausgeberin des Historisch-kritischen Wörterbuchs des Marxismus und der Zeitschrift „Das Argument". Sie gehört dem wissenschaftlichen Beirat von *attac*, der Rosa Luxemburg Stiftung und dem Instituts für eine solidarische Moderne an.

Jung, Tina, Mag. Art., Promovendin im interdisziplinären Graduiertenkolleg „Geschlechterverhältnisse im Spannungsfeld von Arbeit, Organisation und Demokratie"

Autorinnen und Autoren

an der Philipps-Universität Marburg (PUM). Davor wissenschaftliche Mitarbeiterin bei GendA – Forschungs- und Kooperationsstelle Arbeit, Demokratie und Geschlecht und am Institut für Politikwissenschaft der PUM. Arbeitsschwerpunkte: Kritische und insb. feministische Theorien, Politik und Geschlechterverhältnisse, Wissenschaftsforschung.

Lepperhoff, Julia, Dr. phil., Professorin für Sozialpolitik an der Evangelischen Hochschule Berlin. Mitherausgeberin der Femina Politica und der Buchreihe „Arbeit – Demokratie – Geschlecht". Arbeits- und Forschungsschwerpunkte: Vergleichende Sozialpolitik, Arbeitsforschung, Antidiskriminierungs- und Gleichstellungspolitik, Geschlechterforschung und feministische Theorie.

Lieb, Anja, Dr. phil., wissenschaftliche Mitarbeiterin im Projektträger des Deutschen Zentrums für Luft- und Raumfahrt. Von 2008 bis 2010 wissenschaftliche Geschäftsführerin am Zentrum für Gender Studies und feministische Zukunftsforschung der Philipps-Universität Marburg (PUM), davor seit 2002 wissenschaftliche Mitarbeiterin am Institut für Politikwissenschaft der PUM im Bereich Politik und Geschlechterverhältnisse.

Lillemeier, Sarah, Soziologin, wissenschaftliche Mitarbeiterin am Wirtschafts- und Sozialwissenschaftlichen Institut (WSI) in der Hans-Böckler-Stiftung. Sie promoviert derzeit zu dem Thema „Mechanismen diskriminierender Arbeitsbewertung. Zur (De-)Stabilisierung sozialer Ungleichheit durch soziale Praxis".

Negt, Oskar, Dr. phil., bis 2002 Professor für Soziologie an der Leibniz Universität Hannover. Seine sozialphilosophischen Arbeitsschwerpunkte sind der Zusammenhang von Arbeit, Emanzipation und Utopie, reformpädagogische Ansätze in der (gewerkschaftlichen) Erwachsenbildung und im Schulbereich sowie die kritische Auseinandersetzung um Demokratie als Lebensform. Er ist Mitbegründer und langjähriger wissenschaftlicher Begleiter der Glockseeschule in Hannover sowie der Loccumer Initiative kritischer Wissenschaftlerinnen und Wissenschaftler.

Nickel, Hildegard Maria, Dr. phil., Professorin für Soziologie an der Humboldt-Universität zu Berlin. Sie studierte Kulturwissenschaften und Soziologie an der HU Berlin. Sie ist Mitbegründerin des Zentrums für interdisziplinäre Frauenforschung (heute: Zentrum für transdisziplinäre Geschlechterstudien) an der Humboldt-Universität zu Berlin. Arbeitsschwerpunkte: Soziologie der Arbeit und Geschlechterverhältnisse, gesellschaftliche und betriebliche Transformationsprozesse.

Reusch, Marie, Mag. Art., wissenschaftliche Mitarbeiterin am Institut für Politikwissenschaft der Philipps-Universität Marburg. Promovendin. Arbeitsschwerpunkte: Politik und Geschlechterverhältnisse, Propädeutik kritischer (Politik-)Wissenschaft, feministische Perspektiven auf Mutterschaft.

Rudolph, Clarissa, Dr. phil., Professorin für Politik und Soziologie an der OTH Regensburg. Arbeitsschwerpunkte: Arbeit und Geschlecht, Frauen- und Gleichstellungspolitik, Sozial-, Familien- und Bildungspolitik, Frauenbewegung.

Sauer, Birgit, Dr. phil., Professorin am Institut für Politikwissenschaft der Universität Wien. Gastprofessorin an der Kon-Kuk-Universität in Seoul/Korea, an den Universitäten Klagenfurt, Mainz und an der Florida Atlantic University/USA. Forschungsschwerpunkte: Politik der Geschlechterverhältnisse, Gender und Governance/Critical Governance-Studies, Staats-, Demokratie- und Institutionentheorien sowie vergleichende Policy-Forschung.

Schäfer, Claus, Dr. rer. pol., seit 1972 Forschungs- und Beratungstätigkeit im Wirtschafts- und Sozialwissenschaftlichen Institut (WSI) zu Verteilungsfragen. Autor der jährlichen WSI-Verteilungsberichte und zahlreicher anderer Veröffentlichungen zu sozialen Lebenslagen. Von 2009 bis 2013 Leiter des WSI in der Hans-Böckler-Stiftung.

Scheele, Alexandra, Dr. phil., akademische Mitarbeiterin am Lehrstuhl Wirtschafts- und Industriesoziologie der Brandenburgischen Technischen Universität Cottbus-Senftenberg. Mitherausgeberin der Femina Politica – Zeitschrift für feministische Politikwissenschaft. Arbeitsschwerpunkte: Wandel der Arbeits- und Geschlechterverhältnisse, Krisendynamiken, soziale Ungleichheit.

Schoppengerd, Stefan, Dr. des., Lehrbeauftragter an der Philipps-Universität Marburg und der Fachhochschule Frankfurt/Main. Redakteur von express – Zeitung für sozialistische Betriebs- und Gewerkschaftsarbeit. Arbeitsschwerpunkte: Kritische Theorien, Gesundheitswesen, Gewerkschaftspolitik.

Steinrücke, Margareta, Referentin für Gleichstellungs- und Geschlechterpolitik der Arbeitnehmerkammer Bremen sowie Mitglied der attac-AG „ArbeitFairTeilen". Studium der Soziologie, Psychologie, Pädagogik und Philosophie; seit 1972 Gewerkschaftsmitglied und aktiv in der gewerkschaftlichen Frauenarbeit; Mitkoordinatorin der Initiative „Arbeitszeitverkürzung jetzt!" und Herausgeberin der kleinen Schriften zu Kultur und Politik von Pierre Bourdieu (VSA-Verlag).

Stolz-Willig, Brigitte, Dr. phil., Professorin an der FH Frankfurt/Main, FB4, Soziale Arbeit und Gesundheit. Arbeitsschwerpunkte: Arbeit, Arbeitsmarktpolitik und Gender; Familien- und Sozialpolitik; Arbeits- und Gesundheitsschutz; Arbeit und Arbeitsbeziehungen in den Sozialen Berufen.

Arbeit – Demokratie – Geschlecht

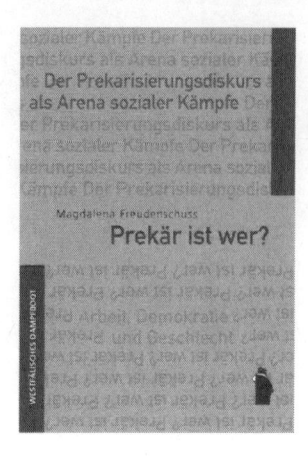

Band 15
Maria Funder / Martina Sproll
Symbolische Gewalt und Leistungsregime
Geschlechterungleichheit in der betrieblichen Arbeitspolitik
2012 – 275 Seiten – € 29,90
ISBN 978-3-89691-899-4

Band 14
Karen Jaehrling / Clarissa Rudolph (Hrsg.)
Grundsicherung und Geschlecht
Gleichstellungspolitische Befunde zu den Wirkungen von Hartz IV
2010 – 248 Seiten – € 27,90
ISBN 978-3-89691-866-6

Band 18
Magdalena Freudenschuss
Prekär ist wer?
Der Prekarisierungsdiskurs als Arena sozialer Kämpfe
2013 – 333 Seiten – € 29,90
ISBN 978-3-89691-930-4

Band 13
Lena Correll
Anrufungen zur Mutterschaft
Eine wissenssoziologische Untersuchung von Kinderlosigkeit
2010 – 330 Seiten – € 34,90
ISBN 978-3-89691-787-4

Band 17
Lena Schürmann
Schmutz als Beruf
Prekarisierung, Klasse und Geschlecht in der Reinigungsbranche
2013 – 320 Seiten – € 34,90
ISBN 978-3-89691-937-3

Band 12
Stefanie Janczyk
Arbeit und Leben: Eine spannungsreiche Ko-Konstitution
Zur Revision zeitgenössischer Konzepte der Arbeitsforschung
2009 – 257 Seiten – € 27,90
ISBN 978-3-89691-775-1

2. Auflage
Band 16
Ingrid Kurz-Scherf / Alexandra Scheele (Hrsg.)
Macht oder ökonomisches Gesetz?
Zum Zusammenhang von Krise und Geschlecht
2013 – 313 Seiten – € 34,90
ISBN 978-3-89691-903-8

Band 11
Ingrid Kurz-Scherf / Julia Lepperhoff / Alexandra Scheele (Hrsg.)
Feminismus: Kritik und Intervention
2009 – 299 Seiten – € 29,90
ISBN 978-3-89691-777-5